K2

Vida e morte na montanha mais perigosa do mundo

Ed Viesturs

David Roberts

K2

Vida e morte na montanha mais perigosa do mundo

Ed Viesturs
David Roberts

São Paulo
2011

Editora
Gaia

K2: LIFE AND DEATH ON THE WORLD'S MOST DANGEROUS MOUNTAIN
© 2009 Ed Viesturs & David Roberts. This translation published by arrangement with Broadway Books, an imprint of the Crown Publishing Group, a division of Random House, Inc.

1ª Edição, Editora Gaia, São Paulo 2011

Diretor-Editorial
JEFFERSON L. ALVES

Diretor de Marketing
RICHARD A. ALVES

Gerente de Produção
FLÁVIO SAMUEL

Assistentes de Produção
EMERSON CHARLES / JEFFERSON CAMPOS

Assistente-Editorial
TATIANA F. SOUZA

Tradução
ELAINE PAULA CALOVE

Preparação
LUCIANA CHAGAS

Revisão
ANA CAROLINA RIBEIRO

Foto de Capa
K2 visto do alto do Broad Peak. ©COLEÇÃO ED VIESTURS

Capa e Projeto Gráfico
REVERSON R. DINIZ

Dados Internacionais de Catalogação na Publicação (CIP)
(Câmara Brasileira do Livro, SP, Brasil)

Viesturs, Ed
　K2 : vida e morte na montanha mais perigosa do mundo / Ed Viesturs com David Roberts ; [tradução Elaine Paula Calove]. – São Paulo : Gaia, 2011.
　Título original: K2 : life and death on the world's most dangerous mountain
　Bibliografia
　ISBN 978-85-7555-265-0

1. Alpinismo - Acidentes - Paquistão - K2 (Montanha) 2. K2 (Paquistão : Montanha) - Descrição e viagens 3. Montanha - Paquistão - K2 (Montanha) - Difícil subida 4. Montanhistas - Paquistão - K2 (Montanha) 5. Montanhismo - Paquistão - K2 (Montanha) I. Roberts, David. II. Título.

11-07544　　　　　　　　　　　　　　　　　　　　　CDD-796.522095491

Índices para catálogo sistemático:
1. Montanhismo : Paquistão : Alpinismo : Acidentes 796.522095491

Direitos Reservados
EDITORA GAIA LTDA.
(pertence ao grupo Global Editora e Distribuidora Ltda.)

Rua Pirapitingui, 111-A — Liberdade
CEP 01508-020 — São Paulo — SP
Tel: (11) 3277-7999 / Fax: (11) 3277-8141
e-mail: gaia@editoragaia.com.br
www.editoragaia.com.br

Obra atualizada conforme o
Novo Acordo Ortográfico da Língua Portuguesa

Colabore com a produção científica e cultural.
Proibida a reprodução total ou parcial desta obra sem a autorização do editor.
Nº de Catálogo: 3246

Como sempre, para minha amada esposa Paula e nossos filhos — hoje e sempre, os melhores motivos para eu voltar para casa.

E também para todos que foram inspirados e desafiados pelo K2, o santo graal do montanhismo.

Sumário

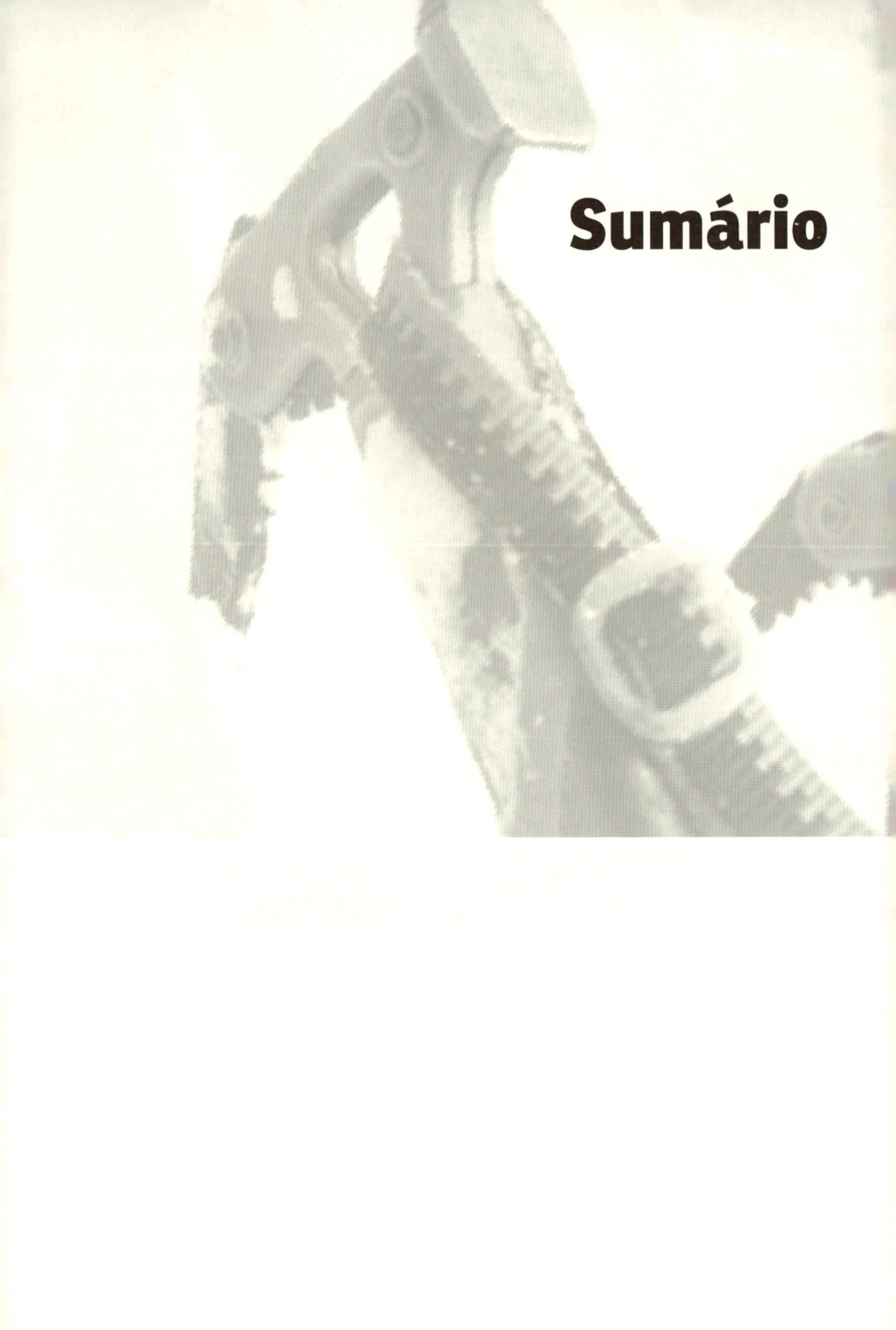

O Motivador	**9**
Decisão	**35**
Pioneirismo	**71**
O grande mistério	**107**
Irmandade	**153**
O preço da conquista	**187**
O perigoso verão	**217**
Epílogo: O santo graal	**251**
Agradecimentos	**265**
Bibliografia	**269**

O Motivador

Nas primeiras horas da manhã do dia 1º de agosto de 2008, trinta escaladores de dez expedições diferentes estavam em seus respectivos acampamentos de altitude, no Esporão dos Abruzzos do K2. Com 8.611 metros – a segunda montanha mais alta do mundo – o K2 desponta na cadeia de montanhas Karakoram, localizada no norte do Paquistão. Após semanas de mau tempo, os montanhistas viram-se obrigados a partir para o cume quando abriu um dia claro e sem nuvens. Durante as tempestades infinitas, o ânimo no acampamento-base ficou abaixo de zero; alguns escaladores desistiram da empreitada e foram embora. Mas agora, todos que ainda estavam na montanha animaram-se. À medida que saíam das barracas para colocar os grampões nos pés e as mochilas nas costas, os escaladores ficavam entusiasmados. Eles pensavam que, em alguma hora daquele dia, reivindicariam um dos mais maravilhosos e desejados prêmios do montanhismo. Para a maioria daqueles homens e mulheres, o K2 era uma meta de vida.

Embora as várias equipes operassem independentemente, os grupos tentavam trabalhar juntos em um plano logístico que ajudaria todo mundo a chegar ao cume. O ponto fundamental desse plano era a instalação de finas cordas de náilon, que, na verdade, seriam usadas na subida como corrimãos e, na descida, seriam fáceis de rapelar. O intuito dessas cordas fixas era garantir a passagem dos escaladores pelo Pescoço da Garrafa, uma garganta íngreme e perigosa de gelo e neve que se eleva a uma altitude de 8.047 metros.

O Pescoço da Garrafa e a travessia delineada para a esquerda acima dele formam o *crux*[1] do Esporão dos Abruzzos. Embora a escalada do Pescoço da Garrafa apresente uma dificuldade moderada, o que faz desse desafio nas alturas algo estressante é um gigantesco *serac* – um paredão de gelo sólido – que surge acima dele. Pesando várias toneladas, formando um ângulo vertical e, em alguns pontos, negativo, o *serac* parece até que mal está preso à montanha. Mesmo assim, nos sessenta anos desde a primeira vez em que os montanhistas se depararam com esse obstáculo formidável, o *serac* revelou-se incrivelmente estável. Na verdade, ele parecia um aspecto permanente do ápice piramidal do K2.

Trinta escaladores lotando a mesma rota, no mesmo dia, seria algo comum no Everest. No K2, uma montanha bem mais ameaçadora e cuja escalada registra um

---
1 *Crux* refere-se ao lance mais difícil da via de escalada. (NT)

número bem menor de tentativas, uma multidão como essa era algo sem precedentes. Ainda assim, à medida que se aproximaram do Pescoço da Garrafa, graças ao tempo bom pelo qual esperaram tanto, os escaladores estavam muito otimistas. O cume estava logo ali ao alcance deles.

E então, tudo começou a dar muito errado. Foram cometidos pequenos erros. Problemas de comunicação, agravados pela diferença de idiomas dos escaladores, explodiram em palavras de raiva. Os montanhistas mais lentos começaram a atravancar o caminho daqueles que conseguiam ir mais rápido. Para completar, um único evento transformou um dia maravilhoso em uma catástrofe sem culpados.

Nas 36 horas seguintes, onze desses montanhistas morreriam no alto do Esporão dos Abruzzos. O desastre que se desenrolou naquele 1º de agosto acabou sendo a pior tragédia da história da montanha e a segunda pior na extensa crônica do montanhismo no Himalaia e no Karakoram.

E ninguém se deu conta de que ela ocorreria.

Quase dezesseis anos antes, em 16 de agosto de 1992, com meus parceiros Scott Fischer e Charley Mace, parti de nosso acampamento de altitude em meio à escuridão da madrugada e comecei a exaustiva caminhada até o Pescoço da Garrafa. Naquele dia, eu também estava cheio de esperança, misturada a um sentimento de alerta obrigatório para qualquer alpinista que queira continuar vivo em grandes cordilheiras. Eu já havia subido o Everest e o Kangchenjunga, o primeiro e o terceiro picos mais altos do mundo; mas eu sabia que o K2 estava em outro nível de dificuldade e perigo.

Como os escaladores de 2008, Scott, Charley e eu tivemos que aguardar semanas intermináveis até finalmente conseguirmos chegar ao cume. Não só as tempestades, mas todo tipo de imprevisto logístico e conflitos pessoais atrasaram várias vezes nossa investida final. Só 57 dias depois de chegar ao acampamento-base foi que pudemos finalmente nos lançar ao cume. Por outro lado, naquele dia de agosto de 1992, o Pescoço da Garrafa era exclusivamente nosso. E fixar cordas naquela garganta não fazia parte do nosso plano.

Em *No Shortcuts to the Top* [Sem atalhos para o cume], memórias que escrevi sobre a escalada das catorze montanhas mais altas do mundo, dediquei um capítulo inteiro à minha expedição ao K2. Mesmo depois de ter alcançado esse pico, levei muitos anos até achar que eu conseguiria chegar ao cume de todas as catorze montanhas com mais de 8.000 metros. Por um lado, eu achava que não havia como arcar com os custos de tantas expedições. Por outro, escalar todas as catorze 8.000 metros parecia uma meta muito ambiciosa. A primeira pessoa a realizar tal feito fora o grande montanhista tirolês Reinhold Messner, que conquistou sua 14ª montanha em 1996. Para mim, Messner era um deus.

Com o K2, fui o primeiro norte-americano a escalar as três montanhas mais altas do mundo. As revistas de esportes de aventura publicaram alguns breves perfis sobre mim. O título de um deles foi "Ed Who?" [Ed quem?]. Mesmo depois da publicação desses artigos, eu ainda era relativamente desconhecido do público geral, mas eles deram um grande impulso à minha confiança, e finalmente tive coragem de procurar os possíveis patrocinadores.

O K2 foi um ponto crucial em minha vida. Sim, ele me deu o primeiro gostinho do que chamamos de "celebridade do montanhismo". Mas, de longe, mais importante que qualquer leve sopro de fama, foram as lições que o K2 me ensinou.

Após o desastre de 2008, todos os tipos de "especialista" de biblioteca apresentaram suas críticas mordazes. Leigos congestionavam as salas de bate-papo em resposta aos artigos de jornais sensacionalistas e sentiam um prazer macabro com a tragédia. Para eles, era uma reprise do episódio no Everest, em 1996 — melodramas de amadores sem experiência nem relação com a montanha, que compravam sua passagem para a catástrofe ao custo das próprias vidas, bem como das vidas dos guias profissionais encarregados de cuidar deles. (Centenas de leitores do best-seller *No ar rarefeito*, de Jon Krakauer, reduziram a complexa narrativa do autor a essa moral simplista). Após a tragédia de 2008, o próprio Messner expressou com veemência sua opinião, condenando o "negócio de pacotes para o K2", que, para ele, havia iludido novatos a irem à montanha. Messner concluiu dizendo:

— Isso é pura estupidez.

Messner não foi o único montanhista famoso a criticar as vítimas do desastre de 2008. A tentação de opinar sobre a decisão dos infelizes escaladores era irresistível. Jornais, revistas e programas de rádio e TV queriam ouvir meus comentários. Eu já estava começando a pensar que o que acontecera no K2 naquele 1º de agosto era bem mais complicado do que mostravam as primeiras versões do fato divulgadas nos tabloides e na Internet. Foram várias semanas até que relatos mais detalhados começassem a descer a montanha e chegar à mídia responsável. E eu não pretendia difamar os escaladores que morreram na montanha ou que por pouco sobreviveram.

Em 1992, o K2 não só se mostrou um ponto crucial em minha vida — ele foi cenário do que ainda considero o maior erro que já cometi como montanhista. A lição mais importante que aprendi nessa montanha bela e perigosa foi curta e grossa: não faça isso de novo se quiser continuar vivo. Ouça seus instintos e siga-os.

Recentemente, reli meu diário da viagem ao K2. Fiquei surpreso de como ele pareceu diferente do relato que escrevi em *No Shortcuts to the Top*. Eventos e relacionamentos que pareceram muito importantes quando de sua ocorrência, mal foram citados no capítulo que escrevi treze anos após a expedição. Por outro lado, alguns dos fatos mais importantes das minhas semanas no K2 foram registrados em meu diário como frases sem expressão. Claro que eu não estava escrevendo o diário para outras pessoas lerem. Naquela época, eu acha que estava apenas fazendo um registro cotidiano da investida montanhista mais ambiciosa da minha vida até então.

Agora, eu fico pensando. Qualquer "caso" pode ser contado de várias formas diferentes. Acredito que é por isso que, a cada vez que você volta e reavalia um capítulo importante de sua vida, aprende algo novo. E as reações do público durante as apresentações de *slides*, bem como os *e-mails* que recebo das pessoas que leram *No Shortcuts to the Top*, todos eles me dão uma nova perspectiva da minha própria experiência.

Sempre acreditei que escalar montanhas ensina lições. Mais que isso, creio mesmo que essas lições são válidas para o resto da sua vida, ainda que não seja um processo fácil. A literatura do montanhismo está cheia de clichês do tipo "vencer um inimigo" ou "superar seus limites". Nos dois últimos séculos, filósofos dos esportes ao ar livre insistem que a natureza é "uma escola do caráter".

Quisera eu que fosse simples assim! A lição mais importante que aprendi no K2 foi que o mero adiamento de uma decisão foi a pior decisão da minha vida: escalar enquanto se formava uma tempestade. Tive sorte de sobreviver à nossa incursão ao cume do K2. Scott e Charley não concordam comigo sobre esse assunto. Naquele dia, eles não pareceram sofrer sequer uma fração da dúvida (o frio na barriga, que sempre imaginei sentir quando chegasse o momento) que me atormentou hora após hora. Mesmo assim, a atitude comparativamente tranquila dos meus parceiros sobre nossa escalada naquele 16 de agosto nunca me levou a revisar meu julgamento. No fim das contas, é uma questão pessoal.

Normalmente, o K2 é considerado a montanha mais difícil do mundo. E também a mais mortal. Isso não é bem verdade: considerando proporcionalmente os escaladores que chegam ao topo, comparado ao número dos que morrem na montanha, o Annapurna é mais letal que o K2. (Minha conquista do Annapurna, na verdade, só veio na terceira tentativa, em 2005, e só depois que comecei a ponderar se não era uma montanha muito perigosa para tentar de novo. Ele se tornou minha nêmesis — a última de todas as montanhas com mais de 8.000 metros que consegui escalar.)

Contudo, antes mesmo de ir para o K2, comecei a chamá-lo de o "santo graal do montanhismo". A meu ver, parecia que ele era o desafio final da escalada de altitude. Para me preparar para esse desafio, li tudo que pude sobre a história do K2.

Sempre me confundiu o fato de parecer haver uma fixação do público pelo monte Everest. Em um dado momento de 1998, havia dez livros publicados em inglês por escaladores que se envolveram no desastre ocorrido no Everest dois anos antes — não só *No ar rarefeito*, de Jon Krakauer, mas as memórias de sobreviventes como Beck Weathers, Anatoli Boukreev, Lene Gammelgaard e Matt Dickinson.

No caótico verão de 1986, treze escaladores morreram no K2, sendo que vários deles eram alguns dos melhores alpinistas do mundo. Foram cinco mortes a mais que na "tempestade fatal" de 1996 no Everest. Mesmo assim, apenas um livro relatando o desastre do K2 foi publicado no Reino Unido ou nos Estados Unidos, *K2: Triumph and Tragedy*, de Jim Curran.

Como eu havia feito a lição de casa antes da nossa expedição de 1992, foi impossível não comparar a história do Everest à do K2. A maior montanha do mundo tem seus casos dramáticos: Mallory e Irvine, que desapareceram nas nuvens em 1924; a primeira ascensão bem-sucedida de Hillary e Tenzing em 1953; a incrível escalada solo de Messner, sem oxigênio suplementar, em 1980; entre outras. Mas, vista no todo, a saga do Everest parece-me uma narrativa longa e entediante, especialmente nos últimos anos, em que, toda primavera e outono, expedições comerciais guiadas lotam a montanha, levando até quinhentos homens e mulheres por temporada a conquistar seus quinze minutos no cume.

Por outro lado, a história do K2 gira em torno de umas poucas campanhas intensas e agitadas, separadas umas das outras por anos de inatividade ou fracasso total. Na primeira vez em que li sobre essas campanhas, fiquei surpreso com o fato de que cada uma delas tinha muito a dizer sobre as questões mais básicas que o montanhismo levanta — as questões de risco, ambição, lealdade entre os colegas de equipe, sacrifício próprio e o preço da glória. Além disso, até 2009, o K2 não exibiu nada parecido com a cena de clientes guiados no Everest. A segunda maior montanha do mundo é simplesmente muito difícil para os novatos.

Ao me concentrar nas seis temporadas mais dramáticas da história da montanha — agosto de 2008, 1938, 1939, 1953, 1954 e 1986 — minha intenção não é apenas contar as histórias dessas campanhas, nem só escrever capítulos de uma história do K2, mas, sim, fazer uma reflexão e uma análise pessoais desses episódios enquanto tento extrair suas lições. Na verdade, este livro poderia se chamar "Lições que aprendi com o K2". Muitos erros foram cometidos durante essas campanhas, resultando em tragédias estarrecedoras. Mas não é meu intuito sentar e repetir o que outros já disseram. Em vez disso, quero imaginar como eu agiria na companhia deles, de modo a ponderar quais teriam sido seus dilemas.

Cada uma das seis campanhas evoluiu para situações humanas complicadas. Ao se deparar com a adversidade, os membros das expedições de 1938 e 1953 uniram forças, estabelecendo laços de amizade tão fortes que duraram por décadas. Esse tipo de vínculo não é só realmente admirável, mas acho que é quase único no montanhismo. A camaradagem que nasce das aventuras compartilhadas foi um dos principais fatores que me levaram a começar a escalar.

No entanto, ao se deparar com outros tipos de problemas, as equipes de 1939 e 1954 dividiram-se em facções, incentivando a animosidade de forma tão intensa que alguns daqueles homens nunca mais se falaram pelo resto de suas vidas. Nas temporadas de 1986 e 2008, quando várias expedições distintas ocuparam o K2 (diferentemente das expedições de 1938, 1939, 1953 e 1954, que estavam sozinhas), qualquer ideia de ordem virou um tipo de anarquia cada-um-por-si.

No capítulo 2, reconto minha história no K2, revelando detalhes e eventos que negligenciei ou me esqueci de mencionar em No Shortcuts. Durante os quatro anos desde que escrevi esse outro livro, refleti muitas vezes sobre o que deu certo e o que deu errado no K2 em 1992 e, sem surpresa alguma, minha interpretação daquele ponto decisivo da minha vida mudou. Ao reorganizar minha própria história em uma narrativa mais objetiva e cronológica, espero enxergar o que ficou escondido embaixo de pedras que nunca levantei.

A história do K2 está repleta de tragédias. Porém, espero que este livro sirva como uma ode à grande montanha. Além de ser famoso como a montanha mais difícil ou mais mortal do mundo, o K2 é considerado o mais belo pico. Ele ainda me parece o santo graal, e não fui o primeiro nem serei o último dos muitos devotos dispostos a viajar aos confins da Terra para ter a chance de tê-lo nas mãos.

Uma pirâmide pontiaguda de rocha negra, regos e arestas onde a neve se assenta, assustadores glaciares que desafiam a gravidade: o K2 possui a simetria e a beleza que fazem dele a mais impressionante das montanhas com mais de 8.000 metros. Elevando-se do glaciar Baltoro, no coração do Karakoram, o K2 tem à sua volta cinco das outras sete montanhas mais altas do mundo. Na verdade, nessa cordilheira está o maior conjunto de arranha-céus montanhosos do planeta, um número maior até que o do Himalaia em torno do Everest. Ainda assim, o K2 desponta orgulhosamente sobre o Broad Peak, o Gasherbrum I, o Gasherbrum II e seus outros vizinhos formidáveis.

Quando você vai ao Everest pelo sul, como fazem todas as equipes que tentam a rota clássica de primeira ascensão, pela Cascata de Gelo do Khumbu, subindo pelo colo sul, a grande montanha surge gradualmente. Na maior parte do caminho até o acampamento-base, o Everest fica oculto atrás de um imenso vizinho, o Nuptse, com seus 7.861 metros. Durante os vários dias de caminhada até o acampamento-base, tem-se apenas uma ou outra vista esporádica dessa elevação. Sendo assim, a primeira visão que os escaladores têm do Everest raramente se apresenta como um momento impressionante e memorável.

No K2 ocorre exatamente o oposto. À medida que as equipes atravessam o glaciar Baltoro, a maioria dos escaladores veem pela primeira vez a montanha de Concórdia, onde ocorre o encontro de vários glaciares. De uma só vez, após uma semana de caminhada saindo de Askole, o último vilarejo, o K2 salta aos olhos. Mesmo estando ainda a uma distância de cerca de 20 quilômetros, a imponência da montanha assusta.

o motivador

Sir Francis Younghusband, o grande explorador vitoriano, foi um dos primeiros ocidentais a ver o K2 de longe, em 1887. O panorama o levou a uma verborragia incomum em seu livro sobre a expedição; mais tarde, ele lembra:

— Sim! Sim! É maravilhoso! Que maravilha! Que maravilha!

Reinhold Messner, que escalou o K2 em 1979, sem reservas a chamou de "o mais belo de todos os picos". E acrescentou:

— Esta montanha é obra de um artista.

Em 1992, Scott e eu vimos o K2 pela primeira vez, não a partir de Concórdia, mas uns dias antes, durante uma caminhada por uma colina arborizada à margem de nosso acampamento em Paiju. De repente, lá estava a montanha, rasgando o céu, uma perfeita pirâmide branca.

— Caramba, é grande! — disse Scott.

— Uau, estamos quase lá! — respondi.

Naquela tarde, escrevi em meu diário: "Depois do café da manhã, Scott e eu escalamos as arestas acima do acampamento e conseguimos ver o K2. É um imenso filho da mãe!".

No início do verão de 2008, cerca de sessenta escaladores instalaram-se no acampamento-base, no lado sul do K2. Vários deles já haviam estado antes na montanha, mas, para a maioria daquelas pessoas em Baltoro, era a primeira viagem ao K2. Após a primeira vista da magnífica elevação, algumas das mensagens por elas enviadas pela Internet estavam repletas da mesma sensação de encantamento e assombro que Scott e eu sentimos em 1992, e que Younghusband expressou nos idos de 1887. Quase todos os escaladores planejavam sua investida pelo Esporão dos Abruzzos ou sua variante, a rota Cesen.

No entanto, os vários dias transcorridos no acampamento-base à espera de que as tempestades passassem tiveram seus efeitos sobre o ânimo das equipes. No final de julho, boa parte dos escaladores desistiu e foi embora. Outros ainda estavam em dúvida. Hugues d'Aubarède, um francês de 61 anos, decidiu em 20 de julho abrir mão de sua tentativa. Bastou ele começar a recolher suas coisas para que chegassem várias previsões da aproximação de um tempo excelente. Segundo o jornalista Matthew Power, o líder holandês de outra equipe disse a d'Aubarède:

— Deixe seu trabalho por mais duas ou três semanas e você alcançará o cume do K2.

Mudando de ideia, d'Aubarède ligou para sua esposa na França e disse-lhe que daria mais uma chance para a montanha. Essa decisão seria fatal.

A janela de tempo bom, sem vento, abriu-se no final de julho. No grupo de trinta pessoas que partiu rumo ao cume em 1º de agosto, não havia superastros. No entanto, muitos daqueles escaladores tinham experiência nas maiores montanhas do mundo. Um casal norueguês, por exemplo, escalara o Everest em 2005. Eles também haviam ido aos polos norte e sul no mesmo ano. O líder holandês, que chegara ao cume do Everest sem oxigênio suplementar, estava na sua terceira expedição ao K2. Além de Noruega, Holanda e França, havia montanhistas provenientes de países como Coreia, Sérvia, Cingapura, Itália, Alemanha, Espanha, Suécia, Austrália, Reino Unido e Estados Unidos. Também havia vários paquistaneses e xerpas vindos do Nepal.

Em 1º de agosto, quase todos esses escaladores estavam instalados no Acampamento IV, situado em uma ampla aresta de gelo conhecida como Ombro, a 7.925 metros. O Ombro é o último ponto do Esporão dos Abruzzos onde é possível montar uma barraca. Em 1992, Scott, Charley e eu montamos um Acampamento IV particular, no ponto mais avançado do Ombro quanto possível, logo abaixo de onde começa a encosta de neve que leva ao início do corredor do Pescoço da Garrafa. No entanto, os escaladores do verão de 2008 montaram suas barracas na parte mais baixa do Ombro, na extremidade sul. A diferença pode não parecer grande coisa, mas tivemos bons motivos para acampar onde acampamos. Na altitude, com neve fofa, pode-se facilmente levar uma hora inteira para atravessar de um extremo do Ombro ao outro. Nós ganhamos uma hora com relação a eles. É uma hora a mais de subida no exaustivo dia do cume, e pelo menos vinte minutos a mais na descida.

Se havia um cara naquele verão que realmente tinha controle da situação, era o montanhista basco Alberto Zerain, que partiu para a investida ao cume de um ponto abaixo do Ombro, saindo do Acampamento III, a 7.193 metros. Escalando sozinho, sem colegas de equipe, Zerain começou sua marcha às 22 horas de 31 de julho e escalou os 731 metros do Ombro em impressionantes duas horas. Chegando ao Acampamento IV dos demais escaladores, encontrou-os ainda às voltas com os preparativos para seguir em frente. Segundo Freddie Wilkinson, que cobriu a tragédia para a revista *Rock and Ice*, "Zerain chamou as pessoas que ainda estavam em suas barracas, tentando encorajá-las a se apressarem e partirem com ele. Poucos responderam... Depois de uma hora esperando, Zerain finalmente continuou sozinho".

Devo admitir que, quando vi as fotos daquela temporada, fiquei chocado. Eles ainda estavam atravessando o Ombro e já era pleno dia! Como eu disse, normalmente não me sinto à vontade para criticar a decisão de outros escaladores. Mas essa partida tardia no dia do cume mostrava que os escaladores tinham reduzido muito uma margem de segurança que já era pequena.

É fácil sucumbir à prostração na altitude. Você perde a motivação. Leva muito tempo não só para fazer algo, mas para pensar em fazer algo.

Não é nada divertido deixar um acampamento de altitude no meio da noite em uma 8.000 metros. Você divide uma barraca do tamanho de um armário com seu colega. Está escuro, frio, há gelo por todo lado. Você tem de preparar uma bebida —

alguma coisa quente, como um chá. E só essa tarefa aparentemente simples já pode tomar uma hora de um tempo precioso. Se seu colega precisar evacuar, você tem de dar espaço e deixá-lo sair. Depois tem de colocar as botas, o cobrebotas, o resto das roupas e a cadeirinha. Eu sempre durmo com minhas botas dentro do saco de dormir, embora não calçado. Muitos escaladores não fazem isso. Pela manhã, eles têm de calçar botas geladas, o que imediatamente suga o precioso calor de seus pés, cuja circulação sanguínea é afetada. Isso contribui para um mau começo.

Em minhas expedições, sempre fui o responsável pelos horários. Eu sempre tenho um plano. Quero estar no controle do tempo. De certo modo, isso faz parte da minha natureza, costumo ser pontual. Na noite anterior, alerto meus parceiros: – Precisamos estar prontos à uma e meia.

Outros escaladores parecem ter uma atitude do tipo "vou sair quando estiver pronto". Depois, você fica sabendo que eles perderam duas ou três horas.

Portanto, tenho de pensar que esse erro crucial fez que quase todos os escaladores naquele 1º de agosto saíssem tarde do Acampamento IV. A esse atraso soma-se o que aconteceu quando os primeiros escaladores chegaram à parte inferior do Pescoço da Garrafa.

Ao subir por essa garganta íngreme, você tem plena consciência do imenso despenhadeiro de gelo que está logo acima. Trata-se de um monstro de aproximadamente 120 metros e, durante todo o tempo em que você está abaixo dele, não há como evitar pensar *o que mantém esse maldito* serac *no lugar?*

Em 1992, apelidei o despenhadeiro de gelo de "o Motivador". Certamente, ele motivou Scott, Charley e a mim. É uma ameaça constante. Você não quer parar, você não pode dar um tempo, e, à medida que sobe pela garganta, você literalmente prende a respiração ao escalar com a maior velocidade possível. Seus músculos quase gritam por causa da falta de oxigênio.

O primeiro montanhista a encarar o Motivador foi o grande Fritz Wiessner, em 1939. Ele ficou tão desconfiado que preferiu escalar por outra rota, na faixa de rocha bem à esquerda do Pescoço da Garrafa, mesmo que isso o forçasse a enfrentar um terreno bem mais difícil.

Antes de nossa expedição de 1992, estudei todas as fotos que consegui achar desse *serac*. Estranhamente, ano após ano, o Motivador continuava igual. Parecia bem estável. Tinha uma face bem consistente, nada de grandes pedaços partidos que parecessem prontos a despencar com a primeira ventania. E, em mais de cinquenta anos, ninguém jamais reportou ter visto gelo desprender-se de sua superfície.

Como tínhamos o Pescoço da Garrafa somente para nós em 1992, escalamos esse trecho com a maior rapidez possível. Um luxo que os escaladores de 2008 não tiveram. Assim que os primeiros chegaram à parte inferior do corredor, a procissão inteira parou. Os escaladores fizeram fila, um atrás do outro, mas ninguém conseguia ir mais rápido que o cara mais lento. A escalada logo se tornou um congestionamento. Na dianteira, a situação ficou ainda pior devido à ideia comum dos escaladores de que eles precisavam de cordas fixas para subir e descer o Pescoço da Garrafa com segurança.

Mais tarde, alguns dos sobreviventes censuraram os outros escaladores da montanha, acusando-os de cometer erros que resultaram na tragédia. O mais crítico deles foi Wilco van Rooijen, o líder, de quarenta anos, da expedição Dutch Norit K2. De seu leito no hospital, ele relatou à imprensa:

— Deu tudo certo até o Acampamento IV, e, no ataque ao cume, deu tudo errado.

A um repórter da Reuters, van Rooijen foi mais específico:

— Nosso grande erro foi tentar fazer acordos [...]. Todos tinham responsabilidades, mas algumas pessoas não honraram seus compromissos. Com tantas coisas estúpidas, vidas foram postas em risco.

Como havia muitas equipes diferentes na montanha, os líderes fizeram "acordos", aos quais se refere van Rooijen. O plano era que nove escaladores esticassem quase 610 metros de corda no Pescoço da Garrafa e ao longo da travessia à esquerda, que leva a um terreno mais fácil. No entanto, em 1º de agosto, seu suprimento de corda era de apenas 91 metros — o que deixou os líderes em dúvida: não sabiam se essa quantidade seria suficiente para equipar toda a perigosa passagem. Além disso, como van Rooijen reclamou ao correspondente do *Men's Journal*, Matthew Power, vários desses nove montanhistas que foram à frente "simplesmente não deram as caras".

Depois disso, para piorar a situação, os escaladores responsáveis por fixar as cordas começaram esse trabalho muito embaixo, em um terreno relativamente fácil, antes do ponto onde o Pescoço da Garrafa realmente começa. Quando chegaram à parte mais perigosa da escalada, estavam sem corda.

— Ficamos boquiabertos — contou van Rooijen posteriormente à Associate Press. — Tivemos que trocar de lugar [as cordas fixas]. É claro que isso levou várias horas. Alguns desistiram porque não confiavam mais.

Na conversa com Power, o holandês foi ainda mais severo:

— Perdemos muitas, muitas horas por causa dessa bobeira, sobre a qual já havíamos conversado várias vezes no acampamento-base.

Desculpe, mas não engulo essa. Van Rooijen alega que não pôde escalar porque as cordas não foram fixadas no lugar certo. E a culpa é de quem? Seu sucesso depende da atitude de outras pessoas? Van Rooijen culpa os outros pelo atraso. Por que ele não se mexeu e fez alguma coisa?

Enquanto isso, o escalador solo basco, Alberto Zerain, estava horas à frente dos demais. Ele escalou o Pescoço da Garrafa e fez a travessia sem nem mesmo pensar em cordas fixas. Zerain chegaria ao cume às 15 horas — em minha opinião, foi o único escalador naquele dia a fazer o cume em um horário razoável.

A cerca de 490 metros abaixo na montanha, o congestionamento estava totalmente parado. Segundo Power, "tomou-se a decisão de cortar a parte inferior da corda e usá-la para proteger os escaladores durante a travessia [que vai para a esquerda, a partir do fim do Pescoço da Garrafa]. Uma faca foi passada até lá embaixo para que se cortasse a corda em um ponto próximo da ancoragem inferior; então, a corda foi puxada até a dianteira da fila".

Por volta das 11 horas, ocorreu a primeira fatalidade. Em algum lugar no meio do congestionamento, um escalador sérvio, Dren Mandic soltou-se da corda fixa. Posteriormente, todo tipo de explicação sobre o que Mandic estava tentando fazer apareceu na imprensa e na Internet. Entre outras coisas, ele foi acusado de tentar ultrapassar os demais escaladores. Provavelmente, o relato mais preciso foi aquele divulgado no comunicado público feito pela equipe sérvia, lamentando a perda do colega. Em inglês parco, o líder da expedição relatou:

— Querendo trocar de lugar com o escalador que estava atrás dele, Dren liberou seu equipamento de segurança. A corda fixa foi reposicionada bruscamente. Dren perdeu o equilíbrio e caiu até a altitude de 8.020 metros, onde seu corpo parou.

Ao cair, Mandic bateu na escaladora que o antecedia na corda fixa, Cecilie Skog. (Skog e seu marido, Rolf Bae, eram o experiente casal de noruegueses que tentava escalar o K2 junto). Skog perdeu o pé, mas conseguiu continuar presa à corda fixa. Segundo Wilco van Rooijen, conforme o relato de Matthew Power,

> Ainda caindo, Mandic agarrou-se firmemente à corda, fazendo com que dois outros escaladores perdessem o equilíbrio. Ele, então, não conseguiu mais se segurar e desceu pela garganta íngreme, rolando por centenas de metros até o Ombro.
> — Um segundo, e ele já era — disse Wilco.

Sem saber se o colega ainda estava vivo, dois sérvios e um carregador paquistanês desceram até o corpo de Mandic. Quando chegaram onde ele estava, Mandic havia morrido. No entanto, conforme Power, pelo rádio, a partir do acampamento-base, o líder da equipe sérvia ordenou que o trio tentasse carregar o corpo para o Acampamento IV. Assim que eles começaram o trabalho, o carregador, Jehan Baig — descrito por Power como "inexperiente" — de repente escorregou e caiu. Testemunhas contaram que Baig nem tentou se segurar com sua piqueta. Em vez disso, ele deslizou pela encosta e desapareceu em uma cornija.

Se Power estiver correto ao declarar que a recuperação do corpo foi uma ordem do líder da equipe, essa instrução, a meu ver, é no mínimo questionável. Já é bem difícil ajudar um escalador doente ou ferido a descer com suas próprias forças de uma altitude de 7.925 metros em uma montanha de mais de 8.000 metros. É praticamente impossível carregar um cadáver, removendo-o de um lugar tão alto e perigoso até o acampamento. Não ficou claro qual seria a meta dessa missão, já que o corpo jamais foi removido da montanha. Essa ordem, se é que foi realmente emitida, custou a vida de Jehan Baig. É curioso que, em seu comunicado público, o líder da equipe sérvia não tenha feito qualquer menção à morte de Baig. Em vez disso, ele escreveu: "Enrolamos o corpo de nosso amigo na bandeira sérvia, prendemos com a piqueta e o sepultamos a 7.900 metros, à direita a partir da direção C4-Pescoço da Garrafa. Nosso amigo descansa perto do céu. Que Deus o abençoe".

Também não ficou claro quantos dos escaladores presos no congestionamento chegaram a notar que Mandic havia despencado para a morte. É quase certo que nenhum deles soube do segundo acidente fatal logo abaixo. De qualquer forma, agora que a corda recuperada da parte inferior do Pescoço da Garrafa fora fixada na travessia final (a parte mais difícil de toda a rota), a maioria dos escaladores no congestionamento continuou a caminhada penosa, sempre muito lenta, rumo ao topo.

Um dos poucos que decidiu dar a volta e abandonar sua investida, o norte-americano Chris Klinke, tirou uma foto impressionante da parte alta da montanha, a partir do Acampamento IV, logo após o meio-dia de 1º de agosto. (A fotografia, que registra em uma única imagem o fiasco que se desenrolava naquele dia no K2, foi estampada em página dupla no *Men's Journal*.) A imagem é tão nítida que dá para ver claramente 22 figuras minúsculas, parecendo formigas na rota. Na parte inferior da foto, logo abaixo do Pescoço da Garrafa, duas delas parecem envolvidas no trabalho de resgatar o corpo de Mandic, apenas alguns minutos antes de Baig despencar para a morte. A maioria dos escaladores havia finalmente superado o Pescoço da Garrafa e a travessia, mas o congestionamento ainda existia: dezenove dos escaladores estavam tão perto uns dos outros que parecia que um escalador estava quase pisando nos calcanhares daquele à frente dele. Muito adiante, até mesmo do líder do congestionamento, um escalador solitário — Alberto Zerain — descansa sob o abrigo de um pequeno *serac* antes de partir para o cume.

Sob meu ponto de vista, muitos dos escaladores que ainda subiam deviam ter pensado um pouco mais em voltar. Os horários de retorno não são uma regra imutável no K2, mas eu acredito neles. No dia de nossa investida ao cume, Scott e eu saímos do Acampamento IV à 1h30. Charley, que começou a escalar um pouco depois, nos alcançou seguindo a trilha que deixamos na neve profunda. Eu havia decidido que, se não chegássemos ao cume até as 14 horas, eu voltaria. Então, chegamos ao topo ao meio-dia.

Suspeito que, em agosto de 2008, a febre do cume pegou todo mundo que estava no congestionamento. Todos aqueles escaladores ficaram amontoados. Todos reduziram a velocidade e todos se atrasaram, e isso provavelmente racionalizou a decisão deles de continuarem rumo ao cume juntos, tão tarde que o sol estaria se pondo no momento em que eles chegassem lá em cima. Apenas alguns deles pensaram melhor e desistiram. Em uma montanha como o K2, ninguém lhe dá crédito por tomar a decisão inteligente de desistir do cume e descer.

Em 1990, um conhecido meu, Greg Child, um notável montanhista australiano que passou a viver nos Estados Unidos, escalou o K2 pela aresta norte, uma rota consideravelmente mais difícil que a dos Abruzzos. Recentemente, reli o relato de Greg acerca da escalada, publicado como "A Margin of Luck" [Uma margem de sorte] em sua coleção de ensaios *Mixed Emotions*. O Greg tem um estilo sarcástico, chega a se ridicularizar, de modo que algumas coisas escritas nesse material podem ser mera ironia. Mesmo assim, fica claro que ele passou maus bocados no dia do cume.

A 8.382 metros, a meros 229 metros do cume, Greg e seus colegas Greg Mortimer e Steve Swenson discutiram o que fazer. Já passava das 16 horas.

> Swenson olhou para baixo:
> — Devemos tentar?
> Seguiu-se uma longa pausa. Não dava para ter mais incerteza.
> — Sim! — finalmente Mortimer gritou para nos incentivar e acabar com a inércia da dúvida.
> — Isso é loucura — pensei comigo. -- Tem uma tempestade chegando e estamos indo rumo ao cume, sem oxigênio, sem equipamento para bivaque. Porém, considerei, é nossa última chance na montanha. Se descermos agora, nunca escalaremos o K2. Só precisamos de um pouco mais de sorte.

Essa conversa entre eles foi incrivelmente similar à que tive em 1992 com Scott e Charley quando a neve pesada começou a cair. Nós estávamos acima de 8.200 metros. Lembro-me de ter perguntado:
— Ei, o que vocês acham?
— Do que você está falando? — Scott respondeu.
E Charley concordou com ele:
— Nós vamos para cima!

Em 1990, Greg Child chegou ao cume somente às 20h05. E só começou a descer depois das 21 horas. Esse descenso no escuro — "cambaleando, caindo na neve" — tornou-se o que os escaladores sarcasticamente passaram a chamar de "épico sem reservas". Greg começou a ter alucinações. Ao encontrar uma garrafa de oxigênio vazia em um círculo de pedras, imaginou:

> Em minha cabeça, eu me via no meio das pedras, esquentando as mãos em uma fogueira. Ótimo, eu pensava, *vou fazer uma fogueira aqui. Quando o Mortimer chegar, vai ficar quentinho*. E comecei a preparar tudo.

A apenas 90 metros da barraca, Greg ficou "completamente apático" e não aguentou. Ele literalmente se arrastou pelo último trecho para se salvar.

Ao reler o ensaio de Greg, pensei: *Cara, é assustador, ir tão longe e tão tarde.* Eu não teria feito isso. Greg é um escalador realmente forte. Um montanhista mais fraco não teria sobrevivido.

O próprio Messner teve notórias alucinações nas 8.000 metros, especialmente quando escalava sozinho. Mas eu sempre achei que, se começasse a ter alucinações, é porque estava fazendo algo errado.

O quarto integrante da equipe do Greg de 1990, Phil Ershler, voltou. Ershler, guia-sênior da Rainier Mountaineering, Inc. (RMI), foi um dos meus mentores mais importantes. Em nosso próprio dia do cume em 1992, enquanto eu sentia aquele frio na barriga e não conseguia decidir se devia subir ou descer, continuei pensando: *Bem, Ershler voltou.*

Durante a descida do cume em agosto de 2008, Alberto Zerain passou por nada menos que dezoito escaladores que ainda estavam subindo. Segundo o *Men's Journal*:

> Embora ele não fale inglês, [Zerain] contou que tentou dizer aos outros que era muito tarde para prosseguir. "Quando eu estava descendo", explicou, "todo mundo me parava para perguntar quanto faltava até o cume. Se eu falei para eles voltarem? Não, você não pode fazer isso. São várias pessoas subindo juntas. Elas são a maioria contra você".

(Essa é uma definição sucinta da febre do cume!)

Naquele dia, alguns dos escaladores podem ter pensado em voltar. Mas um dos mais experientes, o italiano Marco Confortola, tentou fazê-los acelerar o passo.

— Eu comecei a gritar — disse ele posteriormente aos repórteres —, eu disse que a primeira pessoa a escalar o K2 [em 1954], chegou lá em cima às 18 horas; então, que nos mexêssemos!.

Pelo menos um escalador do grupo, o norueguês Rolf Bae, parou abaixo do cume. Faltando apenas 90 metros verticais até o sonhado prêmio, Bae esperou sua esposa, Cecilie Skog, e outro colega chegarem ao cume e retornarem.

Além de Zerain, dezessete pessoas alcançaram o cume, onde chegaram entre as 17h20 e as 19 horas. Para alguns deles, isso significava vinte horas desde a partida do acampamento naquela manhã. Estavam muito cansados.

Na hora em que eles regressavam para a rampa de neve diagonal que leva à complicada travessia e ao Pescoço da Garrafa, já estava escuro. E a maioria deles estava exausta.

É a partir de então que fica difícil determinar o que aconteceu no K2 no fim daquele 1º de agosto. Os vários relatos dos sobreviventes são tão contraditórios entre si que não é possível criar uma narrativa coerente a partir deles. Parece que os escaladores mais fortes esperavam descer em meio à escuridão até o Acampamento IV. Mas outros, ao perceber que chegariam tarde ao cume, aparentemente planejaram montar um bivaque bem acima da difícil travessia e do Pescoço da Garrafa.

Quando digo que "planejaram montar um bivaque", não pretendo sugerir que isso fazia parte da programação. Até onde eu sei, ninguém levou um saco de bivaque, nem mesmo um saco de dormir, nem um fogareiro, e, àquela hora, todos estavam sem comida e sem água. Pode ser que eles tenham ficado tão cansados que parecia não haver alternativa a não ser o bivaque. Mas uma coisa ficou clara: fosse naquela noite ou na manhã seguinte, eles contavam com as cordas fixas para descer o Pescoço da Garrafa e chegar ao Acampamento IV.

O clima ainda estava perfeito. Mas, para sobreviver a uma noite a céu aberto a 8.230 metros, sem abrigo, comida nem água, você tem de colocar sua vida à mercê do destino. Mesmo assim, é incrível o número de escaladores do K2 que parecem aceitar a opção de montar um bivaque no descenso como o preço a pagar pelo cume. Na expedição de 1992, o ostensivo líder de nossa equipe, Vladimir Balyberdin, fez um bivaque a 8.230 metros. Vlad era um cara durão: passou uma noite difícil, e pronto. Na noite seguinte, Chantal Mauduit achou que não tinha opção a não ser fazer um bivaque a 8.382 metros, mas Aleksei Nikiforov, que descia do cume três horas depois, fez que ela se livrasse da apatia e a incentivou a descer com ele, provavelmente, salvando-lhe a vida.

Em 1978, o meu amigo Jim Wickwire foi um dos quatro escaladores que se tornaram os primeiros norte-americanos a escalar o K2. Jim e seu colega, Lou Reichardt, chegaram ao cume às 17h15. Lou percebeu que era imprescindível descer de vez e partiu alguns minutos depois. Mas Jim demorou-se, quase em transe, tirando fotografias, trocando o filme de sua câmera e saboreando aquela conquista indescritível. Por fim, ele passou quase uma hora no cume. Isso foi sinistramente parecido com o que aconteceu na primeira ascensão do Annapurna, em 1950: Louis Lachenal ficou obcecado em voltar ao acampamento, enquanto Maurice Herzog, o líder da equipe, demorou-se, aproveitando uma visão eufórica que acabaria custando-lhe os dedos dos pés e das mãos.

No K2, Lou desceu para o acampamento naquela noite, mas Jim teve que fazer um bivaque a 8.534 metros. Sobreviveu por pouco. Quando conseguiu chegar ao acampamento, apresentava pneumonia e pleurisia, suas cordas vocais estavam paralisadas e seu corpo exibia queimaduras. Estava absolutamente arrasado. Carregadores tiveram que levá-lo para Concórdia em uma maca, de onde foi de helicóptero para Baltoro.

Há uma antiga brincadeira: *bivouac* [bivaque] em francês significa "erro". Tenho orgulho de, em nenhuma de minhas trinta expedições a montanhas com mais de

8.000 metros, ter precisado de um bivaque. Em várias ocasiões, estando a poucos metros do cume, optei por retornar em vez de chegar lá em cima e passar uma noite sem abrigo. Em 1990, se Greg Child, Greg Mortimer e Steve Swenson tivessem feito um bivaque em vez de usar suas últimas energias para voltar ao acampamento, acredito que teriam morrido na aresta norte.

Depois de Zerain e dos vários xerpas, os escaladores mais fortes naquele dia provavelmente eram os do trio norueguês: Cecilie Skog, seu marido, Rolf Bae, e seu colega Lars Nessa. Quando começou a escurecer, eles desceram primeiro que os demais escaladores, percorreram a rampa e se cliparam na última corda fixa, no final da travessia que dá no Pescoço da Garrafa.

Foi nesse exato momento, algo entre 20 e 21 horas, que ocorreu um acidente geológico que transformaria um fiasco em uma verdadeira tragédia. Freddie Wilkinson reconstruiu assim o evento na revista *Rock and Ice*:

> Bae [estava] na frente. Skog era a próxima na travessia e ouviu o terrível rugido de uma grande avalanche na escuridão. Um segundo depois, Skog perdeu o equilíbrio quando a corda em que se prendia partiu-se em algum ponto abaixo de onde ela estava. A lanterna de Bae desapareceu.
>
> Skog chamou seu marido em meio à noite escura, mas não teve resposta.

Uma grande parte do Motivador, aquele assustador — mas aparentemente estável — barranco de gelo pendurado acima da rota, rompeu-se no pior momento.

Apesar do imenso choque de ter o marido soterrado por toneladas de gelo — que ele atravessara um pouco antes dela — e ouvir o corpo dele afundar e desaparecer com os destroços que despencavam, Skog conseguiu manter o controle. Ela tinha na mochila uma corda de 50 metros, a qual, com o auxílio de Nessa, prendeu na ponta rompida de uma corda fixa pendurada; assim, ambos rapelaram até o Pescoço da Garrafa. Skog e Nessa desceram a garganta no escuro e chegaram ao Acampamento IV no início da manhã.

Quando os primeiros boletins do K2 chegaram aos jornais e à Internet, o cenário inicial dava a impressão de que o rompimento do rochedo de gelo havia sido a causa da morte da maioria dos escaladores na montanha. Mas, aparentemente, Bae foi a única vítima direta dos blocos de gelo que despencaram. Muito mais grave foi o fato de os destroços terem levado uma boa parte das cordas fixas, algo estimado pelos escaladores entre 180 e 460 metros. Esse imprevisto prendeu em um beco sem saída todos os montanhistas que estavam acima dos noruegueses, o que, paradoxalmente, foi culpa deles mesmos.

Na hora em quem Rolf Bae morreu, vários dos demais escaladores já tinham decidido montar um bivaque. O líder holandês, Wilco van Rooijen, posteriormente relatou que não viu o *serac* despencar e nem soube disso até bem depois do acontecido. Em algum ponto por volta dos 8.290 metros, van Rooijen escavou um buraco na encosta nevada e se abrigou ali, pois previa uma noite difícil, sem saco de dormir, comida ou água. Além dele, dois outros membros da Dutch Norit prepararam seus próprios bivaques. Eram eles o italiano Marco Confortola e o irlandês Gerard McDonnell, ambos de 37 anos. Amante de música popular e trabalhador do setor petrolífero, McDonnell gozava do apreço especial de seus colegas. Uns dias antes, ele escrevera uma nota de despedida em seu blogue, ao partir do acampamento-base; trata-se de uma frase em gaélico, que traduzida quer dizer: "Por enquanto é só, amigos. A hora está chegando". Chegando tarde ao cume naquele 1º de agosto, McDonnell ligou para sua namorada no Alasca. Ele se tornara o primeiro irlandês a escalar o K2.

Do hospital em Islamabad, Confortola falou de novo sobre seu bivaque a um repórter do jornal britânico *The Independent:*

— Como Gerard estava com dificuldade — contou o italiano —, cavei um buraco maior para ajudá-lo a deitar um pouco. Gerard estava muito frio. Eu também estava, e comecei a tremer para gerar calor. Era um gasto de energia, mas eu precisava me esquentar.

A plataforma do bivaque estava perigosamente exposta.

— Tive o cuidado de não adormecer — acrescentou Confortola —, pois eu podia cair [da montanha].

Os três homens deram um jeito de aguentar a noite toda e começaram a descer pela manhã. Em algum ponto, alcançaram três escaladores coreanos, emaranhados em uma mesma corda.

— Um dos coreanos estava de cabeça para baixo — lembra van Rooijen. — Havia um segundo coreano que o segurava com uma corda, mas este também estava em choque; e havia ainda um terceiro cara, e eles tentavam sobreviver, mas, igualmente, eu tinha que sobreviver.

Van Rooijen disse que os coreanos recusaram sua ajuda. Contudo, Confortola insistiu que ele e McDonnell passaram três horas tentando soltar os coreanos da corda emaranhada e fazê-los descer, o que não conseguiram.

Nessa questão, até mesmo os vários relatos de Confortola sobre o que aconteceu eram contraditórios. Ao repórter do jornal *The Independent*, ele afirmou que "por algum motivo desconhecido", McDonnell "saiu andando". A outros, disse (parafraseado por Matthew Power): "De repente, [...] Gerard virou e começou a escalar de novo, voltando para onde estavam os coreanos, sem qualquer explicação". Mais tarde, os amigos de McDonnell concluíram que ele regressou para fazer uma tentativa final de auxiliar os coreanos.

Essas discrepâncias não me surpreendem. Quando Confortola finalmente chegou ao acampamento-base, estava tão exausto que sua memória bem pode tê-lo enganado. E todos os escaladores aceitam o triste fato de que jornalistas que não escalam parecem jamais entender corretamente nossos relatos. Todos nós já tivemos a experiência de achar que explicamos com muita lucidez a um repórter o que aconteceu em uma montanha, e depois ver impressa uma versão totalmente distorcida.

De qualquer maneira, a essa altura, enquanto ainda estava na garganta do Pescoço da Garrafa, Confortola caiu no sono em virtude da completa exaustão. Ele foi acordado por um estrondo. Posteriormente, disse ao *site* K2climb.net: "Vi as botas do meu amigo Gerard caindo entre blocos de gelo e neve. Foi a pior hora.".

Aparentemente, um segundo *serac* menor se soltou — uma espécie de reação ao colapso maciço inicial da noite anterior —, engolfando McDonnell e levando-o à morte. Mais tarde, o angustiado italiano lembrou-se do amigo:

— Eu costumava chamá-lo de Jesus. A barba, tudo nele parecia o Cristo. Ele estava sempre sorrindo. Era um primor.

Naquele instante o caos imperava entre os escaladores que ainda tentavam negociar a descida. Van Rooijen relembra amargamente a cena:

— As pessoas estavam correndo para baixo, mas não sabiam para onde ir, várias delas se perderam no lado errado da montanha, na rota errada. Elas pensavam em usar meu gás [oxigênio suplementar], minha corda. Na verdade, era cada um por si e eu ainda não entendo por que todo mundo estava deixando os outros para trás.

Se os escaladores fossem integrantes de uma única equipe — como os norte-americanos no K2 em 1953, por exemplo —, eles teriam corrido para se ajudar mutuamente. Mas, considerando o número de equipes diferentes na montanha em 2008, com um inglês rudimentar servindo como língua comum, não é surpresa alguma que a anarquia tenha prevalecido.

Naquele momento, van Rooijen e Confortola tinham se separado. A descida solo de cada um deles transformou-se em pesadelo similar ao de retiradas de último recurso. E ambos se perderam. Van Rooijen disse mais tarde à *National Geographic Adventure*:

> Depois de passar a noite, para mim foi difícil descer na manhã seguinte. Eu tinha contato por rádio com meus colegas escaladores no Acampamento IV, mas [...] não encontrei o Acampamento IV. Eu estava no lado errado da montanha. O pessoal no acampamento-base me viu ir para o lado errado da aresta [...]. Tive de esperar a neblina diminuir porque não dava para ver nada, e eu sabia que não podia descer mais. Então fiquei esperando.

E para seu irmão que estava no Paquistão, Confortola disse pelo telefone satelital:

— Durante a descida, [...] por causa da altitude e da exaustão, eu dormi na neve e, quando acordei, não sabia dizer onde estava.

Mesmo sem passar uma noite insone em um bivaque, é muito fácil perder-se durante a descida do K2. Ao descer do cume em 1992, Scott começou a se desviar na direção errada, muito a leste. Se eu não o tivesse corrigido, ele teria nos levado para um ponto totalmente fora do Esporão dos Abruzzos, para o terreno desconhecido da face leste.

Na subida, muitos escaladores olham para a frente. Eles nunca prestam atenção no caminho que estão trilhando. Porém, em algum ponto da descida, começam a pensar: *Como foi que eu vim parar aqui?* Para mim, sempre foi um princípio fundamental continuar olhando para baixo durante a ascensão, para memorizar marcos que vão me guiar na descida. Parte disso é instintivo e parte vem do meu treinamento como guia da RMI. No Rainier, no Denali, isso foi martelado como algo crucial.

O caos que se instaurou na manhã de 2 de agosto foi tamanho que nem mesmo se sabe o que aconteceu a alguns dos escaladores que morreram. Um deles foi o francês de 61 anos Hugues d'Aubarède, o cara que quase fez as malas e foi embora, antes de van Rooijen convencê-lo a dar mais uma chance à montanha. No cume, d'Aubarède passou por rádio sua última mensagem para casa:

— Faz -20 [graus Celsius], estou a 8.611 [metros]. Sinto muito frio, estou muito feliz. Obrigado.

Em algum ponto da descida, d'Aubarède simplesmente desapareceu. É provável que ele tenha caído da montanha ao tentar descer. Como muitas das vítimas do K2 ao longo de décadas, seu corpo jamais foi encontrado.

Durante o desenrolar do desastre, onze escaladores morreram em um período de 36 horas no K2. Além do sérvio Dren Mandic, o carregador paquistanês Jehan Baig, os três coreanos, Rolf Bae, Gerard McDonnell e Hugues d'Aubarède, entre as vítimas estava outro carregador paquistanês que escalava com o francês e dois xerpas veteranos.

Com certeza, vários erros foram cometidos no K2 em agosto de 2008. Um número excessivamente grande de escaladores partiu muito tarde do Acampamento IV; havia muita gente na rota na mesma hora; a subida foi demasiadamente lenta, gerando um congestionamento; houve mais atraso quando os líderes das equipes insistiram na ideia de que as cordas fixas no Pescoço da Garrafa tinham que ser reposicionadas; a febre do cume impediu muitas pessoas de voltar quando estavam perto do topo; todos, exceto Zerain, chegaram ao cume em horário muito avançado; o pânico se instalou após a ruptura do *serac* à noite.

No entanto, a cobertura inicial da mídia deu a impressão de que a ruptura do Motivador foi a única causa direta da tragédia, quase como um ato fortuito. Porém, exceto por Rolf Bae, as pessoas não morreram por causa da ruptura do *serac*. Elas morreram pelo efeito da ruptura do *serac*, depois de todas as condições temerosas da escalada já terem ocorrido.

Foi muito parecido com o que aconteceu no Everest em 1996. A "tempestade fatal" de 10 e 11 de maio não foi a única causa direta da tragédia. Ela foi a gota-d'água que fez o copo transbordar. O copo já estava cheio – os escaladores partiram muito tarde, avançaram muito lentamente, recusaram-se a retornar e esgotaram suas reservas de energia e oxigênio suplementar.

Mesmo assim, fiquei chocado com a crueldade da resposta do público à tragédia de 2008. Todos os tipos de leigos concentrados nas notícias vindas do K2 pareceram formar um coro sinistro sobre os terríveis eventos. Depois que o jornal *The New York Times* publicou seu artigo de capa sobre o desastre, muita gente deu sua opinião *on-line*. Cerca de 90% dos comentários foram os depreciativos "eu disse". O artigo do *Times* não falou de "heróis"; mesmo assim, críticos fizeram comentários do tipo "Já é hora de parar de chamar egomaníacos de heróis e dizer o que eles realmente são: egoístas, egomaníacos e burros". Outro leitor escreveu: "Heróis o caramba. Ninguém deveria sentir a menor simpatia por esses intelectuais.". E outro ainda disse: "Eles adoram um comportamento marginalmente suicida e acabam mortos. Para mim, eles foram excessivamente estúpidos e irresponsáveis.".

É como se o próprio montanhismo fosse considerado pelo público – ou pelo menos por grande parte dele – nada mais que uma forma egoísta e idiota de roleta-russa. Também se assumiu que os escaladores do K2 eram milionários excêntricos. Outro leitor do *Times* escreveu: "O fato de a pessoa ter dinheiro suficiente para viajar até o fim do mundo para brincar com a morte não faz dela um herói.".

Eu chamo isso de efeito Krakauer, embora não possamos culpar Jon Krakauer por isso. Como estive envolvido na catástrofe do Everest em 1996, quando nossa equipe Imax temporariamente abriu mão da investida para tentar resgatar escaladores em dificuldade, assisti da primeira fila ao desenrolar da tragédia. Naquele momento, critiquei certas decisões tomadas por clientes e guias, e ainda acho que eles cometeram erros fatais. Mas não consigo me imaginar sentado em casa, curtindo a ideia de que esses "amadores sem noção" acharam o que estavam procurando. Infelizmente, uma grande parte do público leitor de *No ar rarefeito* pensava assim.

Mas não existe uma analogia viável entre o Everest em 1996 e o K2 em 2008. Nenhum dos onze escaladores que morreram naquele mês de agosto na segunda maior montanha do mundo era um cliente no mesmo sentido dado a esse termo para os compradores de pacote da Mountain Madness, de Scott Fisher, ou da Adventure Consultants, de Rob Hall. Nenhum deles pagou uma fortuna para contratar uma empresa para guiá-los na montanha. Praticamente todos eles eram escaladores experientes. Os carregadores paquistaneses podem ter ajudado os europeus a transportar suas cargas e montar acampamentos, mas não funcionavam como guias de verdade. E os xerpas que estavam no K2 não foram contratados, mas estavam escalando por conta própria, em pé de igualdade com seus colegas ocidentais.

Ainda assim, em um aspecto os montanhistas de 2008 permitiram-se chegar mais perto do *status* de clientes que qualquer outra campanha anterior no K2: sua dependência de cordas fixas. Após a tragédia, foi dada muita atenção à ruptura do *serac* e pouca à questão das cordas fixas.

Em geral, nas montanhas, é mais difícil descer que escalar uma encosta. E se você depender de cordas fixas para escalar o Pescoço da Garrafa e fazer a travessia — querendo simplesmente "prender-se" à corda com seu ascensor —, pode ser aterrador ter que encarar a descida nesses trechos sem cordas fixas. Principalmente no escuro, depois de ter se esforçado por tanto tempo para chegar ao cume.

Em 1992, não havia cordas fixas para ajudar Scott, Charley e eu a subir e descer pelo Pescoço da Garrafa. Escalamos pela garganta. Depois, na descida, apesar do perigo gerado pelo acúmulo de neve fresca, simplesmente encaramos o desafio. Calçamos os grampões, fincamos nossas ferramentas de neve e descemos os 183 metros de encosta íngreme. Até mesmo Jim Wickwire, que, em 1978, quase morreu depois de um bivaque, teve coragem e técnica para fazer a travessia e descer o Pescoço da Garrafa sem o auxílio de cordas fixas ou dos colegas.

Ninguém jamais pensava em instalar cordas fixas por todo o Pescoço da Garrafa até dois anos atrás. É assombroso como a comodidade das cordas fixas foi aceita. Começa até dar a impressão de que alguns escaladores consideram que elas fazem parte do pacote para o K2, como mostra a reclamação petulante de Wilco van Rooijen de que algumas pessoas responsáveis por fixar as cordas simplesmente "não apareceram" e que outros escaladores colocaram as cordas "nos lugares errados".

Se você contar com cordas fixas em todos os lugares difíceis, menor será a probabilidade de levar sua própria corda, pitons ou parafusos de gelo. Tudo indica que Cecilie Skog e Lars Nessa sobreviveram por que Skog tinha sua própria corda, com a qual ambos improvisaram um rapel pelo trecho mais difícil. Não parece que nenhum dos outros escaladores "em dificuldade" sequer pensou em fazer um rapel, provavelmente, porque não tinham sua própria corda e equipamento. É fácil imaginar esse cenário, afinal de contas, carregar equipamento extra para situações do tipo "se por acaso precisar" não é mais prioridade; prioridade agora é reduzir o peso e ficar mais leve. Os três coreanos foram encontrados pendurados em sua própria corda de escalada. Por que eles não se soltaram e tentaram rapelar com ela? Talvez eles simplesmente estivessem muito exauridos, muito entorpecidos pela hipoxia, os dedos muito rígidos para lidar com a manobra. Nunca saberemos.

Após a tragédia, um integrante da equipe Dutch Norit, Cas van de Gevel, que alcançou o cume e desceu com sucesso, foi citado na revista *Outside*: "Na montanha, não existem heróis".

Em vez disso, houve um caos generalizado, um pânico no qual cada um agiu por si e que van Rooijen descreveu com tanta vivacidade. Acredito que a principal razão disso foi o fato de não haver nada parecido com um grupo unido de montanhistas no K2. Ao contrário, eram dez equipes com escaladores de quinze países diferentes. A maioria deles não se conhecia de antemão e, no acampamento-base, não forjaram laços de amizade sólidos fora de suas próprias equipes.

Mas também aconteceu algo relativamente novo naquele verão, algo que já vinha ocorrendo com muita força no Everest nos últimos anos. É um tipo de desumanização e, se isso for uma tendência inevitável, como acho que pode ser, revela algo triste com relação ao montanhismo. Envolve um cenário em que um escalador encontra outro escalador em uma situação realmente desesperadora. Então é como se o escalador que não está com problema dissesse para si mesmo: *eu não te conheço, você não é problema meu*. Ele abandona a vítima à morte ou, no mínimo, à própria sorte.

Não consigo entender esse tipo de pensamento. Por seis vezes abandonei meus planos em uma 8.000 metros para tentar salvar a vida de terceiros. Às vezes, eram colegas e bons amigos, como Dave Carter, no Everest; J.-C. Lafaille, no Broad Peak; e Jimmy Chin, no Cho Oyu. Mas outras, como nos casos de Beck Weathers, no Everest, e Gary Ball e Chantal Mauduit, no K2, éramos estranhos antes de nos conhecermos no acampamento-base. Não tenho como dizer o que outras pessoas teriam feito em situação similar; sei apenas o que, para mim, pareceu instintivamente ser a coisa certa a fazer. Eu não conseguiria viver com a ideia de ter passado por alguém com problemas e tê-lo deixado por conta própria.

Contudo, Van de Gevel estava errado. No verão de 2008, *houve* heróis no K2. E o que parece acontecer cada vez mais nas maiores montanhas do mundo: esses heróis eram xerpas.

No Acampamento IV, na tarde de 2 de agosto, vários escaladores viam os três coreanos a cerca de 8.230 metros, acima da travessia e do Pescoço da Garrafa. Eles ainda se moviam debilmente, sem fazer progresso na descida. Com eles estava um xerpa, Jumic Bhote, que também chegara ao cume e bem poderia estar guiando os coreanos. No Acampamento IV, estavam Tsering Bhote e Pasang Bhote, respectivamente, irmão e primo de Jumic.

Esses dois xerpas realizaram uma façanha incrível. Escalaram o Pescoço da Garrafa e a travessia — sem cordas fixas, é claro. À frente, Pasang alcançou os coreanos, que estavam quase inconscientes, e Jumic. Pasang conseguiu reanimar dois dos coreanos, além de seu primo, e fazê-los retomar a descida.

Segundo Freddie Wilkinson, que reconstituiu o ocorrido para a *Rock and Ice*, assim que os quatro escaladores chegaram ao topo do Pescoço da Garrafa, outro pedaço enorme do Motivador se desprendeu. Ele atingiu o Pescoço da Garrafa, arrastando os dois coreanos e os dois xerpas. Enquanto Tsering Bhote assistia horrorizado, os quatro homens eram lançados à morte. Profundamente abalado, Tsering conseguiu descer em segurança para o Acampamento IV.

Enquanto isso, a mídia dava destaque às histórias de sobrevivência de Marco Confortola e Wilco van Rooijen; os repórteres registravam cada palavra proferida pelo italiano e pelo holandês, que falavam de seus leitos no hospital de Islamabad. Sendo assim, esse último e mais fatal episódio da tragédia, que revela o verdadeiro heroísmo de Pasang Bhote e Tsering Bhote, passou praticamente despercebido.

O heroísmo dos xerpas não acabou aí. Ao lado de Alberto Zerain, os dois escaladores mais competentes e experientes no K2 naquele verão eram Chhiring Dorje e Pemba Gyalje, ambos com 34 anos. Chhiring havia escalado o Everest dez vezes; Pemba, seis. Nas primeiras horas da manhã de 1º de agosto, Pemba foi um dos primeiros escaladores a fixar cordas no Pescoço da Garrafa. Como era bem mais forte que os europeus, podia tê-los deixado para trás e partido sozinho para o cume. Mas, no topo, esperou até o último europeu subir, só para ter certeza de que estavam todos bem, para, então, descer com quem tivesse dificuldade.

Pemba não fez isso porque era "força contratada", mesmo porque ele não fora contratado; suspeito que ele fez isso porque era um xerpa. O melhor xerpa tem muito mais resistência ao final de um longo dia de investida ao cume. Os ocidentais costumam pensar: *Cara, que difícil. Estou exausto.* O xerpa pensa: *Foi difícil, mas é assim mesmo.*

Eles trabalham duro todos os dias desde crianças. Estão acostumados a transportar cargas pesadas de um vilarejo a outro. Sua vida inteira envolve trabalho pesado e força.

Quando escaladores como McDonnell, van Rooijen e Confortola decidiram fazer um bivaque, Chhiring e Pemba decidiram descer até o Acampamento IV no escuro. Perto do topo do Pescoço da Garrafa, Chhiring encontrou outro xerpa, Pasang Lama, que também havia atingido o cume e que acabara de deixar sua piqueta cair. Se havia alguém com real dificuldade na montanha, era Pasang.

"Pasang Lama estava aflito, mas eu lhe disse para não se preocupar", Chhiring escreveu posteriormente em *e-mail* para Freddie Wilkinson. "Ele tinha só duas alternativas: uma era ficar ali, embaixo do *serac*, o que era muito perigoso. A outra era descer com uma piqueta, o que poderia nos levar ao Acampamento IV... Se a gente não escorregasse."

Então, Chhiring cortou um pedaço da corda fixa rompida e amarrou Pasang firmemente ao próprio corpo; em seguida, usou sua piqueta e seus grampões para descer o Pescoço da Garrafa, com o colega xerpa quase pendurado em sua cadeirinha, como uma mochila. Por fim, os dois chegaram ao Acampamento IV sem incidentes.

Foi um feito surpreendente. Fico imaginando a cena: firmar cada pé, plantar a piqueta, falar para o outro cara firmar os pés e até se segurar com as mãos. Não se mexer até ele estar firme. Ainda assim, se Pasang tivesse escorregado, provavelmente teria levado Chhiring com ele. Não me venha falar de egoísmo!

Isso é coisa de xerpa. Eles são leais. Faz parte de sua essência, uma característica adquirida no Everest. Eles simplesmente acham que essa é a coisa certa a fazer.

Mas, se Chhiring e Pasang conseguiram descer com uma piqueta para os dois, um amarrado no outro como um peso morto, por que os europeus não conseguiram descer o Pescoço da Garrafa sem peso algum?

Pemba Gyalje chegou ao Acampamento IV à 1 hora do dia 2 de agosto. Pela manhã, ao saber que vários escaladores ainda não tinham aparecido, ele simplesmente subiu a montanha de novo. Para isso, depois de um exaustivo dia de cume — Chhiring e Pemba haviam escalado sem oxigênio suplementar, sendo os primeiros xerpas a realizarem tal feito no K2 —, foi preciso muita coragem. E, novamente, um altruísmo incrível.

Pemba encontrou Marco Confortola a caminho do Pescoço da Garrafa. O italiano estava inconsciente e provavelmente sofria do mal da montanha. Pemba o reanimou com oxigênio suplementar. Mas logo que os dois começaram a descer, um terceiro *serac* ruiu — o mesmo que arrastara os dois coreanos, bem como Pasang e Jumic Bhote, para a morte — e quase abateu Confortola e Pemba. O italiano foi atingido na parte de trás da cabeça por um pedaço de gelo. Confortola começou a cair, mas Pemba agarrou-o pelas costas e o segurou. O xerpa então conduziu o italiano durante o resto do caminho até o Acampamento IV. Não há dúvida de que Confortola teria morrido se Pemba não o resgatasse.

Ao se deitar em sua barraca, Pemba estava realmente exausto. Mas, na manhã seguinte, quando soube que Wilco van Rooijen ainda estava desaparecido, ele partiu novamente.

Van Rooijen havia se afastado muito da rota durante sua descida impulsiva e desesperada. Ele foi para o oeste não só do Esporão dos Abruzzos, mas também de sua variante ocidental, a via Cesen, pela qual a equipe holandesa subira. Ele havia cruzado em diagonal a proeminente crista de gelo chamada "Ombro", mas perdeu o rumo do Acampamento IV. Depois da segunda noite ao relento, van Rooijen estava totalmente perdido — e quase morto.

Por mais improvável que pareça, o toque do telefone satelital do holandês no escuro deu à sua equipe a primeira pista de seu paradeiro. Em 3 de agosto, Pemba e Cas van de Gevel encontraram van Rooijen. Eles o levaram lentamente de volta ao Acampamento III, ao qual chegaram quando já havia escurecido.

Em sua entrevista aos repórteres, van Rooijen mal citou o resgate feito por Pemba. Ao recontar seu épico à *National Geographic Adventure*, o holandês deu os créditos às suas próprias habilidades: "Minha experiência como montanhista me deu calma e paciência suficiente para esperar o tempo melhorar [...]. Assumi o risco de escalar alguns trechos técnicos difíceis para atravessar até as encostas e os glaciares mais fáceis. Por fim, sobrevivi".

Essa é uma triste tendência do montanhismo moderno nas 8.000 metros. Quando algo dá errado, os xerpas são os primeiros culpados. Porém, quando os xerpas têm uma atitude heroica — como a de Pemba ao salvar os dois únicos escaladores que fizeram um bivaque acima do Motivador e saíram da montanha com vida —, eles mal são reconhecidos e, normalmente, nem são mencionados.

Fiquei muito satisfeito quando Pemba Gyalje foi aclamado pela *National Geographic Adventure*, em dezembro de 2008, como Aventureiro do Ano, um prêmio que ganhei em 2005. A National Geographic Society, ou NGS, levou Pemba a Washington, D.C., para a cerimônia. Eu soube que ele estava muito contente quando levantou seu troféu, e que a plateia da elegante sede da sociedade o aplaudiu de pé.

Acima de todas as homenagens, em fevereiro de 2009, o American Alpine Club conferiu a Pemba sua mais famosa honraria, o David A. Sowles Memorial Award (prêmio pelo heroísmo de salvar a vida de outros escaladores), na reunião anual do clube, em Golden, Colorado (Estados Unidos).

As pessoas me perguntam com frequência se um desastre como o do verão de 2008 pode acontecer novamente no K2. Infelizmente, minha resposta é "sim". Muitos dos escaladores que sobrevivem a um fiasco desses pensam *Bem, eu superei*. E muitos outros, ao planejar suas futuras expedições, pensam *Isso não vai acontecer comigo*.

O que resta à maioria de nós que já escalou as maiores montanhas do mundo é tentar educar os outros. Eu também tentei educar-me a cada etapa de minhas próprias escaladas, percebendo que nunca saberei o bastante. Mas, às vezes, fico imaginando se tentar educar as pessoas não é uma causa perdida. Pouco do que falamos ou fazemos parece surtir efeito. O apelo do risco parece prevalecer sobre a recompensa da disciplina nos picos mais perigosos. Para citar uma estatística extraoficial, depois da temporada de 1996, quando tantos clientes inexperientes pereceram no Everest, em 1997, o número de pessoas dispostas a pagar até US$ 75 mil para serem guiadas na montanha mais alta do mundo teve um aumento considerável.

Depois da publicação de *No Shortcuts to the Top*, em 2006, recebi centenas de cartas e *e-mails* dos leitores. Bem poucos tiveram uma postura negativa ou crítica, e muitos escreveram para dizer que foram cativados ou até inspirados por minha história. Mas o *e-mail* que provavelmente mais me tocou — aquele que mais me impressionou, vindo de fonte tão inesperada — só chegou em dezembro de 2008. Esse *e-mail* serviu para reafirmar o motivo pelo qual acredito que vale a pena escrever e falar sobre os riscos e recompensas de nosso glorioso, ainda que arriscado, passatempo: ainda posso fazer algum bem ao compartilhar com as pessoas o que as montanhas me ensinaram.

O *e-mail* foi enviado por Chris Klinke, o norte-americano que estava no K2 em 2008 e, desanimado com o congestionamento naquele 1º de agosto, decidiu retornar. Klinke e eu nunca nos encontramos, mas ele escreveu:

Oi, Ed,

Gostaria de agradecer por algo de que você não faz nem ideia. Na hora em que eu estava decidindo voltar, logo abaixo do Pescoço da Garrafa, fiquei pensando em uma conversa que tive com um dos meus colegas no acampamento-base [...].

O que me ajudou a tomar a decisão foi a conversa que tivemos sobre seu remorso com relação a atingir o cume do K2 porque, para tanto, você violara uma de suas regras pessoais, a de ouvir seus instintos [...].

Foi lembrando essa conversa com meus colegas e sua descrição desse sentimento, em seu livro, que tomei a decisão de voltar. Apesar do fato de que havia 24 pessoas indo para o cume, apesar do fato de que o clima estava perfeito, senti que meus instintos diziam algo totalmente diferente.

Dar ouvidos a esse sentimento foi uma boa decisão para mim, e gostei de ter a capacidade de ouvir quem estava na montanha e quem esteve lá antes de mim.

Espero conhecê-lo no futuro e agradecê-lo por abrir o caminho em tantas montanhas.

Passar bem,
Chris Klinke

Decisão

Em 2007, após outra temporada de primavera polêmica no monte Everest — um número recorde de escaladores alcançou o cume, mas sete morreram —, o jornal *The New York Times* pediu que eu escrevesse um *op-ed*.[1] A primeira ideia da editora era "O que fazer para acabar com a baderna?". À medida que conversamos e trocamos *e-mails*, comecei a perceber que o que ela queria mesmo de mim era um conjunto rígido de regras e restrições que, de alguma forma, pudesse ser colocado imediatamente em prática. Quando lhe disse que não achava possível criar regras para o montanhismo, ela rapidamente perdeu o interesse pelo meu trabalho.

Todos os tipos de comentaristas compartilharam o mesmo sentimento da editora do *Times* quando veio a público o desastre de 2008 no K2. Muitas pessoas também estavam determinadas a apontar os supostos "vilões" da história. Estava implícito para esses pretensos entendidos que, uma vez identificada a causa da tragédia, seria possível corrigi-la para que não acontecesse de novo.

Sinto muito, mas não é assim que enxergo as coisas. Sobre chegar ao cume em um horário tão avançado como 19 horas, por exemplo, digo em alto e bom tom que é algo que eu jamais faria. Mas isso não me dá o direito de falar aos outros escaladores o que fazer. No montanhismo, certo e errado não são como branco e preto. Para cada "regra" que se tenta impor ao nosso passado, sempre há um exemplo clássico de algum alpinista ousado que a infringiu descaradamente e, ao fazê-lo, tornou-se uma lenda. Em 1953, no Nanga Parbat, segundo a sabedoria vigente, o escalador austriano Hermann Buhl jamais teria alcançou o cume sozinho. Ele devia ter voltado em vez de chegar ao topo às 19 horas. Acima de tudo, ele não devia ter se permitido atingir um ponto de esgotamento que o obrigou a fazer um bivaque em uma saliência tão estreita que não dava nem para sentar-se nela. Mas Buhl fez tudo isso e, embora tenha perdido os dedos dos pés por causa do congelamento, ao realizar a primeira subida solo ao ápice de uma montanha de 8.000 metros, imortalizou seu feito como uma das escaladas mais duras já realizadas no Himalaia.

Suponhamos que você tente estabelecer regras para a escalada do Everest ou do K2. Qual seria o comitê responsável pela aplicação dessas normas? Quem faria

---

1 *Op-ed* é um termo norte-americano usado no mundo editorial para designar um texto que expressa uma opinião, normalmente de pessoa especializada no assunto. O nome veio de uma tradição de posicionar tal material na página oposta à página de editorial. (NT)

o papel de porteiro, plantado no acampamento-base, a dizer "Ok, *você* pode subir a montanha. Mas *você* não; é melhor dar a volta e ir embora"? Suponhamos que o American Alpine Club tente convencer o Nepal ou o Paquistão de que eles devem limitar o número de permissões que concedem todos os anos, ou fazer uma triagem dos candidatos para saber se eles são competentes. Esqueça. Esses países pobres ganham muito dinheiro com permissões para as expedições. Quem somos nós para dizer a eles como tocar seus negócios? Em 2008, quando o governo chinês retirou todos os demais escaladores do lado norte (tibetano) do Everest para que pudessem passar com a tocha olímpica pelo topo, e até conseguiu persuadir o Nepal a impor restrições radicais no lado sul da montanha, muitos escaladores ocidentais ficaram furiosos. Porém, as verdadeiras vítimas foram os xerpas. Atualmente, uma parte significativa de toda a economia xerpa depende das temporadas de primavera e outono no Everest. Um xerpa capaz de subir alto na montanha para levar cargas, fixar cordas e montar acampamentos para escaladores norte-americanos, alemães ou coreanos ganha, em uma única expedição, o equivalente a quase toda sua receita de um ano, o sustento dele e de sua família. Não se leu muito sobre isso nos jornais durante toda a cobertura dos protestos em Paris, San Francisco e Lhasa; mas, graças à arrogância chinesa, em 2008, boa parte do povo xerpa sofreu com o arrocho financeiro.

Com relação aos desastres: não podemos impedir que o tipo de catástrofe ocorrida no K2 em agosto de 2008 aconteça de novo. Não devemos nem tentar.

Paradoxalmente, a glória do montanhismo tem tudo a ver com a forma como as coisas são. Escalar tem a ver com liberdade. Não há prêmio em dinheiro, nem medalhas de ouro. A questão é que as montanhas existem para você ir até elas e fazer o que quiser. É por isso que nunca vou dizer a alguém como escalar. O que posso fazer é dizer *de que jeito eu prefiro escalar.*

Esse sentimento, que é a base da minha filosofia de montanhismo, veio à tona não só depois do desastre de 2008 no K2, mas à medida que essa tragédia levou-me a pensar novamente em minha expedição à segunda maior montanha do mundo, em 1992. Entre todas as minhas trinta expedições a montanhas com mais de 8.000 metros, hoje sei que a campanha do K2 foi a mais marcada por altos arrebatadores que se alternavam com baixos abismais. Além disso, também foi, moralmente, a mais complicada.

Para mim, aquela expedição foi um passeio de montanha-russa em termos de aprendizado, mas eu era jovem, ambicioso, e estava louco por todo tipo de oportunidade. Por isso eu estava disposto a aceitar e encarar todas as dificuldades que surgissem em meu caminho.

Scott Fischer e eu preferíamos ir ao K2 com uma equipe sólida, formada por bons amigos. Assim que eu soube que ele estava organizando uma expedição, e, na verdade, tive

decisão

coragem de me convidar, Scott tinha tantos colegas na fila que só pôde prometer colocar-me na lista de espera. No entanto, à medida que a viagem se aproximava, os outros, um a um, desistiram, até que a "equipe" era apenas Scott e eu. A essa altura, estávamos tão sem dinheiro que ambos duvidamos ter condições de bancar uma expedição ao K2.

Foi por isso que acabamos comprando vagas na expedição de outra pessoa. Juntamo-nos à equipe russa, liderada por Vladimir Balyberdin, ou simplesmente "Vlad", como todos o chamavam. No papel, o empreendimento parecia um bom negócio para as duas partes: os russos estavam loucos para vender vagas na permissão deles, para ajudar com as despesas da expedição, já que o que mais lhes faltava era moeda forte. Vlad mostrou-se um escalador resistente (como eu, ele já tinha escalado o Everest e o Kangchenjunga), mas ele só era líder no nome. Praticamente desde o início, houve tensões entre os russos e o resto de nós que havíamos comprado vagas na equipe. Na verdade, o termo "equipe" seria um oximoro naquele verão.

Foi somente em 1975 que o governo paquistanês entrou no lucrativo negócio de vender várias permissões para o K2 em uma mesma temporada. Naquele verão, em vez de arrendar a montanha somente para os norte-americanos (como ocorrera em 1953) ou aos italianos (1954), o Ministério do Turismo concedeu permissões simultâneas para equipes vindas dos Estados Unidos, Reino Unido, França, Itália, Holanda, Polônia, Suíça, Áustria e Japão. Jim Curran, historiador do K2, escreveu:

> Durante todo o verão, houve uma procissão mais ou menos regular de carregadores levando suprimentos e equipamentos pelo glaciar Baltoro. O resultado foi o caos.
> As paradas dos carregadores, os tamanhos das cargas, os preços, os dias de descanso etc., tudo ficou aberto à negociação e quase todas as expedições tiveram problemas com greves, lentidão e roubos. Algumas delas nem conseguiram chegar ao acampamento-base, e nutriu-se muita hostilidade.

Em 1992, as autoridades resolveram a maioria dos percalços logísticos. Não tivemos problemas com greves dos carregadores durante nossa ida ao acampamento-base. Depois do caos de 1975, o Ministério do Turismo paquistanês estabeleceu salários fixos para os carregadores. Os escaladores estrangeiros tinham que pagar as taxas padronizadas, e os carregadores tinham que aceitar o valor pago, ou ir embora. Por outro lado, quando precisei contratar meus próprios carregadores em Askole para a caminhada de oito dias até o acampamento-base, eu estava tão sem dinheiro que mal consegui pagar três deles para carregar minhas quatro bagagens; então, acabei tendo que carregar minha mochila de 27 quilos nas costas por todo o percurso.

Nossa pretensa equipe foi desorganizada desde o começo. Para economizar, os russos decidiram dirigir por todo o caminho até Rawalpindi. Chegaram lá bem depois dos norte-americanos. Depois de ficarmos plantados por uma semana frustrante enquanto esperávamos os russos, meu colega de equipe Thor Kieser e eu decidimos, na última hora, pegar uma permissão de caminhada e ir a pé. Scott já tinha partido de Askole com sua própria permissão de caminhada, acompanhando dois clientes pagantes até o acampamento-base para tentar encher os bolsos quase vazios. No caminho, Thor e eu alcançamos Scott e seus clientes. Quando chegamos ao acampamento-base em 21 de junho, havia apenas uma equipe suíça com cinco pessoas na montanha.

Em retrospecto, para mim está claro que, desde o início, nossa expedição tinha problemas de estresse e frustração. Mas eu estava tão entusiasmado que ignorei as distrações. Depois de todas as preparações, estar acampado aos pés do santo graal do montanhismo era algo muito além de todos os meus sonhos mais insanos, e por quatro semanas curti uma oscilação entre euforia doentia e trabalho árduo.

Não faz muito tempo, deixei um amigo ler meu diário do K2. Ele fez uma observação interessante, dizendo:

— Ed, você percebeu que a redação do seu diário é muito mais direta e crítica que qualquer outra coisa que você escreve para publicação ou que diz quando faz uma apresentação de *slides*?

Não, eu não tinha percebido. Mas, quando reli meu diário recentemente, vi que esse amigo estava certo. Como eu disse, o diário era para mim mesmo — nunca pensei que um dia ele seria lido por outra pessoa. Sendo assim, tenho certeza de que usei os registros do diário para dar vazão à minha frustração. É de minha natureza evitar confrontos; então, acho que escrever um diário foi um modo de extravasar. Acho também que, em determinadas situações tensas, em geral é melhor deixar para lá em vez de reagir imediatamente, pois sentimentos intempestivos tendem a se apaziguar com o tempo e a reflexão. No entanto, a questão é saber qual versão traz o relato verdadeiro do que aconteceu no K2: meu diário ou o que escrevi para publicações?

Uma antiga e honrada tradição na literatura de exploração diz que não se lava roupa suja em um livro. Não importam os bate-bocas, xingamentos, ressentimentos e temores que realmente ocorreram na expedição, isso não é da conta de mais ninguém. Você pode ler todo o *The Ascent of Everest* [A ascensão do Everest], de Sir John Hunt, sem jamais suspeitar que houve uma palavra ríspida trocada entre os escaladores que apoiavam a monumental investida ao cume conduzida por Hillary e Tenzing. O *Annapurna*, de Maurice Herzog — o livro de montanhismo mais vendido de todos os tempos, e também o que, acima de qualquer outro, inspirou-me quando eu ainda era um adolescente e me fez querer ser um escalador —, mostra a equipe francesa de 1950 como o ideal de fraternidade, em que cada membro sacrificava-se heroicamente para auxiliar os demais e, por fim, até mesmo para salvar-lhes a vida.

Quando soube, há cerca de uma década, que a história não foi bem assim, que existiram muitos conflitos e ressentimentos na primeira ascensão do Annapurna, nem me espantei muito. Nessa fase, eu já tinha passado por um número suficiente de expedições para saber como se desenrolam os conflitos interpessoais e a dinâmica da equipe. As novas revelações sobre o Annapurna não mudaram os sentimentos despertados em mim décadas atrás, quando li o livro de Herzog pela primeira vez. Ele ainda me parecia um conto heroico de luta, camaradagem, sacrifício e, por fim, sucesso.

Com a revolução da contracultura no fim dos anos 1960 e nos anos 1970, surgiu uma nova tendência na literatura de expedição. Nas novas narrativas, a roupa suja não só era lavada em público como ganhava um papel de destaque. Nenhum outro livro ressalta melhor essa estética de "verdade nua e crua" que *In the Throne Room of the Mountain Gods* [Na sala do trono dos deuses da montanha], de Galen Rowell, e *The Last Step* [O último passo], de Rick Ridgeway, que relatavam os acontecimentos das expedições norte-americanas ao K2 em 1975 e 1978, respectivamente. Rowell e Ridgeway não só evidenciaram cada duelo interpessoal entre os colegas de equipe como ainda relembraram (ou recriaram) diálogos repreensíveis para dramatizá-los. Um exemplo de Ridgeway:

> — Acabei de falar com Lou — disse Cherie mordazmente. — Estou cansada de ouvir toda essa conversa de que o Terry está chateado. Está todo mundo cochichando às nossas costas. Vocês são todos uns canalhas. Canalhas, canalhas, canalhas.
> — Olha, devíamos nos preocupar menos com o que acontece, caso isso não afete a equipe e a escalada — disse John.
> — O que você quer dizer com "o que acontece?" Estou de saco cheio de toda essa fofoca — Cherie começou a chorar.

Depois da publicação desses dois livros, alguns dos membros das equipes — aqueles retratados sob a óptica menos favorável, é claro — sentiram-se traídos. Mas a reação da geração mais jovem de leitores foi de grande entusiasmo: *Então*, é isso que acontece de verdade nas expedições. Os membros mais antigos de nossa tribo, os tradicionalistas, ficaram horrorizados. Li os livros de Rowell e Ridgeway quando foram lançados e entendi o que eles escreveram. Mas eu jamais publicaria detalhes íntimos de minhas expedições da forma como eles fizeram em praticamente todas as páginas de seus livros.

O debate ainda existe, embora a escola defensora do "vamos contar tudo" tenha conquistado uma boa vantagem. Nunca tive muita certeza do local desse espectro em que se encaixam meus próprios pontos de vista, embora eles certamente estejam mais à direita (considerando que *direita* é o lado conservador) de Rowell e Ridgeway. Como nunca escrevi um relato de minhas expedições no formato de um livro, nunca tive que revelar no papel minhas crenças sobre esse assunto. Em *No Shortcuts to the Top*, com certeza havia muito antagonismo real que amenizei ou até mesmo evitei citar.

Ao mesmo tempo, algumas vezes, fui acusado de ser muito "bonzinho", de me ater ao velho ensinamento materno de que "se você não tem nada de bom para dizer sobre uma pessoa, então não diga nada".

Sou o primeiro a admitir que o tipo de desordem e ressentimento recontado por Rowell e Ridgeway é exatamente o que acontece nas expedições. Todavia, fica a pergunta: a quem isso interessa além de aos membros da equipe?

O que meu amigo apontou foi que, na privacidade do meu diário, eu era bem parecido com Ridgeway, mais do que eu pensava. Inegavelmente, houve muitas desavenças na expedição de 1992 ao K2. Talvez, a versão da história que contei em *No Shortcuts* abrande os conflitos.

Por exemplo, desde a caminhada, um dos meus colegas de equipe realmente me incomodou. Vamos chamá-lo de "Joe" a fim de proteger sua identidade. Isto é algo que escrevi:

> Joe já partiu para o acampamento-base. Fiquei meio contente, porque ele estava começando a me deixar louco. Ele sempre se intromete na conversa e acrescenta alguma coisa. Na cabeça dele, já está "conquistando" o K2. Ele não tem paciência e não consegue calar a boca.

***

> Joe saiu sozinho hoje [para o Acampamento I] e vai passar a noite lá. Para mim, é burrice. Ele está com pressa sem razão alguma. Escalar o K2 é uma maratona, e ele está acelerando! Ele é como uma alma perdida, e acho que só quer fama e atenção.

***

> Joe fala sem parar. Às vezes é bom ter um pouco de sossego e silêncio, mas ele não se toca. Scott e eu continuamos lendo, e Joe continua falando. Também continua pegando coisas emprestadas. Ele não tem colher, papel higiênico, creme de barbear etc. Não está bem preparado.

Inevitavelmente, nas expedições, instala-se um mal-estar. Você está convivendo com seus parceiros dia e noite, 24 horas por dia, sete dias por semana, e sob a tensão de saber se vai conseguir ou não escalar a montanha; então, qualquer coisinha que alguém faz ou diz pode deixá-lo maluco. Piora ainda mais quando você fica preso dentro de uma barraca minúscula durante uma longa nevasca. Chega ao ponto em que o simples som da pessoa mastigando o desjejum ou assoando o nariz pode tirar você do sério.

Isso pode acontecer até entre melhores amigos, imagine entre pessoas praticamente estranhas, às quais você se junta em uma expedição. Felizmente, em 1992, eu passava a maior parte do tempo com Scott, e fazíamos uma bela dupla. Isso foi algo realmente bom, já que nenhum de nós criou vínculos com os russos.

Outra fonte de tensão naquele verão foi a percepção de algumas pessoas de que havia uma competição com a equipe internacional liderada por Rob Hall e Gary Ball. As duas facções de nossa equipe tinham que conseguir um bom lugar para acampar no Esporão dos Abruzzos. Geralmente, a coisa funciona na base do "quem chega primeiro escolhe primeiro" quando se trata de garantir um desses lugares preciosos.

Eu estava no acampamento-base quando conheci a famosa dupla neozelandesa: Hall e Ball, como eram conhecidos. Eles tinham uma grande experiência no Himalaia e estavam trabalhando duro para escalar os Sete Cumes — os picos mais altos de cada continente — em apenas sete meses. Era a terceira tentativa deles no K2.

Na primeira vez em que apertei as mãos de Hall e Ball, pensei: *Nossa, esses caras são superastros. Eles vão fazer a gente comer poeira.* Porém, Scott disse:

— Relaxa, Ed. Eles são pessoas normais.

Então, na montanha, descobri que eu era tão ou mais forte que aqueles superescaladores. Houve dias em que abri caminho e fixei cordas para eles; Hall e Ball arrastavam-se para o acampamento horas depois de mim. Isso foi uma verdadeira revelação.

Durante as primeiras semanas, Scott e eu trabalhamos ao lado de Hall e Ball para fixar cordas na parte inferior do Esporão dos Abruzzos. (Apenas alguns dos outros membros de nossa equipe contribuíram com essa tarefa; os demais pareciam indispostos ou incapazes.) Em geral, Hall e Ball cooperaram bem com Scott e comigo no trabalho de estabelecer a rota. Eu me sentia cada vez mais frustrado com o trabalho porco realizado pelas outras pessoas na montanha. Algumas delas só conseguiam transportar as cargas mais leves, alegando que as condições não eram boas o bastante para um carregamento maior. Às vezes, não conseguiam chegar nem à metade do caminho até o próximo acampamento, então largavam suas cargas na neve e desciam. Recolhi várias dessas cargas, e cansei de carregar as garrafas de oxigênio para outros caras. Se eles não conseguiam levar seu próprio oxigênio até os acampamentos mais altos, como é que pretendiam usar esse oxigênio para chegar ao cume? Por fim, demos um jeito de colocar nas garrafas os nomes das pessoas que queriam usar oxigênio nas altitudes mais elevadas. Assim, elas eram as únicas responsáveis pelo transporte das garrafas na montanha.

Teria sido de grande valia se Vlad tivesse se tornado um verdadeiro líder. Mas, desde o início, ele cuidou estritamente de suas coisas. Ele simplesmente não era um integrante da equipe. Sendo assim, sem um plano real ou uma estrutura em vigor, cada um também passou a cuidar de suas próprias coisas.

A frustração de ter de fazer um trabalho bem maior que o esperado, de ver os outros escaladores fugirem de suas responsabilidades e de não ter um líder para atribuir tarefas despertou em mim um ressentimento muito grande. Mas eu o contive dentro de mim. Nunca esbravejei com ninguém (acho que isso é típico em mim, acho que tendo a evitar o conflito aberto).

Não mencionei isso em *No Shortcuts*, mas o motivo de eu ter tentado escalar o Everest sozinho no ano seguinte foi minha decepção com o terrível trabalho de equipe no K2. Eu sempre transporto toda a minha carga e fico feliz até quando carrego um peso maior, desde que os outros tentem realmente dar alguma contribuição. No entanto, quando voltei do Paquistão, disse a mim mesmo: *Veja quanto tempo e energia você gastou com os outros. Por que não organizar uma expedição na qual todo tempo e energia sejam direcionados a você mesmo?*

Ao reler meu diário, descobri que antes mesmo de ir para o Paquistão eu já previa o problema enrustido que poderia dividir nossa equipe. Em 6 de junho, enquanto estava sentado no aeroporto JFK esperando meu voo para a Ásia, escrevi:

> Tenho esperança de que Scott e eu vamos nos dar bem e escalar como uma equipe forte no K2. Haverá uma boa quantidade de atrito com os outros membros, mas isso não me surpreende nem me preocupa. Isso é normal em uma viagem longa e árdua como essa. Scott é forte como um touro, e nós trabalhamos duro, com muito empenho; então, o que não falta é vontade. Nunca escalamos juntos, mas acho que nos conhecemos bem o bastante para formar uma equipe sólida e forte.

Em 1992, eu já sabia que a eficácia e a intensidade com que você se dedica para preparar uma expedição convertem-se diretamente em compromisso na montanha. Antes do K2, Scott e eu passamos dez meses planejando, treinando e levantando dinheiro para bancar nossa expedição. Quando chegamos ao acampamento-base, estávamos totalmente comprometidos e dispostos a ficar quanto tempo fosse necessário para chegar ao topo da montanha.

O mesmo não se aplicava a todos os nossos colegas norte-americanos. Todos estavam muito empolgados no começo, mas, depois de um mês, alguns deles perderam a motivação e começaram a reclamar de como tudo aquilo era difícil. Scott e eu queríamos dizer a eles:

— É claro que é difícil; o que você esperava?

(Verdade seja dita, alguns membros de nossa equipe tinham prazos inflexíveis para retornarem ao trabalho).

Escalar uma 8.000 metros é uma prova de resistência. É preciso muita paciência. Como era esperado, após quarenta dias no K2, Scott e eu nem cogitávamos a ideia de ir embora. Na época, eu não tinha namorada, nem emprego fixo, nem qualquer outro motivo particular para ir para casa. Eu pensava: *Caramba, vou ficar aqui quatro meses, se precisar.*

Não que eu não tenha ficado apreensivo antes da escalada. Enquanto mandava para dentro duas cervejas no JFK, escrevi:

decisão

> Tantas coisas podem acontecer, para o bem ou para o mal. Espero que todos nós voltemos a salvo, podendo contar até vinte usando os dedos das mãos e dos pés. Com o tempo certo, boas condições e saúde, podemos escalar o K2. Mas vai ser casca-grossa.

Durante os dezoito anos em que tentei escalar as montanhas com mais de 8.000 metros, sempre procurei estar em ótima forma física antes de cada expedição. Eu sentia que meu treinamento ao longo dos meses que antecediam uma escalada não só aumentava minha chance de sucesso como também me dava mais segurança na escalada. Se eu conseguisse escalar mais rápido e permanecer forte dia após dia, poderia minimizar alguns dos riscos inevitáveis da exposição nesses imensos picos. Com a resistência acumulada, mesmo que algo desse errado ao fim de um longo dia, eu contava ter energia suficiente para continuar andando. Se eu me desse mal em uma expedição por falta de preparo ou treinamento, a culpa seria toda minha.

Nem todo montanhista do Himalaia pensa assim. O lendário escalador inglês Don Whillans era famoso por seu desleixo entre as expedições, bebendo muito e comendo tanto que chegou a ficar obeso. Na caminhada até seu próximo alvo, às vezes os próprios carregadores provocavam Whillans, comentando como ele estava fora de forma e gordo. Por incrível que pareça, na montanha, ele sempre entrava em forma. Ele atingiu o cume em uma das maiores expedições da história do Himalaia — a face sul do Annapurna em 1970 — e foi um dos escaladores mais competentes nas tentativas de abrir caminho na face sudeste do Everest no início da década de 1970. Porém, morreu de enfarto com apenas 52 anos. Pode-se dar como certo que seu estilo de vida contribuiu para sua morte prematura.

Desde o começo no K2, meu treinamento valeu a pena. Nem em meu diário eu me sinto confortável para ficar me gabando de estar mais em forma que as outras pessoas em uma escalada, mas, em alguns registros, fica bem claro que era essa a verdade. Em 2 de julho, escrevi:

> Planejamos terminar de fixar todo o trajeto até o Acampamento II hoje. Todo mundo estava lento hoje, então peguei três cordas e saí às 6h45. Tive que reabrir a trilha até o ponto mais alto que atingimos ontem à tarde. Cheguei lá às 8h30. Todo mundo ainda estava para trás, então comecei a esticar a corda sozinho. [...] Divertido, pouco mais que uma escalaminhada.
>
> Rob [Hall] finalmente me alcançou, mas ele seguia devagar; então, continuei à frente.

Scott geralmente não treinava tão pesado quanto eu, mas ele tinha uma resistência natural tremenda. Seus genes faziam que ele parecesse o Capitão América sem ter que se esforçar muito para isso. Ele ainda tinha as distrações da família e de uma empresa, que limitavam seu tempo de treino. Já em 26 de junho, escrevi: "Foi legal escalar com Scott hoje. Ele é superforte, competente e tranquilo. Tomara que a gente atinja o cume juntos."

Desde o início, como se mostrou, Scott e eu éramos um pouco mais fortes que Hall e Ball. Eles ainda planejavam usar oxigênio suplementar no alto da montanha; Scott e eu, não. Mesmo assim, nutríamos grande respeito por esses veteranos, e foi emocionante trabalhar lado a lado com eles. O conhecimento prévio que eles tinham da rota foi inestimável. Em 1º de julho, Scott e eu chegamos ao Acampamento I antes de Hall e Ball e montamos nossa barraca. Está em meu diário: "Deixamos a borda esquerda para os *kiwis*[2] só para sermos legais e diplomáticos. Caso contrário, ia parecer que estamos correndo montanha acima só para pegar um bom lugar para a barraca". Normalmente, quando você chega a um acampamento — especialmente em uma rota como o Esporão dos Abruzzos, onde há poucas plataformas boas —, você ocupa o melhor lugar que consegue encontrar e marca território montando sua barraca. Em vez disso, Scott e eu deliberadamente deixamos a melhor plataforma para Rob e Gary, assim eles não iam achar que estávamos sendo excessivamente competitivos para ver quem escalava primeiro a montanha.

A cerca de 6.550 metros nos Abruzzos, você se depara com o primeiro obstáculo realmente técnico da rota. Trata-se de uma fenda de 25 metros de altura que divide um paredão de rocha quase vertical; no fundo dela, geralmente existe um sulco estreito de gelo duro. Esse trecho é chamado de "Chaminé House", por causa de Bill House, o norte-americano que foi o primeiro a escalar a chaminé em 1938. House levou duas horas e meia de esforço desesperado para passar pela chaminé, a qual forma o *crux* da rota que sobe até o Ombro, a 7.925 metros.

Segundo Jim Curran:

> Em 1980, Peter Boardman, discutivelmente o melhor escalador inglês do Himalaia da época, escalou a Chaminé House e ficou impressionado e surpreso com sua dificuldade técnica. Ele imaginou que a primeira escalada da chaminé deve ter sido o trecho mais difícil do Himalaia. Certamente, foi bem mais complicado que qualquer outra escalada no Everest nas décadas de 1920 e 1930.

Acabou que, em 2 de julho, Scott e eu fomos os primeiros escaladores de nossa equipe a alcançar a base da Chaminé House. Um de nós tinha de guiar, subindo primeiro e colocando as "proteções" para diminuir o risco de uma possível queda. Então, depois que o guia termina de escalar esse trecho, ele deixa a corda fixa para todos os outros escaladores usarem. Embora a equipe suíça tivesse escalado a chaminé antes

---

2 *Kiwi* refere-se às pessoas originárias da Nova Zelândia, país cuja ave-símbolo é o *kiwi*, quivi em português. (NT)

de nós, como eles estavam tentando fazer uma ascensão rápida e leve, usaram os pedaços de cordas velhas dos anos anteriores que ainda pendiam na fenda. Scott e eu não confiávamos nessas antigas cordas puídas e não estávamos dispostos a colocar todo o nosso peso nelas.

Nós já havíamos previsto esse momento muito antes de partir de Seattle. Então, Scott e eu tiramos a sorte para ver quem ficaria por último. Venci e guiei o trecho. Meu diário soa quase indiferente sobre a escalada: "É uma fenda vertical cheia de gelo e neve. Escalada divertida e trabalhosa". No entanto, lembro de ter ficado muito impressionado com o modo como Bill House guiou os colegas por aquele caminho, 54 anos antes.

Havia apenas duas semanas que estávamos no K2, mas, espalhadas pelo Baltoro, algumas expedições já estavam jogando a toalha e indo embora. Do meu diário:

> Muitos fracassos no Karakoram até agora. Os suíços tentaram escalar o K2 em apenas quatro semanas. De muito baixo, no Acampamento II, fizeram uma tentativa em estilo alpino. Encontraram neve funda na Pirâmide Negra. Muito cedo na temporada? Ainda tem muita neve?
>
> Os alemães e os coreanos também desistiram ontem do Broad Peak. [Steve] Swenson e companhia abandonaram o G-IV [Gasherbrum IV] também por causa da neve funda. Acho que agora estão no G-II.
>
> A temporada mal começou. Ainda temos muito tempo.

Em 8 de julho, estávamos prestes a montar o Acampamento III a 7.315 metros. Eu passara um dia ruim no Acampamento II; tinha me sentido tonto após o desjejum e incomumente cansado ao subir a encosta. "Não estou bem aclimatado", escrevi em meu diário. Contudo, no dia seguinte, senti-me novo em folha e estava ansioso por partir. Porém, devido ao mal tempo, descemos até o acampamento-base, a 5.120 metros, para descansar vários dias. "Escale alto, durma baixo" tornou-se uma fórmula de sucesso nas 8.000 metros, substituindo a ideia anterior de que quanto mais tempo se passa nas alturas, melhor aclimatado se mantém. A verdade é que, acima dos 6.000 metros, o corpo deteriora-se, independentemente de sua condição física. Os dias de descanso em baixa altitude são vitais para a recuperação do organismo antes da incursão ao cume.

Eu ainda estava aborrecido pelo esforço desigual desprendido por alguns colegas de equipe. Em 11 de julho, reclamei no diário: "Não tem nenhum 'carga pesada' nesta viagem. Em média, o volume de carga não passa de 5 quilos. Estou acostumado a escalar com a turma da RMI, que carrega 25 quilos sem fazer força e nem piscar. Scott aguenta bastante, como eu, mas é exceção". Apesar dessa decepção, eu me sentia cada vez mais confiante com relação às nossas chances, e passei a imaginar os cenários possíveis para os próximos dias. Na versão mais otimista, montaríamos o Acampamento IV no Ombro, a 7.925 metros, dali a quatro dias. A partir desse acampamento, esperávamos finalmente chegar ao cume em um dia.

"Se tudo der certo", escrevi às pressas, "descer para descansar 4 ou 5 dias, esperar o bom tempo e mandar ver!".

Sem chance. O K2 não ia desistir assim tão fácil. Em 12 de julho, tivemos nosso primeiro contratempo. Naquela hora, pareceu um grande transtorno.

Scott e eu partimos do acampamento-base às 5 horas, na esperança de escalar diretamente até o Acampamento II em um dia. Pouco antes de chegar à base do Esporão dos Abruzzos, é preciso desviar do caminho por uma pequena cascata de gelo. Em termos técnicos, ela é trivial, mas potencialmente perigosa. Sempre atravessamos a cascata de gelo encordoados, mesmo que os outros, inclusive os russos, não se preocupassem em fazer o mesmo.

Naquela manhã, Scott ia à frente enquanto serpenteava pelo labirinto de fendas e torres de gelo. Ele pisou em um pedaço de gelo que estava encaixado em uma pequena greta. O pedaço de gelo cedeu ao peso dele e Scott caiu. Não havia perigo de uma grande queda na greta, pois eu o segurava por uma corda bem presa. Instintivamente, Scott esticou os braços para amparar-se contra a queda. Quando atingiu a superfície glacial, gritou de dor:

— Merda! — ele esbravejou. — Desloquei o ombro de novo!

Acontece que Scott havia deslocado o mesmo ombro em uma queda doze anos antes. "Colocamos uma tipoia e deixamos sua mochila", registrei à tarde no diário. "[Scott] andou até o final da morena sentindo muita dor e teve que parar algumas vezes. Eu o deixei ali e fui buscar o Yuri, nosso médico".

Assim que souberam que Scott havia sofrido um acidente, vários outros escaladores vieram ajudar no "resgate". Yuri Stefanski, o médico russo, reposicionou o ombro do Scott e lhe deu analgésicos e relaxantes musculares. Mas também lhe disse:

— Você deve ir embora. A expedição acabou para você.

Scott recusou-se a aceitar o veredito, alegando que estaria de volta à ação em uma semana. Não tenho certeza se algum de nós acreditou naquilo. "Scott está bem abatido", escrevi em meu diário, de volta ao acampamento. E eu estava abatido também. Um acidente bobo, nada mais sério que um tropeço no meio-fio da rua, e meu parceiro estava fora do jogo por tempo indeterminado.

Até aquele momento, acho que eu não tinha percebido quanto apostara em nossa dupla. Sempre previ Scott e eu subindo a montanha juntos e então nos abraçando no topo. Agora, enquanto eu ruminava a ideia durante a noite, encarava a real possibilidade de que, se eu chegasse ao topo do K2, seria com outro parceiro. Comecei a me aproximar dos dois escaladores mais fortes da equipe, Neal Beidleman e Charley Mace, bem como de Hall e Ball. Talvez eu pudesse ir ao cume com eles. Além disso, àquela altura da expedição, não havia mais ninguém na equipe que eu visse como um amigo próximo, e, com certeza, não confiava em ninguém como em Scott.

Na falta de uma liderança real por parte de Vlad, o restante de nós decidiu que precisava designar uma pessoa como líder de escalada. Em uma de nossas reuniões à hora da refeição, sem a presença de Vlad, que estava cuidando de seus afazeres, fizemos uma votação e, para minha surpresa, fui eleito. Imediatamente, tentei colocar alguma ordem na logística — calculando quem poderia carregar quais suprimentos para qual acampamento, e assim por diante. Contudo, não havia como dizer aos russos o que fazer. Eles eram leais apenas uns aos outros e, até onde pude perceber, também não havia tanta lealdade assim.

Outra coisa que me incomodava era que os russos pareciam dispostos a escalar em condições realmente perigosas. Por sua vez, eles agiam como se o restante de nós fosse um bando de molengas. Um dia, quando Vlad voltou ao acampamento, ele virou-se para mim e disse:

— Por que você não vai hoje?

— Porque eu acho que há um grande risco de avalanche — respondi.

Não dei voz ao que pensei de verdade: *Cara, não somos suicidas como você!*

Naquela hora, fiquei pensando se essa propensão a agir de forma incauta fazia parte de um estilo russo peculiar no Himalaia. No Everest, em 1990, escalei com soviéticos na International Peace Climb [Escalada pela Paz Mundial], de Jim Whittaker. Nessa ocasião, os russos também pareceram dispostos a escalar em condições péssimas, enquanto os outros não. Eles tendem a ser extremamente competitivos entre seus compatriotas, pois ganham *status* e honras quando retornam ao seu país com um sucesso na bagagem. Em outras expedições posteriores, embora eu não fosse parceiro dos russos, percebi que eles normalmente agem da mesma forma. Certo ou errado, eles têm sua própria maneira de garantir um lugar de destaque em uma expedição e, uma vez na equipe, todos eles incentivam silenciosamente uns aos outros.

Durante os dez dias após Scott deslocar o ombro, o tempo permaneceu constantemente ruim. Meu otimismo sofreu um baque. Embora eu fosse o líder de escalada eleito, não podia forçar alguns dos outros a transportar sua própria carga. Em vez disso, fiquei frustrado e aborrecido, humor esse que se reflete em meu diário.

> 14 de julho: nossa meta é montar o Acampamento III, acabar de fixar cordas até ele e recolher toda a tralha entre os Acampamentos II e III. Esse é o maior problema desse tipo de viagem. A maioria das pessoas carrega as coisas até a metade do caminho e larga bagunça espalhada por todo lado!
>
> 15 de julho: sempre ansioso, simplesmente porque há muito a fazer e eu tenho que organizar as pessoas. Eu queria trabalhar com Rob para acabar de fixar cordas até o Acampamento III; afinal, ele sabe aonde ir. Então, esperei por ele. Às 7h30 ele ainda não estava pronto; por isso, parti sozinho.

> Mesmo dia: desci para o Acampamento II às 16 horas depois de vários rapéis [...]. Cheguei ao Acampamento II; Alex, Gnady e Dan vieram atrás. Um belo grupo de merdas! Todos queriam dormir no Acampamento III amanhã, como nós fizemos. Eles não dão tempo de a gente respirar! Fiquei muito bravo!

Simplesmente não havia barracas em número suficiente para dormirmos no Acampamento III. Nossa logística de escalada ainda precisava de ajustes.

Em minha frustração, na privacidade do meu diário, registrei os apelidos que dei a alguns dos demais escaladores. A equipe suíça era "ovelha". Um par de irmãos, cujo sobrenome rimava com a alcunha que lhes dei, tornou-se "os *weenies*". Mas minha reclamação no diário era mais que um desdém. Eu achava mesmo que nosso dito "trabalho em equipe" estava por um fio.

> 17 de julho: como líder de escalada, não consigo manter o grupo organizado porque eles (em sua maioria) não são fortes ou experientes o bastante para terem atitude; então, ficam por aí largando a carga por toda a montanha! Eles vão tremer na base lá em cima.

Mesmo quando, às vezes, um colega de equipe tentava de verdade ajudar a guiar ou transportar suprimentos, o tiro saía pela culatra. Em 19 de julho, enquanto levávamos cargas do Acampamento I para o Acampamento II, um colega norte-americano pediu para eu ir à frente, pois eu era mais rápido. Mas então, inexplicavelmente, como escrevi no diário:

> Assim que parti, ele saltou para as cordas [fixas] bem na minha frente. O que eu devia fazer? Escalar a bunda dele? Então esperei, esperei, fui devagar logo atrás dele e dei um tempo. Ele parava toda hora para se curvar e respirar, olhando para trás e me encarando. Isso me deu nos nervos! [...] Finalmente ele parou no Acampamento II e eu segui para o Acampamento III.

Havia uma mulher em nossa equipe, mas para mim ficou claro desde o início que ela não era forte ou experiente o bastante para ir muito longe na montanha. Naquele verão, a única mulher realmente talentosa e ambiciosa no K2 era Chantal Mauduit, que, embora fosse francesa, fazia parte da equipe suíça. Quando eles desistiram e foram embora, Chantal ficou — o que, falando estritamente com relação à sua permissão, era ilegal. Segundo as regras do Paquistão, se o líder da expedição vai embora, o restante da equipe também deve ir.

Até 1992, apenas três mulheres haviam escalado o K2 — todas durante o trágico verão de 1986. Atualmente, todas estão mortas. Liliane Barrard e Julie Tullis morreram no descenso naquele ano, depois de chegar ao cume. A polonesa Wanda Rutkiewicz, a melhor escaladora de alta montanha de sua época (e talvez de todos os tempos), sobreviveu ao K2 para morrer um mês depois — antes do início da nossa expedição de 1992 —, no Kangchenjunga, pega por uma nevasca quando já estava perto do cume.

Embora pareça macabro, o fato de não haver uma mulher viva que tenha conseguido escalar o K2 teve um grande peso sobre o esforço de Chantal. Ela já era famosa na França por suas outras explorações, mas a conquista do K2 traria muita celebridade e patrocínios.

Chantal era uma mulher muito bonita, com cabelos castanhos longos e olhos brilhantes. Tinha o hábito de flertar com praticamente todo mundo. Eu achava isso desconcertante — quando ela me lançava um olhar diferente, significava alguma coisa? Ou era apenas o modo como ela interagia com todos os escaladores na montanha? De qualquer forma, todos pareciam gostar dela.

Um de nossos colegas norte-americanos, Thor Kieser, manteve um relacionamento com Chantal ao qual ela pusera fim. Eu tinha a impressão de que Thor ainda gostava dela. E ela gostava dele o suficiente para aceitar, após a partida dos suíços, ser seu par para a investida ao cume.

Estando Scott fora de ação, comecei a escalar bastante com Neal Beidleman. Ele era engenheiro aeroespacial em Aspen, muito bem-sucedido. Era também um escalador forte, um dos poucos na montanha que transportava sua carga. Nosso entrosamento foi muito bom desde o início. O que mais gostei no Neal foi de sua energia, sua vasta experiência em escalada e sua personalidade tranquila. Infelizmente, ele tinha compromissos profissionais nos Estados Unidos e planejava partir do acampamento-base em 5 de agosto para voltar ao seu trabalho, de modo que parecia pouco provável que ele sequer teria uma chance de tentar o cume.

Na última semana de julho, o clima continuava ruim. Isso não impedia os escaladores mais ávidos de tentar subir a montanha. Entre eles, três dos russos: Vlad, Gennadi Kopeika e Aleksei Nikiforov (eu chamava os dois últimos de Gnady e Alex), além de Thor e Chantal. Como havia nevado muito, as condições para escalada eram bem duvidosas.

Em 20 de julho, Neal e eu finalmente montamos uma barraca no Acampamento III, a 7.315 metros, e passamos a noite ali. Amanheceu com neve e ventania, além de uma neblina sufocante. Para mim, ficou óbvio que ainda era muito cedo para uma incursão séria ao cume, mas os escaladores mais ansiosos não concordavam. Naquela noite, escrevi no diário: "Vlad partiu com equipamento pessoal, e Thor decidiu que também vai dormir no Acampamento IV e tentar o cume. Eca, eca, eca!"

A única coisa sensata a fazer era descer. No entanto, ainda tentando agir como integrantes de uma equipe e a fim de colaborar com Vlad, Neal e eu levamos uma barraca, uma corda, estacas e uma pá de neve para um local acima do Acampamento III, onde a rota fica mais íngreme para chegar ao Ombro. Meu diário registra:

49

Alcancei Vlad e disse a ele que não valia a pena prosseguir com visibilidade zero e nevando. Ele insistiu em continuar, então lhe dei a barraca e me mandei. Thor e Chantal também ficaram mais que contentes de retornar. (Vlad acabou acampando exatamente onde o deixamos! Aprendeu do jeito mais difícil.)

Neal e eu voltamos para o Acampamento III e passamos o resto do dia discutindo o que fazer. À medida que o clima piorava, tomamos uma decisão e começamos a descer com lanternas frontais. Às 21h30, havíamos percorrido todo o trajeto até o acampamento-base.

Nesse ponto, já fazia semanas que eu me sentia constantemente irritado com a falta do trabalho de grupo da nossa "equipe". No acampamento-base, pensei intensa e profundamente sobre isso. No final, tive o que chamei no diário de uma "revelação": "Eu trabalho muito mais do que caberia a mim como parte do trabalho de equipe — fixando cordas, puxando cargas etc.", escrevi. "A partir de agora, vou tomar minhas próprias decisões e agir como quiser". E continuei, vislumbrando um possível cenário. Se o tempo abrisse e as condições da neve melhorassem, eu levaria, em minha investida ao cume, uma barraca de um lugar para bivaque e um fogareiro. Eu esperava que Neal ou até mesmo Scott pudessem ir comigo, embora estivesse preparado para o trabalho solo. Reanimado com essa decisão, escrevi no diário: "É um bom plano, e o resto da equipe pode se ferrar o quanto quiser! *Hoka hey!*".[3]

Enquanto isso, no acampamento-base, Scott recuperava-se com uma rapidez maior que a imaginada. Nós o ajudamos a vestir um tipo especial de apoio para o ombro que lhe permitia usar o braço machucado para jumarear pelas cordas fixas, evitando que ele erguesse aquela mão acima da altura do tórax. Em 25 de julho — meros treze dias depois de haver deslocado o ombro — ele fez um teste indo sozinho até o Acampamento I. Scott ainda sentia dor, mas, sendo um cara durão até o fim, calculou que conseguiria escalar dessa forma. Fiquei muito contente por ter meu camarada de volta à ação.

O clima estava finalmente melhorando. Eu ainda não tinha pressa alguma de subir a montanha, pois sabia que, depois de tanta nevasca, as condições da neve estariam bem ruins. Porém, em 27 de julho, uma espécie de agitação tomou conta dos escaladores que cobiçavam atingir o cume. Eu ainda estava pensando em minha tentativa solitária de investida ao topo, e a última coisa que eu queria era ser convencido a fazer uma tentativa prematura porque outras pessoas estavam eufóricas.

A ambivalência é um dos mais difíceis estados mentais com o qual lidar em uma expedição. Naquela noite, em um acesso de irritação, escrevi em meu diário:

---

3 *Hoka hey* é uma saudação das nações apaches e também seu grito de guerra, que significa algo como "hoje é um bom dia para morrer". (NT)

O clima *está* bom. Vou me preparar para partir e decidir esta noite [...]. Assim, estarei pronto para ir quando quiser. Todo mundo fica me perseguindo – quando vou subir? Danem-se, me deixem em paz! Não quero ir com um bando de imbecis. É muita gente, e eles querem ir todos de uma vez. Tem um monte de tempo, mas, de repente, parece que tem de ser uma corrida desenfreada.

O Esporão dos Abruzzos pode ser a rota mais fácil do K2, mas não é moleza. Durante aquele verão inteiro na montanha, eu estava plenamente ciente de um fato histórico alarmante. A última ascensão bem-sucedida pelos Abruzzos fora realizada em 1986 – e, dos muitos escaladores que estavam na rota naquele ano, seis morreram na descida. Nos anos que se seguiram daí em diante, de 1987 a 1991, catorze expedições diferentes se lançaram ao Esporão dos Abruzzos. Nenhum escalador, de nenhum desses catorze grupos, alcançou o cume.

Até 1992, apenas cinco norte-americanos escalaram o K2: Jim Wickwire e seus três colegas de equipe, pela crista nordeste, em 1978; e Steve Swenson pela crista norte em 1990. Nenhum norte-americano escalara o Esporão dos Abruzzos. Embora isso não fosse o mote principal da minha motivação, não tinha como eu não me dar conta de que fazia parte da primeira equipe norte-americana a subir a via clássica pela qual o K2 fora escalado em 1954.

Em 29 de julho, Thor, Chantal, Neal e eu nos esforçamos para chegar ao Acampamento III. Encontramos o acampamento completamente coberto de neve: não havia sequer a ponta de uma vareta para fora da neve acumulada. Passamos horas desenterrando o acampamento. Uma barraca estava irremediavelmente destruída; a outra ainda deu para salvar, mas, quando a montamos, ela estava tão amassada que só tinha espaço, como registrei no diário, "para uma pessoa e meia". Ajudei Thor e Chantal a montar a barraca deles e depois me arrastei para a minha barraca de bivaque, que mais parecia um caixão. Neal ficou na barraca que remontamos. Mais tarde, no mesmo dia, Vlad e Gnady chegaram, vindos de baixo, passaram por nós e acabaram acampando um pouco acima. Alex também subiu, cerca de um dia depois.

Tive uma noite horrível. Não dormi muito bem, pois tinha que levantar para tirar do meu abrigo a neve fresca e os chuviscos. Pela manhã, ainda ventava forte. "Difícil decidir o que fazer", escrevi. "É a última chance de Neal, mas lá em cima a coisa está feia. A decisão é descer. Thor e Chantal ficaram. Muito ruim *mesmo* fazer a descida".

Dos acampamentos inferiores, nossa comunicação com os "colegas de equipe" era limitada a uma chamada de rádio agendada para as 19 horas. Essas chamadas eram enigmáticas e frustrantes na melhor das hipóteses, já que os russos traduziam pouco das informações para nós. Às vezes, a conversa entre os russos era interminável; então, nós simplesmente desistíamos de ouvir, pois parecia que havíamos sido excluídos mesmo. Em 31 de julho, aqueles de nós que estavam no acampamento-base aguardavam ansiosamente. Finalmente tivemos notícias. "Vlad [e Gnady] chegaram à base da pirâmide do cume", registrei em meu diário. "Alex está no Acampamento III, e Thor está onde? Dia muito bom, mas Vlad disse que a neve está na altura do peito".

Primeiro de agosto foi outro bom dia na montanha. Eu ainda estava ponderando antes de me lançar montanha acima. Neal não tinha mais nenhuma esperança de chegar ao cume, mas Scott estava de volta, em boa forma e pronto para a ação. Sabíamos que naquele dia Vlad e Gnady iam para o topo. Quarenta e um dias após minha chegada ao acampamento-base, finalmente alguém de nossa equipe estava em uma investida para valer.

Às 19 horas, nada da chamada pelo rádio da dupla do cume. Admito que nunca estabeleci qualquer relação de amizade com os russos, e Vlad me tirava do sério com sua filosofia cada-um-por-si. Mas, nesse dia, não havia como não me preocupar com o que estava acontecendo no alto do K2, e eu pedia silenciosamente aos deuses da montanha para serem bonzinhos com aqueles dois escaladores determinados. Todos nós tentamos mandar vibrações positivas para eles.

Finalmente, descobrimos o que aconteceu. Vlad e Gnady partiram do Acampamento IV, chegando ao Ombro, a 7.925 metros, às 3 horas. Retardados pela neve profunda, escalaram com uma lentidão agonizante, mas se recusaram a retornar. Alcançaram o cume juntos às 21 horas, depois de dezoito horas de escalada.

Quando soubemos disso, fiquei pasmo e preocupado. Por minhas regras, dezoito horas de escalada é tempo demais para continuar em direção ao cume, e 21 horas é um horário muito tardio para se chegar lá. Mas aqueles caras eram realmente durões. Eu achava que conseguiria escalar mais rápido? Na minha tentativa de ataque ao cume, o que eu faria diferente? "Devo sair do Acampamento IV às 20 horas?", refleti no diário. "Vai ser casca-grossa!".

Naquela noite, Gnady regressou ao Acampamento IV, mas Vlad fez um bivaque, exausto, abaixo do cume. Por incrível que pareça, ele não só sobreviveu à noite como não teve sequer um congelamento. Os dois russos desceram para o acampamento-base em 3 de agosto.

Enquanto isso, em 2 de agosto, Thor, Chantal e Alex escalaram até o Ombro e montaram o acampamento a 7.925 metros. O plano deles era partir rumo ao cume pela manhã.

No mesmo dia em que fizeram sua tentativa, Scott e eu finalmente partimos para nossa própria incursão. Pelo menos, todo o nosso trabalho duro na montanha estava compensando. Para poupar tempo e aproveitar o bom clima, escalamos os 2.286 metros verticais do acampamento-base até o Acampamento III num embalo só. Levei apenas onze horas nessa ascensão monumental; Scott, algumas horas a

decisão

mais. Em termos de eficiência de movimento, esse dia continua sendo um dos meus melhores nas montanhas.

É claro que, enquanto escalávamos, não tínhamos ideia do que acontecia com nossos três colegas lá em cima. No Acampamento III, ouvimos a chamada pelo rádio às 19 horas, mas não houve nenhuma palavra sobre o progresso deles. Naquela época, não era nada incomum não fazer chamadas durante a investida ao topo, pois, ou você estava muito entretido no esforço de escalar, ou nem se preocupava em levar um rádio. Nossa única opção era manter o rádio ligado e esperar uma notícia do trio do cume.

À medida que se escala o Esporão dos Abruzzos, a pirâmide do cume fica fora de vista por milhares de metros, encoberta pelos abismos e encostas acima do trajeto. Somente quando se chega ao Ombro, a 7.925 metros, é que o majestoso perfil da montanha descortina-se à sua frente.

Envolvidos como estávamos em nosso excelente dia de escalada, nem pensávamos muito em Thor, Chantal e Alex. Eles eram escaladores experientes, aptos a cuidarem de si mesmos. Dentro de nossos sacos de dormir, no Acampamento III, Scott e eu estávamos eufóricos. No dia seguinte, rumaríamos para o Acampamento IV. Se o tempo continuasse bom, tentaríamos o cume em 5 de agosto.

Estávamos muito agitados para dormir logo. Em vez disso, ajeitamos nossas mochilas. Às 22 horas, ouvimos o chiado de nosso rádio. Sentei, acendi minha lanterna, peguei o aparelho e atendi à chamada.

Era Thor, do Acampamento IV.

— Oi pessoal — ele disse. Dava para sentir a tensão em sua voz. — Chantal e Alex não voltaram. Não sei onde eles estão.

Merda!, eu disse para mim mesmo. No facho da lanterna, olhei para Scott. Ele tinha o mesmo olhar de desgosto e preocupação. *Lá se vai nossa tentativa*, pensei.

Thor e Alex, como ficamos sabendo, tinham partido do Acampamento IV às 5h30 da manhã. Chantal saiu já eram 7 horas. Depois, mesmo escalando sem oxigênio suplementar, ela os alcançou no Pescoço da Garrafa e ainda os ultrapassou. Um desempenho extraordinário, considerando-se a altitude.

Após um dia longo e duro de escalada, percebendo que só conseguiria chegar ao cume muito tarde, em vez de arriscar um bivaque, Thor, prudentemente, desistiu da investida a apenas poucos metros do topo e desceu. Como ele viria a saber somente no dia seguinte, Chantal prosseguiu e alcançou o cume às 17 horas. Alex só chegou lá às 19 horas. Na descida, ele encontrou Chantal. Temendo descer sozinha no escuro, ela tinha começado a fazer um bivaque. Praticamente dando uma bronca nela, ele conseguiu arrancá-la da apatia e a convenceu a acompanhá-lo na descida.

Com a primeira luz do dia 4 de agosto, Scott e eu nos preparamos para deixar o Acampamento III. Nosso ataque ao cume convertera-se em missão de resgate ou, ainda pior, em uma busca por escaladores desaparecidos. No entanto, às 7 horas, Thor chamou novamente pelo rádio. Alex e Chantal tinham acabado de chegar ao acampamento, cambaleando após um descenso que havia levado a noite inteira. Chantal estava completamente exausta, temporariamente cega e com congelamentos. Alex salvou a vida dela, mas, agora, depois de achar que havia feito o que se esperava dele, o russo largou Chantal com Thor e seguiu montanha abaixo. Ele mal se despediu.

Chantal ainda estava praticamente impotente. Sendo assim, Scott e eu percebemos que seria nosso o trabalho de auxiliá-la. Thor jamais conseguiria descer até o acampamento-base sozinho. *Pelo menos*, pensei enquanto juntava o equipamento para nossa missão, *será um resgate e não uma busca*.

Contudo, naquela manhã, parecia que tudo conspirava contra nós. Na hora em que Scott e eu partimos, a visibilidade caiu a quase zero e as condições da neve eram muito ruins. Mal conseguindo ver aonde estávamos indo, abrimos caminho na neve profunda por umas duas horas antes de desistir e retornar.

Naquela tarde, avistamos Alex acima do Acampamento III. Ele estava muito cansado. Escalamos uma pequena parte do caminho para ajudá-lo e o colocamos em uma barraca. Em seguida, preparamos muita bebida, pois ele estava gravemente desidratado. Surpreendeu-me o fato de que, a essa altura, Alex não estava nem um pouco curioso sobre o estado de Chantal.

No mesmo dia, Thor começou a descer do Acampamento IV, guiando Chantal, que mal conseguia enxergar os próprios pés. Devido às péssimas condições, eles só conseguiram percorrer uma curta distância antes de ter que parar na borda inferior do Ombro. Felizmente, Thor trouxera uma barraca, mas o abrigo de emergência que ele montou naquela encosta precária mais parecia um bivaque que um acampamento de verdade. Posso imaginar o trabalho que ele teve para cuidar de Chantal em circunstâncias exasperadoras.

No dia seguinte, 5 de agosto, Scott e eu acordamos às 4h30; esperamos o tempo abrir para subir, pois a situação acima de onde estávamos parecia ter piorado àquela hora. Alex estava exaurido para poder ajudar de alguma forma; mais tarde nesse dia, ele deixaria o Acampamento III sozinho. Por fim, o tempo melhorou o suficiente. Scott e eu partimos às 7h30. O vento carregava as nuvens, que se alternavam com aberturas de sol. Em todos os lugares, a neve estava funda e fofa.

Ao meio-dia, havíamos alcançado a última parede abaixo do Ombro. De repente, vimos Thor e Chantal, dois pontinhos acima de nós que entravam e saíam das nuvens e da bruma. O vento soprava devagar e com menos força, e leves avalanches de detritos tinham começado a descer pela parede.

Durante toda a expedição, até aquele momento, eu sempre tinha pecado por excesso de cuidado. Havia me recusado a escalar nas condições que os russos pareciam achar que valia a pena arriscar. Eu tinha descido quando os escaladores mais atrevidos subiram. Agora, de uma vez por todas, eu sentia que o aclive que Scott e eu tentávamos escalar estava prestes a despencar em uma avalanche. Scott ainda não tinha se dado conta disso — o que atribuo ao fato de que eu havia guiado muito mais que ele e tinha aprendido a ficar extremamente atento às condições de avalanche.

— Espere um pouco, Scott — eu disse —, essa encosta não está boa.

Há uma verdade eterna e inevitável no montanhismo, bem como na maioria das atividades perigosas: você tende a ultrapassar os limites de seu próprio julgamento de risco aceitável quando se propõe a salvar alguém em perigo. O exemplo clássico ocorreu no K2 em 1953, quando, ao tentarem salvar a vida de um colega incapacitado, sete membros da expedição norte-americana passaram bem perto da morte em uma terrível queda, encordoados. Esse acidente aconteceu exatamente onde Scott e eu estávamos.

Mais tarde, eu pensaria no triste destino de Jean-Marc Boivin. Um dos maiores escaladores franceses de sua época, ele também foi, na década de 1980, um dos mais radicais esquiadores do mundo. Boivin realizou as façanhas das primeiras descidas de esqui dos Alpes, em gargantas e faces onde o menor deslize significa morte certa. Ele também aperfeiçoou as artes do *base jumping* e do parapente (decolagem com uma vela sem a estrutura que se abre de uma mochila presa às costas do piloto). Em 1988, ele deixou o mundo da escalada perplexo ao decolar de parapente do cume do Everest e voar até um acampamento inferior em apenas doze minutos.

Em 1990, aos 39 anos, Boivin estrelou uma aventura na televisão chamada *Ushuaia*, um inteligente documentário francês em episódios sobre esportes radicais. Ele e uma mulher estavam prontos para um *base jump* de um penhasco próximo ao Salto Ángel, na Venezuela — uma brincadeira para Boivin. Mas, quando a mulher, ao saltar primeiro, bateu levemente no penhasco durante a queda, Boivin saltou impetuosamente em seu auxílio, sem fazer a usual e meticulosa preparação. Ele atingiu uma árvore já perto do fim do salto e caiu no chão, ferido. Um helicóptero foi resgatá-lo, mas Boivin sinalizou para o piloto ir primeiro socorrer sua colega. Ela sobreviveu, milagrosamente, com uns poucos ferimentos leves. Quando o helicóptero voltou para pegar Boivin, ele havia morrido por causa de hemorragia interna, deixando mulher e filhos pequenos.

Se estivéssemos escalando apenas por nossas próprias convicções, para chegar ao Ombro e montar o Acampamento IV, Scott e eu não teríamos subido o paredão nas condições com que nos deparamos naquela hora. Foi a real possibilidade de Chantal — e talvez Thor também — morrer sem nossa ajuda que nos levou a uma atitude extrema e perigosa.

Scott e eu escalávamos presos um ao outro por uma corda de 15 metros que eu havia pegado no Acampamento III. Agora, eu pressentia o desastre iminente:

— Cara — disse para Scott —, não vamos nos matar desse jeito.

Parecia que a ribanceira que escalávamos despencaria a qualquer momento. Scott, que estava acima de mim, sentou na encosta, olhando. Quase em pânico, comecei a cavar freneticamente com minha piqueta, tentando escavar um buraco onde pudesse me enfiar no caso de avalanche. Eu achava que um bolsão na neve me protegeria da violência do ataque se a encosta se desprendesse.

E então, é claro, aconteceu. Scott nem viu. Só tive tempo de olhar para cima e ver uma onda de neve engolindo-o antes de ele sumir de vista. Rapidamente, enfiei a cabeça e a parte de cima do meu corpo no buraco, firmei minha piqueta na encosta e soltei todo meu peso nela. O deslizamento levou tanto tempo para carregar Scott encosta abaixo e passar por mim que comecei a pensar: *Nossa! Nos safamos dessa!*

Mas então, *bum*! A corda se retesou e deu um solavanco; eu fui arrancado de minha pequena toca com a facilidade que se tira uma faca da manteiga. Comecei a ser arrastado pela encosta abaixo, 15 metros acima de Scott. Só tive tempo suficiente de imaginar a queda de 8.000 metros até o glaciar — e ao esquecimento.

Os instintos reminiscentes dos meus anos de treinamento na RMI vieram à tona. Meu cérebro gritava: *Segura! Segura!* Mesmo enquanto eu deslizava pela encosta, virei de bruços e consegui erguer a cabeça, com a piqueta presa nas duas mãos, sob meu peito. Tentei fincá-la, mas só a sentia escorregar pela neve fofa. Soube depois que Scott mal conseguiu ficar em uma posição que possibilitasse uma tentativa de se segurar.

Provavelmente, havíamos caído algumas dezenas de metros quando minha piqueta atingiu parte do gelo e paramos. Minha autofrenagem finalmente funcionou. Virei e gritei:

— Scott, você está bem?

Eu não podia ficar mais aliviado com a resposta dele:

— Sim, mas minhas bolas estão me matando! — ele gritou.

Se o Scott estava bem o bastante para reclamar da cadeirinha apertando suas bolas, é porque estava tudo certo.

Em resumo, estivemos à beira de dar o grande salto. Essa foi, de longe, a vez em que cheguei mais perto da morte em meus dezesseis anos de montanhismo.

Scott e eu nos recompusemos. Chamei Thor pelo rádio e o avisei para não descer a encosta que tinha acabado de despencar.

— Vá para a sua esquerda — pedi —, na direção do paredão de gelo, e talvez faça um rapel.

Então, escalamos, ainda na esperança de guiar a descida de Thor e Chantal. Por fim, aos 7.772 metros, conseguimos nos encontrar:

— Caras, estou feliz por ver vocês! — exclamou Thor.

decisão

Deitamos Chantal de costas, ali mesmo na neve. Dei um jeito de abrir suas pálpebras e pingar colírio anestésico. Em seguida, nós quatro prendemo-nos na mesma cordada, com Scott na frente e eu por último, como âncora. No fim da tarde, chegamos ao Acampamento III. Colocamos Chantal em um saco de dormir. Verifiquei-lhe os pés: eles não estavam congelados, apenas terrivelmente frios. Derretemos várias canecas de neve para cuidar de Thor e Chantal com bebidas quentes.

Durante a retirada, Chantal nunca nos agradeceu. Em vez disso, não parava de repetir:

— Eu atingi o cume! Estou tão contente!

Não foi a última vez que essa bela e forte francesa usaria toda a sua energia para chegar ao topo de uma 8.000 metros para depois desmoronar e depender da ajuda de outros escaladores para descer a elevação.

Scott e eu sabíamos que o resgate tinha um preço. Nossa incursão ao cume agora não tinha data definida. O mais importante era tirar da montanha, com segurança, Chantal, ainda exausta, e Thor, em condições apenas um pouco melhores.

À meia-noite de 6 de agosto, todos nós havíamos voltado ao acampamento-base inteiros. Scott e eu estávamos muito cansados e, além disso, profundamente decepcionados. Qualquer tentativa que pudéssemos empreender agora teria de ser feita do zero, desde o acampamento-base. Entretanto, moralmente, não nos restava outra escolha a não ser abortar nosso ataque ao cume para ajudar Thor e Chantal a descerem. Por isso me doem tanto os vários relatos recentes — especialmente no Everest — de escaladores que ignoram pessoas em apuros com medo de que o trabalho de resgate acabe sabotando suas próprias investidas.

Na noite seguinte, os russos e Chantal comemoraram suas vitórias. Scott e eu não fomos convidados; assim sendo, ficamos em nossas barracas ouvindo seus brindes. Foi duro aguentar, mas não chegou nem aos pés da notícia estarrecedora que recebemos na manhã seguinte.

Vlad reuniu sua "equipe" na barraca-refeitório no café da manhã. Ele, então, anunciou que a expedição estava encerrada! Todos sob sua permissão tinham que ir embora. E como se tal decreto já não fosse grave o bastante, para completar, ele decidiu insultar o restante de nós. Proclamando de forma vexatória, Vlad alegou que nós, os norte-americanos, simplesmente não escalamos com a rapidez necessária. Perdemos tempo e não estávamos dispostos a nos esforçar.

Apenas encarei Vlad. Eu estava tão furioso que não conseguia articular uma única palavra. Eu nem conseguia me lembrar de ter ficado tão irritado com um colega escalador em uma montanha. Não podia acreditar que o "líder" era capaz de ser tão egoísta. Se faltava alguma prova de que Vlad, no fim das contas, era um completo ignorante, ela acabava de ser dada.

Em 7 de agosto, fazia quase sete semanas que Scott e eu estávamos na montanha. Éramos cinco os inclusos na permissão dos russos e que ainda queriam muito ter outra chance de escalar o K2. Ainda havia outra equipe no acampamento-base — Hall e Ball, com seus colegas suecos e mexicanos. Depois de muito esforço, eu não queria desistir só porque Vlad havia me mandado ir para casa.

Chantal, é claro, ignorou por completo a questão da permissão depois que a equipe suíça partiu. Ela escalou a montanha ilegalmente e, pelo que parece, sem problema algum de consciência. Mas esse não era meu estilo. Eu sempre fui muito certinho e sabia que outros escaladores que tentaram burlar as restrições da permissão foram banidos do Paquistão pelo Ministério do Turismo.

Já que nosso líder, Vlad, estava indo embora, tecnicamente nossa expedição tinha acabado, e todos nós também devíamos partir. Mas, conversando com Hall e Ball e com nosso oficial de ligação, acabamos chegando a um acordo que nos permitiu ficar na montanha. Dan Mazur, um dos cinco determinados a fazer outra tentativa, passou a ser o líder eleito do que restou do nosso grupo.

Enquanto isso, o clima recusava-se a colaborar. Dia após dia, víamos tempestades violentas abaterem-se sobre as encostas mais elevadas da montanha. Scott e eu havíamos deixado todo nosso equipamento no Acampamento III. Porém, agora, começamos a nos preocupar pensando na hipótese de o Acampamento IV, no Ombro, ter sido soterrado pela neve fresca ou destruído pelo vento que vimos açoitar as partes mais altas da montanha. Em vez de contar com as barracas e os equipamentos deixados pelos outros no Acampamento IV, teríamos que desmontar o Acampamento III e carregar tudo para o Ombro.

Ficamos presos no acampamento-base por quatro dias. Eu estava preocupado com a logística. Em 10 de agosto, escrevi em meu diário:

> Scott e eu deixamos tudo no Acampamento III — barraca, mochilas, combustível, fogareiro, comida. Na última viagem, comemos como passarinhos: granola no desjejum, duas barras energéticas durante o dia e sopa no jantar. Abrimos mão de bebidas quentes porque levam muito tempo para cozinhar no fogareiro Bleuet [...].
>
> Conseguiríamos em três dias com condições boas. Se não tivesse neve funda. Do acampamento-base ao Acampamento III, daí ao Acampamento IV, e, então, ao cume. *Por favor*, que venha o tempo bom!

O tempo só abriu em 11 de agosto. Todos nós decidimos subir a montanha no dia seguinte. Depois de tanta espera, de todos os contratempos, de todos os conflitos interpessoais, eu estava extremamente motivado. É possível notar o nervosismo na grafia de cada registro feito em meu diário, e no modo como usei os pontos de exclamação:

> Vamos para o Acampamento III amanhã. Scott, eu, Gary e Rob vamos partir às 2h [...]. Muitos vão depois. Mas a maioria sequer passou do Acampamento II até agora!! Além disso, vão levar OS [oxigênio suplementar]. Vai ser bem difícil para eles.
> TÔ MALUCO!!
> VAMOS! VAMOS! VAMOS! VAMOS!

Em 12 de agosto, Scott, eu, Hall e Ball partimos do acampamento-base às 2 horas, planejando escalar todo o trajeto até o Acampamento III nesse dia. Vários outros tinham partido no dia anterior e passaram a noite no Acampamento II, na esperança de nos encontrar no Acampamento III quando ali chegássemos. Escalei os 2.286 metros em dez horas, uma a menos que o meu melhor tempo, do dia 3 de agosto. Charley Mace, que passara a noite no Acampamento II, chegou às 14h30. Scott só chegou às 16 horas. Hall e Ball e seus demais colegas de equipe foram ainda mais lentos. Consta em meu diário:

> Rob e Gary chegaram totalmente exaustos e hipotérmicos. Tivemos que montar o acampamento e dar bebidas quentes para eles. Mexicanos e suecos apareceram entre as 19 e 20h! Com certeza não estavam muito fortes.
> Bela e limpa noite. Muita esperança de bom tempo para amanhã.

Mas o clima na manhã seguinte acabou se mostrando incerto, com um emaranhado de nuvens cobrindo todos os outros grandes picos — quase sempre um sinal de tempestade chegando. Nenhum de nós sabia ao certo o que fazer, até que Scott e eu decidimos subir ao Ombro. Só conseguimos partir às 9h30. Por fim, os outros vieram atrás de nós.

Como parte da lição de casa do K2, eu tinha estudado tudo o que já dera errado em expedições anteriores pelo Esporão dos Abruzzos. Em particular, aprendi uma lição racional com a tragédia de 1986. No descenso, vários escaladores daquele ano agruparam-se no Ombro durante uma longa tempestade. Um motivo para eles não terem aproveitado uma brecha na tempestade foi o medo de perderem a rota. E a razão disso era que eles não tinham sinalizado corretamente o trajeto entre os Acampamentos III e IV.

As varas de marcação são estacas comuns de jardim, pintadas de verde, com fitas vermelhas presas em uma das pontas. Na subida, se você finca uma estaca na neve a cada 30 metros, mais ou menos, está demarcando a rota para que possa encontrá-la mesmo sob neblina na hora de descer. Fui treinado no Rainier e no Denali a sempre sinalizar uma rota com estacas.

Sendo assim, fiquei impressionado quando soube que os escaladores que se agruparam no Ombro em 1986 simplesmente não haviam trazido estacas em número suficiente para demarcar a rota naquele trecho onde não existe nenhum marco natural, abaixo do Acampamento IV. Em um belo dia ensolarado, é difícil imaginar a necessidade desses marcadores. Mas fui treinado a planejar sempre pensando no pior e torcendo pelo melhor. A sinalização com estacas não parece ser prática europeia — não é elegante ser visto carregando um pacote com dezenas de estacas verdes saindo pela parte de cima. Nem os russos em nossa viagem se abalaram a sinalizar a rota acima do Acampamento III.

Agora, no percurso entre os Acampamentos III e IV, finquei estacas em intervalos regulares. Eu sabia que nesse trecho havia maior probabilidade de nos perdermos durante a descida. Enquanto escalava, continua repetindo para mim mesmo: *Lembre-se de 1986!* Não foi fácil, pois perdemos muitas estacas quando as barracas foram soterradas. No final, como sobravam poucas, tive de quebrar várias delas e fincá-las de modo mais raso para ampliar nosso estoque. Tivemos inclusive de surrupiar as varas das barracas dilaceradas do Acampamento III para usar como estacas. Dias depois, esses marcadores salvariam nossa pele.

Scott e eu alcançamos o Acampamento IV às 14 horas. Novamente, os demais chegaram exaustos, bem mais tarde, alguns só às 20 horas. Deliberadamente, montei nosso acampamento no local mais alto e viável do Ombro, a fim de encurtar a escalada no dia da incursão ao cume. Então, todos ficamos a esperar. Nessa versão, o Acampamento IV era um pequeno aglomerado de barracas novas recém-montadas e ocupadas. Charley Mace acampou logo abaixo de nós. Em várias barracas havia membros da equipe de Hall e Ball: Rob e Gary, dois escaladores suecos e os três mexicanos.

Scott e eu optamos por ir bem leves. Nossa barraca não era um modelo comum de dois lugares, mas uma barraca de bivaque de 2 quilos. Dividimos um único saco de dormir. A ideia era dormir com nossos macacões de plumas, com o saco aberto e colocado sobre nós como um cobertor. No claustrofóbico confinamento de nossa barraca apertada, essa disposição seria útil para nos manter suficientemente aquecidos.

Nossa única corda era aquela de 15 metros que eu pegara no Acampamento III. Toda corda que havíamos trazido fora fixada ou perdida entre as tempestades.

Naquela tarde, 13 de agosto, nosso plano era acordar às 22h30 e estarmos prontos à meia-noite. Mas eu sabia melhor que ninguém que não dava para contar com um clima perfeito no dia seguinte. Como escrevi no diário — e acabou sendo uma previsão: "O clima no K2 está tão instável que o único jeito de aproveitar o tempo bom é subir e esperar. Esse é o nosso plano. Ficar aqui no Acampamento IV até o tempo parecer bom para avançar.".

Os dias seguintes testaram exaustivamente nossa paciência. Scott e eu levantamos para ver como estava o tempo às 22h30, depois à meia-noite, às 3h30 e de novo às 5h30. Toda vez que colocávamos a cabeça para fora da barraca, víamos que estava ventando forte e nevando — situação muito desagradável para um ataque ao cume. Havíamos decidido que, se não fosse possível partir às 5h30, ficaria muito tarde para chegar ao cume e voltar

decisão

com uma margem de segurança. Como estávamos decididos a não ir no dia 14 de agosto, simplesmente deitamos em nossa minúscula barraca, tentando fazer as horas passarem. "Sonolento o dia todo", escrevi. "Não se aborreça. Tente de novo à noite."

Durante o tempo que passamos no Acampamento IV, tentamos berrar mais alto que o vento para que os outros ouvissem nosso plano. Toda a equipe de Hall e Ball, inclusive os suecos e o mexicanos, estavam usando intermitentemente seu oxigênio suplementar até para dormir. Isso forçava uma barganha cruel: quanto mais eles permaneciam no Acampamento IV, menos oxigênio teriam para levar ao cume. Não foi surpresa alguma quando, no meio do dia 14 de agosto, dois dos mexicanos, Ricardo Torres-Nava e Adrián Benítez, decidiram descer. Ambos eram escaladores experientes — os dois já tinham feito o Everest —, de modo que imaginei que eles não teriam problemas para chegar ao Acampamento III.

Só depois soubemos o que aconteceu na descida deles, pela chamada por rádio feita por Dan Mazur e Jonathan Pratt, dois de nossos colegas de equipe que ainda estavam no Acampamento III. A notícia foi um grande choque para todos nós, mas fiquei atônito ao reler meu diário e ver que à época registrei o fato com mais raiva que compaixão:

> Aparentemente, eles tentaram fazer um rapel em um bastão de esqui (idiotas!) na travessia. O bastão escapou com Adrián, que caiu 914 metros, perto do Acampamento II — ele morreu! Idiotas! Dan e Jonathan tentaram chegar até ele, mas era muito perigoso.

Abaixo do Ombro, a cerca de 7.770 metros, havia uma pequena plataforma de gelo. Em vez de desescalar, Ricardo e Adrián montaram um rapel. Apesar de terem subido o Everest, os dois mexicanos não tinham muita técnica. Simplesmente confiaram em um bastão de esqui cravado na encosta para ancorar o rapel. Até na situação mais desesperadora isso seria a coisa mais estúpida a se fazer. Na verdade, eu nunca antes ouvi dizer que alguém tentou montar um rapel usando um bastão de esqui. Ricardo escapou, mas, quando Adrián soltou seu peso na corda, o bastão desprendeu-se. Ele nem teve a chance de se agarrar em algum lugar. Apesar da certeza de sua morte, Jonathan e Dan passaram boa parte de dois dias tentando encontrar o corpo do mexicano. Por fim, decidiram que era muito arriscado e que dariam margem a outro acidente.

Imagino agora que o tom do registro em meu diário reflete as semanas de tensão e frustração que se acumulavam dentro de mim em meados de agosto. O acidente mostrou como alguns escaladores se arriscam nessa montanha impiedosa. Adrián era um rapaz cordial e cativante, e todos nós ficamos tristes com sua morte. Mas dava para evitar o acidente. Adrián poderia facilmente ter encarado e descido o aclive de onde caiu; não precisava do rapel.

61

Foi daí que veio minha raiva. Eu estava na montanha há muito tempo com outros escaladores que nem eram meus colegas de equipe, muito menos meus amigos, e em cujos discernimento e técnica eu não botava fé. Além disso, a irritação revelada em meu diário tem uma defesa: eu não queria que essa tragédia desnecessária minasse de alguma forma minha determinação para escalar o K2. Se Scott ou Charley tivesse morrido, é mais que provável que eu abandonaria minha investida.

O dia 15 de agosto começou e acabou sem qualquer melhora no clima. Naquele dia, com o fim do oxigênio suplementar, os suecos foram embora, e o terceiro mexicano, Héctor Ponce de León, desceu a fim de consolar seu colega sobrevivente. Agora, só restavam cinco de nós no Acampamento IV: Hall e Ball, Charley, Scott e eu. Tínhamos de passar as horas descansando e sonhando acordados. Minha cabeça estava cheia de pensamentos ansiosos: *Terei força durante a investida final, depois de sobreviver aqui por dois ou três dias? O tempo finalmente se abrirá? Chegaremos ao cume e retornaremos antes do anoitecer, o que ainda não aconteceu em nenhuma temporada?*

O registro desse dia no diário é um testemunho da impaciência:

> Tentamos de novo na noite passada e nada. Tempo inconveniente. Não consigo comer bem. Se não subirmos esta noite, amanhã desceremos [...].
>
> O tempo está bom. Não exatamente maravilhoso. Nublado, sem vento, pouca visibilidade. Parece que estamos na borda mais alta das nuvens. Muita ansiedade. Esta noite temos que subir ou vamos descer amanhã e começar tudo de novo — Aaargh! Eu quero acabar logo com isso! Cochilamos o dia inteiro, como cães coonhound. Sonho com comida: salada, cerveja, *pizza*.

Aquele trecho sobre descer e começar tudo de novo, agora eu percebo, foi pura racionalização. Nós cinco sabíamos que era nossa última chance de escalar o K2 naquele verão.

Em 16 de agosto, Scott e eu acordamos à meia-noite. O tempo ainda estava nublado, mas calmo; então, decidimos arriscar. O desjejum foi um copo de café para cada um. A altitude acaba com sua fome, e, se você forçar a comida goela abaixo, pode acabar com ondas de náusea. Esse é um dos paradoxos da escalada em alta montanha — mesmo que você queime milhares de calorias todos os dias, não consegue repor o suficiente para seu organismo ficar equilibrado.

Dormimos com nossos macacões de pluma, de modo que era só calçar as botas e os cobre-botas, colocar a cadeirinha, vestir luvas e tocas, e pôr os óculos e as lanternas frontais. O gelo que revestia a parte interna de nossa pequena barraca caía sobre nós enquanto tentávamos não acertar cotoveladas um no outro. Finalmente, conseguimos sair da barraca. Prendemos os grampões e partimos à 1h30. Charley só saiu uma hora depois; Rob e Gary, mais tarde ainda.

decisão

Eu não levava mochila, apenas duas garrafas — de um litro cada — cheias de energético. Nos bolsos do macacão, na altura do peito, coloquei duas barras energéticas. Também levava um par extra de luvas, uma câmera e pilhas para a lanterna. Scott e eu estávamos presos em nossa corda de 15 metros, para prevenir acidentes nas gretas que sabíamos que existiam lá em cima.

A encosta ficou gradativamente mais íngreme à medida que nos aproximamos do Pescoço da Garrafa. Com os pés, cavamos degraus no gelo firme, num ângulo de 45 graus. Seguindo nosso rastro, Charley nos alcançou no Pescoço da Garrafa. Até ali, ao longo da expedição, Scott e eu raramente havíamos escalado com Charley, mas naquele momento ele se tornou nosso parceiro. Demos um jeito de prender os três na corda de 15 metros, o que era quase um absurdo, embora o fato de estarmos encordoados nos desse certa sensação de segurança.

Próximo ao topo do Pescoço da Garrafa, as condições da neve pioraram, alternando uma camada profunda e fofa com uma crosta assustadoramente quebradiça. Revezamo-nos constantemente como guias.

Fazia duas horas que estávamos escalando quando finalmente avistamos as lanternas de Rob e Gary partindo do Acampamento IV. Apesar da hora avançada e do fato de usarem oxigênio suplementar, eles progrediam muito lentamente. Será que havia algo errado?

No topo do Pescoço da Garrafa, começamos a travessia à esquerda, o *crux* da rota inteira. Nesse ponto, Vlad fixara uma corda de 45 metros no dia 1º de agosto, e ela ainda estava lá — a única corda fixa acima do Acampamento IV. Ela estava ancorada, com um par de parafusos para gelo somente nas pontas, de modo que, se você caísse no meio da travessia, iria sentir-se num terrível ioiô até finalmente ser suspenso pela corda de náilon — considerando que nenhuma das âncoras se soltasse. Mesmo assim, clipamo-nos na corda e a usamos como um corrimão, contando com o que os escaladores chamam jocosamente de proteção "psicológica".

A travessia era traiçoeira. As pontas de nossos grampões mal penetravam na escorregadia superfície rochosa que estava abaixo da neve solta. Cair não era uma opção, mas, para ficar em pé naquela superfície, foi necessária toda a nossa atenção.

Logo depois do amanhecer, havíamos superado a travessia e dado início à longa rampa diagonal que leva ao campo de neve do cume. Ainda estávamos a mais de 300 metros abaixo do topo, com algo em torno de cinco ou seis horas de escalada pela frente, mas sabíamos que o terreno ficava mais fácil lá em cima. As coisas estavam realmente indo bem.

Entretanto, durante toda a manhã, um mar de nuvens abaixo de nós subia lenta e consistentemente. Às 7h, ele nos engolfou. O tempo ainda estava completamente tranquilo e estranhamente quente — tão quente que eu tirei minha toca. Então, começou a nevar. A quantidade de flocos grandes, macios e fofos aumentou tão rápido que eu comecei a inalá-los enquanto arquejava no ar rarefeito. Continuávamos encordoados, pois até mesmo no campo de neve do cume existem gretas nas quais se pode cair. Continuamos nos revezando à frente enquanto abríamos caminhos na crosta quebradiça.

Enquanto marchávamos lenta e silenciosamente montanha acima, comecei a fazer contas. *Cinco horas até o cume, três para voltar até aqui. Quais serão as condições daqui a oito horas se continuarmos andando?* Foi quando comecei a sentir um frio na barriga. Como registrei mais tarde no diário, fiquei imaginando: *O que fazer? O mais prudente é voltar, mas continuamos avançando. Estupidez? Provavelmente. Essa é a pior parte da escalada em alta montanha. Você gasta toneladas de dinheiro e tempo e tem de encarar uma decisão dessas.*

Scott e Charley obviamente não estavam fazendo o mesmo tipo de avaliação angustiante. Finalmente, parei os dois e perguntei:

— E aí, o que vocês acham?

— Como assim? — Scott respondeu.

— Vamos para cima! Charley completou.

Então, continuei avançando, deixando minha decisão sempre para a hora seguinte. Eu pensei: *Por que eles estão confortáveis com isso e eu não? Sou um molenga? Eu me preocupo demais? Sou muito conservador?* Toda essa ambivalência, todo esse autoquestionamento acabava comigo, e o frio na barriga crescia ainda mais.

À medida que nos aproximávamos do cume e a neve não dava sinal de trégua, eu sabia que estava cometendo o maior erro da minha vida de escalador. Mesmo assim, segui em frente.

Ao longo dos dezessete anos depois do K2, refleti muito e profundamente sobre por que não retornei naquele 16 de agosto de 1992. Certamente, havia uma voz dentro de mim zombando: *O que as pessoas vão dizer se eu voltar e Scott e Charley chegarem ao cume?* Até hoje, posso afirmar honestamente que não foi a impetuosidade dos meus colegas em seguir adiante que me convenceu. Na verdade, foi minha inconveniente incapacidade de tomar uma decisão. Naquela hora, só uma coisa não saía da minha cabeça, parecia um disco riscado: *Eu queria não ter que tomar esta decisão agora. É a pior decisão do mundo.*

O que aconteceu comigo no Annapurna em 2002 me deu a clareza necessária sobre o que se passou no K2 dez anos antes. Em 14 de maio daquele ano, J.-C. Lafaille e Alberto Iñurrategi concluíram a exposta e arriscada travessia em gelo e neve sob a torre chamada Roc Noir, para então começarem a escalar a face íngreme que conduz de volta à crista da aresta leste. Vindo um pouco depois da dupla que seguia na dianteira, Veikka Gustafsson e eu alcançamos a travessia às 7h30. Comecei a guiar, mas percebi que a encosta estava repleta de neve pronta a deslizar. Para desencadear uma avalanche, só faltavam os passos de uma pessoa na superfície instável.

J.-C., o escalador mais talentoso com quem já formei dupla, assumiu a frente, mas eu empaquei. Ele continuou berrando que as condições estavam muito perigosas — o que já estava nítido para mim. Dividido por impulsos conflitantes, lembrei de ter passado pelo mesmo apuro em 1992. Dessa vez, a voz na minha cabeça avisou: *Ed, não faça agora o que você fez no K2.* Voltei, e, sem hesitar, Veikka acompanhou-me. J.-C. e Alberto foram para o cume, mas enfrentaram uma dificuldade colossal na descida. Foi só depois de terem feito a travessia de volta sob o Roc Noir que eles, como J.-C. escreveria depois, "entraram novamente no mundo dos vivos".

Essa foi a única vez entre as minhas trinta expedições a montanhas com mais de 8.000 metros que retornei enquanto um parceiro seguiu em frente. Mas nunca pus em dúvida minha decisão. A sensação de que fiz a escolha certa me ajudou a parabenizar, com alegria e admiração sinceras, J.-C. e Alberto pelo triunfo deles. Acredito que eles realizaram uma das ascensões mais ousadas da história do montanhismo moderno. Em 2002, eu me sentia bem com a ideia de que uma pessoa como J.-C. tivesse cruzado a tênue linha do risco aceitável que eu não consegui cruzar.

Em 16 de agosto de 1992, Scott, Charley e eu nos livramos das nuvens logo abaixo do cume. Vimos que ele brilhava ao sol acima de nós. Ao meio-dia, estávamos em pé no topo, trocando abraços e ofegando no ar rarefeito. Meu entusiasmo era genuíno, mas se misturava a uma ponta de ansiedade cada vez que eu olhava para as tórridas nuvens negras lá embaixo. Depois de meros trinta minutos no cume, começamos a descer.

Quase que de imediato, mergulhamos de novo no mar de nuvens, que agora estava mais escuro e agourento que antes. Logo estaríamos pisando em falso em meio à neblina maciça. Foi quando Scott, na frente, pegou o caminho errado, na direção da desconhecida face leste. Durante a subida, memorizei até os marcos mais sutis, o que nessa hora me permitiu gritar:

— Não, não, não! Caminho errado, Scott! Mais para a direita!

Assim que alcançamos a rampa que conduz ao Pescoço da Garrafa, as condições da neve estavam péssimas. A maior parte dos montes de neve estava bem funda e, à medida que eu abria a trilha, continuava empurrando grandes lascas soltas que se perdiam de vista e ribombavam no vazio. Nessa hora, tive certeza de que íamos morrer. Eu continuava dizendo a mim mesmo que provavelmente tinha cometido o último e mais estúpido erro de minha vida. Essa percepção veio acompanhada de uma estranha sensação de calma: *Bem, você também pode dar o seu melhor. Agora não tem nada a perder.*

Finalmente, alcançamos a parte final da travessia. Não havia a menor esperança de refazer o percurso sobre as pegadas que deixáramos durante a ascensão — elas estavam encobertas por grande quantidade de neve fresca. Em vez disso, um por um, rapelamos até a metade da corda fixa, onde ela arqueava, e depois subimos de jumar até a ancoragem oposta. A partir daí, no topo do Pescoço da Garrafa, deparamo-nos com os degraus e passamos a descer por eles. Soltamos a corda, pois tínhamos consciência de que, se alguém caísse, levaria também os outros dois.

Milagrosamente, nenhuma das lascas de neve desprendeu-se sob nossos pés. Descemos lentamente, até que, por fim, o *angle*[4] alcançou o ponto onde a pirâmide do cume encontra o Ombro. A essa altura, a neblina estava tão densa que era impossível ver o Acampamento IV. Então, nos espalhamos, os três no mesmo ritmo, e caminhamos pisando firme e lentamente, como peritos em busca de pistas na cena do crime em um bosque. Quando chegamos ao topo do Ombro, começamos a gritar, na esperança de que Rob e Gary guiassem-nos para o acampamento. Pelo menos, eles nos ouviram e gritaram de volta.

Alcançamos as barracas às 17 horas. Foram quase dezesseis horas de escalada.

Sentei na neve do lado de fora da barraca de bivaque. Naquela hora, não senti júbilo algum por ter escalado o K2. Ao contrário, sentia raiva de mim mesmo. Naquela mesma tarde, escrevi no diário: "Abusamos demais da sorte. Espero nunca mais fazer isso de novo! Não vale a pena morrer por nenhum cume. Sempre se pode voltar.".

O K2 ainda guardava surpresas para nós. Assim que chegamos ao Acampamento IV, perguntei ao Rob:

— O que aconteceu com vocês?

Sua fisionomia ficou preocupada:

— Gary está muito doente — disse ele em voz baixa.

Naquela manhã, Rob e Gary haviam acabado de sair quando Gary passou mal com graves problemas respiratórios. Tudo que Rob pôde fazer foi levar seu parceiro de volta ao acampamento. Ao longo do dia, enquanto ficou deitado na barraca, o estado de Gary piorou gradualmente. No fim das contas, concluímos que se tratava de um caso grave de edema pulmonar.

Exaustos como estávamos, Scott, Charley e eu precisávamos levar um escalador praticamente incapacitado montanha abaixo. Fiquei tentado a tirar o dia 17 de agosto para descansar, mas, no fundo, eu sabia a verdade. Registrei no diário: "Temos que cair fora. Não quero ficar preso e morrer como todas aquelas pessoas em 1986 [...]. A montanha vai nos causar problemas até lá embaixo.".

Em termos de risco de avalanche, as condições ainda eram terríveis. Ciente de que talvez não houvesse mais barracas nos acampamentos inferiores, desarmei minha barraca de bivaque, e levamos nossos sacos de dormir. Cansados como estávamos devido à escalada até o cume no dia anterior, caminhar penosamente na neve funda

---

4   Pitom em forma de U. (NE)

decisão

nos exauriu ainda mais. A adrenalina era o nosso combustível, e salvar a vida de Gary era nossa motivação. Assim que saímos do Ombro, improvisamos uma técnica de descenso que brotou do desespero. Eu tentaria achar uma plataforma sólida na neve e daria segurança para Charley descer usando nossa corda de 15 metros. Os outros três usariam a corda como um corrimão estático, sendo que eu serviria de ancoragem. Por fim, quando todos já estavam embaixo, desci sem me prender a ninguém. Durante todo esse tempo, Gary parecia estar meio inconsciente.

Não é preciso dizer que foi uma tarefa inacreditavelmente lenta e cansativa. Contudo, depois de um tempo, encontramos a última estaca fincada. Então, como eu dava segurança para Charley, ele podia ir e vir na outra ponta da corda até achar a próxima estaca. Foi nessa hora que aquelas simples estacas verdes de jardim salvaram nossas vidas. Às 13 horas, chegamos ao Acampamento III. Queríamos ir até o Acampamento II e, como havia cordas fixas em todo o percurso entre os Acampamentos III e II, Scott, Charley e eu decidimos seguir em frente, abrir caminho e preparar o acampamento para Rob e Gary.

Rapelar as cordas fixas foi muito mais fácil e seguro que descer as encostas íngremes acima do Acampamento III. Nós três chegamos ao Acampamento II às 17 horas; Gary e Rob chegaram três horas depois. Debilitado por causa da doença, Gary abandonara sua mochila, com todo o equipamento, em algum ponto mais acima, de modo que Scott e eu demos a ele um de nossos sacos de dormir (havíamos deixado um segundo saco no Acampamento II). Mais uma vez, nós dois nos encolhemos embaixo de um único saco de dormir, em uma barraca armada pela metade. Foi uma noite terrível, mas saber que estávamos descendo lentamente para onde havia ar com mais oxigênio deu-nos força e esperança.

A cada dia depois de atingirmos o cume, o tempo piorou mais e mais. A montanha não queria nos deixar partir. Era quase como se tivéssemos de pagar um tipo de pedágio por ter chegado ao seu topo. Se não tivéssemos que ajudar Gary a descer a montanha, teríamos sido mais velozes, mas agora nos deparávamos com uma responsabilidade moral que nenhum de nós podia ignorar. Tínhamos que descer todos juntos.

Na manhã seguinte, o estado de Gary era realmente ruim. Ele mal conseguia discernir o que se passava, implorou para que o deixássemos morrer ali. Scott gritou com ele:

— Não vamos abandonar você! Junte suas coisas!

Levamos seis horas do dia 18 de agosto para conduzir Gary ao Acampamento I, embora agora ele respirasse oxigênio suplementar. Ele estava tão fraco que precisávamos conectar e desconectar seu freio oito de cada corda fixa. A neve e o vento castigavam-nos sem parar. No Acampamento I, Gary apagou de vez. Armei rapidamente a barraca de bivaque que Scott e eu usamos para pernoitar no Acampamento

IV e sentei dentro dela, aninhando Gary em meu colo e monitorando seus sintomas. Sua respiração era rápida e fraca, ele tossia sangue e um muco verde, que chegaram a espirrar nas paredes da barraca. "Ele parecia um homem de noventa anos à beira da morte", escrevi no diário.

Felizmente, Jonathan Pratt e Dan Mazur escalaram até o Acampamento I para ajudar. Eles deram oxigênio novo para Gary, mas isso não teve um grande efeito. Gary não conseguia levantar, muito menos descer a montanha por conta própria. Por fim, os suecos vieram dar uma mão. Incentivados pelo temor de perder Gary, seguimos em frente durante toda a noite, utilizando nossas lanternas na descida e deslizando nosso colega completamente incapacitado pelas encostas abaixo do Acampamento I. Só à meia-noite alcançamos o acampamento-base avançado, no pé do Esporão dos Abruzzos. De lá, os suecos e mexicanos assumiram, enquanto Scott, Charley e eu seguimos cambaleando até o acampamento-base, aonde chegamos às 3 horas. Com isso, foram 24 horas de ação ininterrupta.

No dia seguinte, um helicóptero removeu Rob e Gary e os levou a Islamabad. Gary recuperou-se lentamente, primeiro no hospital paquistanês, depois de volta à sua casa, na Nova Zelândia. Ele sobreviveu ao K2 por um triz.

Acho que nunca em minha vida senti-me física ou emocionalmente tão exausto quanto depois dessa ascensão e descenso. Porém, finalmente, pude relaxar e sentir o gostinho da alegria da realização. "Que batalha!", escrevi em 19 de agosto. "Mas conseguimos! Vivos! Com o cume! Sem nada congelado! Salvamos duas pessoas!". Por trás desses ímpetos de triunfo, no entanto, eu ainda era perseguido por nosso dia do cume. *Você cometeu um grande erro lá em cima*, eu pensava. *Por sorte, saiu impune.*

Durante aqueles momentos de reflexão no acampamento-base, fiz um juramento solene a mim mesmo — juramento esse que, orgulho-me de dizer, mantive firme pelos treze anos seguintes de viagens a montanhas com mais de 8.000 metros: *Seus instintos querem dizer alguma coisa. Confie neles e os escute.*

Depois do K2, embora nunca mais tenhamos escalado juntos, Scott e eu achamos que havíamos formado a parceria perfeita. Já planejávamos uma expedição para o verão de 1993, que seria ainda mais ambiciosa que o K2: uma investida em estilo alpino, em dupla, na imensa face Diamir do Nanga Parbat.

Apesar de todos os contratempos e hostilidades, Scott e eu tivemos bons momentos no K2. Em todas as páginas de meu diário, pode-se notar minha tendência de reclamar dos escaladores que não faziam suas tarefas; porém, raramente há uma palavra dura com relação a Scott.

Mesmo assim, Scott e eu nunca escalamos juntos novamente. Essa foi uma decisão minha. Era uma simples questão de estilos diferentes. Scott era do tipo mais imprudente, mais do estilo "vamos ver". Eu era mais calculista. Percebi que nossa parceria não era equilibrada em termos de planejamento, tomada de decisão e divisão da carga de estresse. E, embora juntos tenhamos trabalhado bem, juntos, vi que o grau de risco que Scott e eu estávamos dispostos a correr era diferente.

Então, quando a ideia do Nanga Parbat ressurgiu, dei uma desculpa. E recusei educadamente outros convites de Scott nos anos seguintes. Continuamos grandes amigos, mas nunca mais compartilhamos a mesma cordada.

Não lamento essa escolha. E foi o que tornou o evento de 1996 ainda mais doloroso. Naquela primavera, Scott e eu estávamos na face sul do Everest, em equipes diferentes. Eu fazia parte do projeto IMAX de David Breashears, enquanto Scott guiava os clientes da Mountain Madness pela rota padrão da maior montanha do mundo.

Foi ótimo rever meu velho amigo. No acampamento-base, passamos horas alegres de conversa fiada e recordações do K2. Algumas tardes, perambulávamos perto da minha barraca, com umas garrafas de cerveja, e sentávamos do lado de fora para conversar. Parecia que Scott precisava de alguém de fora de sua equipe para conversar sobre sua dinâmica interpessoal. Era a primeira vez que ele guiava um grupo de clientes no Everest. Para o futuro de sua empresa, a Mountain Madness, era um grande evento. Uma escalada bem-sucedida em 1996 aumentaria o número de interessados nos próximos anos.

No início de maio, Scott decidiu unir forças com a equipe da Adventure Consultants, de Rob Hall, para a incursão ao cume. Isso significava um grupo relativamente grande de pessoas marchando pela rota tortuosa da crista sudeste que leva ao topo. Scott e Rob anunciaram 10 de maio como seu dia do cume. Como não era nossa intenção fazer parte dessa enorme equipe, nosso grupo IMAX preferiu esperar: queríamos a montanha só para nós, quando tentaríamos gravar nosso longa-metragem. Scott e eu nos encontramos na face do Lhotse quando nos dirigíamos para o colo sul. Dei-lhe um grande abraço e disse:

— Faça boa viagem. Fique seguro.

Durante toda aquela primavera, algo não ia bem com Scott. Ele ficou doente a maior parte do tempo, além de fraco, o que não era característica sua. Ele provavelmente deveria ter deixado seus outros guias levarem os clientes ao topo, mas Scott estava tão habituado a ser grande e forte que jamais lhe passou pela cabeça não chegar ao cume. E todos sabiam que ele apelidara a rota do colo sul de a "estrada de tijolos dourados", pois achava que sabia de cor o trajeto de ascensão.

Em 10 de maio, Scott demorou para chegar ao cume, sendo o último membro de sua equipe a fazê-lo. No descenso, passou mal a 8.321 metros. Na ocasião, achamos que ele estava sofrendo de edema cerebral. Apesar do tremendo esforço dos outros para salvá-lo, Scott morreu ali, encolhido em sua lápide de gelo.

Doze dias depois, quando nossa equipe IMAX partiu rumo ao cume, eu sabia que passaria pelo corpo de Scott acima do colo sul. E sabia que isso seria uma tarefa emocionalmente dura. Então, deixei minha última "visita" para a descida.

No meio da tarde, sentei-me ao lado do corpo de Scott. A parte superior do tronco e a cabeça estavam cobertos por uma mochila, mas ele estava deitado de costas, com um joelho flexionado, virado para cima. Sua esposa gostaria que eu tentasse recuperar a aliança de casamento que ele usava em um cordão no pescoço, mas fui incapaz de pegá-la.

Em vez disso, fiquei ali em silêncio por vários minutos. Olhei em volta, depois de novo para o corpo do meu amigo.

— E aí, Scott? — eu disse. — Como vão as coisas?

A única resposta foi o sussurro do vento.

— O que aconteceu, cara? — completei.

Em 2003, escalei o Broad Peak com J.-C. Lafaille. Enquanto sentamos no topo para nos aquecermos, admiramos a beleza da pirâmide do K2, 9 quilômetros a nordeste. Apenas dois anos antes, J.-C. vivera sua própria aventura no K2. Sua intenção era fazer uma rápida ascensão solo pela via Cesen, a variante ocidental do Esporão dos Abruzzos. Mas as condições eram medonhas. Como J.-C. explicou depois:

— A neve tinha uma consistência bizarra, quase empoeirada. Acima dos 6.705 metros, dava a impressão de que se estava nadando em isopor, ou em polenta.

Em vez de lançar-se sozinho à rota, J.-C. juntou-se ao grande escalador tirolês Hans Kammerlander, um parceiro de longa data de Reinhold Messner, que também pretendia fazer a ascensão solo. Os dois superalpinistas deixaram o acampamento-base em 20 de julho. Precisaram de apenas dois dias para se abraçarem no topo, às 14h30. Mas a descida revelou-se um pesadelo. Como acontecera comigo em 1992, J.-C. tinha certeza de que uma avalanche podia arrancar Kammerlander e ele da montanha. No mesmo dia, um escalador coreano despencou do Esporão dos Abruzzos para a morte.

Agora, no topo do Broad Peak, enquanto admirávamos o K2, eu disse para J.-C.:

— Cara, ainda bem que não tenho que escalar essa montanha de novo!

Ele deu um meio-sorriso.

— *Oui* — respondeu —, *moi aussi*.

Depois, lembrando que eu não sabia nada de francês, acrescentou:

— Sim. Eu também fico feliz por não ter que escalá-lo de novo!

Pioneirismo

As pessoas sempre questionam como o K2 ganhou esse nome. A resposta, por um lado, é muito simples; mas, por outro, mostra como é difícil encontrar um nome adequado para um grande ponto geográfico. Despontando no meio da cordilheira Karakoram, o K2 é cercado por todos os lados por outras montanhas gigantescas e extensos glaciares. É muito difícil vê-lo dos locais de menor altitude, dos quais se enxerga o monte Everest.

Foi a Great Trigonometrical Survey, da Índia, o incansável e clássico projeto britânico de mapeamento, que "descobriu" o Everest e o K2. A história do Everest é bem conhecida. Em 1849, três pesquisadores apontaram um teodolito para um pico distante, vendo as linhas das arestas à sua frente. Eles anotaram os dados e o batizaram sem qualquer pompa de Pico XV. Somente três anos depois, um "computador" bengali — um funcionário cujo trabalho era fazer cálculos — entrou correndo no escritório do agrimensor-chefe indiano para anunciar que havia "descoberto a maior montanha do mundo".

Com o levantamento feito por centenas de estações posicionadas na costa litorânea, o computador, Radhanath Sikdar, deduziu uma altitude de 8.840 metros. A precisão dessa medição é impressionante: atualmente, a altitude oficial da montanha é de 8.848 metros acima do nível do mar. Levou ainda mais treze anos até o agrimensor-chefe descartar o nome Pico VX e substituí-lo por monte Everest, em homenagem ao seu predecessor, Sir George Everest.

Em 1856, outro bravo trabalhador de campo da Great Trigonometrical Survey, o tenente T. G. Montgomerie, arrastou seu pesado teodolito até a altitude de 4.877 metros em uma montanha de onde se contempla Srinagar, na Caxemira. A partir desse ponto de vista privilegiado, Montgomerie voltou-se ao Karakoram, que estava 209 quilômetros ao norte. Fazendo as medições fixas dos dois picos mais proeminentes, ele os denominou K1 e K2 (sendo K a abreviatura de Karakoram). O K1 hoje é conhecido como Masherbrum, uma bela montanha de 7.821 metros, escalada pela primeira vez por norte-americanos em 1960. Dois anos após as leituras feitas por Montgomerie, a altitude do K2 foi calculada como sendo de 8.621 metros — novamente, uma precisão impressionante: apenas 11 metros a mais que a altitude hoje oficial. Vários outros picos nomeados com a série K ainda mantêm seus nomes originais, incluindo o belo e formidável K7, com seu 6.932 metros.

Estou tão habituado a chamar a maior montanha do mundo de Everest que para mim é difícil parar e pensar se esse nome é bom ou não. Everest é o nome oficial há tanto tempo que soa apropriado. Mas, muito antes do levantamento britânico, a grande montanha era conhecida pelos nativos tibetanos como Chomolungma. (Esse nome foi citado pela primeira vez em um mapa francês impresso que exibia o Tibete, desenhado depois que um grupo de monges retornou após 25 anos de trabalho em Lhasa, relatando suas descobertas.) É um nome fantástico, repleto da reverência que os tibetanos têm pela montanha: sua tradução é "deusa mãe do mundo". Houve movimentos ao longo dos anos para se mudar o nome oficial ou simplesmente usar Chomolungma extraoficialmente no lugar de Everest, assim como os escaladores hoje se referem universalmente ao monte McKinley como Denali, embora McKinley ainda seja o nome oficial. Mas esse revisionismo não pegou no Everest. Somente os chineses normalmente chamam a montanha de Chomolungma.

Depois que o levantamento descobriu a grande altura do K2, houve um sincero esforço para encontrar o nome nativo da montanha. O próprio Montgomerie escreveu: "Será feito todo o necessário para se encontrar o nome local caso ele exista.". Todos souberam que o povo baltistanês, que vive ao sul do Karakoram, chamava o K2 de Chogori. O problema é que *Chogori* significa simplesmente "grande montanha". Reproduzindo as palavras sarcásticas do historiador do K2, Jim Curran: "Chogori [...] é como um tipo de resposta confusa para a pergunta 'Como se chama aquela ali?'".

Então, nos demais anos do século XIX, vários nomes de célebres burocratas ingleses tiveram sua chance. Nenhum deles chegou nem perto de consolidar-se, exceto monte Godwin Austen, nome de outro renomado trabalhador incansável da *Great Trigonometrical Survey*, o tenente Henry Haversham Godwin-Austen, que foi um dos primeiros ocidentais a explorar o glaciar Baltoro. Ainda bem que esse nome não agradou! (Contudo, o trecho do Baltoro que vai em direção do Esporão dos Abruzzos é chamado oficialmente de glaciar Godwin Austen.)

A verdade é que K2 acabou sendo um nome memorável. Não há defesa melhor para ele que a redigida por Fosco Maraini, cujo relato, datado de 1959, da primeira ascensão do Gasherbrum IV, *Karakoram*, é um dos melhores livros de expedição já escritos. Maraini argumenta que

> A origem de K2 foi por acaso, mas é um nome em si, um nome de extrema originalidade. Profético, mágico, com um leve toque de fantasia. Um nome curto, mas puro e decisivo, tão cheio de evocação que ameaça extrapolar seus desolados limites silábicos. E ao mesmo tempo, um nome movido por mistério e sugestão: um nome que despreza raça, religião, história e passado. País nenhum o reivindica, nada de latitudes e longitudes e geografia, nada de palavras de dicionários. Não,

apenas o princípio básico de um nome, todo rocha e gelo, tormenta e abismo. Nem mesmo tenta parecer humano. É átomo e estrelas.

Apesar de o K2 ser afastado da civilização, nele, a primeira tentativa de escalada data de 1902: dezenove anos antes da primeira tentativa no Everest. O principal motivo dessa discrepância é que, ao longo do século XIX e até o início do século XX, tanto o Tibete como o Nepal eram praticamente fechados a estrangeiros, enquanto o K2 está em território da Índia Britânica.

A expedição de 1902 foi fruto da imaginação de Oscar Eckenstein, um esplêndido escalador alemão que imigrou para a Inglaterra, e Aleister Crowley, o mais estranho dos homens a se tornar um montanhista. Crowley posteriormente ficaria famoso como "a Besta 666" — apelido com o qual se intitulara e que o identificava com o diabo. Era mágico, apologista do uso de drogas e defensor da completa liberdade sexual, um poeta, um egomaníaco — e um escalador. No início dos anos 1970, sua autobiografia, *The Confessions of Aleister Crowley* [As confissões de Aleister Crowley], publicada inicialmente em 1929, tornou-se um clássico *cult* dos *hippies*.

Crowley apontava a si mesmo, descaradamente, como o melhor escalador de rocha da Inglaterra. Na realidade, ele nem fazia parte do mesmo grupo que George Leigh Mallory e vários outros contemporâneos. Mas a incursão de Crowley e Eckenstein ao K2 foi concebida como um projeto audacioso. Antes de deixarem a Inglaterra, os dois assinaram um memorando de acordo pelo qual se comprometiam a "escalar juntos uma montanha que fosse mais alta que qualquer outra já conquistada pelo homem".

Completava a equipe um inglês de 22 anos, um ex-médico do Exército suíço e dois austríacos. Em suas *Confissões*, Crowley é um franco desmoralizador desses quatro companheiros. O inglês "não sabia praticamente nada de montanhas, mas tinha bom-senso para fazer o que Eckenstein mandasse"; o suíço "sabia tão pouco de montanhas quanto de medicina". Porém, seu desprezo atinge o clímax quando fala dos austríacos, Pfannl e Wessely. Pfannl era "famoso como o melhor escalador de rocha da Áustria", mas, durante a expedição, ele "ficou realmente louco", enquanto Wessely "preocupava-se tanto com a comida que chegou ao ponto de roubá-la". Em retrospecto, Crowley decidiu que "seria melhor não ter admitido nenhum dos estrangeiros". (Desnecessário dizer que as memórias de Crowley são uma exceção espantosa à convenção tradicional das narrativas de lavar em casa a roupa suja da expedição.)

Somente com a equipe em Askole, o último vilarejo antes do glaciar Baltoro, Pfannl e Wessely (se podemos acreditar em Crowley) perguntaram aos líderes se podiam colocar provisões para três dias em suas mochilas, partir e escalar o K2! Mesmo hoje em dia, Askole está bem a seis ou sete dias de caminhada do acampamento-base.

Nas *Confissões*, Crowley ridiculariza a ingenuidade dos austríacos: "É realmente impressionante que eles não tenham aprendido nada sobre escalar montanhas depois de tantos dias de viagem".

Não obstante, o erro cometido pelos austríacos era comum entre os europeus durante as primeiras investidas, nos grandes picos do Himalaia e do Karakoram. Em 1895, A. F. Mummery, o melhor escalador inglês de sua geração, organizou a primeira expedição ao Nanga Parbat. Mummery percorrera várias vias complexas nos Alpes e no Cáucaso, mas não pareceu reconhecer que o Nanga Parbat era de uma ordem de magnitude diferente, digamos, da do Matterhorn. Ele partiu para fazer o reconhecimento das encostas mais baixas da montanha tão casualmente que levou consigo apenas dois carregadores em vez de um dos colegas britânicos. Nenhum dos três foi visto novamente.

Os europeus tinham uma vaga ideia de que a imensa altitude das montanhas mais altas do mundo imporia problemas desconhecidos nos Alpes. Mas eles desenvolveram algumas teorias bem malucas sobre como lidar com o ar rarefeito. Norman Collie, colega de Mummery no Nanga Parbat e um dos mentores de Crowley, estava convencido de que "a única chance de escalar uma grande montanha era sendo veloz". Na expedição ao K2, Crowley endossou seriamente essa fórmula absurda. "A única coisa a fazer", escreveu ele, "é acumular muita energia, queimar toda sua gordura no momento exato em que você tiver a chance de escalar uma montanha, e cair fora do alcance dela, quer dizer, antes que ela tenha a chance de se vingar.".

No Baltoro, após vários dias, a expedição montou um acampamento bem na base do que viria a se chamar Esporão dos Abruzzos. Crowley reconheceu naquele espigão uma rota plausível; mas, então, foi sua vez de subestimar radicalmente a dimensão e a dificuldade do K2. Depois de passar um dia inteiro estudando as encostas acima de onde estava, posteriormente, ele escreveu "que, embora a face sul, talvez teoricamente possível, correspondesse a uma escalada complicada, sem abrigo no meio do caminho, não devia ser difícil de subir andando pelas encostas cobertas de neve em leste-sul-leste, até o ombro nevado abaixo da pirâmide de pedra final".

Nossa! A face sul, na qual Reinhold Messner mais tarde identificaria a perversa, porém bela, rota que denominou Magic Line, não seria escalada até 1986. E levaria mais 36 anos, depois que Crowley acampou na base dessa rota leste-sul-leste, até que os primeiros escaladores avançassem pelo Esporão dos Abruzzos até o Ombro, a 7.925 metros. Quando realizaram tal feito, não foi "andando", mas exclusivamente em virtude de uma das escaladas mais duras já realizadas em tamanha altitude em qualquer lugar do mundo. (O próprio vocabulário de Crowley trai sua dependência dos Alpes como ponto de referência: "sem abrigo no meio do caminho" parece um lamento pela ausência de uma boa cabana em Bernese Oberland, e não pela falta de um local decente para uma barraca no Karakoram.)

Suas *Confissões* soam mais como um "eu te disse" de 1.020 páginas. Em todos os assuntos concebíveis, chega-se à conclusão de que todos os especialistas estavam errados, enquanto se prova que Crowley estava certo. Mas não parece que, no K2, Crowley quis atacar o espigão leste-sul-leste só para ser vencido por Eckenstein, que insistia em voltar os esforços da equipe para a longa e complicada crista nordeste. Durante os dias seguintes, os escaladores gastaram suas energias só para conseguir chegar ao colo que denominaram Windy Gap. O ponto mais alto alcançado (pelos supostamente inúteis Pfannl e Wessely) foi estimado em 6.400 metros. Contudo, o grupo não deixou vestígio na crista nordeste, uma rota que só seria escalada em 1978, quando meu amigo Jim Wickwire e seus três colegas norte-americanos finalmente conseguiram percorrê-la.

A primeira tentativa pelo Esporão dos Abruzzos, feita sete anos depois da expedição Crowley-Eckenstein, foi devidamente liderada por Luigi Amedeo di Savoia-Aosta, o duque dos Abruzzos. Embora se tratasse de um nobre, neto do primeiro rei da Itália, o duque tornou-se um dos maiores exploradores de sua época. Antes de voltar sua atenção para o K2, ele liderou com muito êxito expedições ao monte Santo Elias (a quarta montanha mais alta dos EUA, com 5.489 metros), em 1897, e aos desconhecidos montes Ruwenzori na África, em 1906, onde realizou as primeiras ascensões de todos os picos mais altos. Ele também liderou uma investida ambiciosa de chegar ao polo norte em trenós puxados por cães, em 1900, alcançando o máximo de 86"34' e quebrando o recorde do grande explorador norueguês Fridtjof Nansen, superado em 37 quilômetros.

O estilo das expedições do duque misturava opulência com eficiência. No Santo Elias, por exemplo, o grupo era formado por seis italianos "amadores" (cavalheiros escaladores, como o duque), quatro guias profissionais de Aosta e dez carregadores contratados em Seattle. Para evitar a vergonha de dormir em contato direto com o chão, os amadores levaram estrados de bronze, os quais os carregadores arrastaram por 88 quilômetros desde a costa do Pacífico até o acampamento-base. Já no alto da montanha, a equipe seguiu leve e rápida. Em 31 de julho de 1897, todos os dez membros galgaram o cume juntos. O monte McKinley, o pico mais alto da América do Norte, só seria escalado dezesseis anos depois.

Para o K2, o grupo do duque dos Abruzzos contava com a presença de Filippo de Filippi, o médico da expedição, e escritor do hoje clássico relato da jornada, além de quatro guias profissionais e três carregadores de Courmayeur, o vilarejo italiano junto ao Mont Blanc, no lado sul. Completava a equipe Vittorio Sella, o melhor fotógrafo da época e um dos maiores de todos os tempos. Expondo diligentemente grandes chapas de vidro e revelando-as em campo, Sella trouxe retratos das montanhas até então desconhecidas, tão fantásticos que foram capazes de inspirar várias gerações de escaladores. As fotos foram publicadas nos profusos calhamaços que o duque produzia após cada uma de suas expedições.

Em nenhum outro lugar do mundo Sella se percebera em um cenário tão estonteante como quando, em 1909, a equipe marchava lentamente na direção leste, rumo ao glaciar Baltoro. Um a um, os picos enchiam a paisagem ao redor: Uli Biaho, Catedrais, Trango Towers, Paiju Peak, Mustagh Tower, Chogolisa, Masherbrum e Gasherbrum IV. Embora todas tenham menos de 8.000 metros, essas montanhas tecnicamente difíceis exigiriam o máximo esforço de alguns dos melhores escaladores do mundo, do final dos anos 1950 até a década de 1980, e continuam seduzindo os melhores alpinistas da atualidade.

Muito antes de eu ir para o K2, vi as fotografias que Sella tirou dessas montanhas. Então, à medida que Scott e eu caminhávamos pelo glaciar Baltoro em 1992, tive uma sensação de *déjà-vu*. Mesmo assim, fiquei boquiaberto com a majestade absoluta desses picos. Não há nenhum outro lugar no mundo que se compare à chegada a esse ponto. Quando terminei minha saga pelas 8.000 metros, eu havia cruzado o glaciar Baltoro quatro vezes, pois o acesso ao Broad Peak, ao Gasherbrum I e ao Gasherbrum II é pela mesma trilha que leva ao K2. Apesar disso, na última caminhada pelo Baltoro, em março de 2003, eu ainda fiquei maravilhado ao passar sob essas montanhas graciosas e lendárias.

Em 1909, o grupo do duque dirigiu-se ao norte na junção do glaciar chamada Concórdia. Em 27 de maio — bem antes da data em que a maioria dos grupos posteriores faria a incursão ao pico —, eles montaram um acampamento-base no pé do espigão sudeste da montanha. Para o duque, ao contrário de Crowley, aquela crista íngreme e complicada que subia por quase 2.743 metros até o Ombro parecia tudo, menos uma caminhada. Sendo assim, adiou sua investida, enquanto a equipe fez uma rápida incursão rumo à crista nordeste, a rota tentada pelo grupo de Eckenstein-Crowley em 1902. Entretanto, os guias sabiam reconhecer uma rota sem chance, e retornaram depressa.

Em 29 de maio, cinco dos homens de Courmayeur e vários carregadores baltistaneses partiram pelo espigão sudeste. Em 1º de junho, conseguiram montar um acampamento a 5.562 metros, a menos 244 metros da base da crista. Contudo, naquele ponto, os baltistaneses viram pedras soltas que despencavam da parte mais elevada, e se recusaram a seguir adiante. (Eu entendo aqueles coitados. Eles nunca haviam estado em um terreno daqueles, e as encostas inferiores do Esporão dos Abruzzos sofre a ameaça constante da queda de fragmentos de rocha. Mesmo em um local firme, você fica olhando para cima para ver se vem algo em sua direção.)

Nos dois dias seguintes, alguns dos homens de Courmayeur avançaram, liderados pelos guias Joseph e Laurent Petigax, pai e filho. Nos trechos mais elevados, eles deixaram pesadas cordas de cânhamo presas — as primeiras cordas fixas instaladas no K2. Mas ficou claro para os Petigax que alguns trechos seriam muito árduos para os carregadores baltistaneses, mesmo que fosse possível convencê-los a prosseguir. Sem carregadores, não havia esperança de montar uma pirâmide logística que levasse ao cume.

Desanimados, os guias regressaram. No acampamento mais baixo, o duque acolheu a opinião deles e encerrou a investida. O ponto mais alto que os Petigax atingiram é incerto, mas, provavelmente, está próximo aos 6.400 metros. (Inadvertidamente, os italianos removeram as cordas fixas quando desceram — algo que praticamente nenhuma das expedições subsequentes jamais fez.)

Mesmo assim, o duque dos Abruzzos não estava disposto a desistir do K2. Ele, então, conduziu sua equipe para o reconhecimento das inexploradas áreas ocidentais da montanha. Subindo pelo glaciar Savoia (nome dado por ele, em alusão à sua terra natal, na Itália), tentou alcançar o colo elevado a partir do ponto onde surge a crista noroeste. Depois de uma arremetida monumental de 24 horas de caminhada em gelo duro e neve, a equipe chegou ao colo, que foi nomeado Passo Savoia, na altitude calculada em 6.666 metros. Porém, ali se viram isolados da crista noroeste por uma perigosa saliência pontiaguda. Mais uma vez, o K2 fazia o duque dar meia-volta. A montanha só seria escalada por esse lado em 1991.

A equipe ainda tinha suprimentos estocados no Baltoro em quantidade suficiente para várias semanas. Então, o duque voltou sua atenção para os picos menores. No Chogolisa, ele e três dos guias de Courmayeur alcançaram a altitude de 7.400 metros, segundo medição deles. Ao se depararem com cornijas e gretas perigosas, a apenas 259 metros do cume, retornaram. Mesmo assim, bateram um novo recorde: ninguém jamais escalara a tamanha altura. O recorde foi mantido por treze anos, até ser quebrado pela segunda expedição inglesa ao Everest, em 1922.

Talvez o duque tenha ficado mal-acostumado com o sucesso no Santo Elias e no Ruwenzori. Para ele, foi duro ser obrigado a desistir do K2 a quase 1.950 metros do cume. E, dessa forma, de volta à Itália, um dos mais fortes montanhistas do mundo declarou que acreditava que o K2 jamais seria escalado.

Essa maldição teve seu preço. Não houve nenhuma outra investida ao K2 nos 29 anos seguintes. Nesse meio tempo, sete expedições travaram uma batalha com o monte Everest, e seis homens regressaram (ou, no caso de Mallory e Irvine, desapareceram) de pontos acima dos 8.530 metros, a torturantes 318 metros do cume.

Em 1938, no K2, ninguém havia conseguido passar dos 6.666 metros. Tanto na expedição de 1902 como na de 1909, ninguém venceu o desafio. Todas as últimas defesas da montanha permaneciam desconhecidas.

A partir de meados da década de 1930, o American Alpine Club (AAC) requisitou diversas vezes ao governo da Caxemira permissão para uma expedição ao K2. Naquela época, a escalada nos Estados Unidos estava bem atrasada em comparação com os padrões estabelecidos por escaladores ingleses, franceses, alemães, italianos, suíços e austríacos. Porém, em 1936, quatro jovens escaladores norte-americanos, todos eles formados em Harvard, juntaram-se a outros quatro ingleses mais velhos (e mais renomados) para realizarem a primeira ascensão do Nanda Devi, uma bela e difícil montanha de 7.816 metros de altitude localizada no norte da Índia. Até então, era o mais alto pico já escalado no mundo — um recorde que se manteria pelos catorze anos seguintes, até a escalada francesa do Annapurna em 1950.

Do grupo de oito pessoas, apenas duas — os ingleses H. W. Tilman e Noel Odell — galgaram o cume. O norte-americano mais forte era Charlie Houston, um estudante de 22 anos formado na Faculdade de Medicina da Universidade de Columbia. Apesar da pouca idade, Houston escalara os Alpes ainda adolescente e já era veterano de duas grandes expedições no Alasca, incluindo a primeira ascensão do monte Foraker, o segundo maior pico da Cordilheira do Alasca. Houston foi selecionado para o grupo do cume no Nanda Devi, mas, na noite anterior ao ataque, adoeceu com uma grave intoxicação alimentar, de modo que Tilman tomou seu lugar.

Quando a permissão para o K2 finalmente foi concedida, em 1937, o AAC ofereceu a liderança da expedição a Fritz Wiessner, um germano-americano de Dresden, que imigrara para os Estados Unidos em 1929 e obtivera sua cidadania em 1935. Wiessner era, sem dúvida, o mais bem preparado escalador norte-americano de então. Depois de abrir novas vias em várias das faces mais duras nos Alpes, ele abocanhou alguns dos grandes prêmios da América do Norte, incluindo a primeira ascensão do monte Waddington, o mais escabroso e intricado pico formado pelo mais alto cume da tempestuosa Cadeia Costeira da Columbia Britânica, que já havia derrotado dezesseis investidas anteriores. Wiessner também era o único norte-americano com experiência em uma montanha de 8.000 metros, pois tomara parte na expedição alemã de 1932 ao Nanga Parbat, onde foi um dos três escaladores a atingir a altitude de 7.010 metros.

Wiessner administrava, em Vermont, seu próprio e bem-sucedido negócio, especializado na fabricação de cera para esqui. Quando o AAC conseguiu a permissão para o K2, Wiessner estava completamente tomado pelas obrigações da empresa e não podia abandoná-las para ir ao Karakoram no verão seguinte; então, recomendou que a expedição fosse entregue a Charlie Houston. Por incrível que pareça, essa generosa indicação foi a faísca que ateou o fogo de uma antipatia eterna entre Houston e Wiessner.

Houston aceitou de imediato liderar a expedição. Mas, desde o início, nutria a suspeita de que Wiessner estava tramando algo. A permissão obtida pelo AAC era válida por dois anos; se a expedição de 1938 não conseguisse conquistar o K2, os norte-americanos poderiam organizar outro ataque à montanha em 1939.

A primeira escolha de Houston para a equipe foi Bob Bates, um bom amigo dos tempos de Harvard, também veterano de duas expedições ao Alasca. Em fevereiro de 1938, Bates escreveu uma carta a outro amigo de Harvard, na qual relatava os temores dele e de Houston: "Suponho que a ideia do Weissner é que façamos o reconhecimento + possivelmente o trabalho sujo + então, ele vai no ano seguinte e ganha com nossos erros. Isso é quase certo, mas mantenha sigilo.".

Houston montou uma equipe forte. Além de Bates, entre os escaladores estavam Bill House, parceiro de Wiessner na primeira ascensão do Waddington; Richard Burdsall, que alcançara o cume do distante e imponente Minya Konka, na China Ocidental, em 1932; e Paul Petzoldt. Houston, Bates, Burdsall e House eram todos da costa leste e formados pela Ivy League[1] — os três primeiros tinham frequentado a Harvard e a House to Yale. Petzoldt nem tinha feito faculdade, era um caubói do estado de Wyoming. Mas era também um dos escaladores mais fortes do país, tendo aberto algumas das vias mais complexas nas Tetons, onde trabalhava como guia em parte do dia. Em termos de habilidade na escalada em rocha, Petzoldt era muito melhor que seus colegas da costa leste.

O sexto integrante do grupo, convidado de longe, foi o capitão Norman Streatfeild, oficial inglês que vivia na Índia e que já realizara diversas viagens de caça, mapeamento e escalada no Karakoram. Streatfeild não era montanhista como os cinco norte-americanos, mas demonstrou seu valor em termos de logística e na relação com os carregadores nativos.

Quando eu ainda era um adolescente, bem antes de escalar qualquer montanha, li o clássico de Houston e Bates *K2: The Savage Mountain* [K2: a montanha da morte], sobre a expedição de 1953. Adorei o livro porque ele conta a história de como a adversidade transformou uma equipe em um ideal de fraternidade; ao lado de *Annapurna*, *K2: The Savage Mountain* foi um dos responsáveis por eu ter me tornado um montanhista. Mas foi só quando Scott e eu começamos a preparar nossa própria aventura no K2 em 1992 que eu li o livro sobre a expedição norte-americana anterior.

Five Miles High [A 8.000 metros] é um trabalho conjunto: cinco de seus capítulos foram escritos por Bates, cinco por Houston, quatro por House, três por Burdsall e nenhum por Petzoldt. É um livro delicioso, o tipo de relato que dá saudade de uma era de exploração que chegou ao fim. Ele também segue firme a tradição de deixar para

---

[1] Ivy League referia-se, inicialmente, a uma liga esportiva formada por oito universidades privadas do nordeste dos Estados Unidos, tendo depois seu significado ampliado, designando as oito instituições acadêmicas de maior prestígio no país. (NT)

lavar em casa a roupa suja da expedição, longe dos olhos do público. Há trechos que discorrem zombeteiramente sobre os costumes e pontos fracos de certos membros (por exemplo, sobre como Petzoldt gostava de comer), mas raramente se vê uma palavra dura ou uma briga entre os membros da equipe. E não há o menor sinal da tensão entre Wiessner e Houston que explodiria dentro da AAC em 1939.

Houston admite, no primeiro capítulo, que a previsão sinistra do duque dos Abruzzos ainda vigora na montanha. "As poucas investidas ao cume foram tão formidáveis", escreve, "que muitos escaladores consideraram a ascensão impossível.". Houston também declara sem rodeios que a expedição de 1938 foi concebida para reconhecimento:

> Se nós determinarmos qual rota apresenta maior probabilidade de sucesso, talvez uma expedição posterior, livre da necessidade de fazer o reconhecimento da montanha, possa chegar ao topo. Sendo assim, a nossa devia ser uma incursão preliminar, cujo plano principal era encontrar o caminho para um grupo posterior.

Mas, então, ele encerra o capítulo modestamente:

> Nós tínhamos que estudar as três cristas principais, separadas por quilômetros de glaciar, e decidir qual delas seria a que mais provavelmente forneceria uma rota até o cume. Finalmente, dado o tempo, o clima e o destino, nossa meta era atingir o ponto mais distante.

Durante toda a temporada de inverno e primavera antes da expedição, os escaladores compraram equipamentos e experimentaram alimentos. Quando se lê sobre as provisões daqueles homens para o K2 em 1938, percebe-se que eles estavam mais próximos — não só em termos de tempo, mas também de estilo — das grandes expedições árticas e antárticas que se deram na virada do século XX do que das excursões de montanhismo modernas. Por exemplo, os escaladores de 1938 levaram 22 quilos de *pemmican* produzido na Dinamarca. Quase ninguém come isso atualmente, mas esse era o principal artigo dos exploradores do século XIX. *Pemmican* é uma mistura viscosa de carne seca, gordura animal, açúcar, arroz e uva passa. Ele se conserva bem no frio e contém muitas calorias. Porém, devo confessar que nunca dei sequer uma mordida nesse troço. Hoje sabemos que, embora o *pemmican* seja ótimo no Ártico ou na Antártica, ele é muito gorduroso para a digestão em altitudes elevadas.

A equipe de 1938 experimentou dezenas de tipos de biscoitos e pães sem fermento. Para escolher os biscoitos, eles os atiravam de uma janela do segundo andar e os deixavam na chuva durante a noite. Finalmente selecionaram uma marca de biscoito, porque, segundo Bates, "o sabor era bom e o produto resistia à umidade, embora fosse necessária uma marreta para quebrá-lo". A equipe de Bates também apostou em alguns dos primeiros vegetais e frutas desidratados disponíveis, todos eles produzidos sob um método que os fabricantes chamavam de "processo secreto". Os cereais da equipe de 1938 incluíam mingau de farinha de trigo e malte. Como todas as expedições da época, a equipe considerava absolutamente essencial levar grandes quantidades de Klim (a palavra *leite* em inglês — *milk* — ao contrário), um leite em pó integral, quase impossível de se encontrar no mercado hoje em dia. Em minhas expedições, café tem sido a bebida indispensável no acampamento-base. Os escaladores de 1938 levaram chá (eu bebo chá adoçado e com leite lá em cima), porque achavam que o preparo do café era muito trabalhoso fora de casa.

Quando leio essa lista de alimentos para o K2, fico pasmo ao perceber como as provisões eram volumosas e pesadas. Mas, então, tenho que lembrar que eles se equipavam em uma época muito anterior ao lançamento dos alimentos desidratados embalados, das barras energéticas ou dos *Pop-Tarts*,[2] das sopas instantâneas ou dos saquinhos de gel energético. Os tipos de refeições leves e fáceis de preparar que utilizamos em 1992 simplesmente não existiam em 1938. Por outro lado, eles se deram luxos com os quais nunca sonhamos. Em Askole, por exemplo, contrataram um carregador robusto com um imenso cesto de vime preso às costas, como uma mochila, no qual se deu um jeito de transportar vinte dúzias de ovos frescos até o acampamento-base sem quebrá-los.

Ocorre o mesmo distanciamento histórico quando o assunto é equipamento. Botas, por exemplo: em 1938, os escaladores que queriam o melhor calçado de montanhismo existente usavam botas de couro relativamente fino, cujas solas eram reforçadas com tachinhas — pequenos pregos de metal afixados na face inferior. Elas davam mais aderência no gelo ou na neve, mas eram uma grande desvantagem na rocha, pois o pé tendia a escorregar do ponto de apoio. Além disso, na altitude, as tachinhas conduzem o frio imediatamente para o pé, contribuindo diretamente para o risco de congelamento enfrentado por todos os primeiros escaladores do Himalaia. Levou décadas até que o solado Vibram fosse inventado, sem falar das botas duplas, especialmente o tipo de combinação de plástico na parte externa e espuma na parte interna, que usei na maioria das minhas escaladas às montanhas de 8.000 metros. Os membros da equipe de 1938 encomendaram botas feitas sob medida na Inglaterra, e foram tão cri-cris que cada um escolheu o padrão exato das tachinhas que devia ser aplicado nas solas do respectivo calçado.

As cordas de escalada naquele tempo ainda eram feitas de cânhamo ou manila. As cordas de náilon, que são bem mais resistentes e dinâmicas para absorver boa parte do impacto de uma queda, só estariam disponíveis quase uma década depois. As piquetas mediam de 0,90 a 1,20 metro, com cabo madeira (freixo ou nogueira), com

---

2 O *Pop-Tarts* é uma guloseima norte-americana, uma espécie de pastel doce assado. (NT)

uma picareta reta de metal e um enxó do lado oposto como pega. Mais pareciam os bordões dos alpinistas vitorianos (os famosos bastões de caminhada) do que as ferramentas curtas, dentadas, feitas de cromo-molibdênio que usamos em 1992.

Em 1938, os escaladores encaixotaram e lacraram todo seu equipamento e alimentos e os despacharam em um navio a vapor. No dia 14 de abril, eles partiram de Nova York com destino primeiro à Europa e depois para Mumbai.

Desde o início da viagem, havia uma distância cultural entre Petzoldt e seus colegas. Não se encontra nem a menor sugestão disso em *Five Miles High*, mas as tradições orais do montanhismo preservaram relatos sobre o assunto e relances surgem nas biografias recentes de Petzoldt e Houston.

Petzoldt era muito pobre para bancar a expedição. Sendo assim, Farnie Loomis — um graduado de Harvard, bem de vida, que era membro da expedição ao Nanda Devi e que escalara as Tetons com Petzoldt e o recomendou a Houston — pagou sua viagem. (Petzoldt foi, digamos, o primeiro escalador patrocinado!) Na lógica petulante da época, o caubói do Wyoming era visto com certo desprezo por seus colegas da Ivy League. E a profissão de guia exercida por Petzoldt, sem razão alguma, podia ser considerada um prejuízo a uma expedição, em vez de um bem valioso.

O primeiro biógrafo de Petzoldt foi sua esposa, Patricia, que pode não ter sido uma testemunha imparcial. Mas, em 1953, em *On Top of the World* [No topo do mundo], ela escreveu:

> Mais tarde, Paul descobriu que havia algumas dúvidas expressas no clube [AAC] com relação à capacidade dele de se adaptar socialmente ao resto do grupo. O fato de ele ser um profissional, um guia, foi questionado; e, é claro, era um caipira e, embora todos soubessem que tinha um certo grau de escolaridade, ele não havia frequentado nenhuma faculdade da Ivy League.

A biógrafa de Houston, Bernadette McDonald, insistiu em 2007 que Charlie uma vez chamara Petzoldt de "guia da classe trabalhadora". Essa ideia de lacuna social pode estar por trás do fato de Petzoldt não ter sido chamado a escrever nenhum dos capítulos de *Five Miles High*.

Por sua vez, Petzoldt veladamente referia-se a Bates e Houston como "dois ricaços do leste". Segundo McDonald, Petzoldt achava que, longe de ser desdenhado por ser um guia profissional, ele tinha que receber um salário extra por dividir seu conhecimento com os colegas "amadores".

Grande também era a distância entre Petzoldt e seus colegas do leste com relação ao tipo de equipamento de escalada necessário para a investida no K2. Houston e Bates tinham um desprezo britânico por "ferragens em geral" — pitons, mosquetões e estribos com os quais os escaladores europeus haviam transformado o alpinismo de então. Entre todos os suprimentos da expedição, incluíram, no máximo, dez pitons. Petzoldt, por outro lado, adotava piamente o novo equipamento técnico, sem o qual ele não teria feito as vias das Tetons. No navio, uma discussão acalorada sobre esse assunto teve início, mas Petzoldt estava em desvantagem numérica.

Escandalizado com a atitude retrógrada de seus colegas, Petzoldt esquivou-se durante a parada em Paris, no caminho até a Índia, e usou seus últimos dólares para comprar cinquenta pitons na loja do grande escalador francês Pierre Allain. (Coincidentemente, Allain fizera parte da expedição francesa ao Gasherbrum I apenas dois anos antes.) Petzoldt então escamoteou o equipamento nas caixas da expedição. É óbvio que no K2 os pitons mostraram-se de um valor inestimável.

Em 9 de maio, a equipe chegou a Rawalpindi. Em 1992, dali até o K2, Scott e os caminhantes incluídos em sua permissão pegaram um voo de uma hora até Skardu. Esse é o procedimento normal, mas o voo estava lotado, e eu não consegui pegá-lo de forma alguma, então acabei conseguindo carona em dois veículos antiquados — uma jornada que mais tarde eu chamaria de "a viagem de 26 horas do inferno". No primeiro ônibus, de quando em quando, uma paquistanesa grávida vomitava pela janela. Quase não consegui segurar meu estômago. Quando cheguei a Skardu, eu estava coberto de fuligem, poeira e suor.

Alguns dias depois, pegamos carona em um jipe para cobrir os últimos 128 quilômetros até Askole. Foi só em Askole que pudemos realmente começar a caminhada, pois parecia que a expedição começava de verdade ali. A viagem por terra a partir de Skardu equivalia a um pouco mais que uma provação em um caminhão sacolejante, compartilhado por um grupo apertado de passageiros suados. Vimos de relance algumas paisagens incríveis ao longo do percurso, mas, na maior parte do tempo, estávamos ocupados nos segurando ou muito cansados para dar atenção.

Em 1938, não havia estrada entre Rawalpindi e Skardu e, com certeza, também não havia avião. Sendo assim, a equipe de Houston dirigiu-se a Srinagar e de lá percorreu a pé todo o caminho não só até Skardu, mas até Askole, cruzando as montanhas da lendária rota por Zoji La. O duque dos Abruzzos fizera a mesma jornada em 1909, bem como Crowley e Eckenstein em 1902. A distância total de Srinagar a Askole é de 515 quilômetros, e daí até o acampamento-base são mais 64, de modo que, em 1938, os escaladores tiveram de caminhar 579 quilômetros só para chegar ao K2. Isso levou um mês.

Eu sempre achei que talvez seja essa a maior diferença entre nossas expedições atuais e as viagens clássicas da primeira metade do século XX. Para muitos escaladores de agora, a caminhada é basicamente uma chatice, um mal necessário no processo de enfrentar uma 8.000 metros. Por outro lado, eu gosto das marchas de aproximação. Mesmo considerando que nossas caminhadas hoje sejam bem mais curtas que as imensas jornadas das décadas de 1920 e 1930, elas me dão a oportunidade de me aclimatar ao ermo e conhecer a cultura local. A caminhada até o K2, partindo de Askole — equivalente a apenas um sexto da marcha empreendida pela expedição de 1938 — é solitária, severa e empoeirada. Não existem outros vilarejos depois de Askole, mas a paisagem é belíssima.

Minha caminhada mais marcante até uma 8.000 metros foi a aproximação ao Manaslu em 1999. Meus únicos acompanhantes eram Veikka Gustafsson, nosso cozinheiro-chefe, e um punhado de carregadores. Não havia casas de chá ou hotéis, como os que se encontram a caminho do Everest pelo sul; dormíamos acampados ou em celeiros. Os nativos geralmente nos recebiam bem em suas quintas, compartilhando o fogão a lenha e uma refeição. Era rústico, mas relaxante, e não havia multidões de caminhantes como os que se veem no Everest.

Há de se admitir que a habilidade técnica na rocha e no gelo em locais íngremes cresceu drasticamente desde 1938. Mas aqueles primeiros escaladores eram vigorosos de uma forma que os modernos não são. Eu nunca fiz uma jornada ininterrupta e a pé que percorresse algo como 579 quilômetros. Meu recorde pessoal é de tímidos 241 quilômetros de esqui, quando atravessei a ilha de Baffin ao lado de John Stetson, em 2007. Verdade seja dita, cada um de nós era um trenó de 100 quilos com tração humana. Mesmo assim, nessa viagem, a jornada de travessia *era* a expedição. Isso é bem diferente de ter que percorrer 579 quilômetros só para começar a expedição, como fez a equipe de 1938.

O que talvez seja ainda mais impressionante é que os escaladores de 1938 pareciam tratar a caminhada não como um afazer inevitável, mas como uma viagem repleta de tribulações e encantos. Só para chegar à montanha, eles tiveram um grande desafio antes de a verdadeira aventura começar. Em *Five Miles High*, Bates dedicou quatro capítulos à caminhada entre Srinagar e o acampamento-base, e eles contêm algumas das passagens mais líricas do livro.

Em Srinagar, a equipe de Houston encontrou os seis xerpas contratados em Darjeeling. Como carregadores de alta montanha para tudo o que for preciso, o cauteloso povo xerpa tem sido uma peça-chave em todas as expedições ao Everest desde 1921. No entanto, aquela era a primeira vez que se lançava mão de seus serviços no K2. Esse grupo fora recomendado pessoalmente pelo veterano inglês do Himalaia, H. W. Tilman. O mais experiente deles era Pasang Kikuli. Entre suas expedições anteriores estava o Nanda Devi, em 1936, quando ele e Houston criaram um forte vínculo. Na verdade, de toda a equipe, Pasang era o que tinha a maior experiência no Himalaia: além do Nanda Devi, ele fizera parte de quatro expedições ao Kangchenjunga e de uma ao Everest.

Hoje parece estranho, mas nos anos 1930, era normal que cada *sahib* tivesse seu xerpa particular. O de Houston era Pasang Kikuli, que também era o *sirdar*, ou chefe. A relação entre os xerpas e os ocidentais fora moldada sob o colonialismo da era vitoriana, em especial o britânico. Embora frequentemente tivessem um desempenho heroico nas expedições, os xerpas eram sempre considerados meros serviçais. Bates não estava sendo particularmente racista quando escreveu: "Apesar de pequenos, eles são fortes, dispostos e, acima de tudo, têm grande entusiasmo pelo montanhismo. Para eles, a investida em uma grande montanha é uma peregrinação, e o escalador branco é quase um homem santo". Bates estava apenas refletindo a atitude da época.

Infelizmente, essa condescendência persiste até o século XXI. Na melhor das hipóteses, os xerpas são descritos como pessoas simples, brincalhonas, supersticiosas e que estão sempre sorrindo. Se algo dá errado em uma expedição, os xerpas normalmente levam parte da culpa. Perdi a conta da quantidade de artigos que li sobre ascensões do Himalaia nos quais se enumera os europeus que chegaram ao cume e depois se inclui "e três xerpas" no fim da frase. Às vezes, mesmo quando um xerpa morre em uma expedição, eles passam anônimos nos relatos oficiais.

Para ir de Srinagar a Skardu, a equipe contratou carregadores, que levaram nas costas as bagagens da expedição, além de transportarem-na no lombo de seus pôneis. Na nomenclatura moderna, essa mão de obra contratada costuma ser denominada *coolies*.[3] Uma condescendência ainda maior colore os relatos das expedições sobre as contribuições dos carregadores para a marcha. Bates não fazia ideia de como o trecho a seguir soaria politicamente incorreto em 2009 — ele simplesmente imaginou estar retratando uma cena divertida:

> Geralmente, os nativos oferecem buquês de flores e imploram para ter a honra de poder ajudar nossos xerpas a afofar o chão e montar nossas barracas. Então, começa uma verdadeira batalha. Vários *coolies* suplicam pelo privilégio de terem a permissão para encher o colchão inflável do *sahib* e, se seu xerpa assim permitir, o vitorioso *coolie* fica extremamente feliz. Ele pode soprar até a exaustão, geralmente insuflando por bons cinco minutos com a válvula fechada se o xerpa responsável não o acompanhar de perto. Em seguida, cada xerpa arruma o saco de dormir de seu *sahib*, bem como o diário e o *kit* de higiene; depois vem a hora de trocar os sapatos, quando tira as botas de caminhada de seu mestre, se este assim permitir.

Honestamente, não vou dizer que gostaria de caminhar por 579 quilômetros para chegar ao K2. No entanto, ao reler os capítulos escritos por Bates, percebo que nós modernos perdemos parte da riqueza da experiência de uma expedição de verdade. Hoje, parece que temos pressa de chegar ao acampamento-base para começar a escalada e nos esquecemos de saborear a jornada de aproximação, que é uma valiosa transição da sociedade moderna para o ermo das montanhas.

---

3 O termo *coolie* designa o trabalhador braçal asiático que, geralmente, corresponde à mão de obra barata. (NT)

Fico com inveja quando leio as recordações de Bates:

> O restante da marcha até Kharal deu-se por encostas rochosas percebidas raras vezes do outro lado do rio, com vilarejos enfileirados nos declives e a sombra fresca dos pomares de damasco e amora. Verdes campos de cevada resplandecentes encheram nossos olhos; até em nossa imaginação a sombra das árvores refresca nossos corpos.

Uma desordem comum nas expedições clássicas é a greve dos carregadores. Sem avisar, no local mais inconveniente possível, os *coolies* largam as cargas no chão e se recusam a dar mais um passo sequer a menos que seu pagamento seja dobrado ou triplicado. A essa altura, aos olhos do autor ocidental, os animados nativos viram "tratantes" ou "velhacos". É raro o escalador que reconhece a greve dos carregadores como apenas mais uma forma de barganha, que faz parte da cultura nativa.

Ainda assim, uma greve de carregadores pode atrapalhar uma expedição. Eu tive muita sorte, já que entre as minhas trinta expedições, a pior greve de carregadores que enfrentei foi na caminhada até o Broad Peak em 1997. Vários dias antes de chegar ao Baltoro, os carregadores pararam e exigiram um pagamento maior. Havíamos combinado o preço no início da viagem, mas, depois de alguns dias, isso parecia não ter importância. Nossa única opção foi pagar para ver. Dissemos a eles que os mandaríamos embora sem pagamento, e que alguns de nós ia voltar para Askole e contratar outros carregadores. De alguma forma, isso os convenceu a retomar o trabalho.

A equipe de 1938 também teve sorte, pois a greve de carregadores com a qual precisaram lidar só ocorreu quando a caminhada já estava adiantada, no meio do trajeto entre Skardu e Askole. Em 27 de maio, a 449 quilômetros depois de Srinagar, no pequeno vilarejo de colina chamado Yuno, a equipe pagou os homens com pôneis e tentou contratar *coolies* locais. Mas, dois "encrenqueiros" (nas palavras de Bates) insistiram em receber um pagamento de 4,5 rupias por homem em troca do transporte pelos 71 quilômetros até Askole, em vez das 2,8 rupias (cerca de US$ 0,95) que os escaladores estavam dispostos a pagar. O desacordo quase virou uma briga, com sessenta homens de Yuno "berrando e vindo para cima". Os xerpas pegaram as piquetas e as brandiram como armas, gritando "deixem esses homens com a gente, *sahibs*. Não gostamos deles".

Em vez de ceder às exigências dos nativos, a equipe elaborou uma solução de que, julgo poder afirmar, nenhuma outra expedição ao Karakoram havia lançado mão. Bob Bates e Norman Streatfeild decidiram navegar pelo rio de volta a Skardu e contratar carregadores melhores que os "salafrários" de Yuno.

Para ir de Yuno a Skardu, teriam que percorrer 13 quilômetros pelo rio, primeiro pelas corredeiras do Shigar, depois pelas fortes correntes do Indo. A embarcação escolhida foi um *zok*, uma jangada construída com 28 bexigas de couro de cabra infladas e revestidas por uma estrutura de finas varas de choupo. Em uma fotografia reproduzida em *Five Miles High*, o *zok* parece incrivelmente frágil.

O trabalho foi todo executado pelos barqueiros locais, enquanto Bates e Streatfeild sentaram por perto e esperaram. Bates descreve essa aventura aquática quase como uma travessura. O barqueiro, diz ele,

> passou o tempo alternando-se entre nos colocar em bancos de areia, fazer-nos rodopiar na água veloz e examinar nossos sapatos. Quando nos aproximamos das corredeiras do rio, ele largou as varas e rezou em voz alta, enquanto nós girávamos, balançávamos e nos agarrávamos; mas a jangada parecia ser incapaz de afundar, e logo chegamos à conclusão de que, desde que ela não virasse, estaríamos seguros. [...] Na maior parte do tempo, um ou dois [dos barqueiros] enchia as bexigas avariadas ou jogava água na jangada para evitar que o sol rachasse o couro. A força pulmonar desses homens era impressionante, dada a perfeita tranquilidade com que conseguiam encher até aquelas em que estávamos sentados, mesmo com o *zok* sendo atingindo violentamente pelas ondas.

No ponto em que o Shigar encontra o Indo, o barqueiro teve que remar desesperadamente para cruzar o grande rio até o lado de Skardu. A corrente era tão forte que o *zok* atingiu o banco quatro quilômetros abaixo da cidade. Mas levou apenas sete horas para percorrer os 45 quilômetros. O custo do passeio turbulento foi de 8,5 rupias, ou US$ 3,15.

Bates era evidentemente hábil com uma jangada. Em 1935, ao fim de uma travessia épica de cinco meses na Cordilheira do Santo Elias, na região subártica do Canadá e do Alasca, ele e dois colegas dirigiram-se até o rio Alsek, que pretendiam vadear pela necessidade de atravessar para chegar à civilização. Só que o rio estava na cheia de primavera, bem mais fundo e veloz para se atravessar. Sem pensar duas vezes, sob o comando de Bates, o trio improvisou uma jangada com toras trazidas pela correnteza, dois colchões infláveis e dois pares de esquis e, usando outro esqui como remo, lançou-se na perigosa travessia.

Aparentemente, para o barqueiro, descer o rio de Yuno a Skardu era trabalho corriqueiro. Depois de terem chegado, ele desmontou o *zok* e o levou de volta ao seu vilarejo.

Em Skardu, depois de consultar o *tehsildar*, ou governador local, Bates e Streatfeild resolveram rapidamente a crise dos carregadores. Em 30 de maio, toda a expedição estava de novo a caminho. Contudo, os riscos da jornada ainda não tinham acabado. Acima do vilarejo de Hoto, a caravana inteira tinha que atravessar um desfiladeiro de 61 metros de profundidade, de modo que Bates apelou para uma ponte de corda. "Corda", no entanto, é um exagero: a geringonça era toda feita de ramos de salgueiro torcidos e trançados que formavam os cabos. Em intervalos regulares, a ponte era estabilizada por galhos travados entre os dois corrimãos.

Bates admite que atravessar essa ponte artesanal foi algo aterrador. "Ela rangia como uma velha cadeira de balanço", e, à medida que os escaladores andavam cautelosamente na ponta dos pés no cabo central, lembravam da máxima baltistanesa que diz que "nenhuma ponte de corda deve ser reparada enquanto não se romper".

Em 1992, havia muito tempo que a ponte de ramos de salgueiro trançados deixara de existir. Nos anos após o Paquistão tornar-se independente da Índia, as proximidades do Karakoram passaram a ser uma região de importância militar, de modo que a trilha primitiva percorrida pelos escaladores de 1938 deu lugar a uma boa estrada pavimentada, com sólidas pontes cruzando os desfiladeiros. Logo que se sai de Skardu, por exemplo, cruza-se uma imensa ponte suspensa metálica. No jipe em que pegamos carona, a jornada foi basicamente rotineira.

Em 3 de junho de 1938, a equipe de Houston chegou a Askole, que, segundo os cálculos deles, fica a exatos 520 quilômetros de Srinagar. Até então, o pior infortúnio da equipe foram as terríveis bolhas de que sofria Burdsall. Mas agora uma nova crise instalara-se, pois Petzoldt caiu de cama com uma febre de 40 graus Celsius. Houston, o aluno de medicina de 24 anos que atuava como médico da expedição, não conseguiu determinar a causa da doença, que durou dias. (Mais tarde, foi incertamente diagnosticada como dengue.)

Qualquer tensão existente entre o caubói de Wyoming e os "ricaços" da costa leste parecia já ter sido dizimada quando o grupo chegou a Askole. Como a febre de Petzoldt não cedia, a equipe tomou uma decisão dolorosa. Houston, embora fosse o líder da expedição, ficaria em Askole para cuidar de seu paciente. Os outros quatro escaladores, os seis xerpas e os carregadores contratados em Askole iriam à frente, rumo ao glaciar Baltoro e ao acampamento-base. Se Petzoldt não se recuperasse logo, isso seria o fim da expedição para ele, bem como para Houston:

— Se ele morrer — brincou Houston com seus colegas que partiam —, eu o enterro e me junto a vocês. Se ele se recuperar, nós vamos tentar alcançar a expedição.

Nunca conheci Charlie Houston, mas sempre o admirei, desde adolescente, quando li *K2: The Savage Mountain*. E essa decisão foi uma das coisas que mais me fez admirá-lo. Ele podia até ser muito cabeça-dura, mas era incrivelmente leal a seus parceiros. Ele os apoiou ao máximo durante a expedição e os elogiou muitíssimo depois dela. Os montanhistas — em especial os muito bons — podem ser muito indiferentes. Mas Houston parecia ser cheio de compaixão e empatia. E num caso desses, estava disposto a abrir mão do objetivo de um ano inteiro para tentar ajudar um colega a recuperar a saúde.

Sendo assim, o restante do grupo seguiu adiante. Pela primeira vez, os escaladores marchavam sob as pirâmides inóspitas dos vizinhos do K2, picos que, de alguma forma, pareciam familiares, já que eles os tinham visto nas magníficas fotografias de Vittorio Sella. Em Paiju, "a última ilha de vegetação", nas palavras de Bates, eles fizeram um contorno e avistaram à frente "a traseira cinzenta do glaciar Baltoro, parecendo um réptil gigantesco". Em 1992, achamos Paiju um pouco sujo, pois um número muito grande de expedições havia acampado e largado seu lixo ali ao longo dos anos. Quando passei de novo por aquele local, em 2003, a caminho do Broad Peak, vi que algum órgão ambiental do Paquistão havia construído banheiros públicos e lavabos para tentar limpar o lugar. Mesmo assim, Paiju será sempre um acampamento memorável para mim, porque foi ali, na aproximação feita em 1992, que Scott e eu tiramos um dia inteiro de descanso, durante o qual subimos a pé uma colina arborizada até uma crista rochosa e tivemos nossa primeira e formidável visão do K2.

A equipe de 1938 subiu com dificuldade até a ponta do Baltoro. O humor do texto de Bates a essa altura é anormalmente melancólico. Ele descreve "a superfície sombria, cheia de matacões" do gelo permanente e ressalta que "um ar de morte e decadência paira sobre essa parte do glaciar". Sem dúvida, o ânimo dos homens estava esmaecido pela ausência de Houston e Petzoldt, mas, mesmo hoje em dia, a caminhada pelas partes inferiores do Baltoro é entediante. É preciso desviar para a esquerda e para a direita, subir e descer o que Bates chamou de "bancos e cristas de fragmentos de rochas". Estranhamente, apesar de se estar em um glaciar, o calor durante o dia é de matar, e o chão é seco e empoeirado. Em 1992, fizemos essa caminhada usando *shorts* e um guarda-sol para nos proteger; suamos em bicas durante todo o percurso.

Nos dois primeiros dias no glaciar, Bates escreveu: "Para nós, andar no terreno irregular não passava de algo irritante, mas para nossos *coolies*, com calçados de palha ou couro de cabra, o trecho foi cruel". Em vez de piquetas, cada carregador manuseava uma "muleta de *coolie*", um dispositivo de madeira forte o bastante para sulcar degraus no gelo e que também servia como tripé no qual apoiar o peso.

Em 8 de junho, a equipe acampou em Urdukas, um belo oásis coberto de grama bem ao lado do glaciar, no lado sul. Por séculos, os pastores baltis conduziram seus rebanhos até Urdukas para pastar, mas isso era o mais perto que eles chegavam do K2, e, como não se pode ver a montanha a partir daquele pedaço verde, isso explica por que o K2 mal tem um nome nativo. Em 1992, ainda era um lugar agradável; era possível se esparramar na grama e fugir do sol na sombra dos grandes matacões que acabaram repousando por ali.

A caminhada inteira até o K2 é totalmente diferente das aproximações das 8.000 metros no Nepal. Se você vai para o Everest pelo sul, passa por vilarejos com casas de chá e até restaurantes. Seu xerpa tira todas as noites para visitar os primos, voltando pela manhã. Tudo parece muito civilizado. A aproximação do K2 é bem mais difícil: não há vilarejos — nem casas isoladas — depois de Askole. Você acampa com os carregadores, na maior parte do tempo no glaciar. Ainda que isso às vezes pareça rigoroso ou cansativo, os 64 quilômetros da aproximação pelo Baltoro são belos à sua maneira.

Em 1938, enquanto os homens descansavam em Urdukas, Pasang Kikuli de repente apontou para o oeste do glaciar e gritou:

— *Sahibs, sahibs*, vejam!

Com os binóculos, os membros da expedição descobriram que os dois pontos pretos indicados pelo xerpa eram Petzoldt e Houston em uma caminhada bem puxada.

— Como é que eles conseguiram?! — exclamou Burdsall.

— Charlie me pôs em forma — resmungou Petzoldt assim que se juntou aos colegas. — Vai sair comida?

Quatro dias depois, os escaladores chegaram ao acampamento-base. Streatfeild pagou os carregadores, que não viam a hora de dar o fora do glaciar, e deram ao chefe deles uma algibeira contendo 45 pedras.

— Jogue fora uma pedra por dia — ele disse. — Quando acabar, volte e nos encontre aqui.

Agora a equipe tinha seis semanas para fazer o reconhecimento do K2 e, se desse tempo, tentar escalá-lo. Mas os dezessete dias subsequentes acabaram sendo perda de tempo. As primeiras visões que os escaladores tiveram do Esporão dos Abruzzos não foram nada encorajadoras. Em uma incursão pelo glaciar Godwin Austen, Bates e Streatfeild escrutinaram as encostas que se erguiam acima deles. Reportaram que a face sul parecia impossível, enquanto o Esporão dos Abruzzos apresentava continuamente facões de gelo íngremes e arestas rochosas por todo o caminho até o Ombro, a mais de 2.400 metros acima da base.

Dividida em subgrupos, a equipe fez o reconhecimento do glaciar Savoia para tentar alcançar tanto o Passo Savoia (e, assim, o início da crista noroeste) como o glaciar Godwin Austen, rumo ao começo da crista nordeste. Em três esforços durante duas semanas, vários integrantes não conseguiram sequer alcançar o Passo Savoia, já que eram obrigados a voltar quando se deparavam com gretas e paredões de gelo. Esses contratempos eram humilhantes — como podia uma passagem superada pelos guias de Courmayeur 29 anos antes, confundir alguns dos melhores montanhistas dos Estados Unidos? Chegaram à conclusão de que as condições deviam ter mudado radicalmente desde 1909, mas, em particular, nutriam o medo de não serem fortes o bastante para superar o desafio.

Uma razão para o esforço obstinado de atacar a crista noroeste começou com uma observação feita pelo duque dos Abruzzos. Do Passo Savoia, ele vira que os estratos de rocha da crista noroeste inclinavam-se para cima, indicando degraus como os de uma escada. No espigão sudeste, no lado diametralmente oposto da montanha, os italianos notaram justamente o contrário: lajes e plataformas em declive que tornavam a escalada traiçoeira e formava locais de acampamento inseguros.

No Matterhorn, no início dos anos 1860, o grande escalador inglês Edward Whymper fez seis tentativas pela crista sudeste, rendendo-se em pontos cada vez mais altos. Por fim, Whymper atacou a crista noroeste mais íngreme, por onde conseguiu realizar a primeira ascensão, em 14 de julho de 1865. A diferença se deu exclusivamente devido ao ângulo dos estratos da rocha que formavam a montanha: em aclive a noroeste, em declive a sudeste.

A dura lição de Whymper ficou famosa nos anais do montanhismo. O duque dos Abruzzos pretendia tirar a mesma vantagem do estrato no K2, bem como seus sucessores em 1938. Mas, nesse caso, a montanha passou a perna em todo mundo. Ainda levariam 53 anos para a crista noroeste ser escalada.

Ao longo das duas semanas de reconhecimento, o clima permaneceu turbulento. Felizmente, a equipe previra isso e levara estacas de salgueiro, ao que tudo indica, por insistência de Bob Bates. Em expedições anteriores no Canadá e no Alasca — sobretudo em sua primeira ascensão ao monte Lucania com Bradford Wahsburn, em 1937, e em sua travessia da cordilheira do Santo Elias dois anos antes —, Bates compreendera quanto as estacas podem ser vitais. O tipo usado pelo grupo de 1938 era uma vara de cerca de 1 metro, da qual uma das pontas tinha 15 centímetros pintados de preto. Após uma retirada em meio a uma nevasca no glaciar Savoia, Bill House escreveu: "Ainda bem que trouxemos as estacas pretas do Bates para marcar o caminho de volta, perder-se naquela parte do glaciar significaria uma noite ao relento ou coisa pior.".

Para completar a agonia daqueles dias nada animadores, Petzoldt teve várias recaídas de febre. Mesmo no acampamento-base, ele tremia por horas, incapaz de se aquecer, apesar de vestir todas as roupas e ficar dentro do saco de dormir. O único tratamento de que dispunham seus colegas aturdidos era preparar uma bebida quente após a outra e "se revezarem para esfregar-lhe as costas".

Como todos os esforços para alcançar os pontos de partida das cristas nordeste e noroeste falharam, os membros da equipe continuaram estudando o Esporão dos Abruzzos. De alguns lugares do glaciar Godwin Austen, eles conseguiam enxergar além do Ombro, que fica a 7.925 metros, até a pirâmide do cume. É fascinante redescobrir, em *Five Miles High*, a primeira descrição publicada do gigantesco *serac* pendurado a 8.230 metros que eu viria a chamar de Motivador, cuja queda causaria tamanha tragédia em 2008. House escreveu:

> A certa distância do cone [cume], um imenso glaciar projeta-se acima da parte superior da crista nordeste, bem como de uma quina do Esporão dos

Abruzzos. Deve-se ter cautela ao atravessar o platô a partir dessa última aresta, mas parece que é possível fazê-lo em segurança.

Em 28 de junho, a equipe reuniu-se no acampamento-base para o que os expedicionários chamaram de "conselho de guerra". Apenas dois membros — Petzoldt e House — foram a favor de um ataque pelo Esporão dos Abruzzos. Houston e Burdsall defenderam outra tentativa de chegar à crista nordeste. Bates e Streatfeild ficaram neutros.

Durante os vários dias que se seguiram, os escaladores ainda tentaram arduamente subir as encostas inferiores dos Abruzzos. Em uma delas, Houston e House descobriram algumas varetas quebradas, que perceberam ser fragmentos das caixas do duque dos Abruzzos. Eles haviam chegado ao ponto mais alto a que os italianos conseguiram enviar suprimentos e estavam a meros 152 metros abaixo do paredão de onde os guias de Courmayeur retornaram em 1909. Como os italianos, os norte-americanos reconheceram de imediato que o maior problema do duque foi a ausência de locais de acampamento adequados. Como explicou House,

> foi grave ter encontrado na crista tamanha área destituída de locais onde se pudessem construir plataformas para as barracas e que fossem acessíveis aos carregadores. Isso pareceu apagar nossa última chama de esperança de encontrar uma rota no K2. Para completar esse percalço, um de nossos escaladores mais fortes estava doente.

Uma das coisas que mais respeito na equipe de 1938 é que, depois de todos os contratempos, eles não decidiram simplesmente fazer as malas e ir embora. Em 2 de julho, quando House e Petzoldt fizeram a primeira investida para valer no Abruzzos, o grupo já estava na estrada a 52 dias desde que deram início à caminhada em Srinagar. Haviam se desgastado fazendo o reconhecimento do K2 e sequer tinham decidido que rota seguir. Deve ter sido tentador desistir de tudo e deixar a solução nas mãos da expedição de 1939.

Existe um trecho memorável em um dos capítulos escritos por House que revela quanto o ânimo estava abalado e como a ideia de ir para casa já se incutia em cada um dos escaladores:

> O estado de espírito da expedição é muito ruim. Vasculhamos a montanha de um lado ao outro sem conseguir encontrar uma rota. Duas semanas passaram-se, aparentemente, sem qualquer outro objetivo que não fosse convencer-nos de que nenhum dos caminhos que identificamos era viável. [...] Cada um de nós gostaria de desistir de tudo isso agora mesmo.
>
> Se nos fosse possível passar uma tarde relaxando na praia ou enchendo a cara, teríamos percebido que duas semanas de reconhecimento em uma montanha tão grande como o K2 não podiam ser conclusivas. [...] Contudo, naquela

época, parecia que cada opinião, uma após outra, tinha sido averiguada tarde demais e que não havia esperança alguma. Infelizmente, a praia estava a 1.600 quilômetros de distância, e nosso estoque de rum era pouco para se embriagar e fugir da realidade.

Em uma carta enviada aos familiares sobre essa época, Houston dá voz a tão profundo pessimismo. "A montanha é muito maior e mais difícil do que qualquer um de nós se deu conta antes", ele escreveu, "e um grupo melhor que o nosso precisará de mais tempo que o que nos resta para chegar a algum lugar".

Em 2 de julho, Petzoldt (cujos acessos de febre alternavam-se com recuperações supreendentes) e House encararam os Abruzzos, determinados a encontrar um local para acampar. Estavam quase desistindo quando Petzoldt rastejou por uma quina e encontrou um minúsculo, porém perfeito, anticlíneo na crista, protegido do vento e das rochas soltas, e grande o bastante para acomodar várias barracas. No dia seguinte, a equipe inteira, inclusive os xerpas, reuniu os suprimentos, escalou até esse anticlíneo e montou o Acampamento II a 5.882 metros. (O Acampamento I fora montado na base do Esporão dos Abruzzos, um pouco abaixo do local onde ficava nosso acampamento-base avançado em 1992.)

Analisando duas fotografias do Acampamento II publicadas em *Five Miles High*, entendo por que esse lugar parecia um presente divino — um oásis de segurança no meio da vasta e perigosa encosta. Porém, não me lembro de ter passado por esse pequeno anticlíneo no espigão. Só montamos nosso primeiro acampamento na crista depois dos 6.096 metros. A partir de 1980, os escaladores perceberam que a melhor maneira de lidar com a falta de lugar para as barracas no Esporão dos Abruzzos era montá-las o mais distante possível umas das outras. Há inúmeros motivos, alguns deles psicológicos, que explicam por que isso não foi viável para a equipe de 1938.

Mesmo depois de ter realmente se lançado nos Abruzzos, a equipe enfrentou uma adversidade absurda e monumental. No Acampamento I, eles estocaram um tambor de 15 litros de gasolina, contendo uma parte substancial do suprimento de combustível para fogareiro da equipe inteira. Para protegê-lo do sol, os homens enfiaram o tambor embaixo de uma pedra saliente incrustada no gelo. Durante o dia seguinte, o gelo derreteu, fazendo que a pedra caísse sobre o tambor e o esmagasse, derramando todo seu conteúdo.

Esse acidente significava que, durante todo o resto da expedição, os escaladores teriam de ser extremamente moderados e racionar seu combustível. A situação era tão urgente que Streatfeild, dois xerpas e o cozinheiro da expedição decidiram ir até a base do Gasherbrum I. Streatfeild acompanhara a equipe francesa que havia feito uma tentativa na montanha em 1936 e se lembrou de que os escaladores deixaram para trás sobra de combustível quando foram embora. Mas ele também lembrou que, após a partida dos franceses, os *coolies* haviam voltado para revirar o lugar em busca do que sobrou.

Se não conseguisse encontrar combustível no Gasherbrum I, Streatfeild planejava utilizar um recurso realmente desesperado. Ele mandaria um xerpa e o cozinheiro até Askole, uma marcha de sete dias, a fim de recrutar carregadores para transportar uma grande quantidade de lenha até o Baltoro! "Ela seria útil no acampamento-base e, possivelmente, nos mais altos", escreveu House, "no lugar do agora escasso combustível líquido".

No fim das contas, o grupo dissidente de Streatfeild caminhou por mais de 32 quilômetros até o acampamento-base francês, descendo o glaciar Godwin Austen até Concórdia e depois até os glaciares Baltoro Superior e Gasherbrum Sul. No acampamento francês, que fora realmente pilhado pelos carregadores, não encontraram um único litro de combustível para o fogareiro. Recuperaram algumas latas de carne e vegetais, que acabaram proporcionando uma variedade bem-vinda ao cardápio da equipe. E, cumprindo sua promessa, Streatfeild enviou um xerpa, Pemba Kitar, e o cozinheiro, Ahdoo, para Askole a fim de conseguirem lenha. Por incrível que pareça, a dupla retornou apenas oito dias depois de uma caminhada que normalmente leva catorze, acompanhados de dez carregadores que transportavam uma quantidade enorme do "melhor cedro". Embora não tenha sido utilizada além do acampamento-base, a lenha resolveu o problema de combustível da expedição.

Enquanto isso, ao longo dos primeiros dez dias de julho, os escaladores ampliaram a rota e avançaram pelos Abruzzos. Para garantir as passagens mais difíceis, os homens fixaram cordas (cabos feitos de cânhamo com 9 milímetros de diâmetro e 518 metros, comprados em Mumbai). Nesse ponto, os pitons que Petzoldt havia escondido com os equipamentos da expedição revelaram-se de grande valia, servindo de ancoragem para as cordas. Hoje em dia, em terrenos íngremes, usamos jumares, isto é, ascensores mecânicos com os quais nos prendemos às cordas de náilon fixas. Esses dispositivos metálicos deslizam facilmente corda acima, mas travam rápido quando forçados para baixo. Em 1938, ainda faltava meio século para os ascensores serem inventados. Na falta deles, os escaladores davam nós e formavam alças nas cordas fixas; feito isso, simplesmente puxavam o próprio corpo com as mãos.

Atualmente, para descer os trechos mais escarpados, clipamos nossas cadeirinhas na corda fixa com um freio oito e rapelamos a corda. Em 1938, os escaladores também rapelavam, mas faziam o rapel clássico, um método engenhoso e simples — que forma um S com a corda ao passá-la pela virilha, em volta de um dos lados do quadril, pelo peito e sobre o ombro oposto —, inventado logo depois da virada do século XX pelo grande escalador alemão Hans Dülfer. No caminho, Petzoldt ensinou aos xerpas como rapelar. Agora, eles empregavam essa técnica vital em terrenos escarpados com quedas de mais de 300 metros com todo o desembaraço dos norte-americanos.

Na verdade, durante toda a movimentação, os três xerpas — Pasang Kikuli, Phinsoo e Tse Tendrup — desempenharam um papel crucial, pois transportaram grande quantidade de carga e executaram a maior parte do trabalho de preparar as plataformas para as barracas, empilhando pedras soltas em lajes inclinadas.

Em 5 de julho, a equipe montou o Acampamento III a 6.300 metros. O Acampamento IV foi montado a apenas 240 metros acima, em 13 de julho. Pela primeira vez, a esperança superou o desânimo nos corações dos escaladores.

Em minhas próprias expedições, sempre achei que é nos dias de nevasca, quando você fica na barraca e tenta matar o tempo, que as tensões entre os membros da equipe tendem a aumentar. Confinado em um espaço reduzido, ombro a ombro com outra pessoa, você pode pensar que até um cara legal te dá nos nervos, quanto mais um colega de equipe que você já considerava meio irritante. Mas, quando se escala bastante, essas tensões desaparecem, e você se dá bem melhor com seus parceiros.

A partir de 2 de julho, a equipe de 1938 avançou muito, com conquistas diárias importantes. E, com essa atividade, o ânimo melhorou muito. Sobre uma alegre reunião no acampamento, House escreve: "um grogue foi servido, e, em algum lugar, acharam um excelente doce de figo. Mais tarde, tiveram início duas partidas de xadrez, e, antes que nos déssemos conta, Bates começou uma sequência de suas favoritas baladas de garimpo do Alasca, espantando até os xerpas, que saíram das barracas surpresos".

Ainda assim, a escalada inevitavelmente produz momentos de grande tensão e até de raiva. Considerando que *Five Miles High* segue à risca a proibição de lavar a roupa suja em público, esses conflitos só são perceptíveis em passagens em que o tom torna-se burlesco. É preciso ler nas entrelinhas, por exemplo, para decifrar o verdadeiro antagonismo entre House e Petzoldt em uma travessia incerta. Diz House:

> Lembro de um lugar em que eu tentava alargar uns degraus de gelo, com minha carga nas costas e apenas um dedo enfiado na cabeça de um pitom para dar equilíbrio. Petzoldt, que já estava totalmente recuperado física e psicologicamente, infelizmente, escolheu esse momento para fazer um discurso esclarecedor e cheio de lógica sobre escavar degraus, com particular referência a como eu poderia aperfeiçoar minha técnica. Mais tarde, ele admitiu que fora uma brincadeira na hora errada, pois não havia notado que eu estava pendurado por um fio.

Em 12 de julho, ocorreu um incidente que, sobretudo devido a mal-entendidos, poderia facilmente ter matado um ou mais escaladores. O Acampamento III fora montado em um lugar muito perigoso, diretamente embaixo de um aclive cheio de pedras soltas. Nesse dia, Bates, House e Phinsoo ainda não tinham alcançado esse acampamento; então, Houston, Petzoldt, Pasang Kikuli e Tse Tendrup começaram a subir. Assim que eles partiram, prometeram "tomar o maior cuidado possível com as pedras soltas".

O trio tinha acabado de chegar ao Acampamento III para trabalhar na melhoria das plataformas das barracas. De repente, vindo de 152 metros acima, cai a primeira pedra.

> Ela caiu diretamente entre nós, desmantelando a barraca que tínhamos acabado de montar. A partir daí, de quando em quando, pedras caíam. Às vezes, caíam longe, lateralmente; outras, passavam zunindo sobre nossas cabeças; outras ainda se estatelavam no acampamento, como se uma rajada de metralhadora atingisse a encosta. Não havia escapatória.

Os três homens na linha de fogo ficaram aterrorizados — e furiosos. Eles gritaram para os colegas lá em cima. Porém, como House explica, "soprava um vento forte, de modo que os escaladores não conseguiam ouvir nossos berros e achavam que as pedras estavam rolando inofensivamente pelas laterais". Quando os quatro que se anteciparam na escalada voltaram ao acampamento, seus três colegas estavam "fora de si", incapazes de conter "comentários implacáveis". Assim que chegaram, Houston, Petzoldt e os dois xerpas tiveram as "boas-vindas seguidas de um silêncio mortal. Bastou olhar para os buracos nas três barracas para entender o que havia se passado".

Eu compreendo e sou solidário com o apuro daquelas pessoas. Não foi culpa de ninguém — a causa real do acidente potencialmente fatal foi a má localização do Acampamento III. Mas, considerando-se a logística de então, essa localização foi inevitável. O que mais Houston e Petzoldt podiam fazer? Eles não ficaram satisfeitos com a localização do Acampamento III, mas tinham que escalar. A 152 metros, não dá para saber onde as pedras que se soltam vão cair. E, nesse tipo de terreno traiçoeiro, é praticamente impossível evitar o deslocamento de pedras.

Mas em *Five Miles High*, House dá um final feliz à briga:

> Enquanto nos sentamos e emburramos, procurando a forma mais eficaz de demonstrar nossa grande insatisfação, [Houston e Petzoldt] foram dar uma busca nos suprimentos de alimentos. Pouco depois, vieram nos oferecer geleia, tâmaras e chá quente, feito rapidamente com a neve derretida pelo sol. Com tais companhias, o mau humor não resiste, e logo estávamos rindo timidamente da enrascada em que nos metemos.

Assim, a narrativa oficial da expedição segue sua fórmula de esconder a roupa suja. Mas, na biografia de Houston que lançou em 2007, Bernadette McDonald publicou trechos das cartas que o escalador enviou aos parentes; quando os li pela primeira vez, fiquei confuso. "Petzoldt revelou-se uma pessoa notável", escreveu Houston logo no início da expedição. A tensão entre o caubói e o ricaço parecia ter desaparecido. No entanto, Bill House era criticado por Houston. "Ele fica o tempo todo reclamando da falta de comida", Houston escreveu por volta de 27 de junho, "e quer muito mais do que temos a oferecer. Ele é um ótimo escalador, mas escolhe mal as rotas e se arrisca demais. Para completar, tem períodos de depressão, durante os quais é uma péssima companhia".

Essas censuras são as mais surpreendentes em vista do fato de que House guiou vários dos trechos mais difíceis em todo o Esporão dos Abruzzos até o ponto logo abaixo do Ombro, inclusive o indiscutível *crux* daquela ascensão de 2.438 metros. Como eu já disse, a fissura rochosa quase vertical de 24 metros em plenos 6.553 metros de altitude sempre foi conhecida como Chaminé House. Em 14 de julho, com Bates dando segurança, House lançou-se ao rochedo íngreme.

A equipe montara o Acampamento IV a meros 23 metros abaixo do rochedo, mas o gelo no caminho até ele estava tão duro que a dupla levou uma hora inteira para escavar degraus na base da chaminé. Bates preparou a segurança dando um laço com a corda em torno de uma pedra saliente e depois passando a corda por trás da saliência. Essa técnica remonta à era vitoriana, mas, pelos padrões modernos, é considerada pouco segura. Se House caísse do rochedo, a corda de cânhamo poderia romper-se, pois estava presa em uma pedra pontiaguda.

House enfrentou uma verdadeira batalha, levando 2,5 horas para superar os 24 metros. Ele tentou fixar um bom pitom perto da base da fenda, mas, 12 metros acima, quando ficou em pé em uma minúscula laje e tentou fixar um segundo pitom, "o metal simplesmente amassou depois de penetrar apenas meia polegada na rocha". (Era grande a probabilidade de os pitons de aço doce da época, que eram o que havia de melhor, virarem cavilhas inúteis pela ação das marteladas. Somente nos anos 1960 foi que surgiram os pitons de cromo-molibdênio, bem melhores que as antigas ferragens.)

Para avançar pela fenda, House ficou na posição clássica de chaminé, com os pés pressionando uma parede e as costas na parede oposta. No entanto, de repente, ele se deu conta de que deixara os grampões na mochila. As pontas afiadas espetaram suas costas e se enroscaram nas pontas da rocha. House só conseguiu ganhar terreno movendo-se rapidamente. "Percebi que eu estava bem perto de minha margem de segurança", escreveu mais tarde, "mas não havia fendas para pitons e eu achei que qualquer coisa era melhor que descer sem proteção alguma na parte de cima".

Fora de vista, em um canto abaixo, tremendo de frio, Bates gritou, chamando House para voltar. "Era uma sugestão que teria aceitado de bom agrado", brincou House em retrospecto. Em vez disso, ele continuou sua batalha para cima, finalmente emergindo no topo do rochedo.

Não há como subestimar a importância da brilhante condução de House. Naquela extensa faixa de rocha aos 6.553 metros, não há alternativa; então, a única opção é a chaminé. Se os escaladores não tivessem sido capazes de superar aquele trecho, sua investida pelo Esporão dos Abruzzos teria chegado ao fim naquele momento, naquele ponto.

Em 1992, depois que Scott e eu tiramos a sorte e eu ganhei o direito de guiar, subi a fissura não pela parte interna da chaminé, mas pelo lado de fora, com pés e mãos bem abertos, apoiando-me nas agarras da rocha de ambos os lados. Ao contrário de House, usei meus grampões durante toda a subida. Consegui prender-me a um par de pitons já instalados — "pinos fixos" deixados por alguma expedição anterior. É quase impossível classificar os movimentos puros de escalada em alta montanha, mas eu diria que a chaminé seria apenas um 5,4. (A escala americana de dificuldade em uso atualmente varia de 5,1, a mais fácil, até 5,15, a mais difícil. Nos anos de 1960, quando trechos com dificuldade superior a 5,9 começaram a ser superados, os escaladores não pensaram em outra forma de classificá-los a não ser por 5,10, depois 5,11, e assim por diante.)

Por outro lado, encontrei a fenda quase repleta de gelo e neve, onde pude escavar alguns apoios para os pés, o que, certamente, tornou o trecho mais fácil para mim que para House. Mesmo assim, como Peter Boardman observou em 1980, a Chaminé House era mais difícil que qualquer escalada realizada no Everest em 1938.

A escalada foi tão desgastante para Bates e House que eles decidiram montar o Acampamento V só um pouco mais alto, a menos 152 metros verticais acima do Acampamento IV. Eles haviam chegado à base da Pirâmide Negra, um espigão triangular e íngreme formado de rocha mista.

Nesse ponto, Burdsall, embora houvesse transportado bravamente cargas para os acampamentos mais baixos, tinha ficado fora da equipe que avançava pela rota. Aos 42 anos, era o mais velho dos escaladores norte-americanos e o menos capacitado tecnicamente. Streatfeild já havia se retirado da tropa de vanguarda, pois tinha assumido a missão de encontrar combustível no Gasherbrum I, atendo-se a fazer um levantamento das partes ainda não mapeadas dos picos e glaciares adjacentes.

Os escaladores que continuavam subindo reduziam-se a Bates, House, Houston e Petzoldt — além dos três fortes xerpas. Entre eles, Pasang Kikuli era o mais confiável, com desempenho similar ao dos norte-americanos.

Em 1992, depois que estiquei uma boa corda fixa pela Chaminé House, era tarefa rotineira rapelar e jumarear aquele trecho. Mas não para os caras de 1938, que, levando cargas de 12 quilos pela chaminé, tinham de se içar com as próprias mãos segurando-se nas alças feitas na corda fixa.

Entre 15 e 20 de julho, com o clima mantendo-se quase perfeito, os escaladores avançaram cada vez mais pela rota em um ritmo frenético. Houston e Petzoldt guiaram trechos expostos e ousados ao abrir à força um caminho pela Pirâmide Negra. A equipe montou o Acampamento VI a 7.101 metros e o Acampamento VII a 7.528. Na tarde de 19 de julho, Petzoldt e Houston quebraram a barreira dos 7.620 metros. Entre eles e o Ombro, restava apenas um leve aclive cheio de neve.

Há uma passagem escrita por Houston, sobre essa vigorosa investida, que me faz rir sozinho: "Depois de um cigarro para relaxar, que pareceu especialmente bem-vindo naquelas altitudes elevadas, voltamos ao trabalho". Aqueles caras, em pleno vigor, fumavam enquanto escalavam a montanha!

Naquela tarde, estando todos instalados no Acampamento VI, a equipe reuniu novamente um conselho de guerra. Bates calculara que eles tinham apenas mais dez dias de comida e combustível. Preocupado com um eventual descenso sob mau tempo, o grupo decidiu ter cautela e enviar somente dois escaladores para seguirem pela rota até a maior altitude possível. Sem nem colocar a questão em votação, a equipe escolheu Houston e Petzoldt, enquanto Bates e House generosamente abdicaram da vaga.

Em 20 de julho, os quatro homens fizeram a última viagem até o Acampamento VII. Decidiram que os xerpas haviam "alcançado os limites de sua capacidade de escalada" e deviam ficar para trás; mas, na última hora, Pasang Kikuli implorou para ser incluído, e os *sahibs* cederam ao seu apelo.

Naquela tarde, Petzoldt e Houston deitaram em seus sacos de dormir no Acampamento VII, inquietos e ansiosos pela incursão final na manhã seguinte. Houston já concluíra que não havia esperança de alcançar o cume; já seria uma conquista e tanto se conseguissem identificar uma rota pela pirâmide do cume, mostrando o caminho para um grupo futuro realizar a primeira ascensão do K2. Em vista dos eventos subsequentes, Petzoldt não partilhava essa ideia.

Então, a dupla fez uma descoberta terrível: eles haviam se esquecido de colocar fósforos em sua bagagem! Sem eles, não havia como acender o fogareiro; sem fogareiro, não havia como derreter neve para ter água. House escreveu posteriormente:

> Foi uma catástrofe. Em meu bolso, encontrei quatro fósforos de segurança e cinco palitos de fósforo comuns, todos de valor duvidoso. Os últimos, trazidos desde Nova York, devidamente secos ao sol em vários acampamentos inferiores, falharam por repetidas vezes acima dos 6.096 metros; só acenderam sob extremo cuidado e preparados com graxa. Os fósforos de segurança, por outro lado, eram fabricados na Caxemira e se mostraram muito frágeis.

Foram necessários três fósforos a fim de acender o fogareiro para preparar o jantar. Eles derreteram uma panela de neve após a outra e até dormiram com uma panela cheia de água envolvida em suas roupas, colocada sob os pés, para o líquido não congelar durante a noite.

Pela manhã, foram mais três fósforos a fim de acender o fogareiro para providenciar o desjejum. Petzoldt e Houston estavam prontos tão logo os primeiros raios de sol alcançaram a barraca. Encordoados a uma distância de 18 metros entre si, avançaram morosamente pelas encostas escarpadas que levam ao Ombro, afundando várias vezes até os joelhos. Em uma época anterior às jaquetas de plumas, cada homem vestia quatro suéteres de lã sobre a camisa de flanela, com uma roupa à prova de vento e dois pares de luvas de lã; ainda assim, sentiam muito frio.

Naquela derradeira investida, o caubói de Wyoming ficou por conta própria. "Petzoldt sentia-se forte e andava rápido", revelou Houston mais tarde, "mas eu sentia uma estranha fraqueza nas pernas, ao ponto de cada passo tornar-se um esforço que exigia diversas respirações". Às 13 horas, a dupla não só havia alcançado o topo do Ombro, como também havia atravessado sua crista mais fácil, atingindo um ponto a meros 274 metros da encosta que leva à ravina do Pescoço da Garrafa.

Ambos comeram um almoço rápido e soltaram a corda para que ela secasse ao sol. Petzoldt continuou guiando. Houston posteriormente lembraria:

> Eu podia vê-lo bem à frente, seguindo acima resoluto, parando de vez em quando para acertar o rumo. Meu progresso era ridiculamente lento. Cada centímetro de altitude ganho era um esforço. Minhas pernas estavam tão fracas que eu era obrigado a descansar a cada cinco ou seis passos, e logo a fadiga fez-me esquecer de todo o perigo acima. Eu continuava lutando – nem sei por quê.

Por fim, Houston desistiu e sentou-se com as costas apoiadas em um grande matacão, tentando se aquecer ao sol. Petzoldt seguia firme e alcançou uma altitude algumas centenas de metros além de seu parceiro, antes de regressar. A 7.925 metros, Petzoldt ainda estava a 686 metros do cume.

Durante toda a sua vida, Houston teve uma queda pelo místico. Sobre esse ponto alto no K2, ele escreveu:

> Tentei enxergar os anos futuros de modo a consolidar em minha mente as lembranças daqueles grandes momentos em nossa magnífica montanha. Existiram outras emoções muito profundas para serem expressas. Eu sentia que toda a minha vida pregressa havia atingido um clímax naquelas últimas horas de luta intensa contra a natureza. [...] Creio que, naqueles minutos, a 7.925 metros no K2, experimentei sentimentos de uma profundidade que jamais alcançarei novamente.

Os dois homens começaram a descer às 16 horas, chegando à barraca quando a tarde virou crepúsculo. Desejavam desesperadamente um chá quente, mas restavam apenas três palitos de fósforo. Houston lembra:

> Com um cuidado imenso, engraxamos um dos fósforos e o secamos o máximo possível, só então riscamos. Ele faiscou e apagou. Um fósforo de segurança teve a cabeça quebrada. Paul, em um gesto de bravata, riscou o último. Ele acendeu e garantiu nossa ceia quente. Muito cansados para falar, derretemos neve para termos água pela manhã, encolhemo-nos nos sacos de dormir e caímos em um sono sem sonhos.

pioneirismo

Era o fim da escalada, mas não da expedição. Foram necessários outros três dias para a equipe regressar com cuidado ao acampamento-base, recolhendo equipamentos (menos as cordas fixas) no caminho; mais seis dias de caminhada com os carregadores até Askole; e mais onze dias, alguns a cavalo, para retornar a Srinagar por uma rota mais curta que a percorrida na viagem de ida. Ao todo, de Srinagar a Srinagar, a expedição durou noventa dias.

Exaustos como deviam estar após o esforço desprendido no K2, os homens viram a retirada do Karakoram simplesmente como a etapa final de uma proeza de três meses. Para os seis *sahibs*, a expedição foi uma das maiores aventuras de suas vidas. Nas últimas páginas de *Five Miles High*, Burdsall resume o sentimento de satisfação da equipe:

> Deixamos para trás dias inesquecíveis — dias de marcha e dias na montanha, cujas lembranças não trocaríamos por nada. Nenhum de nós se feriu, nem nossos auxiliares. Em poucos dias, diremos adeus à Caxemira e a nossos devotados xerpas. [...] Posteriormente, nós, *sahibs*, também tomaríamos rumos diferentes, mas sabíamos que nosso laço de amizade duraria pelo resto da vida.

Infelizmente, as consequências da expedição de 1938 ao K2 acabaram não sendo tão calmas e singelas. A meu ver, uma das coisas mais tristes que pode acontecer no montanhismo é quando os colegas de equipe se dão muito bem durante a expedição e depois se afastam. Um dos exemplos mais famosos é o da parceria do austríaco Peter Habeler com o tirolês Reinhold Messner. Durante a década de 1970, eles fizeram o mundo da escalada pegar fogo, com feitos impressionantes, como a ascensão do Eiger Nordwand no tempo, então recorde, de dez horas. Em 1978, Habeler e Messner realizaram seu maior feito ao escalar o Everest sem oxigênio suplementar, contrariando todas as previsões amplamente disseminadas de que os escaladores morreriam ou sofreriam danos cerebrais irreversíveis em tal tentativa.

Habeler e Messner foram aparentemente bem no Everest. O problema surgiu mais tarde, nas discrepâncias entre os livros que os dois escreveram sobre a aventura. (Messner, que sempre teve um ego descomunal, parece ter se ressentido do fato de Habeler ter escrito um livro.) A imprensa tirou proveito do conflito, e os ex-melhores amigos deram origem a uma inimizade que durou um quarto de século. Felizmente, esses dois grandes montanhistas por fim acabaram com a briga e até voltaram a escalar juntos.

Depois do K2, Paul Petzoldt permaneceu na Índia por vários meses. A princípio, sua intenção era simplesmente o turismo, mas o montanhista logo caiu na conversa de um cara bem estranho chamado dr. Johnson. O homem era um médico aposentado da Califórnia que fora para a Índia como missionário batista, repudiara sua fé e se tornara guru de um culto místico budista. Petzoldt ficou tão empolgado com Johnson (cujo primeiro nome ele mais tarde não recordava), que deu um jeito de levar a esposa, Patricia, para viver com ele no condomínio de Johnson, na vila de Dera Baba Jaimal Singh.

Em 25 de janeiro de 1939, o nível de tensão existente na residência de Johnson chegou ao limite. As únicas versões publicadas desse evento bizarro aparecem nas duas biografias de Petzoldt, e elas discordam em vários detalhes. Como a primeira delas, *On Top of the World*, foi escrita pela própria Patricia, que estava presente, os relatos podem ser suspeitos, pois sua preocupação pode ter sido esconder qualquer comportamento indesejado de seu marido. Mas mesmo o relato mais confiável, que consta em *On Belay!*, de Raye Ringholz, publicado em 1997, depende totalmente da história contada pelo próprio Petzoldt.

Em seu relato, a esposa de Johnson, que é retratada como uma paranoica depressiva, de repente pegou um revólver e tentou atirar em Petzoldt. Petzoldt segurou no cano da arma, lutou com ela por algum tempo, arrancou o revólver das mãos dela e o lançou por uma janela. No meio da confusão, o dr. Johnson irrompeu sala adentro. Ao correr para o jardim, Petzoldt acidentalmente topou com o Johnson. O guru caiu e bateu a cabeça no chão de pedra, morrendo na mesma hora.

(Nos anos 1960, nas rodas de escaladores, rumores contavam uma história bem diferente. Nessa versão, Petzoldt acabou se envolvendo em uma luta corporal com um carregador em algum tipo de trilha e o matara com um único tiro na cabeça. Como a maioria dos caubóis de Wyoming, Petzoldt desenvolvera suas habilidades de baderneiro e lutador de bar. A fofoca nas rodas de montanhistas dava conta de que ele fora autorizado a sair da Índia somente após prometer que nunca mais voltaria ao país.)

No relato de Ringholz, Petzoldt e outras testemunhas do acidente fabricaram uma versão fictícia do que acontecera. Mesmo assim, Petzoldt foi acusado de homicídio e inocentado em um julgamento que durou três dias. Nessa época, ele estava sem dinheiro. O cônsul norte-americano assumiu a responsabilidade pelo alpinista e entrou em contato com Charlie Houston, que voltara para os Estados Unidos. Houston repassou a notícia a Bates e a House. Os quatro arrecadaram US$ 550, que enviaram para Calcutá. O dinheiro pagou a passagem de volta de Petzoldt em um navio a vapor.

Ainda segundo Ringholz, Petzoldt nunca soube da ajuda financeira de seus colegas de equipe. "Eu nunca soube que eles mandaram dinheiro", contou Petzoldt ao seu biógrafo. "Se mandaram dinheiro para o cônsul, eu nunca o recebi".

Depois de entrevistar os antigos colegas de equipe de Petzoldt, Ringholz escreveu:

> Infelizmente, os US$ 550 originaram, entre os membros da expedição ao K2, um mal-estar que perdurou pelos sessenta anos seguintes. Houston, House e Bates alegam que para eles foi difícil levantar tal quantia naquela época, quando eram jovens e não estavam estabelecidos. Eles esperavam, e afirmam que Petzoldt prometera-lhes, que o empréstimo seria pago quando ele regressasse aos Estados Unidos.

A biógrafa de Houston, Bernadette McDonald chega a uma conclusão similar:

> De volta aos Estados Unidos, Charlie recebeu uma ligação urgente do cônsul-geral pedindo dinheiro. Com a ajuda de seu pai, tomou providências para o retorno de Petzoldt. Charlie nunca perdoou de verdade Petzoldt por ele não ter agradecido sua família pela ajuda naquele momento de necessidade. Petzoldt alegou desconhecer a origem do dinheiro, mas a amizade acabou definhando.

Independentemente de esse evento ter gerado ou não um estranhamento entre Petzoldt e Houston, parece existir outra fonte de rancor entre ambos. Houston sempre acreditou que sua equipe fez tudo o que estava a seu alcance no K2. Ter chegado a 7.925 metros na primeira tentativa real em uma grande montanha foi mais do que todos esperavam. Mas, evidentemente, Petzoldt achava que a equipe podia ter feito mais.

Um fato pouco conhecido sobre a expedição de 1938 é que os membros levaram uma câmera, com a qual filmaram não só a aproximação do Baltoro, mas todo o percurso até o Acampamento III no Esporão dos Abruzzos. Em 2004, 66 anos após a expedição, Houston remasterizou o material e gravou um DVD. Essa gravação foi inserida em uma capa plástica e acompanhou todas as cópias de *Brotherhood of the Rope* [Irmandade da Corda], de Bernadette McDonald.

Eles produziram um material incrível naquela expedição. Para mim, a cena mais tocante foi filmada no instante em que, em meio a uma imensa nevasca, os escaladores desmontavam o acampamento para descer a montanha. A câmera flagra uma barraca esvoaçando, na frente dela está Bob Bates, sorrindo enquanto entoa uma canção de partida — talvez alguma cantiga de garimpeiro do Alasca ou uma das baladas dos trens, como "The Wreck of the Old '97", que ele sabia de cor e cantaria sem hesitar pelo resto da vida. O filme não tem trilha sonora, mas, na locução feita em 2004, Houston narra:

> Fizemos o que viemos fazer. Encontramos uma rota para o cone do cume; estamos muito felizes e prontos para partir. [...] À medida que a tempestade ganha força, fica óbvio que devemos começar nossa viagem de volta assim que o tempo melhorar. Vai limpar em alguns dias, desceremos ao acampamento-base e chegaremos lá dois dias depois, muito empolgados, muito felizes. Fomos muito além do que qualquer um esperava. Encontramos uma rota para subir a montanha e desfrutamos cada minuto de nosso sucesso.

Essa fórmula resume os sentimentos de Houston com relação à expedição de 1938. Mas os sentimentos guardados por Petzoldt eram outros, e menos felizes.

Em 1963, um amigo meu, ao arrumar emprego como instrutor-assistente na Colorado Outward Bound School, perto da cidade de Marble, conheceu Petzoldt, que, então, tinha 55 anos. Petzoldt era um dos guias-seniores da escola. Meu amigo, com apenas vinte anos, tinha completa veneração pelo grande homem. Um dia, teve coragem de perguntar a Petzoldt sobre a chegada ao ponto mais alto do K2 em 1938. Petzoldt disse apenas:

— Eu queria ter continuado. Charlie decidiu voltar.

Quando Raye Ringholz lançou a Petzoldt a mesma pergunta, em 1997, para a biografia, Petzoldt foi mais veemente.

— Jesus Cristo — disse ele. — Não foi por causa do mau tempo que voltamos. Convencemo-nos a não escalar a montanha. Se tivéssemos levado um pouco mais de comida e planejado chegar ao cume, teríamos voltado como conquistadores do K2!

Bem, é assim que a memória funciona. Numa percepção tardia, é bem difícil parabenizar a si mesmo por ter tomado a decisão certa e retornado. Sei que foi este o segredo do meu sucesso nas 8.000 metros: dar meia-volta e retomar a luta outro dia, mesmo quando isso equivale a abrir mão da glória. Não tenho a menor dúvida de que, em 1938, Houston e Petzoldt tomaram a decisão correta. Eles foram até o ponto mais alto possível e ainda permitiram que a equipe inteira descesse a montanha com segurança.

Mas a agonia desse "o que podia ter acontecido" parece ter corroído Petzoldt pelo resto de sua vida. Quaisquer que tenham sido os motivos, ele nunca mais voltou ao Himalaia ou ao Karakoram. A palavra final — e a mais triste — do abismo entre Petzoldt e Houston veio à tona no Festival de Filmes de Montanha de Telluride, no final dos anos 1990. Ambos faziam parte de um painel que celebrava o K2 e era presidido por Rick Ridgeway, que, em 1978, fora um dos primeiros quatro norte-americanos a escalar a montanha. Em *Brotherhood of the Rope*, Bernadette McDonald reproduz a cena:

> [Petzoldt] disse que se opôs à decisão de descer e que tal decisão foi tomada porque Charlie não se sentia bem. Ridgeway olhou para Charlie e levantou as sobrancelhas. Charlie não disse nada. Ele estava magoado e furioso, mas não respondeu.

Até onde sei, Petzoldt nunca alegou que, se Houston não tivesse decidido voltar, ambos (ou Petzoldt sozinho) teriam chegado ao cume em 21 de julho. A declaração de Petzoldt no festival de Telluride implica que ele achava que a equipe não tinha preparado suprimentos em quantidade suficiente ou não tinha forçado o prazo o bastante para fazer uma verdadeira tentativa de incursão ao cume. É até mesmo possível que ele tenha nutrido a fantasia particular de que poderia ter partido para o cume sozinho no dia 21 de julho, como Hermann Buhl fizera no Nanga Parbat em 1953. Contudo, isso não seria nada realista.

Veja nossa expedição de 1992. Vlad, que era um escalador forte de verdade e que contava com a vantagem de mais de meio século de aperfeiçoamento em aparelhagem e domínio da montanha, deixou o acampamento do Ombro às 3 horas com um parceiro forte. Ele só chegou ao cume às 21 horas, depois de dezoito horas ininterruptas de escalada. Em seguida, teve de fazer um bivaque na descida.

Houston e Petzoldt só atingiram o lado superior do Ombro às 13 horas do dia 21 de julho. A essa altura, já estavam cansados da escalada desde o Acampamento VII. Ainda que Petzoldt tivesse sido forte o bastante para percorrer todo o trajeto até o cume, ele não chegaria lá antes de anoitecer. Meu Deus, em 1938 eles nem tinham lanternas frontais, apenas luzes intermitentes que mantinham na mão! E, com a roupa que usavam, duvido que tanto Petzoldt como Houston teriam sobrevivido a um bivaque acima dos 7.900 metros. Mesmo que sobrevivessem, ficariam debilitados devido ao congelamento das extremidades.

Em hipótese alguma a expedição de 1938 pode ser considerada um fracasso. Ao contrário, foi um verdadeiro pioneirismo. Quando os cumes das catorze 8.000 metros foram finalmente conquistados pela primeira vez, entre 1950 e 1964, somente um deles — o Annapurna foi escalado na primeira tentativa (o que custou os dedos das mãos e dos pés de Herzog e os dedos dos pés de Lachenal). O K2 foi finalmente escalado somente na 14ª tentativa (ou na 16ª, se forem contabilizadas as expedições de 1902 e 1909).

Uma das coisas que admiro na expedição de 1938 é que toda a escalada para valer foi feita por uma equipe de quatro pessoas, com o auxílio de três fortes xerpas, incluindo o indomável Pasang Kikuli. Independentemente do que ocorreu entre esses homens depois da expedição, os quatro tornaram-se bons amigos na montanha enquanto trabalhavam com a precisão de uma máquina. Seus esforços foram muito maiores que os das grandes expedições militares que os países formaram para atacar as 8.000 metros nos anos 1950. Suponho que, em certo sentido, Houston e seus colegas levaram a bandeira norte-americana ao K2, mas a expedição deles não tem nada a ver com nacionalismo. Desde que li *Five Miles High* pela primeira vez, a equipe de 1938 passou a servir de exemplo para mim do que um pequeno grupo trabalhando em harmonia pode fazer em uma 8.000 metros. Ao abrir a rota pela qual o K2 viria a ser escalado, e ao atingir 7.925 metros de altitude, eles fizeram uma grandiosa conquista.

O grande mistério

O maior mistério da história do K2 é o que aconteceu na expedição de 1939. Todas as outras grandes empreitadas na montanha produziram não só livros "oficiais", como também artigos e capítulos de memórias redigidas pelos principais escaladores. Sobre a expedição de 1939, as únicas publicações em inglês que chegaram ao público foram um respeitoso e nada esclarecedor artigo publicado em 1940 no *The American Alpine Journal* e um relato mais esclarecedor (mas ainda breve) do líder da expedição, depoimento que apareceu dezessete anos depois no *Appalachia*, o jornal do Appalachian Mountain Club.

Nenhuma outra expedição ao K2 — nem mesmo a debatida primeira ascensão em 1954 — provocou uma controvérsia tão grande quanto a que envolveu os escaladores de 1939 ao voltarem para casa. Como Galen Rowell escreve em *In the Throne Room of the Mountain Gods*, seu relato pessoal de uma infeliz tentativa pela crista noroeste do K2 em 1975, a expedição de 1939 produziu "a mais estranha tragédia da história do montanhismo no Himalaia".

Caso raro na escalada, a controvérsia enveredou profundamente pela política da época. E os problemas que afligiram a equipe de 1939 tiveram início antes mesmo de seus membros saírem dos Estados Unidos, assim que Fritz Wiessner assumiu a liderança do grupo.

No inverno de 1937-1938 (como citei no capítulo anterior), enquanto tentava formar sua equipe para o K2, Charlie Houston suspeitava que Wiessner adiara deliberadamente sua expedição até o verão de 1939, na esperança de que o grupo de Houston facilitasse o caminho fazendo o reconhecimento da montanha. Não sei se os motivos de Wiessner foram ou não tão maquiavélicos, mas foi exatamente isso o que aconteceu — ao atingir os 7.925 metros do Esporão dos Abruzzos, Houston e seus parceiros demonstraram que essa seria a melhor rota para escalar o K2.

A irritação de Houston ganhou força quando ele começou a suspeitar que Wiessner já exigia o comprometimento de alguns dos melhores escaladores norte-americanos para a expedição de 1939. Em uma carta a Bob Bates, Houston expressa sua raiva:

> Wiessner pediu para que ele fosse no próximo ano e Bill [House] acha que isso seria melhor para sua carreira. Bill é o terceiro que não irá conosco porque Wiessner deu-lhe mais esperanças para o ano que vem. Estou tão furioso com

Wiessner que passei o dia inteiro louco para escrever uma carta mal-educada para ele, mas espero conter-me.

No fim das contas, é claro, House juntou-se à equipe de 1938, o que, ironicamente, significava que o amigo e parceiro de Wiessner na primeira escalada do monte Waddington não estaria disponível para ir ao K2 em 1939.

A tragédia que ocorreria naquele verão tinha tudo a ver com a formação da equipe. Além de Bill House, Wiessner esperava que Paul Petzoldt pudesse voltar ao K2, mas o acidente fatal na Índia, no qual Paul se envolvera, inviabilizou seu regresso. Wiessner passou a temporada de inverno de 1938-1939 selecionando obstinadamente os possíveis integrantes da equipe. A certa altura, quatro escaladores muito competentes faziam parte da empreitada. Bestor Robinson conheceu Wiessner na base do Waddington, quando fazia parte de uma equipe de fortes escaladores de rocha da Califórnia, os quais tinham seus próprios propósitos na montanha. Generosamente, Wiessner deixou a cargo dos californianos a primeira tentativa naquele monte. Ele e Bill House realizaram a primeira ascensão somente depois que a turma de Robinson retornou de um ponto a 183 metros do cume. De volta ao glaciar depois da derrota, Robinson foi até o acampamento de Wiessner e disse:

— É toda sua. Não estamos prontos para ela.

Entre uma coisa e outra, ambos tornaram-se amigos.

Al Lindley, aluno da Yale de Minnesota, havia feito a segunda ascensão do monte McKinley em 1932. Era também especialista em esqui de montanha. Sterling Hendricks havia aperfeiçoado a arte das leves incursões a montanhas remotas e pouco conhecidas, particularmente no oeste do Canadá. Roger Whitney, outro ex-Yale, aprendera a escalar nos Alpes e realizara suas primeiras ascensões no Alasca, no Canadá e nas Tetons.

No papel, o grupo de Wiessner era muito habilidoso e experiente. No entanto, houve vários momentos durante a primavera de 1939 em que esses quatro fortes colegas de equipe deram para trás. Mais tarde, alguns dos críticos de Wiessner tentaram ver a origem dessas deserções na falta de confiança na liderança de Wiessner, mas não engulo essa história. Naquela época, ninguém ganhava a vida escalando montanhas. Todas essas pessoas tinham empregos dos quais não podiam abrir mão: Whitney era médico, Hendricks era bioquímico, Lindley e Robinson eram advogados. Naquele tempo, como atualmente, uma expedição para o K2 era uma empreitada muito cara. Os escaladores desistiam de viagens desse tipo depois de terem caído na tentação de se comprometer com elas. Veja o que aconteceu com nossa equipe do K2 de 1992: Scott tinha tantos colegas interessados que teve que me colocar em uma lista de espera, mas, na hora de viajar para o Paquistão, ele só tinha a mim como parceiro.

No fim, Wiessner teve que correr atrás de alguns amigos ocasionais que conhecera escalando ou esquiando. E ele teve de se sujeitar a incluir candidatos relativamente inexperientes, cujas carteiras avantajadas poderiam ajudar a arcar com os custos da expedição. A figura central desse rol era Dudley Wolfe, um quase milionário de Boston. Depois de se formar pela Harvard, Wolfe tornara-se especialista em corridas náuticas de longa distância, bem como um esquiador competente. Porém, só começou a escalar em 1936. Em 1939, estava acima do peso e com 44 anos. Segundo Andrew Kauffman e William Putnam, autores de *K2: The 1939 Tragedy* [K2: a tragédia de 1939] — publicado em 1992 e que continua sendo o único relato da expedição no formato de um livro —, Wolfe "precisou de mais de um guia [nos Alpes] para carregar seu grande peso até os cumes. [...] Ele não estava habituado a tomar decisões na montanha e só conseguia avançar em terreno difícil com a orientação e a ajuda de terceiros". O dinheiro de Wolfe pode ter sido o principal motivo que levou Wiessner a convidá-lo para o K2, mas, na montanha, contra todas as probabilidades, Wolfe teve um desempenho superior ao de todos os outros norte-americanos (exceto, é claro, ao do próprio Wiessner).

Eaton ("Tony") Cromwell, de 42 anos, também era um sangue azul endinheirado. Assim como Wolfe, ele havia escalado basicamente com guias. Nas palavras sardônicas de Kauffman e Putnam, suas "principais qualificações como candidato à expedição de 1939 consistiam em uma extensa, mas nada excepcional, lista de ascensões em montanhas similar à de qualquer membro do American Alpine Club; e há motivos para crer que ninguém nunca tentou quebrar esse recorde, muito menos gabar-se dele". Dito de outra forma, Cromwell era o que os escaladores indiferentemente chamam de "colecionador de picos".

Nos anos de 1930, as idades de 44 e 42 anos eram muito avançadas para escaladores que pretendiam escalar o K2. Mas Wiessner, aos 39, estava no auge de sua vocação alpina e, naquele verão, sentia-se, segundo ele mesmo, na melhor forma física de sua vida. Ele atingira a cota de 7.010 metros no Nanga Parbat em 1932, e não havia outro norte-americano com um registro similar de primeiras ascensões técnicas na Europa e nos Estados Unidos.

Completavam o grupo dois estudantes de Dartmouth. Chappell Cranmer fizera parte do mesmo grupo de Wiessner em uma única temporada nas Montanhas Rochosas do Canadá, mas o grosso de sua experiência baseava-se em finais de semana em paredões e trilhas de picos fáceis do Colorado. Seu colega de turma, George Sheldon, era ainda menos experiente, tendo no currículo apenas duas temporadas nas Tetons, durante as quais percorreu vias guiadas por escaladores mais experientes. Os dois jovens de Dartmouth tinham apenas vinte anos.

Quando a equipe embarcou rumo à Europa em março, deve ter ficado nítido para Wiessner que ele liderava aquela que talvez fosse a mais fraca equipe até então a tentar escalar uma 8.000 metros — que dirá o esplêndido K2. Os executivos do American Alpine Club, patrocinadores oficiais da expedição, estavam tão apreensivos que, na última hora, recrutaram um sexto homem, Jack Durrance. Estudante de medicina de Dartmouth, com 26 anos, Durrance tornara-se um exímio escalador em rocha nos Alpes Bavários depois que sua família mudou-se para Munique. De volta aos Estados Unidos, trabalhou por três verões como guia nas Tetons, onde compilou um registro de primeiras ascensões naquela cordilheira pontiaguda, superado apenas por Petzoldt. Sua melhor escalada foi a ascensão da face norte da Grand Teton — ao lado de Petzoldt e do irmão deste, Eldon. Nessa via assustadora, Durrance guiou nos trechos mais difíceis.

Esperava-se que Durrance fosse uma adição poderosa ao grupo, mas, por estranhos motivos, não foi assim. Ele encontrou os colegas em Gênova, onde todos embarcaram em um vapor para a Índia. A partir daí, as coisas começaram a descambar.

Wiessner não fora comunicado da inclusão de Durrance no grupo. Em Gênova, ele esperava encontrar Bestor Robinson, que desistira da viagem logo depois de os outros cinco escaladores partirem para a Europa. Ao receber Durrance, Wiessner não conseguiu reprimir sua surpresa e decepção, e o novo integrante reagiu mal à reação de seu líder. Durrance escreveu em seu diário algumas semanas depois: "Não consigo esquecer o olhar de decepção de Fritz ao se deparar com o insignificante Jack no lugar de Bestor Robinson".

Em todas as minhas trinta expedições a montanhas com mais de 8.000 metros, acho que nunca fiz parte de um grupo tão fraco quanto a equipe de 1939. Havia várias pessoas de capacidade medíocre entre os norte-americanos em 1992 no K2, algo de que reclamei constantemente em meu diário, mas também tinha pessoas muito fortes — particularmente, Scott, Charley Mace e Neal Beidleman — que formavam um grupo decente de ataque ao cume. Em 1939, Wiessner era o único membro da equipe que já estivera em uma montanha de grandes cordilheiras, seja no Alasca, nos Andes, no Himalaia ou no Karakoram. Para mim, é difícil dizer, especialmente se levarmos em conta o meio século que separa a época de Wiessner da minha, mas acho que, se eu me visse em meio a um grupo com tão pouca experiência como aquele, teria pulado fora. E se eu fosse o líder, teria cancelado a empreitada inteira.

Colegas inexperientes podem causar problemas em uma montanha de verdade. John Roskelley, o melhor escalador norte-americano de alta montanha dos anos 1980 e meu colega de equipe no Kangchenjunga em 1989, tem um princípio rígido de nunca jumarear uma corda fixa que tenha sido ancorada por outra pessoa. Roskelley não confiava que nenhum colega de equipe pudesse instalar as ancoragens como ele próprio. (Eu não sou tão inflexível nesse aspecto, mas respeito a extrema autoconfiança de Roskelley.)

A inexperiência entre os integrantes da expedição de 1939 viria a contribuir diretamente para a tragédia. Mas não há evidência de que Wiessner sequer tenha pensado em cancelar o espetáculo. Pelo menos, ele tinha um ás na manga: havia contratado nove xerpas com antecedência. Cinco deles eram os mesmos da expedição de Houston no ano anterior: Pasang Kikuli, Phinsoo e Tse Tendrup, que haviam transportado cargas pela Abruzzos; Pemba Kitar, que cumprira com exímio desempenho a missão de percorrer todo o trajeto até Askole para recrutar carregadores a fim de levar lenha até o acampamento-base; e Sonam. Completavam o contingente xerpa Pasang Lama, que desempenharia um papel vital na expedição de 1939, Tsering, Dawa Thondup e Pasang Kitar.

Se a equipe norte-americana era fraca, os nove xerpas formavam um grupo forte nunca antes visto em uma expedição a um pico de 8.000 metros. Não é exagero dizer que, em 1939, Pasang Kikuli era o mais experiente escalador de alta montanha do mundo, com seis expedições a 8.000 metros (sete se contarmos o Nanda Devi, que tem quase essa altura). Kikuli já vivenciara uma tragédia, no Nanga Parbat, em 1934, quando oito escaladores morreram depois de serem pegos por uma nevasca no alto da montanha. (Essa e a igualmente catastrófica expedição de 1937 ao Nanga Parbat foram, nas palavras do historiador James Ramsey Ullman, "como os mais abomináveis contos de terror, incomparáveis em toda a história do montanhismo".) Entre os mortos de 1934, estavam o líder da equipe, Willi Merkl (o melhor montanhista alemão do Himalaia na época), dois colegas alemães e cinco xerpas. Kikuli escapou por pouco do mesmo destino, mas sofreu graves congelamentos. A prova de como Kikuli era um escalador forte e devotado é que ele continuou trabalhando em diversas expedições perigosas. Em 1939, era novamente o *sirdar*, como em 1938, e se tornou o xerpa "particular" de Wiessner, como fora o de Houston no ano anterior.

A equipe de 1939 encarou a mesma caminhada de 579 quilômetros até o acampamento-base, partindo de Srinagar, realizada pelo grupo de Houston. Porém, antes de os norte-americanos deixarem o vale da Caxemira, Wiessner providenciou oito dias de aclimatação, durante os quais os membros praticaram esqui nas colinas próximas, atividade combinada à confortável estada em casas flutuantes naquele paraíso colonial. Foi um aquecimento ideal para a expedição. Ao descrever o passeio em uma carta enviada ao tesoureiro do AAC, Wiessner estava muito entusiasmado:

> Nosso grupo está mesmo excepcionalmente entrosado. Divertimo-nos muito. Estou muito contente. A ascensão de esqui de hoje pareceu formidavelmente fácil para todos, e fico muito feliz e esperançoso por confirmar que a condição física do grupo é tão boa.

Em 2 de maio, a equipe deixou Srinagar. A jornada seguiu com tranquilidade, com a caravana percorrendo uma média de 24 quilômetros por dia. As cartas que os escaladores escreveram para os familiares (várias delas são citadas em *K2: The 1939 Tragedy*, de Kauffman e Putnam) relatam constante animação. O sentimento dos membros com relação a participar de tamanha proeza era equivalente ao de seus predecessores um ano antes. Em 6 de maio, George Sheldon escreveu:

> Você provavelmente quer saber como estamos indo individualmente. Fritz, apesar de todo o trabalho, está indo bem. Nós o apelidamos Baby Face Sahib. Chap, inteligente e quieto como a coruja, está preto de sol. Jack e seu grande senso de humor, que vez ou outra gera reprovações, é o médico de faz de conta, pois ele está pensando em seguir essa profissão. Tony, ou Pop Sahib, é a voz da experiência e desempenha bem esse papel. Hoje, ele veio com esta incrível frase: "Escalar é divertido".

Dois dias depois, Wiessner escreveu para o executivo do AAC:

> Os garotos são muito bons, veem tudo pelo lado bom e dão duro sempre que necessário; é divertido ser membro de um grupo tão entrosado. Às vezes, eles são um pouco despreocupados, mas basta uma palavra para fazê-los cumprir suas tarefas e dar duro. Tenho quase certeza de que teremos um bom desempenho na montanha.

Sem imprevistos, a equipe chegou a Askole em 21 de maio. Desse vilarejo, tendo contratado 123 carregadores — 48 a mais que a equipe de 1938 —, a expedição marchou a leste, acampando em Paiju e Urdukas; depois, no glaciar Baltoro. Antes mesmo de alcançarem o glaciar, Pemba Kitar sucumbiu com uma doença misteriosa e persistente e teve que ser enviado de volta a Skardu para consultar um médico. Embora ele viesse juntar-se novamente à equipe, o xerpa, que tivera um papel importante em 1938, não faria nada de mais em 1939.

Duas greves rápidas dos carregadores (a segunda causada pela falta de óculos de proteção) atrasaram um pouco a equipe, mas, em 31 de maio, o grupo já havia se instalado no acampamento-base. Em termos de agenda, eles estavam duas semanas adiantados com relação à equipe de 1938.

O entendimento feito com os carregadores quando estes foram pagos e mandados de volta a Askole acabaria sendo parte importante do que deu errado na expedição. Kauffman e Putnam resumem o combinado:

> Sem novas instruções, [os carregadores] deviam voltar em 23 de julho para a jornada de regresso. Com isso, a equipe teria 53 dias para escalar a montanha, tempo suficiente na opinião de Fritz; até lá, alguém teria alcançado o cume ou a tentativa seria cancelada.

Até aquele momento, corria tudo bem na expedição. Mas, logo depois de a equipe instalar-se no acampamento-base, Chappell Cranmer adoeceu gravemente.

Sua temperatura chegou a 40 graus Celsius e, segundo registro no diário de Durrance, "ele tossia muito e expectorava bastante catarro e muco". Durrance ministrou vários remédios a Cranmer, mas o estado de saúde do rapaz só piorava. Às 18 horas do dia 1º de junho, Cranmer teve uma forte diarreia e ainda cuspia muco. Durrance ficou tão assustado que, por duas horas, aplicou respiração artificial em seu paciente.

Os sinais parecem os de edema pulmonar, mas também podem indicar inúmeras outras doenças com sintomas pulmonares. A combinação de viagem a um país de terceiro mundo com as doenças da alta altitude resulta em males de todo tipo e dos quais raramente se ouviu falar. Eu tive que lidar com colegas que foram acometidos por edema pulmonar, ainda que em altitudes bem mais elevadas, como Gary Ball no K2, a 7.925 metros. Cranmer havia sucumbido em uma altitude de apenas 5.029 metros. Por outro lado, sabe-se que o edema pulmonar causa vítimas em altitudes baixas, como nos 3.000 metros. O mais curioso dessa doença é que ela pode acometer qualquer pessoa – a experiência anterior em alta montanha parece irrelevante, bem como o preparo físico. J.-C. Lafaille desenvolveu edema pulmonar em 2003 ao escalar o Broad Peak e passou por um grande apuro para descer a montanha. Apenas duas semanas antes, havíamos escalado o Nanga Parbat juntos, e, antes disso, J.-C. Lafaille também tinha galgado o cume do Dhaulagiri. Eu achava que no Broad Peak ele estaria tão bem aclimatado que ficaria imune às doenças da altitude, mas as coisas não funcionam desse jeito. Tenho sorte de nunca ter desenvolvido edema pulmonar nem cerebral.

Em 1939, o edema pulmonar era algo praticamente desconhecido. Durrance diagnosticou que a enfermidade de Cranmer podia ser pneumonia ou "descompensação cardíaca". Não havia muito a fazer pelo paciente, exceto apoiar-lhe a cabeça, mantê-lo aquecido, tentar limpá-lo e ministrar remédios como fenobarbitol, um sedativo. Hoje em dia, sabemos (mas Durrance não tinha como saber) que a coisa mais importante a fazer para salvar a vida de uma vítima de qualquer tipo de edema é levá-la para uma altitude mais baixa. Se isso não for possível, só resta fornecer-lhe oxigênio suplementar. Mesmo se o grupo de 1939 soubesse da importância de descer de vez para uma altitude inferior, essa não teria sido uma tarefa fácil. Ao descer o glaciar, a perda de altitude seria gradual. E Cranmer não conseguia andar, de modo que eles teriam que improvisar uma maca.

Cranmer recuperou-se de forma lenta, mas estava basicamente fora de ação quando a equipe começou a escalar o Esporão dos Abruzzos. Nesse meio tempo, os cinco escaladores saudáveis e os xerpas mais fortes começaram a construir uma pirâmide logística de acampamentos bem abastecidos. Em 21 de junho, a equipe montou seu Acampamento IV logo abaixo da Chaminé House. Cientes da experiência aterradora dos seus predecessores, a trupe de Wiessner evitou acampar na plataforma aos 6.309 metros, na qual as barracas do grupo de 1938 foram bombardeadas pelas pedras que se desprendiam da encosta acima. Em vez disso, a equipe de 1939 usou aquele recanto somente como depósito de suprimentos.

Wiessner sempre afirmou ter se esforçado para fazer amizade com Durrance desde o começo. Em 1984, ele contou a um escritor:

> Eu sabia que Jack era um grande e forte esportista. Ele fez algumas escaladas em Munique quando morou lá, além de boas escaladas nas Tetons. Mas eu também sabia que ele era muito competitivo, o que podia gerar problemas. Na verdade, naquela época, eu gostava de Durrance e esperava que ele tivesse um bom desempenho.

Mas a tensão entre ambos começou a crescer apenas um ou dois dias depois que a equipe chegou ao acampamento-base. Para o mesmo escritor, Wiessner relatou um conflito infeliz:

> Em nossa primeira incursão ao glaciar, eu quis checar a segurança e as cordadas — tínhamos duas. Logo a cordada de Jack começou a ganhar velocidade, tentando ser mais rápido que os outros. Cromwell e Wolfe me perguntaram:
> — O que é isso? Temos que correr desse jeito?
> Quando voltamos ao acampamento-base, passei um sermão, dizendo:
> — Rapazes, posso afirmar que nunca escalaremos essa montanha se houver competição entre os membros. Esqueçam isso. Temos de trabalhar duro e em equipe.
> Jack não disse nada, mas pareceu concordar.

Após a expedição, e desde então, Wiessner foi criticado em razão de seu estilo de liderança. Certamente, ele tinha uma noção diferente desse papel, se comparado a Houston. Em 1938, praticamente todas as decisões foram tomadas em consenso. Embora fosse o líder oficial, Houston não se sentia à vontade com o título, referindo-se a si mesmo como "organizador" da equipe.

Wiessner era bem mais autoritário e, às vezes, arrogante, como na carta citada anteriormente, na qual se refere aos demais escaladores como "os garotos" (mesmo sendo Cromwell e Wolfe mais velhos que ele), elogiando-os quando são aptos a "cumprir suas tarefas e dar duro". Mas é aqui que a política da época — tanto a política da escalada como os antagonismos internacionais que estavam prestes a culminar na II Guerra Mundial — confundem-se com os acontecimentos no K2 em 1939.

Como Wiessner era nascido na Alemanha, era muito fácil estereotipá-lo como tendo caráter e estilo de liderança "teutônicos". Mesmo escrevendo em 1992, Kauffman e Putnam caíram diversas vezes nesse tipo de caricatura étnica. Segundo eles, Wiessner tinha uma "personalidade difícil". Tinha firmeza no corpo, era "espartano (mas não invariavelmente), tinha uma aparência austera, pronto ao sacrifício e dedicado a alcançar o que se tornara sua meta de vida". Ainda mais explicitamente, alemão de nascimento e criação, Fritz foi educado na escola da obediência absoluta à autoridade, o que caracteriza muito do caráter teutônico: o líder lidera e as tropas obedecem, não importa a situação. Ele teria sido a escolha perfeita para comandar uma investida alemã, mas seu histórico não ajudava quando se tratava de orientar norte-americanos. [...]

Fritz não era um humanista. Ao contrário, pregava o naturalismo darwiniano com sua ênfase na sobrevivência do mais forte. O fraco deve perecer para que o forte sobreviva — era essa a filosofia dele.

A meu ver, tal estereótipo é totalmente injusto, e as qualidades que Kauffman e Putnam atribuem a Wiessner não tinham nada a ver com o que aconteceu em 1939. Em *K2: The Story of the Savage Mountain* [K2: a história da montanha da morte], o historiador inglês Jim Curran apresenta uma eloquente réplica:

É [...] muito fácil cair na armadilha do estereótipo racial. Sem dúvida alguma, Wiessner era uma figura rígida, obstinada, solene e autoritária. Contudo, essas características não são exclusivamente teutônicas — não é difícil pensar em escaladores ingleses, franceses e italianos que, ao longo dos anos, demonstraram as mesmas qualidades e colecionaram grandes elogios.

Para entender a política da escalada dos anos 1930, é preciso conhecer um pouco de história. Basicamente, o montanhismo foi inventado nos Alpes no final do século XVIII. O primeiro grande feito foi a ascensão do Mont Blanc em 1786. Durante o século XIX, os escaladores ingleses encabeçaram o jogo. Os norte-americanos só entraram para valer na brincadeira no início do século XX. Nos anos 1930, tanto ingleses quanto norte-americanos haviam adotado uma filosofia conservadora e retrógrada com relação ao passado. O debate sobre "ferragens" — o uso de pitons, mosquetões e outros equipamentos de metal — não estava na ordem do dia. Ao menosprezar esses dispositivos auxiliares em 1938, Charlie Houston defendia uma visão anglo-americana, enquanto Petzoldt tinha uma mentalidade mais europeia.

Na década de 1930, os escaladores tecnicamente mais avançados do mundo eram os alemães, os austríacos, os italianos e os franceses. O debate ganhou ímpeto em torno das tentativas de escalar a face norte do Eiger, na Suécia — o "último grande problema" dos Alpes, como muitas pessoas referiam-se a ele. Os principais combatentes eram os alemães e os austríacos, e a face era tão perigosa que, dos primeiros dez homens que tentaram realizar a escalada, oito morreram.

A campanha do Eiger provocou uma reação negativa na Inglaterra e nos Estados Unidos. Em 1937, o coronel E. L. Strutt, presidente do American Alpine Club, chamou os escaladores do Eiger de "perturbados mentais", e acrescentou: "o primeiro que conseguir pode ter certeza de que realizou a variante mais imbecil desde o surgimento do montanhismo". Nos Estados Unidos, o escritor e montanhista James Ramsey Ullman lastimou quanto "o nacionalismo desvirtuado pode influenciar até a mais apolítica das atividades humanas".

O Eiger Nordwand foi finalmente escalado no verão de 1938 por dois austríacos em parceria com dois alemães. Embora os próprios escaladores tenham insistido que sua paixão não guardava nenhuma relação com a política, Hitler concedeu-lhes medalhas em uma cerimônia pública diante de uma multidão. Isso só serviu para reforçar a crença anglo-americana de que os melhores escaladores dos Alpes eram facistas maníacos arriscando suas vidas pelo *Führer* e pela *Vaterland*.

Embora Fritz Wiessner tenha imigrado para os Estados Unidos em 1929, em parte para escapar do fascismo emergente, e se tornado um cidadão americano seis anos depois, certas pessoas mais conservadoras da cúpula do AAC viam-no com o tipo de suspeita vinculada aos escaladores alemães e austríacos do Eiger. E essa suspeita ganhou ainda mais força após a tragédia de 1939 no K2.

Nas três primeiras semanas de junho, vários membros, inclusive os xerpas, transportaram cargas para os Acampamentos II, III e IV (sendo que o Acampamento III era usado como depósito, em área exposta à queda de pedras). Mas somente Wiessner parecia apto a guiar. Com exceção de algumas dezenas de metros de degraus escavados por Pasang Kikuli na neve e no gelo acima do Acampamento II, Wiessner guiou por todo o trajeto desde o acampamento-base até a Chaminé House. Essa desigualdade perdurou pelo resto da expedição: do Acampamento IV ao Acampamento IX, e até mais acima, Wiessner guiou em cada metro de terreno conquistado.

É difícil compreender quão impressionante foi tal desempenho. Quando eu estava no auge de minha forma física, participei de expedições nas quais assumi grande parte da tarefa de guiar. Mas nada parecido com o trabalho de guiar em cada metro da rota — exceto em minha tentativa solo na face norte do Everest em 1993, quando atingi a marca de 7.620 metros. Se mesmo no monte Rainier o ato de abrir caminho na neve funda é uma das tarefas mais exaustivas do montanhismo, imagine em uma 8.000 metros. Normalmente, você fica extremamente feliz de passar o bastão para um colega depois de se arrastar por algumas dezenas de metros montanha acima. Do Pescoço da Garrafa até o cume do K2, em 1992, Scott, Charley e eu revezamos regularmente a dianteira por causa das condições cansativas da neve.

Não é verdade que, em 1939, Wiessner encabeçou a trilha em razão de alguma necessidade egomaníaca de estar na vanguarda. O problema era que simplesmente não havia mais ninguém apto. Mesmo assim, em *K2: The 1939 Tragedy*, Kauffman e Putnam acusaram Wiessner de estar o tempo todo à frente. A crítica baseia-se em uma teoria de expedição que não faz o menor sentido para mim. Eles explicam que:

Até pouco tempo atrás, praticamente toda grande expedição tinha um líder oficial cujas responsabilidades compreenderiam coordenar e supervisionar as principais atividades desde antes da partida até o retorno. Em qualquer expedição, antiga ou recente, o líder fica com as tarefas mais importantes. Mas elas geralmente são as menos gratificantes e envolvem trabalho maçante e árduo, dedicação e atenção constante aos detalhes. [...]

Além disso, alguém, geralmente o integrante fisicamente mais apto e mais experiente da equipe de escalada, é escolhido como batedor (termo militar) ou cão-guia (termo esquimó). Essa pessoa é quem cuida dos verdadeiros problemas de escalada na montanha. Não se deve esperar que o líder da expedição e o segundo em comando assumam a função de batedor sem colocar em risco o fluxo de abastecimento e apoio.

Basicamente, Kauffman e Putnam alegam que o escalador-guia não pode ser o líder da expedição. E então, armados com uma teoria cuja lógica eles nunca justificaram, insistem que, ao fazer exatamente isso, Wiessner colocou toda a expedição em risco:

Mas Fritz não escolheu alguém para ser o batedor e, no acampamento-base, ficou cada vez mais claro que ele estava reservando essa posição para si mesmo, ou porque não confiava nas habilidades de seus companheiros, ou porque era um costume seu ser sempre o primeiro. [...]

Resumindo, era Fritz que devia ir primeiro. E, com sua personalidade forte, era natural que quisesse estar em posição de tomar todas as decisões. Fritz também foi criado em uma cultura em que ninguém jamais questiona as ordens dos superiores — um ambiente bem diferente daquele do encontro realizado na cidade da Nova Inglaterra.

Sinto muito, mas não me convence, nem se eu ignorar o último trecho sobre a cultura teutônica. Realmente, existiram expedições nas quais o líder nunca teve a pretensão de atingir o topo da montanha, preferindo ficar envolvido em preparar e organizar a logística. Um bom exemplo é a expedição ao Everest de 1953, cujo líder foi John Hunt. Hunt designou quatro outros escaladores para a equipe do cume — Tom Bourdillon e Charles Evans na primeira investida, Tenzing e Hillary na segunda, três dias depois. (Por outro lado, o próprio Hunt admitiu que não estava no mesmo patamar dos outros quatro em termos de técnica.)

Porém, em algumas das expedições que mais admiro, o homem oficialmente responsável pela investida ao cume sempre esteve à frente, o tempo todo. Em 1950, no Annapurna, Maurice Herzog ficou sempre na dianteira e, às vezes, era também o escalador mais forte da equipe francesa. Em 1938, Charlie Houston encabeçou todo o percurso até os 7.925 metros dos Abruzzos.

Por esse motivo, David Breashears, o líder de nossa expedição IMAX de 1996 ao Everest, tinha a reputação de ser um líder ditador. Algumas pessoas até me disseram antes da viagem:

— Como você consegue trabalhar com esse cara?

Mas David esteve sempre à frente e trabalhou mais que qualquer outro escalador. Eu sabia, desde que fora contratado, que ele esperava muito de mim. Mas, se você fizer seu trabalho direito, jamais ouvirá uma crítica do David. Isso é liderança: liderar dando exemplo, liderar tomando a dianteira, inspirar as pessoas a segui-lo. É por isso que, apesar das dificuldades da missão de levar a câmera da IMAX até o cume do Everest enquanto filmávamos a escalada, e apesar de termos acabado nos envolvendo na tragédia que se desenvolveu naquele mês de maio, nossa expedição foi um sucesso. É por isso que o *Everest* de David ainda é o filme de maior bilheteria que a IMAX já fez.

Em minha opinião, uma situação muito pior desenvolve-se quando o líder oficial tenta liderar na retaguarda, assistindo aos escaladores de binóculo e ordenando pelo rádio o que eles devem fazer. É muito fácil ficar sentado no acampamento-base e dizer às pessoas lá em cima o que elas têm de fazer. Na única vez em que me vi nesse tipo de situação, peguei o rádio e disse ao líder:

— Cara, por que você não levanta a bunda daí e vem fazer você mesmo?

Independentemente de Wiessner ter ou não uma postura dominante e ditatorial em relação aos colegas, o plano logístico que ele elaborou, embora precisasse de um grande transporte de carga, pareceu brilhante para mim. Cada acampamento teria três sacos de dormir e colchões infláveis, bem como fogareiros, gasolina e muita comida. Como Wiessner explicou em 1984:

> Creio que, quando você vai escalar uma montanha desse porte, quer ter certeza de que, se algo der errado ou alguém adoecer, poderá permanecer, no mínimo, por duas semanas em qualquer acampamento. Se um homem tiver de descer sob um clima muito ruim, ele pode simplesmente se jogar em uma barraca e ali encontrar tudo de que precisa.

Para mim, o problema que se desenvolveu na expedição de 1939, a partir do Acampamento IV, foi causado principalmente pela fraqueza física ou falta de convicção psicológica de todos os *sahibs*, exceto Wiessner e Wolfe. Em 21 de junho, Wiessner, Wolfe, Sheldon e cinco xerpas estavam estabelecidos no Acampamento IV, com grande quantidade de comida e combustível. Wiessner pretendia guiar a escalada da Chaminé House pela manhã. Entretanto, uma tempestade violenta chegou à noite. Com apenas um breve estio, a tempestade durou os oito dias seguintes.

No Acampamento II, 670 metros abaixo, Durrance estimava que as rajadas de vento atingiam 130 quilômetros por hora. No Acampamento IV, as temperaturas chegaram a 19 graus Celsius negativos. Até Weissner estava assustado com as condições. Em 1940, em um artigo publicado no *The American Alpine Journal*, ele escreveria: "Não consigo descrever aqueles dias e noites de tormenta. Eles foram aterrorizantes.".

Foi a essa altura que George Sheldon pareceu ter se cansado do K2. No Acampamento IV, sofreu congelamento dos dedos dos pés. Quando a tempestade finalmente acalmou, em 29 de junho, ele desceu com três xerpas e acabou indo diretamente para o acampamento-base. Sheldon faria apenas mais um transporte de carga na montanha. Durante o restante da expedição, ele e Wiessner não se veriam novamente.

Enquanto isso, em 30 de junho, depois de nove dias no Acampamento IV, Wiessner começou a escalada da Chaminé House. As cordas fixas deixadas pela expedição de 1938 haviam congelado na encosta e, de qualquer forma, Wiessner não estava disposto a confiar nelas. (Cordas fixas, ainda que fiquem um único ano congelando e se desgastando ao vento — especialmente no caso das cordas antigas — tornam-se extremamente frágeis. Eu nunca confiei totalmente em cordas abandonadas nas 8.000 metros por grupos de anos anteriores.)

Sendo assim, Wiessner teve de escalar da mesma maneira que seu antigo parceiro Bill House fizera um ano antes, e levou duas horas (meia hora a menos) para superar aqueles 24 metros. Mais tarde, no artigo do *The American Alpine Journal*, ele parabenizou o trabalho do amigo em 1938: "Só me resta elogiar House por sua habilidade ao ter guiado originalmente por esse trecho difícil de escalada em rocha".

No topo do penhasco, Wiessner esticou uma nova corda fixa. Em seguida, com a ajuda de um içamento extenuante pela corda de escalada, fez Pasang Kikuli e Dudley Wolfe passarem pela chaminé. Wiessner era um homem magro e pequeno, tinha apenas 1,67 metro de altura. Kikuli também era leve, mas Wolfe era um cara bem grande, e um escalador desajeitado, de modo que, mesmo para dois homens, deve ter sido muito trabalhoso içá-lo pela parede quase vertical. O trio montou o Acampamento V, a 6.700 metros, reutilizando as plataformas construídas pelo grupo de 1938. Então, esperaram durante outros dois dias de tormenta.

E assim a equipe começou a se dividir. Lá embaixo, os estudantes de Dartmouth, Cranmer e Sheldon, acerca de quem Weissner havia criado grandes expectativas, haviam definitivamente jogado a toalha. Cromwell, que fora indicado por Weissner para a função de vice-líder, desde o começo sentiu-se intimidado pela dificuldade e pelo risco da escalada pelos Abruzzos. Nesse ponto, declarou que em hipótese alguma passaria do Acampamento IV. Apenas Durrance, entre os escaladores norte-americanos que estavam abaixo do Acampamento V, ainda tinha vontade de escalar. Mas, até então, ele havia sido prejudicado por ter que usar botas leves e gastas em virtude do atraso na chegada do par feito sob medida em uma loja de Munique. Quando os novos calçados finalmente resolveram aparecer, levados pelos carregadores de Askole ao acampamento-base junto com a correspondência, Durrance ficou satisfeitíssimo. Contudo, depois disso e apesar de diversas tentativas, ele achou impossível se aclimatar. Mesmo a meros 6.096 metros, ele precisava parar e respirar, ofegante, curvado, apoiando as mãos nos joelhos. Durante o restante da expedição, ele não passaria de 183 metros acima do Acampamento VI, que ficava a 7.132 metros, abaixo da Pirâmide Negra.

Em nossa expedição de 1992 ao K2, houve membros da equipe que pareceram desanimar do projeto depois de um mês na montanha. É muito fácil deixar o entusiasmo inicial esmorecer quando se enfrenta tempestades e contratempos. A empolgação é logo substituída por uma vontade enorme de ir embora e voltar para casa. É por isso que sempre faço um trabalho psicológico comigo mesmo antes da expedição (especialmente quando se trata do K2); eu estava disposto a ficar na montanha o tempo que fosse necessário para escalá-la. Em 30 de junho, a equipe de 1939 já ocupava o acampamento-base, ou os superiores, havia exatamente um mês. Parece que Sheldon, Cranmer e Cromwell já estavam prontos para ir embora, e não demoraria muito para que Durrance mostrasse a mesma intenção.

Desse modo, o grupo começou a se dividir em dois – uma separação que teria tudo a ver com a tragédia que estava por vir. Posteriormente, Weissner seria muito criticado por permitir que se desenvolvesse uma falha de comunicação entre os escaladores que estavam lá em cima e os que esperavam embaixo. Alguns "especialistas" viriam a culpá-lo por não levar rádios. Mas a equipe de 1938 não tinha rádios, e levaria ainda muitos anos até que esse equipamento se tornasse prático em montanhas como o K2.

Kauffman e Putnam admitem que, em 1939, os rádios entre acampamentos eram extremamente pesados e pouco confiáveis. Porém, diante da posterior afirmação de Weissner, que disse ter optado por não levar rádios "por questões ideológicas", eles reagem com mais uma suposição inspirada na pura teoria: "Será que a ideologia deveria ter um papel fundamental em uma situação de vida ou morte, como no ataque à segunda maior, mais formidável e não escalada montanha do mundo?".

A incapacidade ou indisposição para escalar apresentada pelos quatro norte-americanos aumentou o trabalho para os xerpas. Eles não só assumiram a parte mais pesada do transporte de carga como, à medida que as semanas passavam, transitavam entre os acampamentos cada vez mais desacompanhados de algum *sahib*. Em 1938, por mais que Houston confiasse em Pasang Kikuli, ele jamais permitiu que o carregador escalasse sozinho entre os acampamentos. Os xerpas sempre estavam acompanhados de pelo menos um dos norte-americanos. Essa mesma prática foi a norma de todas as expedições britânicas ao Everest desde 1922.

Em 1939, os xerpas também viraram mensageiros. Em vez de escalar até o acampamento superior para falar com Weissner, Durrance, como não conseguia se aclimatar, escrevia um recado para o líder e o confiava a um xerpa. Esse sistema de comunicação nada decente criou sua própria confusão.

Para Wiessner, a responsabilidade dos escaladores que estavam nos acampamentos inferiores era simples e óbvia: manter os acampamentos abastecidos! Toda a pirâmide logística dependia de uma rede de acampamentos bem abastecidos ao longo de todo o Esporão dos Abruzzos, até o Ombro. Para mim, isso faz todo o sentido, e sei que, se eu estivesse no lugar de Durrance ou Cromwell, teria feito o melhor possível para mandar as cargas montanha acima. Se esse é o plano aceito, você o segue até o fim. Mas Kauffman e Putnam, bem como outros críticos, culpam Wiessner a esse respeito por não ter dado ordens claras às tropas da retaguarda.

O que mais Wiessner poderia ter feito? Se ele não estivesse à frente, avançando na rota, ninguém faria isso por ele. Sheldon e Cranmer eram cartas fora do baralho; Cromwell recusava-se a passar do Acampamento IV; Durrance não conseguia adaptar-se à altitude; e Wolfe, embora ativo e forte, não tinha habilidade ou coragem para guiar.

Durante a pesquisa para escrever *K2: The 1939 Tragedy*, Kauffman e Putnam ganharam a confiança de Jack Durrance, que tinha oitenta anos quando o livro foi publicado. Foi uma grande novidade quando Durrance permitiu-lhes ler e citar seu diário de 1939 — um privilégio que ele não concedera a nenhum outro jornalista. Os registros desse diário acrescentaram inúmeras informações sobre a expedição, e o uso que Kauffman e Putnam fizeram delas vai longe a ponto de isentar Durrance de seu papel de vilão da saga do K2 em 1939, uma visão mantida por muito tempo pelos defensores de (e pelo próprio) Wiessner.

Mesmo assim, o diário de Durrance só aumenta, de várias formas, o mistério sobre o que deu errado na montanha. Suas passagens, que se alternam entre esperança e desespero, entusiasmo e sofrimento, não respaldam de modo convincente nenhuma das teorias póstumas sobre o que causou a tragédia. Contudo, algo que o diário documenta é quanto se sentiam abatidos e saudosos de casa os quatro norte-americanos na retaguarda, antes de junho chegar ao fim. Em 26 de junho, Durrance escreveu: "O assunto mais debatido é o que devemos fazer quando voltarmos à civilização — uma semana em Srinagar —, em meio às atrações da Índia (Taj Mahal etc.)". Como notam Kauffman e Putnam, nessa fase relativamente inicial da investida, com o retorno dos carregadores de Askole programado para ainda um mês adiante, "esqueceram o trabalho árduo no K2 e começaram a pensar nos confortos do lar".

Há um termo que alguns montanhistas usam para esse fenômeno. Chama-se "desgaste". *Desgastar-se* é permitir que o trabalho pesado e os riscos da vida na expedição drenem todas as suas ambições de montanhista, de modo que você só pensa em dar o fora. (Este não é um clichê que cresci ouvindo, mas, depois que um amigo de escalada o definiu para mim, achei que é bem apropriado.) No fim de junho, os quatro norte-americanos na parte baixa da montanha estavam desgastados. Acontece muito nas expedições. E, depois que esse sentimento se instala, você psicologicamente joga a toalha: só se preocupa em ir embora e arruma todo tipo de desculpa para uma retirada o mais breve possível.

Enquanto isso, Wiessner, Wolfe e os melhores xerpas trabalhavam duro para estabelecer os acampamentos superiores. Em 5 de julho, carregando muito peso, Wiessner, Pasang Kikuli e Tse Tendrup montaram o Acampamento VI a 7.132 metros. No dia seguinte, Wiessner guiou lentamente pela Pirâmide Negra até alcançar os 7.468 metros, a uma distância de apenas 274 metros da encosta onde a equipe de 1938 montara seu acampamento mais elevado.

Tão impressionante quanto o fato de Wiessner guiar em praticamente cada metro da rota foi outra de suas realizações. Após 21 de junho, quando ele já havia montado o Acampamento IV logo abaixo da Chaminé House, Wiessner passaria 24 dias ininterruptos — exceto por uma rápida viagem de ida e volta ao Acampamento III — em altitude equivalente ou superior a 6.500 metros. A maioria dos escaladores simplesmente ficaria acabada sob tal regime (nas montanhas de 8.000 metros, todos precisamos descer regularmente para nos recuperarmos no acampamento-base, ou um pouco mais alto. O máximo que permaneci acima dos 6.500 metros foi um período de dez dias na face norte do Everest. Mas parece que, quanto mais subia no K2, mais forte Wiessner ficava.

Quase todos ficaram surpresos com o desempenho de Dudley Wolfe. Ele era desajeitado o bastante para que Cromwell e Durrance expressassem suas dúvidas quanto ao fato de ele ser mesmo um sujeito das montanhas. Mas, quando se juntou a Wiessner, Wolfe seguiu montanha acima. Ele não manifestou nenhum dos problemas de aclimatação que tanto afligiam Durrance e, lá em cima, parecia não ter nem um pouco do temor que fez Cromwell jurar nunca passar do Acampamento IV. As tempestades e o frio pouco o incomodavam. Mais tarde, Wiessner caracterizaria Wolfe como "o mais leal dos meus companheiros".

Enquanto Wiessner abria a rota até os 7.468 metros nos dias 5 e 6 de julho, Wolfe descansava no Acampamento V. Como aguardava a chegada dos colegas que trariam suprimentos para abastecer os acampamentos superiores, Wolfe primeiro ficou confuso e, depois, chateado quando ninguém deu as caras. A cada um dos três dias consecutivos, ele desceu até o topo da Chaminé House e gritou na direção do Acampamento IV, que ficava a apenas algumas dezenas de metros abaixo. Nenhuma resposta. Onde *estava* o restante da equipe?

Em 10 de julho, Wiessner decidiu esclarecer o caso. Deixando no Acampamento V Wolfe e os xerpas que transportaram os suprimentos, o líder desceu sozinho todo o trajeto até o Acampamento II — outro esforço hercúleo. Reagrupando a tropa e o restante dos xerpas, Wiessner colocou a rede de abastecimento para funcionar novamente. Dois dias depois, Durrance empenhou-se como pôde para escalar. Com Wolfe,

Wiessner e dois xerpas, ele percorreu com muito esforço todo o trajeto até o Acampamento VI, mas, apenas 61 metros acima das barracas, não aguentou. Com as cordas fixas, bastou deslizar de volta para o Acampamento VI enquanto os demais seguiam em frente. Assim que Durrance e Wiessner partiram, o líder assumiu que seu colega esperaria no Acampamento VI a chegada de mais suprimentos, tentaria recuperar-se e, finalmente, continuaria a escalada.

Apesar dos constantes problemas de Durrance com a altitude, Wiessner ainda o via como o mais habilidoso dos seus colegas e esperava chegar com ele ao cume. Gradualmente, ele mudou de ideia e substituiu Durrance por Wolfe como seu parceiro de cume. Mas o terceiro escalador a ir ao topo seria Pasang Kikuli, cujos talento, experiência e coragem Wiessner admirava profundamente. Se Wiessner tivesse escalado o K2 com um xerpa, teria dado um exemplo glorioso, algo realizado somente em 1953 no Everest, quando John Hunt, ao reconhecer a vasta experiência e o forte desejo de Tenzing Norgay, designou-o como dupla de Hillary para o ataque de 29 de maio.

Em 14 de julho, Wiessner guiou quatro homens — Wolfe, Tse Tendrup, Pasang Kitar e Pasang Lama — por todo o trajeto até os 7.700 metros de altitude, onde montaram o Acampamento VIII. A subida foi muito difícil, pois Wiessner teve que abrir caminho com neve na altura dos joelhos, coberta por uma crosta de gelo; mas, como sempre, ele encabeçou o grupo o dia inteiro. Finalmente, a equipe percorreu o Esporão dos Abruzzos, chegando à plataforma inferior do Ombro. Wiessner planejava montar outro acampamento na extremidade superior do Ombro, a 7.925 metros ou mais, e dali partir para o cume. Depois de tantas nevascas, o clima mantinha-se esplendidamente bom.

Com isso, estava pronto o cenário para uma das performances mais incríveis da história do montanhismo — e para o mais inexplicável desastre para o qual a situação evoluiria.

Infelizmente, Pasang Kikuli não estava mais no grupo de frente. Na ida ao Acampamento VII, em 12 de julho, ele sofrera congelamentos repetidos, os quais o acometeram pela primeira vez no Nanga Parbat, cinco anos antes. Naquela tarde, ele ficou no Acampamento VI com o exausto Durrance.

Depois de alcançar a borda inferior do Ombro e montar o Acampamento VIII em 14 de julho, Wiessner mandou Tse Tendrup e Pasang Kitar regressarem ao Acampamento VII, onde a equipe já havia estocado "onze cargas de suprimentos". Ficaram no Acampamento VIII Wiessner, Wolfe e Pasang Lama; depois, Kikuli, o xerpa mais forte na montanha, juntou-se a eles. Nos dois dias seguintes nevou um pouco enquanto os homens descansavam. Porém, o tempo melhorou de novo. Em 17 de julho, os três homens partiram levando uma barraca, seus sacos de dormir e colchões infláveis, além de comida e combustível para sete dias. A meta era estabelecer um último acampamento na borda superior do Ombro, e dali seguir para o cume.

A ida foi terrível, graças aos dois dias de neve fresca acumulada no Ombro. À frente, Wiessner afundava na neve até os quadris. A 76 metros do acampamento, o trio alcançou um *bergschrund* — uma greta em que a rocha da montanha separa-se da massa glacial que se acumula sobre ela. Nesse ponto, a encosta fica mais escarpada e, embora seja possível atravessar a greta em uma ponte de neve, a textura do piso vai ficando mais mole e menos estável. A ponte de neve cobre uma fenda de apenas 6 metros verticais, mas Weissner teria toda sua energia e habilidade consumida ao superá-la. Ele escreveria em 1956:

> Depois de duas horas do mais árduo trabalho que se possa imaginar, consegui, quase a nado, cruzar a ponte de neve e estender um dispositivo de segurança no aclive acima da ponte. [...] Pasang Lama seguiu meu rastro, mas quase desapareceu na neve antes de me alcançar; ele também levou uma hora no trajeto. Chegou a vez de Wolfe, que era, de longe, o mais pesado dos três. Como não conseguiu superar esse ponto, ele mesmo achou que devia voltar ao Acampamento VIII, a apenas cem passos, e nos seguiria com um ou dois colegas de apoio no dia seguinte, quando a trilha estivesse mais firme.

Enquanto Wolfe retornava ao Acampamento VII, os outros dois homens continuavam a escalada, sempre com Wiessner abrindo caminho. Exaustos depois de patinhar na neve funda, a dupla montou um acampamento temporário a 7.833 metros. No dia seguinte, retomaram a escalada. Wiessner observou atentamente o "grande paredão de gelo" pendurado sobre a garganta do Pescoço da Garrafa e do Ombro, e não gostou do que viu. Em 18 de julho, ele e Pasang Lama atravessaram um campo cheio de blocos de gelo — detritos de avalanche caídos do penhasco, o mesmo *serac* que despencaria em 2008. Então, Wiessner desviou à esquerda, saindo do Ombro enquanto seguia rumo a uma faixa de parede rochosa, fora da linha de fogo do que, mais tarde, eu chamaria de Motivador. No final daquela tarde, os dois homens haviam montado a barraca em uma plataforma sólida de neve, protegida pela faixa rochosa acima deles. Segundo a estimativa de Wiessner, estavam a 7.940 metros. O acampamento ficava só um pouco acima de onde montamos o nosso em 1992. Wiessner escreveu posteriormente: "A vista dali era inconcebivelmente magnífica.".

A essa altura, o líder tinha certeza do sucesso. Em 12 de julho, quando Durrance voltou para o Acampamento VI, ele e Wiessner discutiram abertamente os planos para os próximos dias. Não havia falha de comunicação. Wiessner resumiu assim o plano: "em 14 de julho, Durrance tentaria escalar até o Acampamento VII com quatro xerpas e, se possível, nos alcançaria mais acima. Se ele não se sentisse bem, bastava mandar os xerpas para cima". O combinado entre Wiessner e Pasang Kikuli também foi bem claro.

Como o melhor xerpa não tinha mais esperança de galgar o cume, "seu desejo agora era apenas supervisionar as operações de apoio finais entre os Acampamentos VI e VII".

No Acampamento IX, a 670 metros do cume, Wiessner e Lama tinham seis dias de comida e muito combustível. Abaixo dali, na montanha, Wiessner pensava haver uma corrente ininterrupta de acampamentos bem abastecidos — a pirâmide logística por ele projetada desde o início.

Mas as coisas não tinham andado conforme o planejado. Ainda sofrendo muito os efeitos da altitude no Acampamento VI, Durrance decidiu descer em 14 de julho. E, por algum motivo, levou junto Pasang Kikuli, bem como os outros três xerpas que deveriam fazer o transporte de cargas importantes para abastecer os acampamentos superiores. No fim das contas, Durrance e Kikuli passaram pelo Acampamento IV e desceram direto para o Acampamento II. A única concessão ao plano de Wiessner ocorreu no Acampamento IV, onde Durrance deixou dois dos xerpas com instruções para levar suprimentos para cima nos dias seguintes.

O diário de Durrance não explica por que ele levou Kikuli. Kauffman e Putnam interpretam que esse ato indica sua preocupação com o problema de congelamento de Kikuli. Mas, se fosse isso, por que levar também os outros três xerpas? Mesmo em seu estado desmoralizado, Durrance deve ter percebido que seu descenso precipitado com quatro xerpas estava sabotando o plano de Wiessner.

Por que Kikuli cedeu ao pedido de Durrance? Mais tarde, Wiessner escreveu secamente: "ele foi infeliz por não fazer o trabalho tal como planejado". "O trabalho" era ficar no Acampamento IV e supervisionar o transporte de suprimentos para o alto da montanha. Embora Kikuli fosse muito mais experiente que Durrance, este era o *sahib* — e um xerpa acata as ordens dos *sahibs* mesmo quando não concorda com elas. Contudo, a melhor explicação para Kikuli ter descido é que a condição física de Durrance era tão ruim que o xerpa duvidou que ele fosse capaz de percorrer o trajeto sozinho. Kauffman e Putnam concordam parcialmente: "Dawa [Thondup] e Kikuli, este aparentemente com grave congelamento nos dedos dos pés, o que o impedia de continuar no alto da montanha, praticamente carregaram [Durrance] pelos 670 metros desde o Acampamento IV".

No Acampamento II, Durrance encontrou, nas palavras de Kauffman e Putnam, "três homens prostrados, cercados de panelas e vasilhames sujos e cheios de restos de um 'cozido de aparência horrível'. [...] Em vez de afetar-se, Jack mandou todo mundo embora". Um dos três homens era Tony Cromwell, que agora era quase um "vice-líder" inútil.

É claro que, no Acampamento IX, Wiessner não tinha a menor ideia do colapso que ocorria lá embaixo na montanha. Em 19 de julho, ele e Pasang Lama partiram às 9 horas da manhã, determinados a chegar ao cume. Para os padrões atuais, isso é bem tarde, mas, nas décadas de 1920 e 1930, ninguém se dava conta de que a "saída alpina" tradicional — deixar o acampamento nas primeiras horas do dia para aproveitar cada minuto de luz solar e do previsível melhor clima da manhã, uma prática regularmente observada nos Alpes, nas Tetons e nas Rochosas — também faria sentido no Himalaia e no Karakoram. Além disso, considerando o vestuário primitivo da época (suéteres em vez de jaquetas de plumas, bombachas em vez de calças de plumas, botas de couro simples), em um pico da ordem do K2, uma partida no estilo alpino parecia ocorrer sob frio muito intenso para ser levada em consideração. No Everest, tanto em 1922 como em 1924, nenhum escalador deixou um acampamento superior antes das 6h30.

Em vez de atravessar o que posteriormente seria conhecido como Pescoço da Garrafa, com a ameaça do *serac* que se projetava logo acima, Wiessner preferiu encarar de vez o paredão rochoso. A quantidade de equipamento transportada pela dupla era de dar vergonha às nossas modernas arremetidas com pouco peso. Wiessner encheu uma mochila com pitons, mosquetões, comida e roupa extra. Pasang Lama carregava os pares de grampões de ambos, bem como uma robusta "corda de reserva", com 9 milímetros de diâmetro e inimagináveis 75 metros de comprimento. Os dois estavam encordoados por uma estrutura de cânhamo de 35 metros com a solidez de um diâmetro de quase 13 milímetros — muito mais espessa e pesada que qualquer corda usada hoje em dia.

Em vista do que aconteceu em agosto de 2008, a relutância de Wiessner em passar pelo Pescoço da Garrafa parece um julgamento montanhista bem cauteloso. Ainda assim, eu suspeito de que ele se sentia muito mais à vontade na rocha do que no gelo e na neve. Quando adolescente, em Dresden, Wiessner fez parte de um grupo que realizou o que, na época, eram as mais difíceis escaladas em rocha do mundo (embora levasse décadas para eles saberem disso). Nos anos 1920, nos Alpes, as duas grandes ascensões de Wiessner, no Fleischbank e no Furchetta, envolveram bem mais escaladas em rocha do que trabalho no gelo. Por outro lado, o monte Waddington, na Colúmbia Britânica, cuja primeira ascensão foi realizada por Wiessner e Bill House em 1936, é uma montanha cheia de gelo, com alguns dos trechos mais complicados formados por "terreno misto" — rocha intercalada com gelo.

Ainda assim, Wiessner evidentemente subestimou a dificuldade dessa faixa rochosa. Ninguém a escalou novamente desde 1939, de modo que é impossível classificar objetivamente sua complexidade. Por nove horas, Wiessner escalou a rocha, fixando pitons no caminho. Lama dava segurança. Em seguida, Wiessner superou uma pequena ravina de gelo preto, uma pequena rocha protuberante coberta de gelo e vários esticões por rocha quebradiça, a maior parte dela coberta por uma traiçoeira e fina camada de gelo, o *verglas*. Em face dos diversos obstáculos impossíveis de escalar, ele voltou, andando aleatoriamente para a direita ou para a esquerda para encontrar um caminho. A escalada estava tão difícil que Wiessner com frequência precisava tirar as luvas para agarrar a rocha com as mãos nuas. O ar estava calmo e a temperatura elevada o bastante para que o líder não corresse risco de congelamento.

Algumas das passagens foram classificadas por Wiessner como de classe 6 — tão difíceis como qualquer uma das já percorridas nos Alpes. Tudo isso acima dos 7.900 metros e sem oxigênio suplementar! Essa escalada em rocha foi muito mais difícil do que qualquer outra antes tentada no Everest, no Kangchenjunga ou no Nanga Parbat. Foi muito mais complicada que a Chaminé House ou a Pirâmide Negra. Não é fácil avaliar a escalada de outras pessoas, mas me arrisco a dizer que nada em nível de dificuldade semelhante e em tamanha altitude seria executado por alguém nos dezenove anos seguintes, até a primeira ascensão do Gasherbrum IV, realizada por Walter Bonatti e Carlo Mauri em 1958.

Às 18h30, com o sol tocando o horizonte, só faltava Wiessner realizar uma travessia fácil de 8 metros até o campo de neve do cume. Ele chegara aos 8.382 metros de altitude, faltavam apenas 229 metros até o cume. O campo de neve prometia uma escalada relativamente não técnica. O K2 estava no papo.

Porém, assim que começou a andar, Wiessner sentiu a corda retesar. Olhou para baixo. Pasang Lama sorriu quase pedindo desculpas:

— Não, *sahib*, amanhã.

Como lama budista, Pasang acreditava que espíritos malignos pairam sobre o cume do K2 à noite.

Por alguns momentos, Wiessner considerou a ideia de se soltar e partir para o cume em solitário. Nenhuma das maiores montanhas do mundo havia sido escalada assim, muito menos em uma arremetida noturna. Mas o tempo estava perfeito, e a lua quase cheia iluminaria a escuridão.

Mas ele não podia abandonar seu parceiro. Com pesar, Wiessner retornou. No entanto, o líder sabia que ele e o Lama tinham equipamento e comida suficientes no Acampamento IX para uma segunda tentativa no dia seguinte ou no outro. Enquanto escalava a faixa rochosa, Wiessner estudou a ravina e o paredão de gelo à direita. O Pescoço da Garrafa (como viria a se chamar) agora lhe parecia adequado à sua capacidade, e o *serac* que se projetava acima dele parecia mais estável que à primeira vista. Na próxima tentativa, Wiessner seguiria aquela rota, que era praticamente formada por neve e gelo. Era provável que fosse mais fácil que os 457 metros de terreno misto e rocha, superados na primeira tentativa.

Lentamente, enquanto anoitecia, os dois homens rapelaram a rota complicada usando os pitons que Wiessner fixou na rocha como ancoragem. "Muitas vezes, durante a descida", escreveu Wiessner mais tarde, "me arrependi de não ter insistido em realizar aquela última travessia".

127

Os admiradores de Wiessner ao longo dos anos afirmaram que, se houve alguém capaz de seguir para o cume, alcançá-lo mesmo após escurecer e descer sob a luz do luar, fora ele. Mas eu discordo. Se Wiessner tivesse seguido adiante com Pasang Lama, acho que poderíamos ter outro caso como o de Mallory e Irvine — dois escaladores incrivelmente fortes e determinados que desapareceram sem deixar pistas. Se Wiessner tivesse prosseguido sozinho, não creio que teria sobrevivido. E, sozinho em uma plataforma aos 8.382 metros, incapaz de descer sozinho, Pasang Lama certamente teria morrido congelado. Ao regressar, Wiessner tomou a decisão certa. E, ao se recusar a abandonar seu parceiro, teve uma atitude moralmente responsável. Eu o admiro mais por isso do que se ele tivesse atingido o cume.

Mesmo com o anoitecer, as condições eram incrivelmente boas. Não ventava e, a 8.230 metros, Wiessner estimava que a temperatura estivesse entre -5 e -2 graus Celsius. Contudo, o descenso foi complicado, exigindo vários rapéis. (Embora Wiessner nunca tenha explicado como os dois lidaram com o terreno na descida, suponho que a longa "corda de reserva" tenha sido útil.) Pasang Lama tinha bem menos experiência que Wiessner nesse tipo de coisa, e ambos deviam estar muito cansados. Quando o xerpa rapelava uma protuberância, a corda que passava por suas costas engachou nos grampões que ele carregava presos no lado de fora da mochila. Com um puxão, Lama desenroscou a corda, mas isso desprendeu o par de grampões. Wiessner assistiu desanimado à perda de seu precioso equipamento no ermo. Esse infortúnio faria uma grande diferença nos dias seguintes.

A dupla alcançou o Acampamento IX às 2h30. Foram quase dezoito horas de atividade. Descer 457 metros de terreno difícil no escuro, e sem qualquer acidente, foi um feito extraordinário por si só.

Wiessner e Lama dormiram até tarde e tiraram o dia 20 de julho para descansar. Ambos estavam, de certa forma, desapontados porque ninguém do grupo de apoio havia chegado ao Acampamento IX, mas Wiessner nem suspeitava de qualquer interrupção grave em sua pirâmide logística. Estava tão quente no acampamento que Wiessner passou horas deitado nu sobre seu saco de dormir, tomando o que ele singularmente chamou de "banho de sol". Recomposto do contratempo de 19 de julho, ele estava louco para fazer uma segunda tentativa no dia seguinte. Em seu relato de 1956, Wiessner deixou implícito que Lama sentia-se da mesma forma: "às 15 horas, sentíamo-nos renovados; então, decidimos escalar até o cume no dia seguinte, pela rota mais a leste. Não tenho dúvida de que teremos sucesso." Mas, apenas dois parágrafos depois, ele confessou: "desde ontem [Pasang Lama] não é mais o mesmo; ele está com muito medo dos espíritos malignos, murmurando orações constantemente, e perdeu o apetite."

Em 21 de julho, a dupla partiu às 6 horas, um horário bem melhor que o planejado dois dias antes. Hoje em dia, praticamente todo mundo monta um Acampamento IV em algum lugar diretamente no Ombro. Dali, a aproximação ao Pescoço da Garrafa é só uma questão de escalar gradualmente a encosta escarpada. No entanto, do Acampamento IX de Wiessner, uma travessia delicada à direita pela base da faixa rochosa era a primeira coisa a fazer. Se uma dupla estiver escalando direto para cima, o guia pode tranquilamente dar segurança para o outro escalador, basta segurar a corda. Em uma travessia, a segurança é uma tarefa bem mais delicada. Se Lama, o segundo da fila, caísse, ele desenharia um pêndulo antes de a corda esticar e se firmar em Wiessner. Sendo assim, como guia, Wiessner tinha que instalar pitons nos movimentos mais difíceis só para encurtar o comprimento de uma possível queda de Pasang Lama. A travessia levou muito tempo e foi descrita no diário de Wiessner como "desagradável", "difícil" e "traiçoeira".

Contudo, ainda era manhã quando eles alcançaram a base do Pescoço da Garrafa. A superfície da neve estava tão dura que Wiessner não conseguia talhar degraus com os pés. Nessa hora, ele se lembrou da importância dos grampões. Como o líder escreveu mais tarde, "com os grampões, teríamos praticamente corrido [pela ravina], mas, na situação em que estávamos, teríamos que escavar 300 ou 400 degraus. Naquela altitude, levaria um dia inteiro". Reconhecendo a futilidade da tarefa, Wiessner e o leal xerpa voltaram mais uma vez ao Acampamento IX.

Quando encontraram a barraca, ainda não havia nenhum sinal dos colegas; Wiessner começou finalmente a suspeitar que algo dera errado. Mesmo assim, ele ainda achava que havia uma boa chance de escalar o K2. Entre os suprimentos levados para a montanha, havia pares sobressalentes de grampões. E o tempo continuava perfeito.

Em 22 de julho, a dupla partiu para o Acampamento VIII. O plano de Wiessner era pegar mais comida e combustível e os imprescindíveis grampões extras e, em seguida, voltar para o Acampamento IX. Se os grampões não tivessem chegado, ponderou Wiessner, ele pegaria os de Wolfe emprestados para guiar os trechos mais difíceis acima e depois içaria seu parceiro usando uma corda.

Porém, Pasang Lama já não aguentava mais e implorou para ser substituído na equipe do cume por outra pessoa. Wiessner pensou que Wolfe estaria apto à tarefa, ou talvez Jack Durrance, se este tivesse ao menos superado seus problemas de altitude. Wiessner estava tão certo de seu retorno ao Acampamento IX que deixou lá seu saco de dormir, enquanto Lama levou o dele. Aqui se vê que o esquema logístico de Wiessner compensava em flexibilidade. Na maioria das expedições ao Himalaia até então, cada escalador tinha de carregar seu próprio saco de dormir pela montanha. Mas, ao insistir em abastecer cada acampamento com sacos de dormir, Wiessner possibilitou, em teoria, que os homens circulassem entre os acampamentos transportando apenas cargas leves.

Nas encostas mais íngremes acima do Acampamento VIII, a perda dos grampões teve novamente seu preço, quando Pasang Lama sofreu uma queda. Wiessner descreveu o acidente em 1984:

> Pasang estava atrás de mim. Eu devia tê-lo mandado ir à frente, mas, nesse caso, teria de explicar a ele como talhar degraus. Eu tinha acabado de ajeitar a piqueta para fazer uns sulcos quando, de repente, ele caiu. Percebi imediatamente porque ele fez um som engraçado. Coloquei-me em posição, cavando o máximo possível, e o segurei pela corda. Se eu não estivesse em boa forma, não tivesse escalado todos aqueles picos de 4.000 metros nos Alpes, não teria técnica para segurá-lo.

Esse relato faz o procedimento de segurança de Wiessner parecer quase banal, mas foi um feito notável. Embora eles estivessem encordoados, Lama caiu, sem controle, até o nível de seu parceiro e mais o dobro para baixo até a corda retesar com um solavanco. Muitas duplas de escaladores no mundo todo escorregaram para a morte em um acidente desse tipo.

Chegando ao Acampamento VIII, Wiessner levou um susto: ninguém havia subido. Dudley Wolfe era o único ali e ficou muito feliz por ver Wiessner, mas mostrava-se furioso com seus colegas preguiçosos que estavam mais abaixo na montanha.

— Aqueles bastardos ainda não vieram — disse Wolfe.

Havia dois dias que ele estava sem fósforos, e a única água que bebera vinha de uma pequena poça de neve derretida coletada de uma dobra da barraca.

"Não consigo entender", escreveu Wiessner em seu diário, "por que nossos xerpas que se comprometeram a abastecer o Acampamento VIII não apareceram. Também fico imaginando onde está o Jack".

Apesar do crescente sentimento de alarme, Wiessner ainda estava otimista. O Acampamento VII, distante apenas 183 metros abaixo, fora generosamente abastecido antes mesmo de a equipe de cinco integrantes seguir para o Acampamento VIII, em 14 de julho. Certamente, lá eles encontrariam comida e combustível, além dos grampões sobressalentes, depois voltariam ao Acampamento IX para outra tentativa de investida ao cume.

Depois de cozinhar um almoço quente e "celebrar nossa reunião", como Wiessner descreveu mais tarde, os três homens desceram a montanha. Wolfe levou seu saco de dormir, assim como Pasang Lama. Pela primeira vez em dias, uma neblina leve se espalhava ao redor. Primeiro, o trio encordoou-se, com Lama à frente, Wolfe no meio e Wiessner por último. No descenso de um terreno sem grandes dificuldades, a prática usual era que o homem mais experiente viesse por último; assim, ele poderia dar segurança para um parceiro que escorregasse. Mas, na neblina, Lama errou o caminho, desviando muito para leste. (Exatamente o que Scott começou a fazer à frente de nossa cordada de três homens na descida do cume em 1992.) Por causa disso, Wiessner trocou a ordem, encabeçando a fila e deixando Lama por último.

Nesse episódio, a falta de jeito de Wolfe quase custou a vida dos três. Quando Wiessner parou em uma posição ruim, inclinado para frente a fim de escavar um degrau abaixo de seu pé, Wolfe pisou acidentalmente na corda. O tranco repentino tirou Wiessner de sua posição e ele começou a deslizar encosta abaixo.

Em 1984, Wiessner fez um vívido relato dessa quase tragédia:

> — Me segura! Me segura! — eu disse imediatamente.
>
> Nada. Então, a corda esticou até Dudley, e ele foi puxado. A corda esticou até Pasang e ele também caiu. Estávamos os três escorregando pela montanha; eu ia muito rápido e rolava.
>
> Não fiquei com medo. Eu só pensava como era estúpido que tudo acabasse assim. Lá estávamos nós, ainda podíamos conquistar a montanha, e tivemos que cair daquele jeito idiota e morrer. [...]
>
> Mas o fato de estar rolando e ser o primeiro da corda, deu-me um pouco de tempo. Eu ainda tinha a piqueta — eu sempre a mantinha presa ao pulso —, e, bem naquela hora, a neve estava um pouco mais fofa. Preparei a piqueta e trabalhei duro com ela. Com a mão esquerda, segurei a corda e, por fim, consegui me posicionar; dei impulso rapidamente e me inclinei sobre a piqueta. Depois, *bang!* Um tranco e tanto. Eu estava firme, mas aquilo me puxava para baixo. Entretanto, naquela época eu era um homem fantasticamente forte — ficaria feliz se eu ainda tivesse um terço daquela força. Travei ali e quis parar aquela coisa. Devo ter feito tudo certo, e a sorte estava do meu lado também.

Nos anais do K2, ou na história da escalada no Himalaia ou no Karakoram, somente a "segurança milagrosa" de Pete Schoening em 1953 é mais famosa que a autofrenagem de Wiessner, que salvou sua vida e a de seus dois colegas. Eu tive de fazer uma autofrenagem similar em 1992, depois que Scott foi arrastado por uma avalanche e eu fui junto. Foi bem difícil, mas éramos somente dois na cordada, não três; e, mesmo sendo grande como era, Scott não pesava tanto quanto Dudley Wolfe.

Ao chegarem ao Acampamento VII, os homens, assustados, chamaram os colegas que eles presumiam estarem ali, mas não tiveram resposta alguma. Já estava escuro. E, nesse ponto, o choque tornou-se incompreensível.

Não só nenhum dos colegas estava no Acampamento VII, como as barracas estavam tombadas, com as portas abertas. Uma delas estava cheia de neve; a outra, meio desmontada. Todos os sacos de dormir e colchões infláveis haviam desaparecido. A comida restante havia sido esparramada cruelmente na neve do lado de fora das barracas. Era como se o acampamento tivesse sido atacado por vândalos. Wiessner escreveu em seu diário: "O que aconteceu durante os dias que passamos lá em cima? Sabotagem? Não dá para entender.".

Atordoados e exaustos, os homens limparam uma das barracas, remontaram-na e se arrastaram para dentro dela. Na queda durante o retorno do Acampamento VIII, Wolfe perdeu seu saco de dormir. Naquela noite, os três partilharam o saco de dormir e o colchão inflável de Pasang Lama. Enfrentaram uma noite insone, a que, dezessete anos depois, Weissner se referiria como "inesquecível".

Uma prova do espírito indomável de Weissner é que, mesmo depois dessa noite deplorável, ele ainda planejava escalar novamente a montanha e fazer uma terceira tentativa de incursão ao cume. Certamente, havia comida e sacos de dormir no Acampamento VI, e Wiessner calculava que haveria também pelo menos seis xerpas. Pela manhã, Pasang Lama e Wiessner estavam prontos para partir. Wolfe decidiu ficar no Acampamento VII. Wiessner posteriormente explicou o raciocínio do trio:

> Não podíamos ficar no Acampamento VII com um único saco de dormir; então, decidimos ir para o Acampamento VI e pegar os sacos de dormir de lá. Para garantir, um de nós podia ficar lá com o saco de dormir de Pasang, repousar e guardar energia para subir e descer a montanha. Wolfe sugeriu que ele ficasse para se recuperar da noite desagradável e para estar em melhor forma para levar a carga ao Acampamento VIII no dia depois de amanhã. Como líder da expedição, eu tinha que descer para o Acampamento VI para colocar a operação de apoio em andamento novamente e saber o que havia acontecido. Pasang seria liberado.

Mais tarde, os críticos mais atrozes de Wiessner viriam acusá-lo de abandonar Dudley Wolfe. Até Kauffman e Putnam, com a vantagem da perspectiva após 53 anos, condenaram Wiessner nessa questão:

> A decisão tomada foi a maior causa da tragédia eminente. Fritz dividiu seu pequeno grupo. [...]
>
> Uma regra fundamental do montanhismo certamente observada até poucos anos afirma que, sob nenhuma circunstância, ninguém deve dividir um pequeno grupo se tiver motivo para suspeitar que há problemas adiante. [...]
>
> Com certeza, nessa hora, os três errantes deviam ter ficado juntos em vez de se separarem. Na verdade, se, por algum milagre, tudo estivesse bem lá embaixo, ou seja, no Acampamento VI, era melhor ter três costas do que duas para ajudar a carregar novos suprimentos. [...]
>
> Essa foi uma decisão de um líder em pleno poder de suas faculdades mentais?

Não sei onde Kauffman e Putnam encontraram sua "regra fundamental do montanhismo", mas essa análise, como a teoria deles de que o líder da expedição não devia atuar como "batedor", soa absurda. Se Wolfe estava muito cansado para continuar descendo a montanha em 23 de julho, o que Wiessner devia fazer? Sentar no Acampamento VII e esperar — três homens com um único saco de dormir e um colchão inflável — pela ajuda que nunca viria? Mandar Wolfe descer, sem se importar se ele estava exausto ou não? Ao contrário de abandonar seu colega, Wiessner tentou poupá-lo de uma experiência dolorosa. Não parecia possível que o Acampamento VI estivesse destruído como o Acampamento VII. Para mim, o que Wiessner fez parece perfeitamente lógico.

Wiessner e Lama só partiram às 11 horas do dia 23 de julho. E 213 metros abaixo, o inconcebível tornou-se realidade. Não só não havia xerpa algum no Acampamento VI, como também as duas barracas tinham sido desmontadas. Havia um pouco de comida e combustível armazenados ali, mas nada de sacos de dormir e colchões infláveis.

"Nossa situação agora era grave", escreveu Wiessner mais tarde. Só restava aos dois continuarem a descida. Nos Acampamentos V e IV, também nenhum saco de dormir. O depósito do Acampamento III estava vazio. Ao anoitecer, Wiessner e Lama alcançaram o Acampamento II, que deveria ser o mais bem abastecido da montanha. Nenhum saco de dormir! Completamente exaustos, os dois homens desmontaram uma barraca e se aninharam dentro dela enquanto tentavam dormir encostados um no outro. Os dedos dos pés e das mãos tinham queimaduras de frio e, pela segunda noite consecutiva, eles não dormiram.

Pela manhã, Wiessner e Pasang Lama desceram com muito esforço as encostas do Esporão dos Abruzzos e, finalmente, emergiram no glaciar Godwin Austen. Ainda faltavam vários quilômetros entre eles e o acampamento-base. Wiessner posteriormente escreveu: "nos últimos quilômetros, quase no nível do glaciar, só conseguíamos nos arrastar, caindo com frequência". Por fim, com o acampamento-base quase à vista, eles viram quatro pequenas figuras à distância — finalmente, os colegas de equipe. Lentamente, a distância entre aquelas figuras e os dois homens exauridos ao extremo acabou.

Este é o grande mistério. Por que as barracas foram desmontadas? Enquanto Wiessner, Pasang Lama e Dudley Wolfe davam duro para chegar ao cume, o que aconteceu nas regiões sob o Acampamento VIII? O que aconteceu aos outros quatro norte-americanos e aos demais xerpas?

À medida que as figuras no glaciar aproximavam-se, Wiessner reconheceu Tony Cromwell e três xerpas. A primeira coisa que Cromwell disse foi:

— Graças a Deus vocês estão vivos!

A essa altura, com a garganta desesperadamente dolorida de tanto respirar ar frio e rarefeito, Wiessner perdera a voz, uma condição que duraria semanas. Mas, em um sussurro chiado, ele pôs para fora sua raiva:

— Que ideia foi essa?

Wiessner relembrou mais tarde a explicação dada pelo vice-líder da expedição: "Ele nos disse que pensou que estávamos mortos. Ele estava apenas dando uma volta, olhando para qualquer coisa no glaciar. Eu disse que aquilo era um ultraje, e que Wolfe o processaria por negligência".

Em silêncio, os seis homens percorreram lentamente a curta distância até o acampamento-base. Segundo Wiessner:

> O cozinheiro e o oficial de ligação vieram me abraçar e me levaram para a barraca. Pasang Kikuli e todos os xerpas vieram me abraçar. Mas Durrance só veio me ver meia hora depois.
> Quando se aproximou, eu disse imediatamente:
> — O que aconteceu com nossos suprimentos? Quem trouxe todos os sacos de dormir para baixo? E por quê?
> — Bem, os xerpas...
> A culpa foi atribuída aos xerpas.

Wiessner surpreendeu-se quando descobriu que os dois estudantes de Dartmouth, George Sheldon e Chappel Cranmer, não estavam em lugar algum. Eles haviam deixado o acampamento-base em 18 de julho. Após sete semanas no glaciar Godwin Austen, estavam tão cansados da expedição — ou simplesmente vencidos pelos desafios do K2 — que nem se deram ao trabalho de dar uma volta para saber o que estava acontecendo com os três colegas no alto da montanha. O pretexto para a partida precoce: uma viagem com fins geológicos até Urdukas, o prazeroso oásis adjacente à parte baixa do glaciar Baltoro! Aparentemente, Cromwell havia aprovado a partida dos rapazes.

Os carregadores de Askole chegaram conforme programado, em 23 de julho. Agora, eles faziam hora em volta do acampamento-base, loucos para voltar para casa. Em retrospecto, esse assunto é surpreendente. Embora Askole ficasse a sete dias de marcha do acampamento-base para carregadores com carga pesada, a equipe manteve contato intermitente com essa última base da civilização. Por exemplo, em 28 de junho, chegaram carregadores trazendo correspondências e as botas sob medida de Durrance. À medida que se aproximava o dia 23 de julho, com a ascensão da montanha ainda em andamento, Cromwell poderia ter enviado uma mensagem a Askole adiando a chegada dos carregadores. Afinal de contas, em 1938, o cozinheiro e um xerpa haviam vencido o trajeto até aquele vilarejo em apenas três dias, quando organizaram a missão da equipe em busca de lenha.

Em 1992, esperamos até descermos de vez da montanha para chamar os carregadores. Não queríamos correr o risco de eles chegarem antes de termos certeza de que a equipe inteira concluíra sua tentativa. Quando os carregadores retornaram ao acampamento-base, a expedição estava realmente encerrada. Assim, não tivemos que ficar à toa pelo glaciar Godwin Austen mais tempo que o necessário — ao final de agosto, até eu queria ir embora.

A explicação óbvia para Cromwell permitir que os carregadores chegassem enquanto havia três homens no alto do K2 é que todos os *sahibs*, exceto Wiessner e Wolfe estavam desesperados para cair fora dali. O "desgaste" instalara-se como uma vingança. Cranmer e Sheldon nem esperaram os carregadores, tão ávidos que estavam para deixar o acampamento-base. É um pensamento assustador, mas é impossível evitar a ideia de que Cromwell, tendo dado os três homens por mortos no alto da montanha, teria encerrado a expedição e iniciado a caminhada de volta antes mesmo de Wiessner e Pasang Lama descerem até o acampamento-base se ele não tivesse encontrado nada em sua busca pelo glaciar no dia 24 de julho, quando procurava sinais dos homens desaparecidos. Wiessner acreditava ser esse o caso. Em 1956, ele escreveu em tom irônico: "no acampamento-base, com plena convicção de que Wolfe, Pasang e eu havíamos falecido, foi decidido que a marcha de volta começaria em 25 de julho. Esse plano precisou ser alterado quando Pasang Lama e eu nos arrastamos até o acampamento.".

Algo muito similar aconteceu na expedição americana de 1953 ao Everest. A meta do líder da equipe, Norman Dyhrenfurth, e da maioria dos escaladores do grupo de dezenove pessoas, era simplesmente fazer a primeira tentativa norte-americana de ascensão da maior montanha do mundo. (Nesse sentido, a campanha de 1963 foi uma prorrogação da era de expedições extremamente nacionalistas da década de 1950.) Tal meta foi cumprida em 1º de maio, quando Jim Whittaker alcançou o cume ao lado do xerpa Nawang Gombu. Enquanto isso, um grupo menor, formado pelos escaladores mais técnicos da equipe, partiu com o intuito de abrir uma nova rota na crista oeste do Everest. Dyhrenfurth relegou a esse grupo um *status* inferior, direcionando toda logística e apoio ao trabalho na rota tradicional do colo sul. O grupo da crista oeste teve de esperar e transportar toda a sua carga até que Whittaker e Gombu tivessem concluído com sucesso. Mas, quando isso aconteceu, Dyhrenfurth e a maioria dos escaladores na rota do colo sul estavam prontos para ir embora.

Esse impasse indecente revelou-se em 9 de maio por meio de uma chamada de rádio entre Tom Hornbein, instalado no alto da crista oeste, e Barry Prather no acampamento-base, que falou por Dyhrenfurth, pois o líder havia desenvolvido uma grave laringite. Em sua narrativa clássica, *Everest: The West Ridge* [Everest: a crista oeste], Hornbein reproduz o diálogo (que foi gravado em fita para ser usado no documentário da expedição):

> *Prather:* Os carregadores vão chegar dia 21 e partiremos do acampamento-base dia 22. Câmbio.
>
> *Hornbein:* OK. Sabemos que o tempo é curto, mas pensamos que ainda tínhamos mais dias depois do dia 20 ou 21, já que as tentativas por nossa rota são importantes. O que você tem a dizer? Câmbio.

> *Prather:* Só um comentário, 300 carregadores vão chegar dia 21. Câmbio.
> *Hornbein:* Bom, então acho que nos veremos em Katmandu.

No final, Dyhrenfurth voltou atrás e apoiou o grupo da crista oeste. Em 22 de maio, Hornbein e Willi Unsoeld concluíram a rota, atravessaram o cume e sobreviveram a um bivaque desesperado acima dos 8.500 metros — realizando um feito mais impressionante que a terceira ascensão do Everest na mesma rota que Hillary e Tenzing desbravaram uma década antes. O astro da escalada britânica, Doug Scott, mais tarde chamou a escalada de Unsoeld-Hornbein de "o maior feito da história do Everest".

No acampamento-base, Wiessner soube pela primeira vez que Durrance, em vez de ficar no Acampamento VI, descera para o Acampamento II em 14 de julho, levando consigo Pasang Kikuli. Depois dessa data, houve apenas um dia em que algum dos quatro norte-americanos que deveriam compor a equipe de apoio foram além do Acampamento II, a meros 5.880 metros. Os quatro xerpas foram os únicos escaladores entre Durrance e o trio que tentava o cume circulando entre os Acampamentos VIII e IX. Durante a leve tempestade que se instalou nos dias 15 e 16 de julho, Tse Tendrup e Pasang Kitar esperaram no Acampamento VII. Como haviam descido para o Acampamento IV com Durrance e Kikuli em 14 de julho, Tsering e Phinsoo tiveram de escalar de novo até o Acampamento VI em auxílio dos escaladores que iam à frente.

O que aconteceu em seguida faz parte do mistério. Na análise de Kauffman e Putnam, "as instruções dos xerpas, primeiro dadas por Fritz e depois por Jack, eram para continuar a transportar suprimentos sempre que possível, primeiro para o Acampamento VII e depois para o Acampamento VIII. Eles não fizeram nada disso. Talvez não tenham entendido".

A única explicação para os atos desses quatro xerpas entre 15 e 23 de julho está nas discussões que tiveram com os norte-americanos no acampamento-base após 24 de julho. A maioria dos xerpas fala hindustâni, mas não inglês, de modo que grande parte do diálogo tinha que ser traduzida por Chandra, um professor indiano que se juntou à expedição, sendo o único fluente nos dois idiomas. Deve ter havido muitos mal-entendidos, e a partir de então não havia como confirmar independentemente o depoimento dos xerpas.

Até Wiessner, que estava confuso com os acampamentos desmantelados, por fim aceitou a explicação que surgiu da conversa que se deu no acampamento-base. Ele escreveria em 1956:

> Em 17 de julho, [Tse] Tendrup e [Pasang] Kitar, que haviam esperado no Acampamento VII por um clima melhor, desceram [para o VI] em vez de levar mais cargas para o Acampamento VII, como eu ordenara. Para justificar essa mudança no plano, Tendrup alegou que não havia dúvida de que Wolfe, Pasang Lama e eu

tínhamos perecido no Acampamento VIII em uma avalanche. P[h]insoo e Tsering, no entanto, não se convenceram com essa história inventada de uma avalanche e continuaram no Acampamento VI.

Ao descer mais, a caminho do Acampamento IV, no dia seguinte, Tendrup e Kitar encontraram Durrance e Kikuli, que subiam. Indignado com a falha deles, Kikuli ordenou que os dois xerpas voltassem para os acampamentos superiores.

> Por causa disso, eles voltaram ao Acampamento VI, onde P[h]insoo e Tsering ainda estavam; em 19 de julho, foram para o Acampamento VII. De lá gritaram, chamando na direção do Acampamento VIII, que, contudo, estava fora do alcance audível. Como não tiveram resposta alguma, isso aumentou a chance de veracidade da história da avalanche contada por Tendrup. Definitivamente, desistiram de nós. Os dois, então, desmontaram o Acampamento VII, jogaram a maior parte dos suprimentos na neve e deixaram as barracas abertas. Apenas os sacos de dormir e os colchões infláveis foram levados para o Acampamento IV. Chegando lá, Tendrup convenceu os outros dois xerpas de que sua história de avalanche era verdade e os mandou descer.
>
> Mais tarde, no acampamento-base, os xerpas chamaram Tendrup de demônio, dizendo que ele os havia ludibriado com a história da avalanche e que queria arruinar a expedição. Particularmente, suspeito que o forte, mas sempre preguiçoso, Tendrup estava cansado de transportar cargas entre os acampamentos e inventou a história da avalanche. [...] Ao mesmo tempo, achou que os *sahibs* que estavam no acampamento-base ficariam contentes porque ele recolheu os valiosos sacos de dormir dos Acampamentos VII e VI.

Entretanto, essa explicação dá margem a todo tipo de perguntas sem respostas. Ela não explica por que os acampamentos I a IV também foram desmontados. Não esclarece o papel de Pasang Kikuli no desdobramento do desastre. E nem de longe responde a maior dúvida, acerca de quem foi a responsabilidade de deixar os xerpas nos acampamentos superiores para realizar tarefas árduas e perigosas, separados dos *sahibs* — um apuro que nenhum xerpa jamais passou em nenhuma das expedições anteriores ao Himalaia.

Naquele momento, tentar apontar os erros que levaram à destruição dos acampamentos era algo de menor importância. A tarefa vital dos homens que estavam no acampamento-base agora era o resgate de Dudley Wolfe.

Parece inacreditável que, depois do que poderia ter sido uma descida fatal, com os dedos dos pés congelados e completamente exausto, e depois de ver sua pirâmide logística totalmente desmantelada, Wiessner ainda pensasse que seria possível chegar ao cume. Mas, em 24 de julho, no mesmo dia em que ele chegou ao acampamento-base, escreveu em seu diário: "A montanha está bem longe. [...] O clima é o melhor que tivemos até agora. Será que, depois de um breve descanso, com alguns xerpas e Jack, se ele estiver em forma, podemos pegar Dudley e então ir até o cume?".

Por um lado, pode-se considerar essa determinação a marca de um grande montanhista. Para Wiessner, a conquista do K2 significava tanto quanto a própria vida, como fora para Whymper escalar o Matterhorn, ou para Mallory subir o Everest. Por outro, pode-se chamar isso de negação. Wiessner esteve tão perto do cume no dia 19 de julho que talvez não conseguisse aceitar o fato de que agora o pico estava para sempre fora de seu alcance.

Também é surpreendente que, a essa altura, enquanto tentava se recuperar no acampamento-base, Wiessner tenha mandado Cromwell dar andamento no processo e partir para Askole com a maior parte dos carregadores. Por certo, o vice-líder havia se mostrado inútil na montanha. Mas, diante da incerteza de um resgate, a equipe precisava de todo escalador apto para oferecer qualquer ajuda que estivesse ao seu alcance. Se Wolfe descesse a montanha incapacitado e tivesse que ser levado a Askole em uma maca, a equipe poderia precisar de todos os carregadores disponíveis para realizar essa retirada de emergência.

Talvez Wiessner estivesse tão furioso com Cromwell que simplesmente não quisesse vê-lo por perto. E, numa forma de punição pela história "inventada" da avalanche, Wiessner também mandou Tendrup embora com os carregadores — uma humilhação ainda maior perante seus conterrâneos. Wiessner manteve os demais xerpas no acampamento-base.

Em 25 de julho, Durrance, Phinsoo, Dawa Thondup e Pasang Kitar escalaram a montanha, na esperança de alcançar o Acampamento VII e encontrar Wolfe ainda vivo. Os quatro homens escalaram até o Acampamento II no primeiro dia, e até o Acampamento IV no segundo. Nesse ponto, Dawa começou a sofrer de uma terrível dor de garganta, e os problemas de Durrance com a altitude voltaram. Ambos decidiram não passar do Acampamento IV. Durrance pediu para os outros dois xerpas continuarem. Phinsoo estava disposto, mas Kitar recusou-se, acreditando (com razão) que dois xerpas pequenos não conseguiriam tomar conta, com segurança, de um homem possivelmente incapacitado e grande como Wolfe durante o descenso pelo Esporão dos Abruzzos. Durrance, então, pediu para Phinsoo e Kitar ficarem no Acampamento IV e aguardar reforços. Em seu diário, no dia 27 de julho, agarrando-se a um recurso desesperado, escreveu: "Decidi voltar ao acampamento-base de vez com Dawa e deixar Fritz e Pasang Kikuli fazerem o resgate".

Após o desanimador regresso de Durrance e Dawa ao acampamento-base, Wiessner preparou-se para subir a montanha ele mesmo. Porém, os dedos dos pés congelados e a garganta inflamada incomodaram tanto que ele mal havia dormido, e naquele dia só conseguiu escalar uma curta distância acima do acampamento-base, até perceber que estava muito debilitado para tentar subir novamente pelo Esporão dos Abruzzos. Nesse momento, o *sirdar* mostrou um verdadeiro heroísmo. Palavras de Wiessner em seu diário:

> Pasang Kikuli parece estar em boa forma e os dedos dos pés melhoraram. Ele me disse muito resolutamente que eu não precisava subir em condição tão ruim, que ele seria plenamente capaz de lidar com a situação. [...] Tive sorte de ter um homem como Pasang Kikuli comigo; ele é confiável e sempre faz o que planeja; eu não faria melhor.

Cedo, no dia 28 de julho, Kikuli e Tsering deixaram o acampamento-base. O que aconteceu nos seis dias seguintes teve que ser reconstituído a partir do depoimento de uma única testemunha.

Apesar dos pés congelados, o *sirdar* e seu companheiro estavam tão prontos e comprometidos que escalaram a uma velocidade de 300 metros por hora — algo praticamente inédito em tal altitude. Em apenas seis horas, alcançaram o Acampamento IV, um desnível de 1.500 metros. Ali, para sua surpresa, não encontraram Kitar e Phinsoo. Acabou que Kitar superara suas dúvidas, e os dois xerpas deixados por Durrance no Acampamento IV tinham ido para o Acampamento VI. Sendo assim, Kikuli e Tsering seguiram em frente. Em um único dia, escalaram 2.100 metros, do acampamento-base, a 5.030 metros, até o Acampamento VI, a 7.130 metros. Até então, esta foi a ascensão mais puxada realizada em um único dia em uma montanha com mais de 8.000 metros.

Do acampamento-base, às 11 horas do dia 29 de julho, pelo binóculo, Durrance e Wiessner viram três homens escalando uma ravina entre os Acampamentos VI e VII. Estavam muito longe para serem identificados e logo sumiram de vista. Às 17 horas, Durrance e Wiessner viram três figuras descendo a mesma garganta. Era impossível deduzir o que se passara.

Ao meio-dia de 29 de julho, Pasang Kikuli, Phinsoo e Kitar chegaram ao Acampamento VII. (Tsering ficou no Acampamento VI para preparar bebidas quentes.) Os três xerpas encontraram Wolfe deitado em seu saco de dormir, completamente apático. Ele sequer leu o bilhete que Wiessner lhe escrevera. Novamente, tinha ficado sem fósforos e fazia dias que não comia nem bebia nada. Ele não saíra nem para defecar, de modo que seu saco de dormir e o piso da barraca estavam sujos de excremento. Os xerpas fizeram chá para Wolfe, tiraram-no da barraca e tentaram ajudá-lo a andar, mas ele mal ficava em pé. Wolfe disse aos homens que precisava descansar mais um dia e pediu que eles voltassem no dia seguinte.

Kauffman e Putnam escrevem:

> Dudley passou 38 dias consecutivos acima dos 6.700 metros, a maioria deles em uma barraca. Desses, dezesseis foram em uma altitude média de 7.600

metros. Na história do montanhismo daquela época, não há relato de nenhum homem – nem Noel Odell no Everest, nem o próprio Fritz – que tenha permanecido por tanto tempo em tamanha altitude e sem oxigênio suplementar. E poucos fizeram isso desde então.

Assim, os três xerpas retornaram ao Acampamento VI. É um tributo à sua extraordinária devoção que eles ainda não tivessem desistido de Dudley Wolfe. Ficaram na barraca deles em 30 de julho, quando uma fraca tempestade caiu.

Em 31 de julho, Pasang Kikuli, Kitar e Phinsoo foram novamente para o Acampamento VII. De novo, deixaram Tsering preparando chá para quando voltassem.

Tsering esperou o dia inteiro, com o chá pronto, mas ninguém apareceu. Ele esperou no Acampamento VI o dia seguinte inteiro. Finalmente, em 2 de agosto, em completo pânico, desceu para o acampamento-base.

Jamais saberemos o que aconteceu naquele 31 de julho. Pode ser que os três xerpas tenham sido pegos por uma avalanche entre os Acampamentos VI e VII, ou que um deles tenha caído, levando consigo os outros dois. Em 1939, os sobreviventes acreditavam que os xerpas haviam alcançado Wolfe e o feito descer a montanha, tendo os quatro, então, sofrido um acidente durante o descenso.

Em 3 de agosto, com dois xerpas, Wiessner fez mais uma tentativa de escalar por essa rota. Levou dois dias inteiros, como ele disse, "me arrastando" até o Acampamento II. Ele não conseguia subir mais. Em 5 de agosto, caiu uma nevasca de grandes proporções, descarregando mais de 30 centímetros de neve e minando qualquer esperança de escalar a montanha. Dois dias depois, o que sobrou da equipe da expedição partiu para Askole.

O corpo de Dudley Wolfe foi descoberto no glaciar Godwin Austen em 2002. É curioso que, dez anos antes, deparamo-nos com o que pode ter sido uma das botas com tachinhas de Wolfe, perto do nosso acampamento-base. A bota continha restos de ossos do tornozelo e material da meia. Mas após o resgate de Gary Ball, a bota acabou esquecida.

Em 2002, dois produtores de documentários de uma expedição espanhola encontraram primeiro os ossos de uma perna e da pelve. Essa equipe foi liderada por Araceli Segarra, que fora um dos principais membros de nossa equipe IMAX no Everest em 1996. Logo depois, os espanhóis encontraram os restos de uma barraca de lona, varas e uma panela. O item determinante foi uma luva com o nome de Wolfe escrito em letras maiúsculas. A descoberta parecia provar que, em algum momento entre 1939 e 1954, a barraca que estava no Acampamento VII, com o corpo de Wolfe dentro, foi arrastada montanha abaixo por uma avalanche, e que, sendo assim, os três xerpas nunca chegaram ao Acampamento VII em 31 de julho (ou chegaram e novamente não conseguiram persuadir Wolfe a descer com eles).

Nunca foram encontradas pistas de Pasang Kitar, Phinsoo ou Pasang Kikuli.

o grande mistério

Na marcha para Srinagar, o grupo final — Wiessner, Durrance e a maioria dos xerpas — não alcançou a turma formada por Cromwell, Cranmer e Sheldon, que se reunira em Askole. Em 1984, Wiessner relembrou essa caminhada:

> Ficamos juntos todos os dias. Durrance cuidava de mim como seu eu fosse um bebê. Ele fazia panquecas. Conversamos diariamente. Eu não conseguia compreender o que havia acontecido na montanha.
> — Eu não entendo, Jack — dizia a ele. — Por que os sacos de dormir foram recolhidos depois de tudo que combinamos.
> Ele continuava respondendo:
> — O problema foram os xerpas.
> Eu continuei perguntando. Um dia, ele parou e gritou:
> — Ah, Fritz! Chega! Chega! Já falamos muito disso!".

Wiessner e Durrance tiveram que ficar mais tempo em Srinagar enquanto produziam meticulosamente um relato oficial da expedição para o American Alpine Club. Ainda em Srinagar, também foram entrevistados pelo cônsul dos Estados Unidos na Índia, Edward Miller Groth, que, sem ser um escalador de montanhas, preparou sua própria análise da expedição em um memorando endereçado não ao American Alpine Club, mas ao Departamento de Estado em Washington, D.C., nos Estados Unidos.

Somente em 20 de setembro, Wiessner e Durrance separaram-se, quando o primeiro embarcou em um navio para Nova York. Naquele dia, Durrance escreveu em seu diário: "Fritz e eu nos separamos, graças a Deus.".

Tony Cromwell chegou antes de Wiessner aos Estados Unidos. Ao desembarcar em Nova Jersey, Cromwell alardeou publicamente a ridícula acusação de que Weissner havia "assassinado" Dudley Wolfe. Recebido em Nova York por repórteres armados da acusação de Cromwell, Wiessner disse precipitadamente ao jornal *The New York Times* que "nas grandes montanhas, assim como na guerra, deve-se prever fatalidades".

Wiessner não havia se recuperado da provação do K2. Na cidade de Nova York, foi internado em um hospital, onde permaneceu acamado por seis semanas, para tratamento de graves problemas artríticos nos joelhos e uma dor crônica nas costas. Durrance esteve em Nova York, ficou em um hotel e enviou alguns pertences de Wiessner para ele no hospital, mas nunca lhe fez uma visita. Os dois só se encontrariam novamente 39 anos depois.

Em seu leito, Wiessner pensou nos acampamentos desmantelados. Ele aceitou o fato de que a remoção dos sacos de dormir dos Acampamentos VI e VII fora resultado do falso relato de Tendrup de que os três homens acima dali haviam morrido em uma avalanche. Mas, como explicar o sumiço dos suprimentos vitais — incluindo treze sacos de dormir — dos Acampamentos II e IV? Wiessner acreditava que, se tivesse encontrado tudo certo no Acampamento IV, ainda teria sido possível escalar de novo e fazer uma terceira tentativa de chegar ao cume. E Dudley Wolfe não teria morrido – o que, por sua vez, também evitaria a morte dos três xerpas.

Wiessner informou posteriormente que, enquanto estava acamado, inspecionando documentos pessoais, encontrou um bilhete escrito à mão que não tinha notado antes. Fora deixado por Durrance no Acampamento II em 19 de julho. Wiessner lembrou-se de que o bilhete parabenizava a ele e a Wolfe por atingirem o cume, e depois explicava que ele, Durrance, havia ordenado o recolhimento dos sacos de dormir, já prevendo a partida da expedição e pretendendo salvar um equipamento valioso. O problema é que Durrance assumiu que Wiessner, Wolfe e Pasang Lama estariam carregando seus próprios sacos de dormir desde o Acampamento IX. Quando Wiessner encontrou esse bilhete no Acampamento II em 23 de julho, estava muito exausto e chateado para se dar conta dele. Agora, no hospital, ele parecia ser a peça que faltava no quebra-cabeça.

Mais tarde, Wiessner escreveu que guardou esse bilhete fundamental nos arquivos do American Alpine Club. Quando tentou recuperá-lo, ele havia desaparecido.

Em *K2: The 1939 Tragedy*, Kauffman e Putnam dedicam várias páginas ao que eles chamam de "bilhete fantasma". Fantasma porque ninguém mais afirmou ter conhecimento de sua existência. Eles levantam três hipóteses. A primeira é que Durrance realmente escreveu o bilhete, o qual foi perdido ou destruído por alguém do American Alpine Club. A segunda é que Wiessner mentiu, inventando a história do bilhete. Mas a terceira percorre um longo caminho para desvendar o mistério.

A descoberta mais importante de nova evidência feita por Kauffman e Putnam vem de um registro no diário de Durrance, escrito no Acampamento II em 18 de julho: "Dawa apareceu aqui ontem à tarde com bilhetes de Toni (*sic*) e Chap: 'Recolha todas as barracas e sacos de dormir que puder, temos muita comida'. É mais fácil falar do que fazer!". Não obstante, Durrance acatou o comando, que certamente partira de Cromwell, e não de Cranmer (que não teve participação alguma na investida ao cume desde que passou mal no acampamento-base). O mesmo registro continua:

> Dawa e Pasang [Kikuli] devem ir para cima e voltar com as cargas pesadas – enquanto isso [...], devo descer 25 quilos de equipamento para o [Acampamento] I e voltar à noite. Os rapazes estão mais que dispostos – então, foi exatamente o que fizemos. Tive de passar sozinho com a minha carga pesada por vários pontos de gelo e pedras escorregadias na grande ravina. [...] Dawa trouxe 30 quilos, e Pasang, 35 quilos lá de cima! Chegamos simultaneamente. Belo trabalho!

Ou seja, os acampamentos inferiores foram desmantelados por ordem de um *sahib* – mas esse homem foi Cromwell, e não Durrance. O bilhete que Wiessner alega ter encontrado no Acampamento II pode até ter existido e depois se perdido nos arquivos do AAC, mas, se foi assim, ao lê-lo em seu estado confuso, Wiessner confundiu a letra de Cromwell com a de Durrance.

A revelação contida no registro do diário de Durrance ainda deixa perguntas sem respostas. Ninguém percebeu que, ao remover todos aqueles sacos de dormir e colchões infláveis, dos quais os escaladores que estavam no alto da montanha dependiam completamente, seria (como Wiessner expressou em seu diário) "sabotagem"? Talvez Cromwell estivesse tão abobado e ávido para ir embora a ponto de dar uma ordem tão desumana. Mas, por que Durrance e Pasang Kikuli obedeceram? Com certeza, Kikuli, entre todos os homens na montanha, com exceção de Wiessner, era o que mais compreendia a vital importância daquela rede de acampamentos tão bem abastecidos ao longo de semanas, ao custo de tanto trabalho e risco. Provavelmente, apesar do bilhete que Durrance deixou para Wiessner, em 18 de julho, os três já houvessem decidido que Wiessner, Wolfe e Pasang Lama estavam mortos — embora a precipitação de tal conclusão oponha-se à credibilidade.

Kauffman e Putnam alegam convincentemente que, pelo resto de sua vida, Wiessner, cujas tensões com Durrance nasceram assim que ambos se conheceram em Gênova, culpou o homem errado pela tragédia de 1939. Isso é curioso, pois foi Cromwell que, tão logo chegou aos Estados Unidos, partiu para o ataque e acusou o líder da expedição pela morte de Dudley Wolfe.

Se Wiessner culpou o homem errado, o que fez explicitamente em seu artigo de 1956 publicado no *Appalachia*, por que Durrance não se defendeu? A publicação de uma cópia do registro em seu diário no dia 18 de julho teria posto um fim à questão de uma vez por todas. Kauffman e Putnam argumentam que Durrance era basicamente uma pessoa reservada e que, depois da expedição, ficou tão aborrecido com os antagonismos da empreitada que preferiu simplesmente ignorar a controvérsia. De qualquer forma, Cromwell viveu 48 anos após a expedição, Durrance viveu mais 52 anos. E eles jamais se propuseram a publicar uma linha sequer sobre o que aconteceu em 1939.

A infeliz expedição liderada por Wiessner testemunhou as primeiras fatalidades ocorridas no K2. Além disso, a morte de Wolfe foi a primeira em todas as expedições norte-americanas ao Himalaia ou Karakoram. Essas mortes certamente foram trágicas, mas a controvérsia a que deram origem teria logo sido esquecida se não fosse o cenário político da época.

Wiessner ainda estava em Srinagar quando a Alemanha invadiu a Polônia em 1º de setembro, e quando Inglaterra e França declararam guerra à Alemanha, dois dias depois. Nos círculos de montanhistas, a desaprovação por parte de conservadores norte-americanos e britânicos das façanhas realizadas pelos escaladores alemães e austríacos nos Alpes — não só com relação ao uso de "ferragens", mas também à sua aparente disposição para arriscar tudo pela glória — esteve prestes a explodir por quase uma década.

Em 27 de outubro, logo após Wiessner ter voltado da Índia, o AAC iniciou uma investigação oficial da expedição. O clube nunca fizera algo do gênero antes, e isso não era um procedimento normal. Em 1922, sete xerpas morreram em uma avalanche no Everest, em um acidente que, discutivelmente, envolveu real negligência da parte de Mallory e seus colegas escaladores; mas o Alpine Club of London jamais considerou a instauração de um inquérito. Mais tarde, observadores céticos viriam a sugerir que, se tivessem morrido apenas xerpas no K2 em 1939, o American Alpine Club não teria se abalado. Mas Dudley Wolfe fazia parte da elite de Boston, um sangue azul da Nova Inglaterra — tal como vários dos eruditos e dirigentes do AAC. E Fritz Wiessner era um germano-americano, provavelmente no pior momento do século XX para sê-lo.

A investigação do AAC levou meses para ser concluída, pois os membros do comitê tinham visões muito diferentes sobre quem culpar pela tragédia. A minuta final alegava um motivo isento: "apontar um meio de se ter mais controle dos riscos assumidos ao escalar as grandes montanhas". Mas o relatório apresentava algumas conclusões condescendentes. Afirmava que a "administração humana" da expedição "parecia ter sido fraca"; que faltou "um claro entendimento" dos planos entre Durrance e Wiessner quando partiram; que um escalador doente (Wolfe, que não estava realmente doente) não devia ter sido deixado sozinho para tomar suas próprias decisões. O peso de todas essas críticas recaiu sobre Wiessner. O comitê acobertou — implícita mas totalmente — as ações de Durrance e Cromwell.

Um resumo do relatório foi enviado a todos os membros do AAC. Na carta que o acompanhava, o comitê parabenizava a si mesmo por sua "valiosa contribuição" na forma de orientação "caso as expedições ao Himalaia sejam retomadas".

Charlie Houston recusou o convite para fazer parte do comitê. Mas não havia dúvidas sobre seu ponto de vista. Em 28 de setembro de 1939, ele escreveu uma carta sobre a expedição para seu velho amigo de Harvard e colega de equipe no Alasca, Bradford Washburn:

> Penso como você sobre o K2. O relatório deixa claro que o grupo foi levado a exceder suas capacidades, estendendo muito sua linha de ataque e estando muito mal preparado para a má sorte que enfrentaram. Não há dúvida de que o azar é bem pior quando você não está organizado para enfrentá-lo.
>
> Wiessner é o culpado pela maioria, senão por todos os infortúnios, e não creio que um dia poderei perdoá-lo. Eu não conhecia Wolfe, mas conhecia e gostava muito de Pasang [Kikuli] e P[h]insoo, e não vou esquecer o que eles corajosamente fizeram — *sozinhos*.

Dois membros do comitê do AAC discordaram resolutamente e registraram opiniões diferentes. Um deles era Al Lindley, o grande montanhista que fizera a segunda ascensão do monte McKinley e estivera prestes a participar da expedição de 1939 até que, na última hora, teve de abandoná-la. Lindley argumentou que Wiessner foi severamente injustiçado no relatório, pela simples razão de que "a ação dos xerpas e de Durrance de evacuar os acampamentos foram a causa principal do acidente, de modo que os demais motivos eram insignificantes". A outra contestação veio de Robert Underhill, que, embora também fizesse parte da elite da Nova Inglaterra, havia aplicado as técnicas aprendidas nos Alpes em difíceis primeiras ascensões na América. A longa réplica de Underhill chegava a uma conclusão comovente:

> O que mais me impressiona é o fato de que mesmo com o tempo ruim, o trabalho desgastante e as grandes decepções, [Wiessner] ainda manteve seu espírito de luta. Exceto por Wolfe, o restante do grupo estava, o que é totalmente perdoável, fora de combate — abatido pelas circunstâncias; no fim, eles só queriam ir embora para casa. Wiessner, com Wolfe ao seu lado, era o único que ainda queria escalar a montanha. Longe de mim culpar os outros — bem sei que, se eu estivesse lá, poderia ter me sentido da mesma maneira e provavelmente bem antes. Mas isso me leva a apreciar ainda mais Wiessner. Ele tem coragem — e não há nada melhor em um escalador, ou em um homem.

Sentindo-se magoado pelo relatório, Wiessner retirou-se do AAC. O episódio mais deprimente (e, em retrospecto, o mais absurdo) da revolta contra Wiessner ocorreu apenas alguns meses depois que ele saiu do hospital. Wiessner nunca falou publicamente sobre esse confronto até 1984, quando o relatou a um repórter.

> Um dia [no início de 1940], meu secretário no escritório de Nova York me disse que dois homens do FBI tinham aparecido lá. Fui até o escritório do FBI e encontrei dois rapazes muito gentis — ambos formados em Yale. Sentamos e conversamos. Eles queriam saber toda a minha história e fizeram perguntas muitos engraçadas, do tipo:
> — Você costuma esquiar em Stowe no inverno, certo? Fica perto do Canadá, não é? Você consegue atravessar a fronteira facilmente?
> — Sim. É uma boa caminhada, mas vou ao Canadá com frequência porque tenho negócios em Toronto — respondi.
> Eles riram.
> Na época, eu não gostava muito do Roosevelt. Então, eles disseram:
> — Você não gosta do presidente? Você fez alguns comentários sobre ele.
> — Bem, eu não fui o único. Tem muita gente que pensa da mesma forma!
> — Eles riram de novo.
> Perguntaram sobre alguns dos meus amigos. Ficamos lá meia hora e conversamos tranquilamente. Na saída, eu disse:

— Olhem aqui, rapazes, fui bem sincero com vocês. Tenho minhas suspeitas. Vocês podem me dizer os nomes dos homens que armaram isso aqui?
— É claro que não podemos fazer isso — responderam.
— Deixe-me fazer uma pergunta: foram escaladores do AAC?
Eles consentiram com a cabeça e disseram:
— Não se preocupe com isso. Sabe quem esteve aqui ontem? Ezio Pinza, o famoso cantor de ópera. Foi a mesma coisa, inveja dos concorrentes. Alegaram que ele era um seguidor de Mussolini.

Se a história de Wiessner for verdade — e para mim parece muito estranho que se trate de uma invenção dele —, ela deixa a dúvida se a intenção dos delatores do AAC era simplesmente incomodá-lo ou se realmente acreditavam que ele fosse um espião nazista.

Infelizmente, as críticas levantadas no relatório do AAC, repletas de insinuações que atribuíam os "erros" de Wiessner ao seu estilo "teutônico" de escalada e liderança, tornaram-se a versão aceita sobre a expedição de 1939. Kauffman e Putnam resgataram do esquecimento o memorando que Edward Groth, o cônsul dos Estados Unidos na Índia, enviou ao Departamento de Estado. Ele está cheio de calúnias com base em preconceitos étnicos. Por exemplo:

> Com sua formação alemã, e também devido ao fato de ter uma grande parte da aspereza germânica [...], não é surpresa que tenha havido um conflito de temperamentos. Sem dúvida alguma, Wiessner é um excelente escalador e um bom líder, mas, como todo alemão, é muito enérgico ao dar comandos e não se dá conta de que essa maneira abrupta e embotada de dar ordens pode ter ferido os sentimentos de seus colegas que, por sua vez, sendo americanos, naturalmente têm atitude e visão diferentes em questões desse tipo.

Para piorar as coisas, a crítica tomou a forma de uma indiscutível condenação. Em *Abode of Snow* [Casa de neve], um relato amplamente lido sobre o montanhismo no Himalaia, o escritor inglês Kenneth Mason fez um resumo completamente distorcido dos eventos de 1939 no K2, concluindo que "é difícil registrar em linguajar adequado a estupidez dessa empreitada".

Na maior parte, Wiessner ignorou essas críticas e tocou sua vida. Entretanto, em 1955, publicou um pequeno livro sobre a expedição em alemão, intitulado *K2: Tragödien und Sieg am Zweithöchsten Berg der Erde* [K2: tragédia e vitória na segunda maior montanha do mundo]. Miriam Underhill, esposa de Robert Underhill, a melhor escaladora da época e editora do *Appalachia*, convenceu Wiessner a autorizar a publicação da versão em inglês de parte do texto que discorria sobre os eventos ocorridos na montanha entre 9 de julho e 7 de agosto. A introdução, redigida por Underhill, terminava com um desafio: "Se algum outro membro da expedição discordar do sr.

Wiessner em qualquer aspecto e nos enviar sua versão dos fatos, será um prazer publicá-la.". Ninguém respondeu.

O texto descreve pela primeira vez a versão de Wiessner acerca da destruição dos acampamentos e deixa claro que foi isso o que levou à ruína da expedição e, indiretamente, às mortes de Wolfe e dos três xerpas. Em uma única frase, Wiessner resume o impacto pessoal da tragédia. Se ele e Pasang Lama tivessem encontrado os sacos de dormir no Acampamento IV, insiste, ele e Wolfe teriam podido "prosseguir com a investida final ao cume, da qual eu estava tão confiante". Em vez disso, "um destino cruel fez que tudo terminasse diferente e, com isso, pôs fim à maior luta, à maior esperança e, ao mesmo tempo, à maior decepção de minha carreira de escalador".

Como poucos montanhistas conseguem, Wiessner continuou escalando em um nível muito elevado durante seus setenta anos, até o início dos oitenta, embora tivesse voltado seu talento para a escalada em rocha, deixando de lado as grandes cordilheiras e escalando rochedos menores. Ele jamais participou de outra expedição ao Karakoram ou ao Himalaia.

No início dos anos 1960, com mais ímpeto ao longo das décadas de 1970 e 1980, a escalada norte-americana passou por uma revolução cultural. Uma nova geração, reavaliando a expedição de 1939, via os críticos com muita teoria e nenhuma prática, como Kenneth Mason, tão atrasados como os antigos reacionários, enquanto Wiessner ressurgiu como um dos maiores escaladores da história, e seus feitos no K2 foram considerados heroicos em vez de tolos ou negligentes.

Em *In the Throne Room of Mountain Gods*, Galen Rowell resume incisivamente essa reavaliação:

> Os líderes não devem fazer parte da equipe do cume? *O que dizer de Maurice Herzog no Annapurna?* Os xerpas não devem percorrer terrenos difíceis sem supervisão? *O que dizer das repetidas ocorrências nas reverenciadas tentativas britânicas no Everest?* Não vale a pena arriscar vidas para chegar ao cume? *Foi só por causa de uma rara noite de calmaria em 22 de maio de 1963 que quatro norte-americanos não morreram em um bivaque perto do cume do monte Everest.* [...] Levar um escalador com a escassa experiência de Wolfe para uma grande montanha foi algo sem precedentes? *Andrew Irvine, o famoso companheiro de Mallory no monte Everest em 1924, tinha ainda menos experiência, mas, como Wolfe, teve um desempenho melhor que o de pessoas que exibiam histórico melhor.*

Em 1966, Andy Kauffman, Bill Putnam e vários outros membros do AAC convenceram Wiessner a ingressar novamente no clube. (Levaria décadas até Kauffman e Putnam passarem a criticar o homem que admiraram e defenderam por tanto tempo.) Logo depois disso, numa tentativa parcial de expiar o mal que lhe fez anos antes, o clube o tornou membro honorário vitalício.

Em dezembro de 1978, o jantar anual do AAC aconteceu em Estes Park, no Colorado. No verão anterior, meu amigo Jim Wickwire e mais três colegas haviam sido os primeiros norte-americanos a chegar ao cume do K2. O enfoque do encontro seria no K2, e Jack Durrance, que então vivia em Denver, foi convidado para fazer uma apresentação de *slides* sobre a expedição de 1939. Sabendo disso, Wiessner pegou um avião de volta, depois de uma reunião na Europa, para poder estar presente.

Eu não estava lá, mas um amigo meu relatou os dramáticos eventos que se desenrolaram. Durante todo o dia, houve rumores de que um confronto mais que postergado estava prestes a acontecer. Durrance ia finalmente contar "seu lado" da história. Enquanto isso, Dee Molenaar, que fizera parte da expedição de 1953 ao K2, deu um jeito levar Wiessner e Durrance a se cumprimentarem. Era a primeira vez que se viam desde que partiram da Índia em 1939. O encontro foi breve ao extremo.

Vários membros antigos do AAC chamaram Durrance de lado. Falaram para ele evitar comentários provocativos. Independente de ter restado roupa suja de 1939, eles disseram, aquele não era o lugar para lavá-las. Durrance concordou. Seus *slides* mostraram a viagem da expedição até o acampamento-base e, então, a apresentação foi encerrada abruptamente com uma foto dele mesmo, "aposentado" em uma cabana perto das Tetons.

Mais tarde, após o jantar, foi feito um brinde especial a Wiessner em reconhecimento de seus anos de serviço ao montanhismo. A reação do público foi muito emocionante: todos se levantaram e o aplaudiram em pé — exceto Durrance, que permaneceu sentado, de cara fechada.

Fritz Wiessner morreu em 1988, aos 88 anos. Durante a última década de sua vida, Kauffman e Putnam entrevistaram-no várias vezes, pois planejavam escrever sua biografia. O livro só ficou pronto em 1992. Por motivos que só eles conhecem, o trabalho publicado não era uma biografia, mas um relato da expedição de 1939, o qual os autores pretendiam tornar o registro definitivo.

Kauffman e Putnam fizeram uma vasta pesquisa e descobriram evidências às quais ninguém mais tivera acesso, como o diário de Durrance e o memorando de Groth enviado ao Departamento de Estado. Porém, *K2: The 1939 Tragedy* foi uma grande decepção para os escaladores mais jovens que viam Wiessner como um herói. Para alguns, o livro de Kauffman e Putnam soava como uma traição.

Não sei se iria tão longe, mas é triste ver os mesmos velhos estereótipos étnicos dos anos 1930 e 1940 reciclados nas críticas e interpretações dos autores. E é irritante saber que Kauffman e Putnam aproveitaram-se do julgamento condescendente de Wiessner. Os autores eram bons escaladores — Kauffman foi um dos dois homens que realizaram a primeira ascensão do Gasherbrum I em 1958, a única montanha de 8.000

o grande mistério

metros cuja primeira ascensão foi realizada por americanos. Mas a crítica presunçosa a um escalador ainda melhor, Fritz Weissner, é difícil de engolir.

Alguns exemplos:

> Fritz tinha uma atitude diferente dos outros com relação ao montanhismo. Os americanos estão no jogo para se divertir, Fritz para vencer. Fritz também adotou um modelo de liderança autoritário, enquanto os americanos têm uma tradição de independência, até de rebeldia.

***

> No K2, como em qualquer outro lugar, Fritz Weissner demonstrou uma habilidade incomparável como escalador. Mas o que dizer de sua liderança na expedição de 1939 ao K2? [...] Ele tratou seu companheiros imparcialmente? Aceitou as fraquezas dos menos competentes que ele e reconheceu os perigos a que essas fraquezas poderiam expor a empreitada? Finalmente, ele abusou dos recursos humanos e, no momento crítico, dependeu da sorte?

O veredito de *K2: The 1939 Tragedy* é culpar Wiessner por tudo que deu errado na expedição e até envolvê-lo nos erros de julgamento que levaram à morte de Dudley Wolfe e dos três xerpas. E, como que para contrabalancear, Durrance surge quase como um herói da história, sempre preocupado com o bem-estar dos colegas e fazendo o melhor possível para manter a frágil equipe unida.

É difícil entender como esses dois homens que, em 1960, tiveram grande participação na reabilitação de Wiessner, que defenderam sua readmissão ao AAC e sua associação como membro honorário, puderam escrever um relato supostamente "oficial" da expedição de 1939 que, página sim, página não, destila alguma crítica dissimulada ao líder.

Um amigo meu que conhecia Wiessner e também Putnam bem o bastante tem uma teoria. Ele me contou recentemente:

> Por anos, Kauffman e Putnam passaram dias e dias com Fritz, registrando suas memórias e ouvindo-o contar suas velhas histórias de guerra. Fritz podia ser bem arrogante e, provavelmente, achou que aqueles dois acatariam piamente cada palavra sua. E, quando Fritz começava a falar do K2, sua amargura vinha à tona.
>
> Posso imaginar que, depois de anos, Kauffman e Putnam ficaram meio cansados de Fritz. Devem ter começado a duvidar de algumas coisas que ele contava. Então, se fizeram de amigos de Jack Durrance e caíram nas graças dele, até que Durrance permitiu-lhes ler e citar seu diário. Aquele registro referente ao dia 18 de julho era uma bomba: praticamente revertia a ideia que Fritz manteve por toda a sua vida, isto é, a de que Durrance fora o vilão da expedição.
>
> Quando Kauffman e Putnam começaram a escrever, haviam perdido o interesse em fazer uma biografia. Mas acharam que tinham nas mãos a verdadeira história do

que aconteceu em uma das mais enigmáticas expedições de todos os tempos. E agora, convenientemente, Fritz estava morto. Ele não podia reagir a eles do além.

Meu amigo era professor de inglês. Ele explicou que "isso acontece muito com as biografias. O exemplo clássico é a biografia de Robert Frost escrita por Lawrance Thompson. Frost escolheu Thompson para ser seu biógrafo oficial e viveu por tanto tempo que a pesquisa durou décadas. Frost foi tão arrogante quanto Wiessner. Contam-se histórias de que ele era capaz de ligar para Thompson de seu retiro na Flórida e dizer algo como "venha para cá, estou pronto para falar sobre 1913". Quando Thompson escreveu a biografia, ele odiava Frost. Ao longo dos três volumes, Frost revela-se um grande poeta, mas um monstro em termos humanos. Um revisor chamava o texto de um 'grande e gordo boneco de vudu na forma de biografia, na qual Thompson espetava Frost de todos os ângulos'. Mas aquela ainda era a imagem pública de Frost, que nenhuma erudição posterior foi capaz de denegrir".

No fim das contas, não importam quais foram as causas da tragédia: qualquer escalador deve ter um grande respeito pelo desempenho de Wiessner no K2. Para guiar praticamente a escalada inteira, abrir caminho com neve funda e fofa todos os dias, estabelecer uma série de acampamentos bem abastecidos por toda a montanha com o mínimo de suporte dos colegas norte-americanos, usar sua piqueta para dar segurança e realizar autofrenagem para salvar as vidas dos colegas duas vezes, fazer a mais árdua escalada já realizada em qualquer lugar em tamanha altitude para chegar a meros 229 metros do cume, dispor-se a seguir à noite para galgar o cume — não há nada parecido nos anais do montanhismo nas grandes cordilheiras.

E é preciso ter um grande respeito pelo trabalho duro, pela lealdade e pelo heroísmo dos xerpas — especialmente Pasang Kikuli, Pasang Kitar e Phinsoo, que deram suas vidas tentando salvar Dudley Wolfe.

Já ouvi pessoas dizendo que, se Wiessner tivesse alcançado o cume do K2 em 1939, com ou sem Pasang Lama, ele teria feito a maior conquista da história do montanhismo. Eu concordo, mas, em minha opinião, tal feito teria sido quase impossível. Desde aquele ano, tamanho esforço foi empregado em raras ocasiões, e, cada vez mais, os escaladores que estendem seus limites a tais extremos não sobrevivem a tal demanda.

Sempre me perguntam se eu acho que Mallory e Irvine chegaram ao cume do Everest em 1924, e toda vez eu respondo:

— Não importa. É irrelevante, pois eles não voltaram.

Essa resposta pode soar meio rude, mas é a aplicação lógica da minha motivação à busca pelas catorze 8.000 metros: *Chegar ao cume é opcional. Voltar é obrigatório.*

o grande mistério

O que mais me impressiona em Fritz Weissner é que, acreditando que a maior conquista de sua vida estava bem ao seu alcance, tentado a se soltar e partir para o cume sozinho, ouviu o pedido apavorado de seu parceiro e decidiu voltar. Após o K2, Pasang Lama transformou-se em um dos maiores xerpas da sua geração. Participou de várias outras expedições ao Himalaia e, em 1954, galgou o cume ao lado de um grupo austríaco na primeira ascensão do Cho Oyu, a sexta maior montanha do mundo.

Segundo Galen Rowell,

> Em meados dos anos 1960, um escalador americano em visita ao Nepal conheceu Pasang e o questionou sobre a expedição de 1939. Seus olhos brilharam quando falou de seu amigo "Fritz *sahib*", que lhe salvou a vida ao não forçá-lo a continuar até o cume. [...]
>
> — Dê ao Fritz *sahib* minhas recomendações — disse Pasang quando o americano partia.

Não há dúvida de que Wiessner remoeu pelo resto da vida a decisão que tomou a 8.382 metros em 19 de julho de 1939. Como ele descreveu em 1984, aos 84 anos:

> Se eu estivesse com a mesma forma física maravilhosa, se o lugar onde estava meu companheiro fosse seguro, se o clima estivesse bom, se eu tivesse uma noite como aquela, com lua e sem vento, se eu pudesse ver o que estava à frente como podia naquela ocasião [...] eu provavelmente teria me desamarrado e ido sozinho. Mas posso ficar facilmente fragilizado se achar que meu companheiro vai sofrer. Ele estava com tanto medo, e eu gostava do rapaz. Era um companheiro e tinha feito um bom trabalho até ali.

Irmandade

Dizem que todo aventureiro tem a convicção de que nasceu tarde demais. Na minha adolescência, eu lia os livros clássicos sobre exploração polar — como o diário de Robert Falcon Scott relatando sua viagem fatal ao polo sul, ou os vários livros sobre a heroica expedição de Ernest Shackleton quando seu navio, o *Endurance*, ficou preso no gelo da Antártica e afundou — e ficava espantado com um tema recorrente: aqueles caras tinham certeza de que haviam nascido tarde demais. Em 1900, não existiam mais fronteiras a oeste a explorar, habitadas apenas por índios; não havia o Pacífico Sul aguardando para ser descoberto por um capitão Cook; a nascente do Nilo não estava mais perdida em espaços em branco do mapa da África. Scott e Shackleton e seus pares sonhavam com um tempo em que chegar aos polos era uma meta muito presunçosa. Afinal, o Polo Sul era simplesmente um ponto em um platô glacial ermo, varrido pelo vento, definido não por uma vastidão que pudesse ser subjugada e dominada, mas sim por uma única latitude: 90 graus a sul. Ninguém que já tenha lido o diário de Scott esquece o registro de quando ele finalmente chegou lá: "Meu Deus! Que lugar!".

Puxa! Quando eu lia esses livros, ficava pensando em como eles eram sortudos por terem feito explorações nas duas primeiras décadas do século XX, quando praticamente o Ártico e a Antártica inteiros ainda eram desconhecidos. Tinha certeza de que eu é que nascera tarde demais, não Scott ou Shackleton. Até nos anos 1950, quando os escaladores estavam fazendo as primeiras ascensões das montanhas com mais de 8.000 metros, parecia que eu tinha chegado atrasado para a festa. As explorações daquele tempo pareciam mais simples, embora mais perigosas. Sem contar que você partia rumo a alguma região pouco conhecida do mapa ou para subir alguma montanha ainda não escalada, sem poder mandar notícias para os familiares. Você voltava para casa meses ou até mesmo anos depois. Agora, temos telefones satelitais e previsões do tempo atualizadas, e despachamos notícias *on-line* de onde estivermos. Parece que a tecnologia mais nos sobrecarrega do que ajuda, e se torna uma muleta para compensar a falta de habilidade — por exemplo, quando o GPS substituiu a bússola.

Quando adolescente, li o livro de Charlie Houston e Bob Bates, *K2: The Savage Mountain*, e pensei em como eles tiveram sorte porque, até 1953, a segunda maior montanha do mundo ainda não tinha sido escalada. Para mim, não há nada de presunçoso nesse tipo de meta. Viajando de trenó, você não pode ver o Polo Norte de longe – é necessário estar quase em cima dele para saber como é. Mesmo assim, na verdade, você não "vê" o polo. É preciso ter perspectivas de sextantes e triangular sua posição para poder dizer honestamente que você está no polo ou, pelo menos, bem perto dele.

Mas eu "vi" o K2 desde a primeira vez que abri um livro e olhei para a famosa fotografia dele feita pela expedição de 1909: o K2 visto do Windy Gap, parecendo impossível e belo, uma foto geralmente atribuída a Vittorio Sella, mas que de fato foi feita pelo duque dos Abruzzos (ver o encarte de fotos entre as páginas 150 e 151). Mesmo sendo um adolescente, entendi que tentar chegar ao ponto mais alto onde soprava o vento naquela imagem seria sinônimo de muito sofrimento.

Quando comecei a escalar, em 1977, as catorze maiores montanhas do mundo há muito tinham sido conquistadas. (O Shishapangma foi a última conquista, realizada pelos chineses em 1964.) Todas as grandes montanhas do Alasca e do Canadá já tinham sido escaladas. Não acho que existia um único cume na Cordilheira das Cascatas, no estado de Washington (EUA) – meus primeiros picos – que não fora alcançado. Era difícil deixar de pensar que eu tinha nascido tarde demais.

Para Whymper, Mummery ou Mallory, ou até mesmo para Fritz Weissner, "montanhista" era um rótulo ambíguo. Mallory esteve à frente das três primeiras expedições ao Everest, mas era também o melhor escalador de rocha de seu tempo na Grã-Bretanha. Wiessner foi um dos melhores escaladores de rocha do mundo na adolescência, um dos melhores alpinistas na juventude e um dos melhores escaladores do Himalaia, aos trinta anos. A escalada ainda não tinha sido subdividida em categorias especializadas.

Contudo, nos anos 1980, essa subdivisão estava em andamento e, àquela altura, chegava a extremos. Um jovem escalador no desfiladeiro do rio Vermelho, em Kentuchy, tentando vencer uma via de 25 metros com nível 5,14c de dificuldade, não sabe nada sobre o Himalaia. E pessoas como eu, especializadas nas montanhas de 8.000 metros, conhecem bem pouco sobre o desfiladeiro do rio Vermelho, em Kentuchy, ou o Hueco Tanks, no Texas, ou o monte Charleston, em Nevada. Somos todos "escaladores", mas nossas comunidades (e clubes) são tão especializadas que mal entendemos os jargões uns dos outros.

Atualmente, existem no mundo todo escaladores muito bons que nunca escalaram em rocha. Eles se concentram nas paredes artificiais dos ginásios de escalada, preparando-se para competições – com o circo todo, com direito a juízes, cronômetro e áreas de isolamento (assim, um competidor não tem vantagem pelo fato de observar outro competidor fazendo a via do dia). Existe outro grupo formado por pessoas que escalam ao ar livre, mas nunca usam cordas. Eles praticam o *boulder* – encadeiam as sequências de movimentos mais difíceis possíveis em matacões espalhados em bosques. Os praticantes de *boulder* raramente sobem a alturas superiores a 9 metros e a proteção fica por conta dos colegas que os observam e de colchões dispostos no chão.

Os praticantes de "escalada esportiva" usam cordas e fazem vias que variam de uma enfiada de corda a dezenas ou mais, em paredões ou rochedos reais, com segurança feita por meio de grampos de expansão previamente instalados na rocha, mais ou menos a cada 2 metros. Esses atletas, como os praticantes do *boulder*, buscam apenas a dificuldade, e os riscos que correm são praticamente inexistentes.

Os praticantes da "escalada clássica" desprezam as vias grampeadas e insistem em usar sua própria proteção, na forma de *nuts* (entaladores) e cames presos nas fendas para encurtar uma possível queda. Esses escaladores consideram-se puristas, em contato com o vasto legado do passado; para eles, o risco é uma questão real. Se a proteção não for boa, uma queda pode resultar em ferimento grave ou morte.

Fiz meu aprendizado de montanhismo como praticante de escalada clássica. Primeiro, em Devils Lake, Wisconsin, com meu colega de escola Rich King; depois, em vias mais alpinas na Cordilheira das Cascatas, no estado de Washington, onde aprendi a usar a corda, montar a segurança, fazer rapel e posicionar proteções. Todas essas habilidades foram de grande valia quando passei a me dedicar às grandes montanhas do mundo.

A escalada clássica acaba misturada à escalada de *big wall*, na qual os escaladores enfrentam vias extensas em grandes paredões, como o El Capitan, em Yosemite. Essas vias podem demandar vários dias, mas também existe um subgrupo de pessoas envolvidas em concluí-las no menor tempo possível. No El Capitan, cada uma das vias principais tem seu recorde de velocidade, e esses tempos são prêmios visados por homens e mulheres.

Acho que o verdadeiro montanhismo começa como "escalada alpina". Os guerreiros alpinos voltam sua atenção para vias perversamente difíceis em cadeias como os Alpes, as Rochosas Canadenses e o maciço do Fitz Roy na Patagônia. Neste caso, os "riscos objetivos" — incluindo avalanches, pedras soltas e tempestades — têm papel fundamental. Estritamente falando, o alpinismo é um esporte bem perigoso. (É em algum ponto desse espectro que deixa de nos parecer apropriado chamar a escalada de "esporte". Não sabemos exatamente como chamá-la: um "passatempo", uma "busca", uma "aventura"? "Esporte" lembra algo como golfe ou futebol. Montanhismo é um estilo de vida.)

Os alpinistas estão interessados nas belas "linhas" das principais montanhas, mas a altitude delas acima do nível do mar não é tão importante. Alguns dos mais assustadores e difíceis conjuntos montanhosos do mundo, como o Cerro Torre, na Patagônia, têm apenas 2.700 ou 3.000 metros. Às vezes, os escaladores vão percorrer uma nova via complexa em um pico alpino e nem fazem questão de chegar ao cume. A via em si é o desafio.

Finalmente, chegamos ao meu grupo, que podemos chamar de escaladores de alta montanha ou do Himalaia. Mesmo em nosso círculo social, existem subgrupos. Há pessoas como o norte-americano Steve House, que, acompanhado de um parceiro, escalou a notória face Rupal do Nanga Parbat em estilo alpino e também transpôs rotas novas e muito difíceis em picos menores no Alasca e no Canadá. Ele apurou suas habilidades técnicas nos topos mais baixos e as empregou nas 8.000 metros. Eu admiro muito House, mas não tenho a capacidade técnica nem o interesse de atacar alguma face não escalada da grande garganta do glaciar Ruth, ao sul do monte McKinley. E, até onde sei, House não tem interesse algum em escalar todas as catorze 8.000 metros.

Desde o início, a escalada técnica por si nunca me atraiu muito. Nunca me dediquei seriamente a ela o suficiente para saber se eu poderia ter sido um grande escalador em rocha. Mas eu adorava um desafio físico, especialmente se implicasse um compromisso de longa duração — não só de vários dias, mas de semanas ou meses. Acho que foi por isso que acabei girando em torno das 8.000 metros, começando por minha primeira tentativa no Everest em 1987. Foi um passo grande e lógico, depois do monte Rainier, onde eu era guia desde 1982. (Alguns dos meus colegas guias da RMI também se envolveram com as 8.000 metros, mas foram a exceção, não a regra.)

E, desde o começo, eu sentia instintivamente que queria escalar aquelas grandes montanhas no estilo mais puro possível — sem a ajuda de oxigênio suplementar, sem o suporte dos xerpas para transportar minha carga e em expedições organizadas por mim mesmo. Quando viajo pelo país fazendo palestras, muitas pessoas do público assumem que aquilo que batizei de *Endeavor 8000* — minha busca pelas catorze montanhas com mais de 8.000 metros — foi um projeto idealizado desde o início. Não foi bem assim: eu havia escalado três ou quatro picos antes de elaborar um meio de completar o ciclo. E, quando o Annapurna começou a parecer minha "nêmesis", como eu chamei, eu estava disposto a encerrar o caso com treze montanhas no currículo.

É claro que foi gratificante ser o primeiro norte-americano a escalar todas as catorze e o sexto montanhista do mundo a fazer isso sem oxigênio suplementar. No fim das contas, talvez eu não tenha nascido tarde demais! Posso imaginar algum jovem, digamos, em 2025, lendo sobre minha época no Himalaia e no Karakoram e dizendo a si mesmo: *Droga, imagine como seria se nenhum outro americano tivesse escalado todas as 8.000 metros. Acho que nasci tarde demais...*

Recebi muita atenção depois de concluir o ciclo das 8.000 metros, participei de programas de entrevista, como *Charlie Rose, Today, The Colbert Report* e *The Daily Show with Jon Stewart*. E meu livro sobre essa busca, *No Shortcuts to the Top*, gerou uma quantidade incrível de cartas de fãs, sendo que a maioria não era de escaladores. Mas primeiro fiquei surpreso, e depois, magoado, quando me dei conta de que, em certa minoria do mundo da escalada, minha modesta celebridade causou uma repugnante revolta. Ouvi de terceiros que alguém dissera:

— Grande porcaria. O Viesturs escalou a rota padrão do Cho Oyu. Por que ele não tentou algo novo ou realmente difícil?

Ninguém jamais disse isso na minha cara. De modo que acabei tendo de responder ao vazio. Minha vontade era dizer a um desses críticos:

— Tudo bem, cara, por que você não escalou três picos de 8.000 metros em dois meses?

(Foi o que fiz em 1995.)

Jamais aleguei ser algo que não era. Nunca fingi ser um brilhante escalador de rocha. E nunca fiz outros escaladores sentirem-se menores nem denegri suas conquistas.

Alguns desses críticos pareciam considerar dois pesos diferentes. Eles insinuavam que eu não seria um escalador completo se não fizesse o El Capitan ou guiasse uma via em rocha com graduação 5,13. Mas eles nunca haviam escalado uma montanha de 8.000 metros, muito menos sem usar oxigênio suplementar. Nessas montanhas, corri riscos e tive dificuldades que alguns outros escaladores não podem sequer imaginar.

No passado, um escalador aplaudiria outro simplesmente por seu sucesso, não importava se o êxito estivesse em abrir uma nova via ou associar sua imagem a um anúncio de barra energética. Nós nos apoiávamos mutuamente pela realização. Boa parte das alfinetadas e críticas recentes parece basear-se na ignorância, na inveja ou na falta do que fazer ou falar.

O montanhismo é uma empreitada muito maravilhosa — e também muito pessoal, você pode achar — para ser manchada por invejas mesquinhas e por pessoas tentando parecer melhores que as outras. Mas mesmo assim, nos últimos anos, a escalada tornou-se extremamente competitiva e gerou o tipo de controvérsia e até acusações injustas que, por exemplo, Wiessner enfrentou após a expedição de 1939 ao K2.

Para os montanhistas das gerações anteriores à minha, realizar a primeira ascensão de uma montanha era a conquista máxima. A primeira ascensão do Everest, em 1953, ainda é, de longe, o feito mais celebrado da história da escalada. E minha geração viu homens (e mulheres) que se dedicaram a encontrar montanhas ainda não escaladas ao redor do mundo e descobrir como conquistá-las. No entanto, à medida que os anos 1980 viraram 1990 e com a chegada do século XXI, esses pioneiros tiveram de procurar cadeias cada vez mais remotas — o Tien Shan, no oeste da China, por exemplo, ou os vales elevados do Quirguistão e os maciços glaciais da ilha de Baffin — para encontrar os desejados prêmios não escalados.

Nunca me dediquei a isso. Para dizer a verdade, nunca fiz uma primeira ascensão em nenhum pico do mundo. De modo geral, não acho que perdi uma parte essencial da experiência de montanhismo por causa disso. Sempre pensei que, mesmo que eu estivesse em um cume já escalado, estaria fazendo a minha "primeira ascensão". É essa a ideia de aventura — fazer algo que você nunca fez antes.

Mesmo assim, quando penso em 1953 e imagino Houston, Bates e seus colegas preparando-se para o K2, totalmente confiantes de que, no mínimo, eles seriam os homens responsáveis pela primeira ascensão de uma das maiores e mais difíceis montanhas do mundo, sinto uma pontada daquela inveja da adolescência. Aquele não foi o verão perfeito para caminhar pelo glaciar Baltoro? Talvez eu tenha nascido tarde demais...

Entre 1939 e 1945, o montanhismo praticamente parou no mundo todo. Havia guerra nos Alpes — a famosa 10ª Divisão de Montanha teve origem como parte do esforço da Segunda Guerra Mundial, recrutando vários dos melhores escaladores norte-americanos —, mas subir uma encosta íngreme para atacar um inimigo entrincheirado em uma crista rochosa não é o mesmo que escalar uma grande montanha "só porque ela existe".

Umas poucas exceções durante a guerra incluem algumas aventuras extraordinárias. Um dos clássicos de nossa literatura é *No Picnic on Mount Kenya* [Proibido fazer piquenique no monte Quênia], de Felice Bennuzzi, que li logo nos primórdios de minha carreira de escalador. Ele narra a história verídica de três italianos prisioneiros de guerra encarcerados em um acampamento britânico no Quênia. De onde estavam, todos os dias eles viam, descortinando o céu adiante, o monte Quênia — um pico de 5.200 metros que exige um trabalho rigoroso de escalada, diferente do mais famoso, o Kilimanjaro. Em janeiro de 1943, fugiram do acampamento só para poderem escalar a montanha. Passaram dezoito dias tentando superar seus paredões e ravinas, mas se deram por derrotados já perto do cume. Em vez de continuar com a fuga e se embrenharem na natureza selvagem africana, os três voltaram para o acampamento britânico e se entregaram. Pelos problemas causados, cada um foi confinado por 28 dias em uma solitária.

Mesmo após a guerra, o montanhismo demorou a voltar ao Himalaia. E a dolorosa separação de Paquistão e Índia em 1947 impediu o acesso dos estrangeiros ao Karakoram por anos a fio. Somente em 1950 foi realizada a primeira expedição pós-guerra a uma montanha de 8.000 metros.

Charlie Houston nunca perdeu o gostinho pelo K2. Por vários anos após a guerra, ele tentou conseguir uma permissão do governo paquistanês. Um grande obstáculo era o conflito entre Índia e Paquistão pelo controle da Caxemira, que punha fora de questão para os estrangeiros a rota a partir de Srinagar. Contudo, ironicamente, o mesmo conflito transformou o tranquilo vilarejo de Skardu em um posto militar avançado, incluindo uma moderna pista de pouso. A primeira expedição pós-guerra ao K2 não teve que caminhar 579 quilômetros para chegar ao acampamento-base, já que pôde voar até Skardu, o que praticamente todas as expedições fizeram desde então.

Houston estava convencido de que, se Wiessner, com uma equipe fraca, conseguiu chegar à marca de 231 metros do cume (onde só resta um terreno fácil), era praticamente certo que uma equipe mais forte, com equipamentos melhores, teria sucesso pelo Esporão dos Abruzzos. Porém, a permissão para o K2 parecia uma possibilidade tão remota que Houston decidiu pedir ao Nepal uma autorização para tentar o Makalu, a quinta maior montanha do mundo. (Sua primeira escalada seria obra de uma equipe francesa liderada pelo grande Lionel Terray, em 1955.) Enquanto fazia os preparativos para o Makalu, com a ajuda do embaixador norte-americano no Paquistão, Houston finalmente conseguiu a permissão para o K2 para o verão de 1953.

Ao escolher os integrantes da equipe para a expedição de 1938, Houston confiou nas recomendações dos amigos de Harvard e dos colegas que ocupavam altos cargos no AAC. Para a expedição de 1953, estava determinado a não só formar a equipe mais forte possível, mas a levar um grupo de homens que convivessem bem. Essa foi uma tacada de gênio. Uma equipe formada por pessoas que se gostam e se respeitam sempre terá mais êxito em comparação com uma equipe formada somente com base nas habilidades dos escaladores. Sendo assim, em 1953, o processo de seleção acabou sendo bem mais abrangente e democrático, mas também mais exaustivo que o de qualquer outra expedição norte-americana até então.

Não havia dúvida de que Bob Bates faria parte do grupo. Durante os anos de guerra, Bates e Houston tornaram-se muito próximos, e Bates estava disposto a enfrentar o K2 novamente, assim como seu antigo colega de Harvard. Contudo, no verão de 1953, Bates tinha 42 anos; Houston, 39. Não são idades muito avançadas quando se trata de escalada no Himalaia, e ambos estavam em excelente forma física. Mas, para completar a equipe, Houston e Bates procuraram homens mais novos.

O AAC divulgou um comunicado nacional abrindo inscrições para as cinco vagas restantes na expedição para o K2. No fim das contas, Houston e Bates avaliaram as credenciais de mais de 25 candidatos. Em 1952, Houston atuava como médico em Exeter, New Hampshire. Um dos requisitos categóricos para ter uma chance no K2 era que todo integrante em potencial fosse (às suas próprias custas) a Exeter para uma entrevista pessoal com o líder.

Um dos últimos a serem aceitos foi Dee Molenaar, um escalador de 34 anos com sólido histórico de primeiras ascensões no noroeste e no Sierra Nevada, além da segunda ascensão, em 1946, dos 5.488 metros do monte Santo Elias, a terceira montanha mais alta do Alasca ou Canadá. (A primeira ascensão, é claro, foi liderada pelo duque dos Abruzzos, em 1897.) No outono de 1952, Molenaar deixou seu emprego de guia de escalada no monte Rainier para aceitar um novo cargo em Colorado Springs como consultor do Comando de Treinamento em Montanha e Clima Frio do exército. Sendo uma pessoa modesta, Molenaar ficou surpreso quando os amigos sugeriram que ele se candidatasse para ir ao K2.

Dee e eu nos tornamos grandes amigos. Ninguém apoiou tanto meus esforços durante o *Endeavor 8000* como ele. Uns dois meses depois de eu ter escalado o K2, ele me deu uma cópia de seu diário do K2 de 1953, com uma inscrição muito carinhosa para "outro guia do Rainier que partiu em busca de desafios maiores e teve grande sucesso".

No início da cópia do diário, em uma introdução intitulada "Prelúdio do K2", Dee lembra o processo de seleção:

> Enviei minha inscrição, com plena convicção de que era mínima a probabilidade de eu ser aceito, em vista do grande número de candidatos, a maioria mais jovem e "debutando". [...] Além disso, Bates e Houston queriam entrevistar pessoalmente todos os candidatos antes de tomarem uma decisão — eu não tinha como arcar com o custo de uma viagem para a costa leste só para me encontrar com eles e ser entrevistado. [...] Porém, Bob Craig escreveu para eles indicando minha inscrição. Quando Craig e eu estávamos [posteriormente] trabalhando em Camp Drum, Nova York, fiz uma visita de fim de semana a Charlie e Bates em Exeter, New Hampshire; nós nos demos bem desde o começo.

Do processo de seleção em Exeter nasceu uma lenda segundo a qual foi, na verdade, o cão de Houston, um *golden retriever* chamado Honey, o responsável pela escolha final. Em 2007, Houston admitiu à sua biógrafa, Bernadette McDonald: "É verdade que nosso cão não gostava das pessoas das quais não gostávamos, mas se resumia a isso". A esposa de Houston, Dorcas, também avaliava friamente os candidatos. "Ela tinha um sentido muito apurado para pessoas boas", contou Houston a McDonald.

Dee acabou sendo escolhido para a equipe sem passar pela seleção em Exeter, devido à forte recomendação de seu antigo colega e guia da Rainier Bob Craig, que também fora aceito. Em 1952, Craig tinha 28 anos, era instrutor de esqui e vivia em Aspen; em 1946, suas escaladas do Polegar do Diabo e do Kates Neddle, na fronteira Alasca-Canadá, já eram consideradas as duas das melhores primeiras ascensões alpinas já realizadas por um norte-americano. George Bell, 27 anos, era professor de física na Cornell e havia participado das principais expedições para os Andes. O geólogo de 26 anos Art Gilkey, de Iowa, havia percorrido vias complicadas nas Tetons e realizara pesquisa glacial no Alasca. Pete Schoening, engenheiro químico, também com 26 anos, era, provavelmente, o escalador mais forte escolhido para a equipe. Além de diversas primeiras ascensões na Cordilheira das Cascatas, ele fora membro do grupo que em 1952 fez a primeira ascensão do King Peak em Yukon, uma das maiores montanhas da remota e extremamente gelada cadeia de Santo Elias.

Houston e Bates fizeram jus ao que haviam dito sobre valorizar mais a capacidade de relacionamento do que a habilidade técnica e a ambição. Um dos candidatos rejeitados ao K2 foi Fred Beckey. Com trinta anos em 1953, Beckey tinha o mais louvável currículo de primeiras ascensões por todos os Estados Unidos e Canadá em comparação com qualquer outro escalador norte-americano de sua idade. Aos dezenove anos, em 1942, tendo como único parceiro o irmão de dezessete anos, Beckey realizou uma impressionante segunda ascensão do monte Waddington, seis anos depois de Fritz Wiessner e Bill House terem feito a primeira ascensão. Em 1946, Beckey tinha sido determinante no Polegar do Diabo e na Kates Needle. Em sua primeira tentativa no elevado pináculo de granito do Polegar do Diabo, Beckey juntou-se a Fritz Weissner, a única vez em que dois homens tidos como os prováveis melhores montanhistas do país à época partilharam uma cordada. Porém, na caminhada de aproximação, ao abrir caminho por um emaranhado arbusto de ginseng do Alasca, Wiessner girou e machucou gravemente o joelho. Ele ainda conseguiu chegar à base da montanha, mas teve de desistir da tentativa — uma das mais doloridas decepções de sua carreira de escalada. Beckey voltou algumas semanas depois, com Bob Craig e um terceiro colega, e concretizou a primeira ascensão.

Entretanto, não importa quão forte ele fosse como escalador, Beckey era conhecido como um homem teimoso, excêntrico e com rápida mudança de humor. Houston nunca registrou o motivo de ter recusado a inscrição de Beckey, mas, num dia daquele verão, no Esporão dos Abruzzos, Pete Schoening viria a declarar que gostaria que Beckey tivesse sido escolhido para a equipe.

Ainda vivo, e escalando, aos 86 anos, atualmente Beckey é, de longe, o detentor do maior e mais distinto registro de primeiras ascensões de picos nunca antes escalados, superando qualquer outro norte-americano. E sua reputação de homem excêntrico e difícil ainda permanece. Não conheço Beckey, mas sempre admirei suas escaladas.

Completando o grupo, havia Tony Streather, um agente de transportes inglês de 27 anos, dos quais vários foram vividos no Paquistão e na Índia. Como Norman Streatfeild em 1938, Streather teria um valor inestimável na função de contratar e dialogar com os carregadores. Sua única experiência com expedição de montanhismo era com uma equipe norueguesa que, em 1950, tentou realizar a primeira ascensão dos 7.708 metros do Tirich Mir, a montanha mais alta do Hindu Kush, cordilheira adjacente ao Karakoram a oeste. A atuação de Streather foi tão boa que ele galgou o cume com vários outros colegas noruegueses. No K2, ele poderia escalar de igual para igual com seus parceiros norte-americanos.

Em Rawalpindi, em 2 de julho, a equipe recebeu notícias empolgantes pelo rádio: o Everest havia sido escalado por Edmund Hillary e Tenzing Norgay. Décadas depois, Houston diria a Bernadette McDonald que "era uma notícia emocionante, mas, devo confessar, passou por minha cabeça que aquilo diminuiria qualquer triunfo nosso nos próximos meses". Contudo, naquele dia, Molenaar escreveu em seu diário: "Boas notícias para os montanhistas [...]. Agora o K2 é a maior montanha não escalada. Estamos decididos a manter nossos planos, e sem oxigênio suplementar, usado pelos conquistadores do Everest".

Em 3 de junho, o grupo aterrissou em um DC-3 no aeroporto de Skardu. Em um voo de 1h30 partindo de Rawalpindi, a equipe livrou-se de uma aproximação que o grupo de 1938 levara duas semanas para realizar ao percorrer 354 quilômetros a pé. No aeroporto, os escaladores foram recebidos por paquistaneses com cartazes, entre os quais se lia: "Pedimos aos nossos amigos americanos que resolvam o problema da Caxemira".

Em Skardu, a equipe recrutou carregadores baltistaneses para a caminhada até o acampamento-base. Também contratou hunzas, homens dos vales das montanhas perto de Gilgit, acima de Skardu pelo rio Indo, para atuarem como carregadores de altitude. Seis dos melhores hunzas fariam o mesmo trabalho executado pelos xerpas em 1938 e 1939. Em 1953, não era possível contratar xerpas porque o Paquistão não permitia a entrada deles no país, graças ao antagonismo que estava prestes a estourar com a Índia. Como os hunzas eram bem menos experientes que os homens do Nepal, Houston e Bates decidiram que nenhum carregador de altitude deveria passar do Acampamento III, a 6.310 metros. Na caminhada até Askole, Molenaar e Craig reservaram um tempo para preparar "uma escola de escalada para oito hunzas em um matacão próximo".

Sem o entrave das greves de carregadores, a equipe levou sete dias para chegar a Askole. Antes da expedição, os sete norte-americanos só se conheciam aos pares — Houston e Bates tinham escalado juntos, bem como Craig e Molenaar, mas nenhum deles tinha dividido uma cordada com qualquer dos outros companheiros, sendo basicamente estranhos. Porém, como Craig escreveu mais tarde no relato oficial da expedição,

> À medida que nos aproximávamos da montanha, o cimento mágico que une os homens, as qualidades que criam laços de amizades inquebráveis, começou a se formar. Inconsciente e imperceptivelmente, fomos formando uma equipe. Se não fosse assim, é provável que a maioria de nós não sobrevivesse às dificuldades que nos esperavam.

É muito triste refletir sobre como esse "cimento mágico" fez falta em 1939. Na caminhada catorze anos antes, a tensão entre Weissner e Durrance já tinha começado a crescer, e a falta de coragem de Sheldon, Cranmer e Cromwell já era nítida.

De Askole, a equipe levou nove dias para chegar ao acampamento-base. Em Urdukas, onde os escaladores pensaram poder discernir as plataformas das barracas escavadas pelo grupo do duque dos Abruzzos em 1909, aproveitaram o que Craig descreve como "a última grama que veríamos pelos dois meses seguintes". No entanto, o progresso da equipe foi retardado por ameaças de greve dos carregadores, as quais Streather resolveu, inspirado simplesmente na diplomacia. Houve também várias ocorrências de roubo de itens triviais — botas e piquetas eram os objetos mais desejados pelos gatunos; de modo que os norte-americanos começaram a designar vigias para os acampamentos à noite.

Em toda a sua vida, Dee Molenaar foi excelente artista e cartógrafo. Na caminhada ao K2, levou um *kit* de aquarela e, enquanto seus colegas relaxavam nos colchões infláveis, ele retratava a paisagem dos arredores. Ele também prestou atenção ao caráter de seus colegas, à medida que hábitos e manias pouco a pouco revelavam cada um deles. Em 18 de junho, fez breves observações em seu diário, e não podia ter sido mais agradável com Houston e Bates:

> Charlie: bom líder, excelente humor e paciência, otimista na maioria das vezes.
> Bates: esforçado, alegre, bom humor, bom organizador, caminha rápido.

Jamais foi da índole de Dee criticar seus colegas, mesmo na privacidade de seu diário. Qualquer indício de crítica que ele se permitia era cuidadosamente redigido. Sobre Pete Schoening, por exemplo, ele escreveu: "quieto [...], extremamente cooperativo e trabalha duro no acampamento, preocupa-se um pouco com os carregadores [...], leve tendência a incomodar os outros exigindo o tempo todo 'que se faça algo'".

Em 20 de junho, a equipe chegou ao acampamento-base e pagou os 180 carregadores. Eles deviam voltar em 10 de agosto. Em termos de agenda, a equipe de 1953 estava três semanas atrasada com relação à empreitada de Weissner em 1939, que chegara ao acampamento-base em 31 de maio. Porém, ao reservar 51 dias antes do retorno dos carregadores, a equipe de Houston estabeleceu quase o mesmo prazo para escalar o K2 ou abandonar a tentativa. (Os 53 não foram suficientes em 1939, mas não fizeram Houston titubear.)

Um dos motivos do otimismo da equipe de 1953 vinha do radical aprimoramento por que passaram os equipamentos de montanhismo durante os quinze anos anteriores. Agora, os escaladores tinham cordas de náilon, dinâmicas e cinco vezes mais fortes que as cordas de cânhamo usadas nos anos 1930. Eles tinham botas com solados reforçados de borracha Vibram, em vez dos antigos calçados de couro com tachinhas. No alto da montanha, os homens às vezes usavam botas de borracha desenvolvidas para os soldados da Guerra da Coreia. Essas adoradas galochas proporcionavam um ótimo isolamento e, por algum tempo, tornaram-se muito populares em expedições para montanhas realmente frias. (Os escaladores começaram a chamá-las de "botas do Mickey Mouse", pois eram parecidas com os pés pretos e grandes do personagem da Disney.) Ainda assim, são bem desajeitadas na hora de aderir à rocha e tendem a entortar quando se encaixam os grampões.

A empresa Eddie Bauer em Seattle fez, sob medida e em um mesmo modelo para toda a equipe, jaquetas vermelhas de plumas, muitas vezes mais quentes e leves que as camadas de suéteres usadas pelos escaladores de 1938. (Outro vínculo entre mim e a equipe de 1953 é que, nos últimos dois anos, a Eddie Bauer tornou-se meu principal patrocinador de equipamento. Foi quase que destino, pois meu primeiro saco de dormir era um Eddie Bauer verde, modelo I, que usei nas viagens de escoteiro.)

A equipe de 1953 também tinha sacos de dormir feitos na Suíça com plumas da melhor qualidade, todos duplos, com um saco menor na parte de dentro. Eles eram "sempre quentes", segundo os homens confirmaram mais tarde, e sua única desvantagem era que, pesando 7 quilogramas, tornavam-se difíceis de compactar e enfiar na mochila. As mochilas eram de um desenho totalmente novo, em aço e náilon, muito superiores às mochilas disformes dos anos 1930. E, desta vez, Houston não se opôs aos inúmeros pitons, tanto para rocha quanto os especiais para gelo, feitos para a equipe por um amigo que Houston e Bates tinham no MIT. (Aparentemente, o antigo desprezo de Houston pelas "ferragens" diluiu-se com o passar dos anos.)

Provavelmente, os equipamentos mais importantes que a equipe de 1953 tinha – e a de 1938, não – eram os leves *walkie-talkies*. Durante toda a expedição, os escaladores poderiam comunicar-se normalmente com o acampamento-base e, com frequência, de um acampamento para outro. (Se o grupo de Wiessner tivesse esses rádios à disposição, é possível que toda a tragédia teria sido evitada. Obviamente, a tecnologia de 1939 ainda não tinha produzido os leves *walkie-talkies*.) A equipe de 1953 também tinha um rádio Zenith portátil no acampamento-base, pelo qual recebiam transmissões ocasionais de lugares distantes da Europa e, em diversas vezes, até dos Estados Unidos.

O grupo planejava usar, o máximo possível, os mesmos locais de acampamento estabelecidos em 1938, embora não estivesse certo sobre o Acampamento III, onde as pedras que caíram dos pontos mais elevados haviam aberto buracos em todas as barracas quase acertando três homens. Há um detalhe no relato de Houston sobre a logística dos acampamentos que eu não percebi quando li *K2: The Savage Mountain* pela primeira vez, mas que, ao reler o livro agora, fez-me pensar. A equipe de 1953 planejava montar um Acampamento VIII em algum lugar do Ombro, a cerca de 7.930 metros. Mas, segundo Houston, "em algum ponto nas rochas, a menos de 100 metros do cume, esperávamos montar o Acampamento IX, uma pequena barraca de bivaque com comida para dois homens por três dias".

Desculpe, Charlie, mas essa ideia parece um pouco estranha. Talvez ela tenha surgido pela falta de conhecimento que a equipe tinha da montanha acima dos 7.925 metros. Evidentemente, em 1953, os escaladores planejavam não só seguir a penosa escalada de 450 metros no terreno quase vertical, de rocha e misto, pelo qual Wiessner fizera seu primeiro ataque, como também encontrar um local de acampamento para duas pessoas acima dele! Eles sabiam quão difícil Wiessner julgara essa faixa rochosa e estavam cientes de que ele era um exímio escalador em rocha. Por que não optar pelo Pescoço da Garrafa e pela travessia por baixo do protuberante bloco de gelo? Afinal, Wiessner dissera que, com grampões, ele teria "praticamente corrido" por aquela ravina em sua segunda tentativa.

Nos anos 1950, o pensamento no Himalaia e no Karakoram ainda estava vinculado a um conceito dos anos 1920 e 1930, o qual insistia que, em montanhas com mais de 8.000 metros, os acampamentos deveriam ser montados próximos. Apenas um mês antes de a equipe de Houston começar a avançar pelo Esporão dos Abruzzos, Hillary e Tenzing tinham partido para o cume do Everest de um Acampamento IX a 8.500 metros. Ninguém acampa ali hoje em dia. Em vez disso, a prática comum é partir do colo sul, mesmo considerando que, a 7.925 metros, ele significa uma distância de quase 950 metros do cume. As expedições do século XXI montam apenas quatro acampamentos no Everest, comparados aos nove habituais nos anos 1950. Certamente, isso representa dias mais longos e árduos, mas reduz drasticamente a quantidade de material que precisa ser carregado montanha acima exclusivamente para abastecer os acampamentos.

Da mesma forma, no K2, o grupo de Wiessner montou nove acampamentos. Em 1992, utilizamos apenas quatro. Atualmente no K2, ninguém acampa acima do Ombro, que fica a 670 metros do cume.

A diferença entre aquela época e agora é parcialmente logística – os equipamentos hoje são bem mais leves, de modo que as cargas não são tão pesadas. Entretanto, essa é uma questão basicamente psicológica. É psicologicamente estimulante perceber que um grupo é capaz de escalar o Everest ou o K2 com apenas quatro acampamentos depois do acampamento-base. Em particular, é mais fácil em vários aspectos e mais seguro (menos acampamentos em locais críticos). Em 1939, com seu incrível avanço desde o acampamento-base até o Acampamento VI – um ganho de 2.100 metros em um dia –, Pasang Kikuli e Tsering provaram que as longas caminhadas sem parada eram viáveis para os escaladores em boa forma, mesmo sem usar oxigênio suplementar. Mas ainda levaria tempo para a redução dos acampamentos tornar-se um procedimento operacional padrão.

No dia 21 de junho, Molenaar completava 35 anos. Não foi uma ocasião feliz. Ele estava doente, fraco e "com as pernas trêmulas", como escreveu em seu diário. Imaginou que podia ter contraído dengue, a doença que fora a provável causa da febre alta e recorrente de Petzoldt em 1938. Dee acrescentou: "Estou com muita saudade de casa esta tarde, pensando em como estão Lee e Patti [suas esposa e filha], do outro lado do mundo. Charlie também admite sentir-se da mesma forma ultimamente; somos os únicos com esposas e filhos". Durante a expedição, seria frequente Dee pegar a carteira para olhar as fotos de Lee e Patti guardadas ali.

Em 27 de junho, Bates e Houston partiram do Acampamento I, na base do Esporão dos Abruzzos, para encontrar a rota que levaria ao Acampamento II, destrinchada quinze anos antes. O que na hora deve ter sido uma experiência aterradora, Houston mais tarde retratou como uma comédia de erros:

> Nas primeiras duas horas, escalamos pelas pedras soltas e por encostas cobertas de neve, cruzando algumas arestas, exclamando "Lembro-me desta chaminé" ou "Está vendo aquele monte de pedras? Tenho certeza de que estamos na antiga rota" [...]
>
> Ao meio-dia, tivemos de confessar que estávamos perdidos.

No dia seguinte, seria necessário um segundo esforço — e muito debate — para encontrar a rota até o pequeno anticlíneo descoberto por Petzoldt em 1938, o local do Acampamento II, a 5.880 metros.

Em defesa de Bates e Houston, tenho a dizer que, nas encostas mais baixas do Esporão dos Abruzzos, o terreno é tão mal definido que a melhor rota não é nada óbvia. Hoje, a maioria dos escaladores segue os restos esfarrapados de antigas cordas fixas, que sobressaem como bandeiras em um mar de rocha cinza e neve branca, para resolver o enigma que é encontrar a rota nas encostas inferiores.

No Acampamento II, os homens tiveram uma surpresa dolorosa. Encontraram latas de geleia e *pemmican*, enferrujadas, alguns fogareiros, um pouco de gás e uma "barraca Logan cuidadosamente dobrada e escondida embaixo de um encerado". Esses itens ficaram para trás quando Wiessner e Pasang Lama fizeram sua retirada desesperada em 23 de julho de 1939. Foi ali que os dois se abrigaram encolhidos em uma barraca e passaram outra noite insone, pois sentiam os dedos das mãos e dos pés começando a congelar. O motivo de eles — ou alguma outra pessoa — terem dobrado a barraca Logan e a escondido sob o encerado continua sendo um mistério, já que Wiessner nunca mencionou nada sobre isso. O mais provável é que, em seu último esforço de subir a montanha em busca dos sobreviventes, em 4 de agosto, quando só conseguiu chegar ao Acampamento II, Wiessner tenha dobrado e guardado a barraca na esperança de realizar ainda outra tentativa de resgate.

Apesar dos contratempos menores, como a confusão para encontrar a rota, a equipe ia bem. "Excelente ânimo, e não há conflitos no grupo", escreveu Dee em seu diário no dia 26 de junho. Mas sua saudade de casa só aumentava. "Sinto muita saudade de Lee e Patti", confessou em 2 de julho. "Não tenho mais o que dizer, essa expedição bastará para mim!"

Em 1939, os rapazes de Darthmouth, George Sheldon e Chappel Cranmer, ficaram saudosos logo no início da expedição, e, aparentemente, aquela tristeza que se instalou no acampamento-base foi a gota-d'água que os tornou praticamente inúteis na montanha. O que há de se admirar em Dee Molenaar é que, apesar de se sentir tão deprimido apenas duas semanas depois de chegar ao acampamento-base – a ponto de prometer nunca mais participar de outra grande expedição (de fato, ele não participou) –, enquanto esteve no K2, devido ao compromisso com seus colegas, ele continuou levando sua parte da carga e a se importar tanto quanto os outros em tentar mandar pelo menos dois homens ao cume. Somente alguns dias depois do registro desconsolado feito em seu diário na data de seu aniversário, Dee guiou uma perigosa e mal protegida travessia à esquerda, despertando a admiração de seus colegas, que a apelidaram de "Loucura do Molenaar".

Em 7 de julho, os escaladores alcançaram o arriscado Acampamento III de 1938, a 6.310 metros. Com a intenção de usar o local apenas como depósito, assim como Wiessner sabiamente o fez, os escaladores ficaram chocados quando Bates, ao dobrar uma quina, encontrou um recesso protegido por um penhasco que se projetava sobre ele, impedindo que pedras soltas caíssem ali. Foi um grande esforço escavar duas plataformas estreitas naquele local, porém, quando os homens acabaram, tinham um Acampamento III seguro e viável. (O trabalho pesado de escavação ficou a cargo de um dos hunzas, Hidayat, em um "um furioso ímpeto de construção". Como os xerpas, os hunzas normalmente fazem o trabalho mais pesado nas expedições e, geralmente, os *sahibs* estão dispostos apenas a sentar e observar o trabalho forçado desses carregadores. Às vezes, no final do dia, os hunzas ou xerpas estão simplesmente mais fortes.)

No dia seguinte, a equipe recebeu outras notícias surpreendentes por meio de uma transmissão de rádio vinda do acampamento-base e retransmitida pelos *walkie--talkies*. O grande montanhista austríaco Hermann Buhl tinha acabado de realizar a primeira ascensão do Nanga Parbat, a nona montanha mais alta do mundo, que, nos anos 1930, custou a vida de tantos alemães, austríacos e carregadores nativos. E Buhl fizera tal conquista numa escalada em solitário!

Em seu diário, Dee comenta essa conquista de maneira fascinante, pois reflete a suspeita que inicialmente pairava sobre a dura realização do austríaco. Buhl, escreveu Dee, "evidentemente se separou de mansinho do resto do grupo às 3 horas".

Essa foi a história divulgada pelo líder da equipe, dr. Karl Herrligkoffer, que ficou marcado nos anais do montanhismo como um dos ditadores mais autocráticos e malvados da história do Himalaia. A verdadeira história, que demorou a aparecer, foi que Buhl saiu do acampamento de altitude da equipe meia hora antes de seu colega, Otto Kempter, que se sentia fraco e teve dificuldade para se preparar. Buhl pretendia apenas a abrir a trilha até Kempter alcançá-lo, mas seu colega ficou para trás e acabou desistindo. Então, Buhl foi sozinho e chegou ao cume às 19 horas; ele sobreviveu a um bivaque em pé numa borda de rocha durante a descida e, posteriormente, perdeu dedos dos pés devido ao congelamento.

Herrligkoffer foi o exemplo clássico de um chefe de expedição que sempre liderou lá de baixo. De volta à Alemanha, alegou que Buhl desobedecera às suas ordens; o líder chegou a processar o colega austríaco. Mas, hoje, montanhistas do mundo todo aclamam a ascensão de Buhl como umas das maiores façanhas da história da escalada.

Admiro a audácia de Buhl no Nanga Parbat, mas ainda acho que ele teve a sorte de contar com uma noite calma para sobreviver em um bivaque em pé. Um feito como o dele depende de atravessar a tênue linha entre conquistar um incrível triunfo e desaparecer na bruma.

Em 9 de julho, a equipe finalmente alcançou o Acampamento IV, logo abaixo da Chaminé House. Ali, a descoberta de outros detritos de 1939 aumentaria a confusão. Junto com o que Houston descreveu como "barracas reduzidas a trapos" e vários tipos de comida, incluindo uma "lata grande de Ovomaltine meio usada, mas ainda em perfeito estado de conservação após catorze anos", os escaladores encontraram três sacos de dormir. Eles estavam "congelados e cheios de neve", mas a equipe de 1953 conseguiu derreter o gelo e usá-los para completar seu número de leitos.

Esses sacos de dormir levaram Dee a escrever em seu diário: "nossa impressão era de que não se tratava de 'acampamento evacuado', como Wiessner descreve desde 1939". Esse é um comentário provocativo, que, por fim, reflete os sentimentos rancorosos que Houston ainda nutria por Wiessner. Ele sugere que a equipe pensou ser mentira a versão de Wiessner sobre a tal retirada desesperada. Se Wiessner alegava ter descido de acampamento a acampamento sem encontrar um único saco de dormir, o que faziam aqueles três sacos no Acampamento IV?

Posteriormente, Dee chegou ao que, provavelmente, seja a explicação verdadeira. Os sacos devem ter sido deixados ali por Pasang Kikuli e seus companheiros xerpas quando escalaram novamente a montanha para tentar resgatar Dudley Wolfe.

No mesmo dia em que a equipe chegou ao Acampamento IV, Houston, Dee Molenaar e George Bell atacaram a Chaminé House. Houston estivera pensando naquele *crux* pelos quinze anos anteriores. Ele escreveria em *K2: The Savage Mountain*, com característica autocensura:

Pelos últimos dez dias, elaborei vários esquemas diferentes para conseguir colocar-me em posição de tentar eu mesmo guiar esse trecho, sem ser descaradamente injusto com meus colegas. Quando chegou a hora, hesitante, virei para George e Dee, ambos escaladores mais competentes que eu, e lhes disse:
— Vocês se importariam se eu tentasse guiar nesse trecho?

Molenaar e Bell ficaram contentes por "passar a bola" para Houston.

Nos primeiros 9 metros, trabalhei na superfície, segurando em pequenas pegas e tentando não parecer muito desajeitado aos olhos dos especialistas lá embaixo. Mais por sorte e força de vontade do que por boa técnica, alcancei a fenda recuada, onde parei esbaforido, sempre fingindo pegar pitons, ajeitar a corda ou assoar o nariz. O trecho superior foi extenuante, embora não fosse muito difícil. Com considerável alegria, finalmente cheguei ao topo e gritei para os outros:
— Subam; vou dar segurança para vocês, sintam-se em casa.

Essa frase foi uma tímida referência ao parceiro de 1938, o primeiro a guiar a escalada da chaminé.[1] E o desempenho de Houston deve ter sido mais hábil do que ele pensava, já que, no diário, Dee registrou que o guia levou apenas uma hora para escalar o trecho — metade do tempo que Wiessner levou em 1939.

No antigo Acampamento V, a meros 90 metros acima do topo da Chaminé House, os três encontraram mais relíquias de 1939. "Outra barraca destruída", escreveu Dee, "e cartas para Wolfe — inclusive a conta de uma lavanderia em sua cidade".

Uma das melhores coisas do diário de Dee é que ele captura — de um modo que os livros "oficiais" das expedições raramente fazem — detalhes cotidianos da vida em uma grande montanha. Alguns exemplos:

Dor nas costas de novo e uma leve dor de cabeça — dormi mal, provavelmente por causa do ronco intermitente do Charlie a noite inteira.

***

Pete, George e eu levamos cargas e montamos a barraca de Gerry no IV, deitamos por 3,5 horas, falando sobre a rota noroeste — e trocando gases.

***

Problema: acender o fogareiro e manter o fogo aceso. Outra questão: atender ao chamado da natureza. Urinamos na lata de amendoim e jogamos do lado de fora; defecar requer mais estômago.

---

1 O termo inglês para "casa" é *house*, como no nome do primeiro escalador da fenda, Bill House. (NT)

Até então, quase tudo na expedição tinha transcorrido bem. O clima seguia consistentemente bom, os acampamentos foram montados, e os suprimentos, transportados montanha acima. Até o Acampamento III, os hunzas tinham atuado como verdadeiros serviçais. Houston estava tentado a usá-los mais acima, mas mudou de ideia, levando em conta o simples fato de que aqueles homens não tinham experiência suficiente em terreno difícil. Em 12 de julho, quando iniciaram o retorno ao acampamento-base, os hunzas deixaram de vez a companhia dos norte-americanos. Mais tarde, Houston escreveu: "o excesso de confiança deles, alimentado pela ignorância, deu lugar à cautela extrema. [...] Depois da bronca inicial no Acampamento I (e que carregador de montanha não passou por isso?), tiveram um ótimo desempenho". Enquanto se afastavam, já abaixo do Acampamento III, os hunzas gritaram:

— *America zindabad!* — ("Longa vida à América!") — *Pakistan zindabad!*

Pete Schoening, o engenheiro, havia projetado um tripé de alumínio na forma de A no qual instalara uma polia. Com esse apetrecho, puxando as cordas que passavam pela polia, os homens arrastaram dezenas de quilos de equipamentos pela Chaminé House. "Foi um trabalho árduo e demorado", escreveu Houston. "Mas não foi nada comparado a transportar a carga nas costas pela estreita chaminé". Em seu diário, Dee exalta: "A armação foi um sucesso total!".

No entanto, a essa altura, o tempo virou. A partir de 14 de julho, a tempestade caiu durante sete dos onze dias seguintes. Houston calculou que a inevitável demora acarretaria um atraso de uma semana para a equipe. E o ânimo deles mudou com o clima. "Quase nenhuma piada; a conversa tinha ficado mais séria", lembrou Houston. "Agora, estávamos ainda mais determinados, mas a festa tinha acabado; a verdadeira batalha tinha começado."

Nas expedições, é fato que, quando você fica socado em uma barraca sem nada a fazer, só pensa em comida. Houston reconta espirituosamente aquelas vigílias sob a tempestade:

> Nós líamos e dormíamos. Os jantares passaram a ser ocasiões especiais, porque ainda tínhamos apetite (que logo acabaria) e o cozinheiro era consideravelmente criativo. Às vezes, ele acrescentava torradas aos pedaços de carne cozidos ou incrementava o frango com passas fritas. Outras vezes, tínhamos ensopado de ostra (menos as ostras) feito com uma mistura de leite em pó, manteiga, sal e atum. [...] Bates e eu percebemos que nossos companheiros, cansados de nossas lembranças inacabáveis [de 1938], agora mostravam interesse nessas memórias, especialmente quando elas envolviam alguns dos pratos saborosos então criados.

Achei engraçado descobrir no diário de Dee que a sobremesa favorita de todos era gelatina. Nunca mais levei gelatina em uma expedição desde minha tentativa na face leste do Everest em 1988. Em vez de seguir as instruções da embalagem, na montanha, para ter uma rápida bomba de energia, era só misturar com água a gelatina ou o pó para pudim em uma garrafa de um litro e beber antes de solidificar. A gelatina pode ser uma boa ideia para crianças, mas vira uma mistura sem gosto a 6.000 metros, e o tempo que ela leva para solidificar parece uma eternidade.

Em 20 de julho, entre as tempestades, Bates e Schoening fizeram o reconhecimento da área mais elevada e chegaram ao Acampamento VI. Ali, descobriram o mais doloroso de todos os vestígios da expedição de 1939. Houston descreveu a cena:

> Duas barracas reduzidas a trapos. Um fogareiro, gasolina e sacos de dormir, enrolados e prontos para serem guardados nas mochilas de carga, logo ali do lado. Um pequeno conjunto de chá embrulhado em um guardanapo dentro de uma caixinha vazia de fogareiro sob a neve.

Em 31 de julho de 1939, Pasang Kikuli, Phinsoo e Kitar tinham partido do Acampamento VI na segunda tentativa de resgatar Dudley Wolfe, deixando Tsering para preparar chá. Nitidamente, os sacos de dormir foram enrolados prevendo a descida dos cinco homens pelo Esporão dos Abruzzos. Em vez disso, apenas Tsering retornou.

Pasang Kikuli e Phinsoo tornaram-se bons amigos de Houston durante a expedição de 1938. Quinze anos depois, ele prestou uma saudação a ambos, e também a Kitar, de modo comovente:

— Não importa qual tenha sido o destino deles, a história da escalada nunca teve um relato mais heroico nem um capítulo mais generoso que o vivido por eles. Seus sacos de dormir e o impressionante jogo de chá são tristes lembranças de sua coragem.

Em 25 de julho, Houston, Craig e Bell atacaram a Pirâmide Negra. Bell guiou na maior parte do caminho, em um terreno enganosamente complicado: "A rocha era sólida, íngreme, polida pela precipitação de gelo das eras passadas. As pegas eram pequenas para mãos e pés e, normalmente, estavam cheias de gelo.". Porém, segundo Houston, "Ali, Bell estava em casa". Em 1992, consideramos a Pirâmide Negra uma folga desafiadora e excitante ao trabalho da rota mal definida que leva até ela. A escalada não é extremamente difícil, mas, até que as cordas fixas fossem instaladas, estávamos sempre cientes do quanto ela é exposta.

Diferentemente de 1939 (quando Wiessner, o único escalador forte, guiou em praticamente cada metro da rota), em 1953, os oito homens — incluindo Tony Streather — revezavam-se à medida que a equipe avançava pelo Esporão dos Abruzzos. É preciso dispor de muito tempo para explicar por que aqueles homens deram-se tão bem, de forma tão harmoniosa e leal. Tive minhas próprias parcerias sólidas nas montanhas com mais de 8.000 metros, com pessoas como Veikka Gustafsson e J.-C. Lafaille, mas raras vezes participei de uma expedição em que oito colegas trabalharam tão bem juntos. Esse é o ideal de muitas equipes, mas poucas o atingem.

O Acampamento VII foi montado em uma plataforma estreita escavada em uma íngreme encosta de neve, a 7.470 metros. Era um lugar tão ruim que, subindo por Abruzzos, somente um par de escaladores passou a noite ali. Mas, em 31 de julho, durante um dia frio e de ventania, Schoening e Gilkey abriram caminho e encontraram um lugar para o Acampamento VIII, a 7.770 metros, isto é, 240 metros acima do acampamento mais alto de 1938.

Em todo o percurso pela Pirâmide Negra e até a borda inferior do Ombro, os homens fincaram estacas a cada 15 metros, mais ou menos, para sinalizar a rota — como eu fiz em 1992, mas algo com que ninguém se preocupou em 1986 ou 2008, lapso que contribuiu para ambas as tragédias. Na chegada, em 2 de agosto, depois de um grande esforço sob neblina, Bates e Streather encontraram o caminho para o Acampamento VIII. A primeira coisa que Bates disse para seus colegas foi:

— Graças a Deus havia estacas. Não tínhamos a menor ideia de onde estava o acampamento, e não dava para ver nada. Seus rastros estavam completamente cobertos acima dos degraus de gelo.

Em 3 de agosto, os oito escaladores estavam acomodados em suas barracas no Acampamento VIII. ("Um tipo de recorde para uma expedição", especulou Dee em seu diário.) Posteriormente, Houston lembraria: "O ânimo estava ótimo. Estávamos a uma distância tangível da meta. O cume ainda podia ser nosso".

Os registros no diário de Dee não são tão entusiasmados. O clima ao longo dos dez últimos dias tinha sido notavelmente frio. Bates e Houston continuavam relembrando quão frio estava nas semanas correspondentes de 1938. Com botas coreanas ou não, a maioria dos escaladores sentia o incipiente congelamento dos pés. Já em 25 de julho, Dee escreveu: "Nossa experiência com congelamento também indica que (felizmente) estamos pensando mais em nossos dedos das mãos e dos pés do que em chegar ao cume. Talvez a altitude esteja afetando nossa vontade de subir a qualquer custo.". Alguns dias depois: "Preocupado com os dedos dos pés. Craig está ficando pálido.". Logo Dee estaria muito ambivalente. "Sinto-me alternadamente forte,", escreveu em 31 de julho, "com dias bons de 'ansiedade'; depois perco a vontade de aproveitar as oportunidades do clima e, em termos pessoais, subir mais — agora estou disposto a ficar como apoio em vez de tentar o cume".

Três dias antes, ele havia expressado em seu diário uma apreensão que se provaria misteriosamente previdente: "Ter de descer um homem debilitado no K2 seria uma tarefa *extremamente* difícil, senão impossível.".

Em 31 de julho, Dee, mais uma vez, fez anotações sobre suas impressões acerca dos colegas e do estado físico e psicológico que eles apresentavam. "Charlie continua à frente como líder", escreveu, "embora eu ache que ele às vezes exija demais de si mesmo. [...] Gilkey está forte e quieto, provavelmente o único que quer muito chegar ao cume, a ponto de assumir certos riscos — quer que *todos* nós cheguemos ao topo.".

No entanto, em 3 de agosto, a equipe aceitou a probabilidade de que apenas dois homens teriam a chance de galgar o cume. Sendo assim, sempre democráticos, fizeram uma votação secreta. George Bell e Bob Craig foram escolhidos para a primeira equipe do cume; Pete Schoening e Art Gilkey comporiam a segunda.

Eles continuaram dizendo uns aos outros que só precisavam de três dias claros consecutivos para ir com tudo ao cume. Porém, naquele dia, uma tempestade caiu sobre o Karakoram. Ela durou sete dias sem trégua. Os homens ficaram nas barracas, tentando manter-se aquecidos, queimando o precioso combustível e comendo as rações cada vez mais escassas. Mais tarde, Houston lembraria o tédio dessa vigília:

> Alguém prendeu as cordas dos rapazes em todas as barracas. Quando conseguíamos derreter neve, alguém tinha força para limpar e encher os potes, e outra pessoa levava o chá para as demais barracas. Bob Bates lia para nós em voz alta por horas. Dee Molenaar pintava. Todos escrevíamos diários; o meu já tinha mais de duzentas páginas.

Em 6 de agosto, o vento ficou tão forte que a barraca partilhada por Houston e Bell começou a esgarçar durante a noite. Os dois pegaram seus pertences, esperaram um momento de calmaria e correram para as barracas dos outros. Houston se jogou em um abrigo, e Bell, em outro. Ou seja, duas das três barracas restantes da equipe, com espaço para duas pessoas cada, tiveram de servir para três.

Dia após dia, os homens viam suas expectativas de alcançar o cume escorrerem pelos dedos. Foi então que, no dia 7 de agosto, ocorreu algo imprevisível que acabaria de vez com qualquer esperança — e transformaria a expedição em uma prova de sobrevivência.

O dia começou trazendo otimismo, as nuvens subiram, o céu clareou e o vento diminuiu. Mas Houston mais tarde escreveria:

> Arrastamo-nos para fora de nossas barracas e andamos cambaleantes como fazem os náufragos ao chegar à praia. Quando Art Gilkey saiu para juntar-se a nós, caiu inconsciente na neve. Corremos até ele, que sorriu debilmente, dizendo:
> — Estou bem, pessoal; é só a minha perna, só isso.

Seus colegas praticamente o carregaram de volta para a barraca. Tiraram-lhe a roupa para que Houston, o médico da equipe, pudesse examinar sua perna.

— Estou sentido essa cãibra há alguns dias — disse Gilkey, quase se desculpando. — Achei que já tivesse passado.

Realmente, no diário de Dee, em registro referente a 2 de agosto, cinco dias antes, quando eles subiram até o Acampamento VIII, consta:

> Craig e eu escalamos a encosta de gelo encordoados com Art. Mas Art, na ponta inferior da corda, reclamou de cãibra e se soltou para não nos retardar. Porém, ele nos alcançou seguindo a ponta solta da corda, desde a encosta até o VIII.

Houston soube, de cara, que a dor de Gilkey não era cãibra. Seu tornozelo esquerdo estava vermelho e inchado. "O diagnóstico era bem óbvio", lembrou Houston. "Art tinha desenvolvido tromboflebite."

Tal veredito era muito confuso para o experiente médico. O sangue havia coagulado na panturrilha esquerda de Gilkey. Na melhor das hipóteses, ele perderia a perna. Mas o maior perigo era Art movimentar-se e os coágulos dividirem-se, migrarem para os pulmões e causarem uma embolia fatal, ou bloquearem uma artéria. Depois de enfaixar a perna de Gilkey em bandagens elásticas e tentar "reanimá-lo", Houston foi de barraca em barraca dar as más notícias.

— Não sei dizer qual é a causa — disse aos colegas. — Essa doença normalmente ataca pessoas mais velhas ou pacientes cirúrgicos. Nunca ouvi falar dela associada a montanhistas jovens.

A equipe não poderia ter azar maior. A tromboflebite é muito rara entre escaladores; eu nunca soube de um caso em nenhuma das minhas trinta expedições às montanhas de 8.000 metros. Mas, desde Gilkey, sabemos que o risco existe. Longos períodos de inatividade, quando uma tempestade confina as pessoas em uma barraca, podem levar o sangue das pernas a coagular. E, na altitude, a inevitável desidratação torna o sangue mais espesso. Atualmente, é prática comum nas elevações de 8.000 metros tomar uma aspirina por dia para afinar o sangue e, quando se fica preso na barraca durante uma longa tempestade, movimentar periodicamente as pernas para melhorar a circulação. Os colegas de Houston queriam crer que Gilkey simplesmente ficaria fora de ação por alguns dias. Bob Bates perguntou ao melhor amigo:

— Quanto tempo vai levar para ele ficar bom, Charlie?

Sem querer sobrecarregá-los com seus pensamentos sombrios, Houston apresentou uma estimativa de dez dias. Em seguida, voltou para a barraca de Gilkey. Mais tarde, ele escreveu: "Fiz o melhor que pude para explicar sua condição, sem citar as complicações, com o tom mais otimista que consegui, tentando esconder minha terrível certeza de que ele nunca sairia vivo do acampamento-base".

Entre os membros da equipe, Schoening, Molenaar e Craig eram os mais experientes em resgate em montanha, de modo que Houston conversou com eles sobre as chances de descer Gilkey. Os homens responderam que achavam possível dar um jeito de realizar uma tarefa tão complexa, mas, segundo Houston: "suas afirmações careciam de convicção". O líder prossegue:

> Não acreditei neles. Eu sabia, todo mundo sabia, que ninguém podia ser carregado, descido ou arrastado pela Pirâmide Negra, pela assustadora pedra solta até o Acampamento V, pela Chaminé House [...]. Percorri mentalmente a rota inteira. Não havia esperança, absolutamente nenhuma. Art estava incapacitado. Ele não seria capaz de se recuperar o suficiente para descer andando. Não éramos capazes de carregá-lo para baixo.

Em seu diário, Dee escreveu uma avaliação concisa: "A situação parece desesperadora.". Parecendo zombar das ambições da equipe, naquela mesma tarde, o céu a oeste começou a clarear.

Não havia esperança de resgate, mas, nas palavras de Houston, "podíamos e devíamos tentar". Colocaram Gilkey em um saco de dormir, que foi enrolado em uma barraca, e amarraram uma corda de escalada em sua cintura. Contudo, o primeiro esforço foi um fracasso total. Os dias de tempestade haviam enchido tanto as encostas abaixo do acampamento que elas estavam prestes a desmoronar em uma avalanche. Descer era um convite ao desastre. Os homens arrastaram Gilkey apenas alguns metros antes de desistirem.

Não havia o que fazer a não ser voltar para o acampamento. Isso precisou de toda a força possível. A neve estava tão fofa e funda montanha acima, que, para levarem Gilkey, ele teve que ajudar dando "grandes saltos de sapo com a perna boa", como descreveu Houston.

No dia seguinte, ninguém pôde fazer nada por causa do vento forte que açoitava as barracas apesar do céu um pouco mais claro. O estado de Gilkey parecia ter melhorado um pouco.

— Amanhã, estarei escalando de novo — disse ele a Houston, que sabia que essa brava promessa jamais poderia ser cumprida.

A essa altura, os escaladores mais fortes eram Pete Schoening e Bob Craig. Naquele 8 de agosto, Craig fez uma proposta audaciosa:

— Charlie — disse ele —, o que você acha de uma investida rápida ao cume a partir daqui?

— Ou, talvez, possamos mandar dois homens para o Acampamento IX hoje — acrescentou Schoening. — Eu estou dentro. Podíamos fazer algo enquanto esperamos a perna do Art melhorar.

Se Houston sentiu-se ofendido pela sede de cume dos colegas, nunca registrou nada por escrito. Ele os autorizou a seguir para o Ombro. Na neve funda, Schoening e Craig avançaram apenas 122 metros verticais antes de voltarem. Nas estimativas de Dee, o ponto mais alto atingido foi 7.864 metros. Devido ao colapso de Gilkey, faltaram 61 metros verticais para a equipe de 1953 alcançar a mesma altitude que Houston e Petzoldt atingiram em 1938 — e 518 metros para o ponto em que Wiessner e Pasang pararam em 1939.

Em 9 de agosto, a tempestade voltou com força total. E, naquela manhã, para seu desânimo, ao ouvir a "tosse seca e cansativa" de Gilkey durante a noite, Houston examinou seu paciente e determinou que os coágulos de sangue haviam realmente migrado para os pulmões. Gilkey tinha embolia pulmonar. Houston viria a escrever em *K2: The Savage Mountain*:

> Esse foi nosso pior momento. Pela primeira vez, achei que todos morreríamos naquela tempestade cruel. Jamais poderíamos abandonar Art; nenhum de nós

sequer pensou nisso. Mas não podíamos carregá-lo no meio da tempestade; na verdade, nem nós mesmos podíamos sair na tempestade daquele dia.

O registro do diário de Dee para 9 de agosto é igualmente comovente e honesto:

> Charlie veio perguntar como estava nosso ânimo; depois, informou que Art provavelmente não sobreviveria por muito mais tempo. É difícil descrever meus sentimentos. Logo depois, todos estavam com lágrimas nos olhos. (Acho que acabei de ouvir Art tossir na barraca dele.)
> Mudança de plano: ideia terrível de que, talvez, nossa chance de descer com segurança dependa da partida de Art o quanto antes. (Meu Deus, livre-me desses pensamentos!)

A coragem de Gilkey durante tal provação foi extraordinária. Ele disse a Houston que, como não sentia dor, a tosse incessante era apenas uma "chateação". Houston lembra que

> Art não dizia nada sobre ele mesmo. Nunca falou sobre sua morte, embora fosse muito inteligente para não enxergar sua iminência. Ele se desculpou por ser um fardo para nós. Ele nos encorajou, falou de outra tentativa de cume, depois que o levássemos para baixo.

A tempestade era impetuosa em 10 de agosto, mas Houston ordenou que os homens dessem início ao resgate naquele dia.

— O quê? No meio da tempestade? — alguém disse.

— Tem de ser assim — respondeu Houston. — Ele vai morrer se não o levarmos para baixo.

Em 7 de agosto, depois de uma primeira tentativa interrompida de transportar Gilkey, Schoening e Craig tentaram novamente encontrar uma rota alternativa, pela qual fosse possível evitar as encostas propensas a avalanche, usadas na rota de ascensão da equipe. Retornaram com a notícia de que uma faixa de rocha escarpada a oeste poderia servir. A equipe teria de passar por um terreno bem mais difícil, mas que parecia protegido das avalanches.

Em 10 de agosto, os homens prepararam-se para o que Bates descreveria como "o mais perigoso trabalho da vida [de cada homem]". Gilkey estava enrolado em um saco de dormir, com os pés enfiados em uma mochila. Essa maca artesanal foi acomodada em uma rede feita de cordas. Quatro homens, cada um segurando uma corda separada — um homem acima, um embaixo e um de cada lado — tentariam carregar a vítima imóvel pelo perigoso terreno.

Regularmente, eles ajoelhavam perto do rosto de Gilkey para perguntar-lhe como estava.

— Estou bem — ele respondia sempre, tentando abrir um melancólico sorriso. — Tudo bem.

Schoening e Molenaar foram à frente para desenhar a rota — uma tarefa arriscada, em meio à nevasca que dava pouca visibilidade. Seria bem complicado para homens em boas condições físicas descer sob tais circunstâncias. Com o peso do amigo incapacitado, a equipe enfrentava uma batalha quase impossível. Bates lembra esse dia em *K2: The Savage Mountain*:

> O frio e o vento passavam traiçoeiramente por nossas camadas de roupas quentes, de modo que, ao final da terceira hora, nenhum de nós sentia mais os pés, e grotescos pedaços de gelo pendiam de nossas sobrancelhas, barbas e bigodes. Os óculos congelavam, e era preciso levantá-los o tempo todo na testa para podermos enxergar o manuseio da corda. Carregar o homem moribundo foi algo assustadoramente lento.

No entanto, após horas de esforço austero, os homens tinham descido Gilkey pela borda da faixa rochosa, a cerca de 7.470 metros. Enquanto isso, Schoening e Molenaar haviam localizado a plataforma rasa na encosta íngreme que serviria como um dúbio Acampamento VII. Apenas uma travessia de meros 137 metros a leste separava Gilkey daquele acampamento. Mas arrastá-lo horizontalmente pela encosta gelada ainda parecia a manobra mais difícil.

Pouco antes, Craig fora surpreendido por um pequeno deslizamento de neve acumulada, mas deu um jeito de se segurar. Agora, estava tão cansado que mal conseguia apertar as tiras de seus grampões, de modo que Molenaar deu-lhe segurança até o acampamento. Ali, Craig descansou um pouco antes de começar a alargar as plataformas das barracas com sua piqueta. Molenaar voltou até Gilkey e se prendeu com um pequeno pedaço de corda à alça que passava pela cintura do colega inválido, na esperança de ajudar na delicada tarefa de transportar a maca horizontalmente pela encosta.

Em condições atrozes, os homens seguiram em fila pelo perigoso terreno escarpado. Vindo por último, Schoening fincou sua piqueta completamente por trás de um pequeno matacão, usando-a como ancoragem para passar a corda em volta da parte superior, e soltando-a lentamente para descer Gilkey. Bell e Streather estavam encordoados, bem como Houston e Bates, em outra corda. Molenaar estava ao lado da maca de Gilkey, preso a ela.

Como digo com frequência, é quando os escaladores partem ao resgate de alguém que há a maior probabilidade de se colocarem em perigo. Eles assumem riscos que normalmente evitariam; a urgência e a adrenalina levam a esforços desesperados. No K2, em 1992, Scott e eu fomos pegos na avalanche que quase custou nossas vidas só porque achamos que tínhamos que fazer todo o possível para ajudar Thor Kieser e a abatida Chantal Mauduit a descer. Jamais estaríamos naquele lugar em tais condições se simplesmente tivéssemos que escalar do Acampamento III para o IV. E a encosta onde fomos pegos pela avalanche era bem próxima do lugar onde Gilkey estava pendurado naquela tarde de 10 de agosto.

Bastou um passo em falso para disparar todo o caótico acidente. George Bell, que não sentia mais os pés, começou a descer pelo gelo duro a fim de ajudar a manobrar Gilkey. Ele escorregou, perdeu o equilíbrio e mergulhou verticalmente encosta abaixo. A corda retesou até Streather e o fez perder o equilíbrio. Streather tentou freneticamente se segurar, mas não conseguiu fincar sua piqueta.

Enquanto ambos despencavam sem controle pela montanha, a corda deles enroscou naquela que unia Houston e Bates e a puxou. Sem tempo para se prepararem, primeiro Houston e depois Bates foram arrancados do chão. Agora eram quatro homens voando para o que parecia a morte certa. Bates mais tarde escreveria: "*Acabou!* Foi o que pensei quando aterrissei com força sobre minha mochila. Não havia nada a fazer. Tínhamos feito o melhor possível, mas nosso melhor não foi o suficiente. Era o fim [...]. Apenas milhares de metros de espaço vazio nos separava do glaciar lá embaixo.".

Em seguida, a corda entre Bell e Streather enroscou na pequena corda entre Molenaar e Gilkey, puxando Molenaar com um tranco repentino. Agora eram cinco homens caindo em um emaranhado de cordas na direção de um vácuo de 2.130 metros. E mais dois ainda se juntariam a eles.

Dezoito metros acima de Gilkey, Schoening viu o que estava acontecendo. Ele se jogou sobre a piqueta fincada atrás do pequeno matacão e segurou a corda com toda a força. O tranco veio quando a queda de Molenaar começou a puxar o indefeso Gilkey encosta abaixo. Mas Schoening manteve Gilkey no lugar, e a corda curta interrompeu a queda de Molenaar.

Somente o fato de os trancos terem ocorrido em intervalos evitou que os sete homens fossem arrancados do Esporão dos Abruzzos e arrastados simultaneamente para a morte. Schoening aguentou, agarrando-se à sua corda com uma força brutal e, um a um, todos os homens pararam de cair. Quando a cadeia de eventos terminou, Bell, que fora parar mais longe de todos, estava 76 metros abaixo de Schoening.

O "milagroso procedimento de segurança" de Pete Schoening virou lenda. Nada do gênero, nem antes, nem depois, jamais foi executado nas montanhas — um homem, com uma piqueta e um cabo de aço interromper a queda fatal de seus colegas e a sua própria. O feito de Schoening, realizado por instinto em um reflexo de meio segundo, pois se tratava de um escalador extremamente treinado, é, simplesmente, a mais famosa manobra de segurança da história do montanhismo.

Os homens sobreviveram. Porém, o sofrimento drenaria as reservas de energia de todos eles.

Na queda, Bell perdeu a mochila, os óculos e as luvas. Enquanto andava cambaleante, meio cego, na direção dos colegas, ele gritou:

— Minhas mãos estão congelando!

Bates e Molenaar tinham acabado um em cima do outro, jogados em um afloramento rochoso. Antes de terem tempo de entender o que havia acontecido, ouviram um grito:

— Aliviem o peso da corda!

Ainda mantendo a segurança naquele crucial aperto de corda, Schoening sentiu que suas mãos começavam a congelar, mesmo com as luvas.

Bates soltou a corda, foi até Bell e ofereceu-lhe um par de luvas de lã sobressalente que carregava no bolso do anoraque. Os dedos de Bell, já "de um feio esbranquiçado parecendo barriga de peixe", estavam tão rígidos que Bates teve que calçar as luvas para ele.

O mais ferido foi Houston, que batera a cabeça em uma pedra, ficando inconsciente. Enquanto Bates caminhava cautelosamente na direção da "figura caída" mais abaixo, não sabia ao certo se seu melhor amigo estava vivo ou morto. Bates tocou o ombro de Houston, que abriu os olhos e levantou meio tonto.

— Onde estamos? — perguntou. — O que estamos fazendo aqui?

A explicação de Bates não pareceu penetrar nem um pouco na bruma que envolvia Houston. Ele continuava interrogando onde estavam. Houston havia sofrido uma grave concussão que levou à perda da memória de curto prazo. Pelo resto da vida, foi incapaz de lembrar-se do acidente. Para motivar o amigo, Bates chegou perto dele e ordenou:

— Charlie, se você quiser ver Dorcas e Penny [esposa e filha de Houston] de novo, comece a escalar *já*!

Confiando na vaga memória muscular e contando com a segurança dada por Molenaar, Houston "subiu quase de joelhos" toda a encosta de gelo e pedra. Porém, quando parou ao lado de Molenaar, repetiu:

— O que estamos fazendo aqui?

Boa parte do equipamento da equipe perdeu-se na queda. Os homens tinham apenas uma barraca de dois lugares e uma minúscula barraca de bivaque. Enquanto um deles tentava escavar uma plataforma na encosta escarpada, os demais começaram a montar avidamente as barracas, que o vento ameaçava arrancar de suas mãos. Pouco antes, Bob Craig, que não viu o acidente, tinha olhado a encosta e não vira nenhum dos escaladores. Em seguida, ouviu Schoening gritando para ele pegar uma piqueta a fim de fazer uma ancoragem para Gilkey. Craig fez a travessia sozinho, fincou a piqueta bem acima de Gilkey, que estava deitado, e a prendeu à corda que escorava a maca artesanal. Só então Schoening pôde soltar a corda que impedira a queda de todos eles. Finalmente, ele seguiu para o precário acampamento, pois seus dedos, como os de Bell, haviam começado a congelar.

Craig disse à Gilkey que a equipe voltaria para buscá-lo assim que conseguissem montar as barracas. Particularmente, ficou pensando como os homens, agora tão exauridos, conseguiriam carregar o colega inerte pela perigosa encosta. Alguns minutos depois, Streather fincou uma segunda piqueta para melhorar a ancoragem de Gilkey.

Enquanto os homens escavavam a plataforma, ouviram Gilkey, fora do campo de visão, atrás de uma pequena rocha abaulada, chamar várias vezes, mas o vento não lhes deixava entender o que ele estava dizendo. Bates mais tarde escreveu: "Parecia que Gilkey estava gritando palavras de encorajamento, mas o vento misturava as palavras, da mesma forma que deve ter feito com nossas respostas para ele".

Cerca de dez minutos depois do último grito de Gilkey, Bates, Craig e Streather encordoaram-se e atravessaram a encosta. Passaram pela rocha e seguiram cuidadosamente na direção da vítima. "Nunca vou esquecer o que vimos", escreveu Bates. "A encosta estava completamente vazia. Art Gilkey havia desaparecido!".

Quando se depararam com o vazio, perceberam um novo canal no gelo. A conclusão foi óbvia: no período entre o último chamado de Gilkey e a chegada do trio para resgatá-lo, uma avalanche havia atingido a borda da aresta rochosa, carregando a vítima indefesa. Até mesmo as duas piquetas desapareceram. "Foi como se a mão de Deus o tivesse levado embora", escreveu Bates.

Os três homens levaram a notícia ao acampamento. No estado de choque em que se encontravam, os escaladores não tinham como se ater muito ao acontecido, pois ainda precisavam enfrentar a noite. Quatro homens amontoaram-se em uma barraca de dois lugares, com apenas um colchão inflável; Bates abriu seu saco de dormir e o jogou por cima dos quatro homens, como um acolchoado. Os outros três apertaram-se na minúscula barraca de bivaque.

Houston não só sofrera uma concussão como também tivera uma hemorragia que lhe anuviou a visão do olho direito, além das costelas quebradas, que provocavam dor ao respirar. Molenaar também tinha costelas quebradas e um machucado na cabeça, bem como um corte fundo na coxa. Bell tinha certeza de que seus pés e mãos estavam congelados, e ele era tão míope que tornara-se praticamente cego sem seus óculos. Ninguém dormiu.

Houston estava fora de si. Acabou convencido de que devia sair da barraca ou alguém lá dentro ficaria sufocado. Quando seus colegas impediram-no à força, Houston esbravejou:

— Me deixem. Eu sou médico, sei do que estou falando.

Mais tarde na mesma noite, quando ele recuperou parte dos sentidos, vez ou outra perguntava impulsivamente:

— Como está o Pete?

Bates lembra:

> Embora eu dissesse que Pete estava bem, Charlie não acreditava. Então, tive que ir até a pequena barraca de bivaque, que estava quase estourando por causa dos três homens lá dentro, e falei:

— Pete, diga ao Charlie que você está bem.

Pete Schoening falou alto:

— Eu estou bem, Charlie. Não se preocupe comigo.

Durante a noite, Houston perguntou várias vezes sobre Pete. Ficava quieto um tempo, e então começava a perguntar como estava Tony. Depois, queria saber de Art.

De alguma forma, conseguiram enfrentar a noite. Deram um jeito de derreter neve e fazer chá, o qual passaram de uma barraca para a outra. O vento diminuiu, mas, pela manhã, o céu tinha um tom um cinza-chumbo, presságio de mais uma tempestade. Deve ter sido um trabalho e tanto simplesmente recolher as coisas e começar a descer as perigosas encostas que levavam ao Acampamento VI.

Não havia nem uma piqueta para cada um. Houston, o mais gravemente ferido, ainda se desligava da realidade, de modo que Schoening e Craig prenderam-no entre ambos em uma cordada de três homens; Schoening, vindo por último, dava segurança para Houston nos trechos traiçoeiros. Por várias vezes, o líder da equipe parava, sentava e, como Bates observou, "apoiava a cabeça na mão e olhava em volta, como se dissesse 'o que estamos fazendo aqui?'". Schoening então estimulava:

— Vamos, Charlie, vamos.

Houston levantava fatigado e continuava descendo.

Embora ninguém dissesse nada a respeito, todos sabiam que o desaparecimento de Gilkey provavelmente havia salvado suas vidas. Ainda mais perturbador foi o fato de, ao percorrer o terreno abaixo do Acampamento VII de emergência, os homens terem visto manchas de sangue na neve e nas pedras salientes. Nenhum deles mencionou esse lamentável *memento mori*[2] por décadas. Mas naquela noite, Dee escreveu em seu diário: "Ao descer a rota, encontramos cordas emaranhadas e o saco de dormir rasgado no qual estava Art, com sinais de sangue respingado na neve mais abaixo, indicando que ele morreu rapidamente. Pobre Art. Todos nós passamos em silêncio por esses destroços.".

A equipe levou cinco dias para descer a montanha, numa tarefa claudicante. O fato de terem conseguido realizar o descenso sem qualquer outro acidente é um tributo não só à força daqueles sete homens, mas também a quanto eles se preocupavam uns com os outros. Mesmo assim, quando chegaram ao acampamento-base em 15 de agosto, eram uma trupe desmoralizada, sentindo na alma o peso da derrota e, ainda mais, o da tristeza decorrente da perda de um companheiro.

Em uma pequena crista acima do acampamento-base, os hunzas erigiram um túmulo de pedras em memória de Art Gilkey. Ao longo dos anos desde 1953, placas em honra a outros escaladores que pereceram no K2 foram adicionadas a esse tú-

---

2 Expressão em latim que significa "Lembra-te de que és mortal". (NT)

mulo. O memorial tornou-se um lugar sagrado e solene para todos os membros de expedições que montam seus acampamentos-base no glaciar Godwin Austen.

Acho que eu tinha dezesseis anos quando li *K2: The Savage Mountain*. Fiquei tão impressionado com a história que, em uma aula de redação no colegial, quando a professora pediu que escrevêssemos uma peça, escrevi sobre o K2, com a trama girando em torno do dilema de ter que abandonar alguém na montanha. O que realmente me inspirou nas pessoas da expedição de 1953 foi o modo como cuidaram umas das outras, como se uniram diante da adversidade. Mais tarde, pude perceber que existe um tipo de modelo militar para a coragem deles no lema "Nunca abandone um homem".

Mas não se pode ensinar esse tipo de princípio. Aqueles homens eram altruístas por natureza. Todos eles tinham altos padrões éticos. Tenho certeza de que o exemplo deles contribuiu na formação dos meus princípios morais, tanto que, posteriormente, quando pus de lado minhas ambições pessoais para ir ao socorro de outro escalador, eu o fiz sem hesitar. Sei que eu não conseguiria viver comigo mesmo se não tivesse tentado ajudar quando pude.

Em 1992, quando Scott e eu escalávamos acima do Acampamento III, rumo ao Ombro, de repente, percebemos que estávamos atravessando a mesma encosta onde Schoening havia interrompido o "arrastão" da queda dos seis companheiros e onde Gilkey fora levado pela avalanche. Diminuímos o passo enquanto discutíamos como esses eventos teriam se desdobrado trinta anos antes. Era evidente que aquele aclive era um lugar traiçoeiro e, naquele momento, percebemos que seria impossível tentar carregar uma pessoa totalmente debilitada montanha abaixo.

Houston estava certo naquela passagem triste sobre seus pensamentos depois de diagnosticar a tromboflebite de Gilkey: "Não há esperança alguma. Art está debilitado [...]. Não há como levá-lo para baixo.". Em 1992, tivemos de descer com Gary Ball, acometido de edema pulmonar, pelo mesmo trecho complicado da Pirâmide Negra. Mas Gary ainda conseguiu andar até o Acampamento II. Não tivemos que descê-lo em uma maca feita à mão, como a equipe de 1953 precisou fazer com Gilkey. Gary conseguia andar e se segurar na corda que ancorei, usando-a como um corrimão. Foi só quando chegou ao Acampamento I, a 6.096 metros, que Gary desmaiou e precisou ser carregado. Como a equipe norte-americana fez com Gilkey, nós colocamos Gary em um saco de dormir e o descemos pelas encostas íngremes durante a noite. Àquela altura, éramos seis ajudando no descenso, e havia mais um escalador ao lado de Gary para mantê-lo no caminho certo.

A única vez que Pete Schoening escreveu sobre o K2 foi em um livreto, limitado a uma centena de cópias e destinado exclusivamente aos amigos próximos, publicado após sua morte em 2004. Contudo, essa obra revela a convicção eterna de Schoening de que a equipe teria conseguido descer Gilkey: "O descenso teria demorado mais e haveria risco de congelamento mais severo. Mas, com base na experiência de realizar resgate em terreno íngreme, acredito que teríamos conseguido".

Seja ou não realista a crença de Schoening na capacidade de resgate da equipe, eu estou convencido de que, se Gilkey não tivesse adoecido, a equipe de 1953 teria realizado a primeira ascensão do K2. Eles foram tão bem ao fazer que os oito escaladores chegassem aos 7.770 metros que creio que, mesmo com o mal tempo iniciado em 3 de agosto, eles teriam conseguido enviar pelo menos dois homens para o cume.

Acho também que a equipe de 1953 foi precisa em sua avaliação de que a morte de Gilkey na avalanche pode ter salvado suas vidas. Décadas após a expedição, uma teoria controversa começou a circular no mundo do montanhismo, proposta primeiramente por Tom Hornbein, amigo de Houston e o homem que, ao lado de Willi Unsoeld, concluiu a espantosa travessia do Everest pela crista oeste em 1963. Hornbein levantou a hipótese de que Gilkey, percebendo o apuro dos colegas depois do acidente, "aproveitou a oportunidade para se soltar da parede onde estava preso", sacrificando-se para salvar os companheiros.

Se Hollywood fosse fazer um filme sobre a expedição de 1953, esse seria o ponto alto, a personificação ideal do que Houston chamaria de "a irmandade da corda". Seus colegas chegaram a especular essa possibilidade logo depois de descobrir seu desaparecimento. Mas Bates e Houston concluíram que ela era muito improvável.

Concordo com eles. Primeiramente, Gilkey estava tão enrolado no saco de dormir, que teria sido impossível para ele liberar os braços. E, mesmo que ele tivesse uma faca, será que teria conseguido alcançá-la e cortar a corda com ela? Caso afirmativo, as piquetas usadas na ancoragem estariam no mesmo lugar quando Bates, Craig e Streather chegaram ao local. Mas elas sumiram junto com Gilkey. Ainda há a alternativa de que Gilkey poderia ter soltado as piquetas com as mãos. Mas, àquela altura, provavelmente, ele estava fraco demais para isso, e, naquela manhã, Houston havia dado a ele uma dose de morfina para aliviar a dor.

O diário de Dee, escrito sem a vantagem do retrospecto, não deixa dúvidas: "Depois que os feridos foram acomodados nas barracas, Craig, Tony e Bates foram buscar Art, ou o deixaram confortável para aguentar a noite. Mas encontraram a encosta vazia — uma avalanche de neve ou de pedras o levou. Art se foi, está morto.".

No acampamento-base, os homens juntaram-se para discutir cada detalhe do que lembravam sobre o que acontecera no alto da montanha entre os dias 7 e 10 de agosto, e usaram um gravador para registrar toda a conversa. No CD intitulado *The Brotherhood of the Rope*, que Houston produziu em 2004, ouvem-se as vozes deles durante essa conversa. Alguns comentários são muito comoventes.

Os sete sobreviventes regressaram a Rawalpindi em 28 de agosto, quando cada um tomou seu rumo. Porém, todos continuaram amigos pelo resto da vida. (Não há muitas expedições que podem vangloriar-se disso.) E, em 1978, no 25º aniversário da viagem, os sete reuniram-se em um alegre e tocante encontro no Wind River Range, em Wyoming.

Em 1993, quarenta anos após a expedição, membros de uma equipe inglesa encontraram os ossos de Art Gilkey no glaciar Godwin Austen, não muito longe do acampamento-base. Por décadas, seu corpo migrou 6 quilômetros com o gelo, desde o local onde aterrissou após a queda descomunal.

No Festival de Filmes e Livros de Montanha de Banff, em novembro daquele ano, Charlie Houston participou do primeiro do que viria a ser uma série de programas de entrevista muito populares. Dispensando a usual apresentação de *slides*, Houston simplesmente se sentou em uma poltrona alta e confortável e respondeu às perguntas do moderador, Geoff Powter, que era editor do *Canadian Alpine Journal*.

Eu não estava presente, mas um amigo que participou do evento descreveu-o a mim com tanta vivacidade, que é como seu tivesse estado lá. Powter preparou sabiamente as perguntas de modo a cobrir a extensa e gloriosa carreira de Houston no montanhismo e como especialista em medicina de altitude, dando a ele a chance de contar suas histórias de guerra. Nessa época, Houston tinha oitenta anos, era uma lenda viva, e o público acompanhava vidrado em cada palavra sua.

Entre os espectadores estava Barry Blanchard, um dos maiores montanhistas do Canadá. Ele havia estado no K2 no verão anterior e participara do trabalho de recuperação dos restos mortais de Gilkey. Blanchard esperou durante toda a seção de perguntas e respostas até Houston terminar de falar e Powter anunciar:

— Ok, mais uma pergunta.

Ele então se levantou, apresentou-se e contou a história da descoberta do corpo de Gilkey. Normalmente, Barry é um palestrante firme, mas sua voz ficou trêmula quando anunciou a descoberta, que era novidade para quase todos da plateia. Finalizou dizendo a Houston que os escaladores que estiveram no glaciar dois meses e meio antes haviam encontrado a ossada de Gilkey e trazido os restos mortais para os Estados Unidos, para o consequente sepultamento no jazigo da família.

Barry então se sentou. Era óbvio que ele esperava que Houston recebesse a surpreendente notícia da descoberta com a mesma emoção que ele, e talvez expressasse sincera gratidão. Quando Barry começou a falar, Houston olhou para a plateia na direção de onde vinha sua voz. Àquela altura, Houston estava quase cego, de modo que é duvidoso que ele conseguisse enxergar o rosto da pessoa que fez o anúncio sobre Gilkey.

Por um longo momento, Houston não disse nada. A plateia mal respirava. Por fim, com um tom de voz frio e impávido, Houston disse:

— Francamente, gostaria que vocês o tivessem deixado como o encontraram.

Barry ficou arrasado.

Um dos motivos para *K2: The Savage Mountain* ser um livro tão maravilhoso, um dos verdadeiros clássicos da literatura do montanhismo, é que Houston e Bates (além de Craig e Bell, que contribuíram com um capítulo cada) contam sua história sem subterfúgios. A objetividade da prosa conduz o drama do livro. Não há fanfarrice, ufanismo, nem um sopro de bravata nacionalista no relato do que, para cada um dos participantes, foi a maior aventura de sua vida. No fundo, os oito escaladores eram homens simples.

Sendo assim, embora a expedição tenha acabado sem sucesso e com uma tragédia, as lições que ela ensinou para muitas gerações mais novas de escaladores norte-americanos foram inspiradoras. "A irmandade da corda", que Houston celebra, não foi uma invenção sentimental — foi um vínculo eterno que a terrível provação vivida no K2 forjou entre os sete sobreviventes. O livro me abalou profundamente. Quando comecei a participar de expedições, percebi que, mais importante que chegar ao cume, era ter a oportunidade de viver uma grande aventura com companheiros de quem eu realmente gostava e nos quais confiava. E eu vivi isso repetidas vezes, com colegas como David Breashears, J.-C. Lafaille, Rob Hall e Veikka Gustafsson.

Em 1979, Nick Clinch, líder da equipe que realizou a primeira ascensão do Gasherbrum I, em 1958 (a única montanha de 8.000 metros conquistada por norte-americanos), e que posteriormente ocuparia o cargo de presidente do AAC, resumiu eloquentemente o legado deixado por Houston e seus companheiros:

> Em minha opinião, o ápice do montanhismo norte-americano continua sendo a Expedição Americana de 1953 ao K2. A coragem, a devoção e o espírito de equipe daquela expedição nunca foram superados e ainda representam os padrões de conduta que devem servir de inspiração para os montanhistas norte-americanos.

O preço da conquista

Você pode achar que depois da provação de 1953, Charlie Houston nunca mais ia querer passar perto do K2 novamente. Ao contrário, a tragédia apenas aguçou sua fixação pela montanha. Sua paixão pelo K2 era igual à de Mallory pelo Everest. Houston requisitou e obteve permissão para outra expedição em 1955.

No entanto, nesse meio tempo, o Paquistão concedeu aos italianos uma permissão para o verão de 1954. Após três expedições, é possível que os norte-americanos tenham começado a achar que o K2 era "deles", mas os italianos tinham sua própria baliza fincada na segunda maior montanha do mundo. Depois do esforço pioneiro da equipe do duque dos Abruzzos em 1909, a Itália deslocou para a região uma maciça expedição exploratória em 1929. Liderada por outro nobre, o duque de Spoleto, essa campanha continua, até certo ponto, misteriosa. Em *K2: The Story of the Savage Mountain*, Jim Curran a define como um "completo fracasso" e resume sua história em poucas frases incisivas:

> Originalmente planejada para 1928 a fim de comemorar o décimo aniversário do fim da Primeira Guerra Mundial, a expedição deveria coincidir também com uma campanha no Polo Norte. O K2 e/ou o Broad Peak seriam os objetivos, mas disputas internas fizeram que o grandioso projeto fosse modificado e depois postergado por um ano. No final, ele foi insatisfatoriamente intitulado "Expedição Geográfica Italiana ao Karakoram", sem qualquer objetivo associado ao montanhismo.

O líder da expedição de 1954 foi o professor Ardito Desio, um geólogo que lecionava na Universidade de Milão. (Desio fazia questão do tratamento "professor" antes de seu nome.) Naquele verão, aos 57 anos, ele era um explorador incansável de regiões remotas que já havia chefiado onze expedições científicas à Ásia e à África. Em termos de escalada, seu currículo era notadamente escasso, porém, como ele se gabou em sua breve biografia no livro oficial sobre a expedição de 1954, era "autor de trezentas publicações nas áreas de geologia, geografia e paleontologia". Desio era também um veterano da aventura de 1929 no K2, durante a qual, sob sua liderança, ele e um único colega percorreram a pé o glaciar Godwin Austen, ocasião em que estudaram minuciosamente o Esporão dos Abruzzos.

Quando a equipe francesa liderada por Maurice Herzog escalou o Annapurna, em 1950 — a primeira ascensão de um pico de 8.000 metros —, esse triunfo teve um impacto imenso sobre o povo francês. Ao retornar, os escaladores tomaram parte de alegres festividades que se estenderam ainda por alguns meses. Não é exagero dizer que o Annapurna teve para a França o mesmo significado que levar o homem à lua teve para os Estados Unidos. E o motivo desse frenesi tinha tudo a ver com o fato de a França sair da Segunda Guerra Mundial como um país bombardeado, ocupado pelos odiados nazistas por quatro anos e meio. A vitória no Annapurna alavancou a autoestima de toda a nação.

À sua própria maneira, a ascensão do Everest realizada em 1953 por Hillary e Tenzing teve um impacto similar na opinião pública britânica, especialmente quando (graças ao brilhante sistema de mensageiros e mensagens codificadas organizado pelo repórter James Morris, do jornal *The Times*) a notícia chegou à Inglaterra a tempo de ser divulgada durante a coroação da rainha Elizabeth II. (Um gaiato viria a dizer que esse foi "o último grande dia do Império Britânico".)

Os anos 1950 representaram uma década de intenso nacionalismo, e as relações políticas entre os países inevitavelmente atingiram o mundo esportivo. Eu nasci três anos depois das Olimpíadas de 1956, mas as pessoas mais velhas da minha família se lembram de russos e húngaros tentando matar uns aos outros durante uma partida de polo aquático.

Como a França, mas por motivos diferentes, a Itália era um país destruído após a Segunda Guerra Mundial. Todas as pessoas com idade suficiente para ter vivido esse período jamais esqueceriam a dor de perder a guerra, cujo clímax se deu com o corpo de Mussolini pendurado de cabeça para baixo em um gancho de carne no teto de um posto de gasolina em Milão. Sendo assim, o professor Desio tinha plena consciência do potencial valor para o orgulho nacional que teria uma primeira ascensão ao K2 realizada por italianos.

Entretanto, e acima de tudo, Desio era um geólogo, depois um montanhista. Portanto, uma vez a cargo da expedição de 1954, ele a concebeu como uma missão conjunta científica e de escalada, com objetivos completamente distintos a serem perseguidos simultaneamente. Ao lado de onze escaladores, um cinegrafista e um médico, a expedição ao K2 reuniria cinco cientistas, cujas áreas de especialidade variavam da antropologia à petrografia.

É óbvio que a descoberta da velocidade de deslocamento de um dado glaciar ou a linguística das tribos que vivem nas colinas baltistanesas não bastaria para inflamar a opinião pública italiana tanto quanto a conquista do K2, mas Desio era inflexível com relação ao seu programa científico. Em *Ascent of K2* [Ascensão do K2], o professor reconhece que muitos observadores eram céticos quanto ao seu ataque duplo ao Karakoram:

> Esse programa causou algum espanto nos círculos do montanhismo, no qual as pessoas achavam que tanta atividade científica poderia interferir seriamente no

trabalho do grupo de escalada. Minha recusa a mudar os planos deve-se à minha convicção de que seria possível ter sucesso considerando-se toda a preparação e a distribuição correta das tarefas das duas equipes no espaço e no tempo.

Essa passagem revela o tom da redação de Desio no livro inteiro. Para mim, é difícil pensar em qualquer relato "oficial" de uma expedição dramática tão chata quanto o *Ascent of K2* de Desio — ou tão cheio de atitudes pomposas e tapinhas nas costas em sinal de autocongratulação.

Uma antiga tradição originária da era vitoriana afirma que a exploração por si só tem seu quê de autoindulgência e que toda aventura na natureza deve ter uma finalidade científica. O mais triste exemplo dessa fé na ciência de que tive conhecimento vem da última expedição de Robert Falcon Scott. Quando seus colegas finalmente descobriram o último acampamento de Scott, que retornava do polo sul, oito meses depois de o líder e seus quatro bravos companheiros terem morrido de inanição e frio, encontraram mais de 13 quilos de rochas — espécimes geológicos — ainda empilhados no trenó usado por Scott.

Contudo, em 1954, essa tradição era quase obsoleta. Certamente, as expedições de Houston e Wiessner ao K2 não tinham intenção alguma de realizar qualquer trabalho científico (exceto se você contar a breve excursão "geológica" de Cranmer e Sheldon a Urdukas, que não foi nada além de um pretexto para fugir do acampamento-base).

Desio levava sua ciência tão a sério que finaliza *Ascent of K2* não com o regresso triunfante dos escaladores ao acampamento-base e depois à civilização, mas com dois capítulos intitulados "O trabalho dos cientistas" e "Resumo das pesquisas científicas da expedição". Enquanto os escaladores se matavam no Esporão dos Abruzzos, os "professores" perdiam tempo nos glaciares com coisas como fazer observações magnéticas e coleta de "fauna" acima dos 4.000 metros. (Em 1992, a única fauna que avistamos além do acampamento-base foram os *goraks* — aves grandes e negras parecidas com o corvo — e os ratos, e eu não tive vontade de coletar nenhum deles.)

Sobre o último trabalho, Desio observa, com sua habitual presunção: "Eu mesmo tomei parte do trabalho, cujos resultados compensarão o estudo realizado por especialistas.". Ele encerra o livro não com uma sentença como a famosa frase de Herzog: "Existem outros Annapurnas nas vidas dos homens.", mas assim: "Somente quando os frutos de nosso esforço forem sacramentados nos cinco volumes previstos para publicação, poderemos dizer que o trabalho da expedição acabou". Fico me perguntando quantas pessoas leram esses cinco volumes — se é que foram publicados.

O professor não era apenas um cientista; ele nasceu generalíssimo. Na montanha, os escaladores deviam obedecer à risca às suas ordens. Desio justificou a organização militar de sua equipe em um memorando enviado com antecedência a todos os possíveis candidatos à expedição. Ele o reproduz por inteiro em *Ascent of K2*. Muitos escaladores que conheço torceriam o nariz ao receber o documento:

> A necessidade de uma disciplina rígida ficará aparente a cada homem assim que ele compreender o fato básico de que tudo deve estar subordinado ao cumprimento do objetivo final, que é a conquista do K2. Tal disciplina será criada pelo espírito genuíno de irmandade, além do entendimento e da confiança mútuos que devem prevalecer entre os membros da expedição.

Isso não chega nem perto do conceito de "irmandade" de Houston! Não se pode *ordenar* a existência do "espírito genuíno de irmandade, além do entendimento e da confiança mútuos"; são aspectos que devem ser desenvolvidos entre os integrantes — como ocorreu em 1953, à medida que eles se conheceram na montanha. No final, a expedição de 1954 daria margem ao oposto de irmandade entre os principais escaladores.

Entretanto, esse tipo de filosofia militar nas montanhas com mais de 8.000 metros foi muito mais comum nos anos 1950 do que hoje. John Hunt, líder da expedição de 1953 ao Everest, foi escolhido pelo Comitê Himalaico do Clube Alpino devido ao seu histórico militar. Entretanto, na montanha, em vez de empregar sua habilidade para dar ordens aos escaladores como se eles fossem soldadinhos de brinquedo, usou-a para manter um rígido controle da complexa logística da equipe. Além disso, nunca liderou na retaguarda, como Desio. Hunt transportou cargas por todo o percurso até os 8.330 metros e chegou a cogitar a hipótese de ele mesmo galgar o cume. Em geral, um líder de expedição que lidera à frente e dando exemplo, inspira sua equipe.

Em 1950, antes de saírem de Paris, os escaladores franceses com destino ao Annapurna tiveram de fazer um juramento — exigido pelo Clube Alpino Francês — de total obediência ao líder, Maurice Herzog. Livres pensadores como Gaston Rébuffat e Louis Lachenal foram pegos de surpresa por tal exigência, mas acabaram murmurando o juramento, sabendo que essa era a única forma de ter uma chance no Annapurna. Na montanha, porém, Herzog sempre pedia a opinião dos colegas e liderou à frente todo o percurso do acampamento-base ao cume.

Não há dúvida de que Desio ansiava pela escalada do K2. Só não queria que ele mesmo tivesse de escalar e, aos 57 anos, com tão pouca experiência alpina, provavelmente tomou uma sábia decisão. No fim das contas, apesar dos 91 dias passados nos glaciares Baltoro e Godwin Austen e de uma única incursão ao Acampamento II com o auxílio de cordas fixas, Desio jamais colocou o pé no Esporão dos Abruzzos.

Mas o generalíssimo não fazia nada pela metade. Antes mesmo de conhecer o resultado da expedição de Houston e de saber se sua permissão para 1954 tinha sido aprovada (algo incerto, pois vários outros países também a haviam solicitado), ele planejou seu próprio reconhecimento do K2 para o final do verão de 1953. Em Rawalpindi, Desio passou alguns dias com os norte-americanos, recém-chegados de sua derrota. Eles compartilharam generosamente todas as informações que Desio pediu sobre a rota.

Ao lado de um único companheiro italiano, Desio voou para Skardu em setembro de 1953 e partiu em uma miniexpedição de 32 dias por conta própria, num percurso de ida e volta a pé acompanhado de carregadores até a base do Esporão dos Abruzzos, fazendo vários desvios no trajeto. Sua companhia era Ricardo Cassin. Naquele verão, aos 45 anos, Cassin era o melhor montanhista italiano de todos os tempos até então e um dos melhores do mundo. Nos anos 1930, liderou equipes que realizaram as primeiras ascensões de duas das seis faces norte clássicas dos Alpes – o Piz Badile e o temido Esporão Walker dos Grandes Jorasses, próximo a Chamonix.

Ainda assim, Desio não menciona a contribuição de Cassin ao reconhecimento. E a identificação que dá de seu parceiro é resumida ao extremo: "Para me acompanhar nesse reconhecimento preliminar, escolhi Ricardo Cassin, um escalador, com cujas despesas de viagem o Club Alpino Italiano contribuiu generosamente".

Quando ambos retornaram à Itália, e com a concessão oficial da permissão a Desio em outubro, todos assumiram que Cassin seria o líder de escalada da expedição de 1954. As razões para a frieza de Desio no que diz respeito ao seu parceiro de reconhecimento finalmente seriam reveladas – mas é preciso lê-las nas entrelinhas do documento em que foram divulgadas.

Com dezoito membros italianos, incluindo escaladores e cientistas, o grupo orquestrado por Desio acabaria sendo uma das maiores expedições já preparadas para o Himalaia ou o Karakoram. Basta uma comparação com a empreitada norte-americana do ano anterior para se ter uma ideia clara. Os americanos contrataram 180 carregadores para transportar suprimentos até o acampamento-base; os italianos contrataram seiscentos, e o volume total de bagagem transportado por esses carregadores era equivalente a 16 toneladas de comida e equipamento. As despesas da equipe de Houston em 1953 totalizaram exatamente US$ 30.958,32 (a expedição de 1938 custou pouco mais de US$ 9 mil); embora Desio nunca tenha revelado o valor total, o custo da expedição italiana superou muito os 70 milhões de liras, ou cerca de US$ 108 mil na cotação de 1954. Isso equivale hoje a US$ 821 mil – uma quantia astronômica, qualquer que seja a referência.

A expedição mais cara da qual fiz parte foi a International Peace Climb of Everest [Escalada Mundial do Everest pela Paz], de Jim Whittaker, em 1990, pois a conta incluía não só nós mesmos, os norte-americanos, mas também escaladores russos e chineses. No entanto, o mais comum em minhas expedições era como ocorreu em minha última tentativa no Annapurna, em 2005. Com apenas três escaladores na equipe — Jimmy Chin, Veikka Gustafsson e eu — a viagem custou apenas US$ 18 mil, isso porque ainda nos demos o luxo de ir de helicóptero até o acampamento-base.

Outro sinal dos tempos e de quão nacionalista o empreendimento K2 era para os italianos vem do fato de que uma parte considerável de sua verba foi arrecadada pelo Club Alpino Italiano (CAI), que solicitou contribuições de seus associados. Esse tipo de apelo certamente não funcionaria hoje em dia! Se eu dependesse da contribuição dos sócios do AAC para ir ao Annapurna em 2005, duvido que encontraria vários cheques em minha caixa de correio. Por outro lado, em 1954, não existia patrocínio por empresas de equipamentos. Atualmente, fica por nossa conta levantar fundos para uma expedição — não estamos mais carregando a bandeira dos Estados Unidos da América.

No final do outono de 1953, Desio e seus companheiros do CAI fizeram uma lista de 23 escaladores que seriam convidados ao teste para a expedição. Desio escolheu seus cientistas por indicação, mas os escaladores tinham de passar por uma triagem mais rigorosa. No inverno entre 1952-1953, Houston peneirou sua lista de 25 candidatos, sobrando cinco deles, mas esse processo, embora relativamente rígido, precisou apenas de uma breve entrevista em Exeter, New Hampshire (e, como foi dito no capítulo anterior, Dee Molenaar nem teve de ir até lá para ser escolhido). Desio, por sua vez, organizou, nos Alpes, um par de treinos em montanha no inverno, os quais acabaram virando uma prova. Em *Ascent*, ele relaciona solenemente as qualidades observadas nos candidatos: "Boa saúde e preparo físico adequado, boa índole e determinação férrea, preparo psicológico e disposição para fazer o que estiver ao seu alcance de acordo com sua experiência no montanhismo. Todas as outras qualidades foram de importância secundária.".

Os candidatos reuniram-se primeiro em meados de janeiro em um platô glacial próximo a Cervínia, para um acampamento de dez dias. Segundo relatou Desio, os homens encontravam seu ritmo à medida que se viam "participando de vários exercícios de escalada em rocha e gelo, praticando a montagem das barracas no esporão ocidental do Little Matterhorn, transportando bagagens por meio de uma corda leve confeccionada sob encomenda, comunicando-se por rádio portátil uns com os outros etc.". No fim dos dez dias, alguns médicos foram até o platô para aplicar "testes psicofísicos". A partir daí, um painel formado por treze pretensos especialistas cortou dois candidatos da lista.

Para mim, tudo isso soa brutal e ridículo. É muito difícil forjar a irmandade quando se está competindo com o cara ao lado por uma vaga na equipe. Não é possível montar uma equipe eficiente com base apenas na capacitação dos escaladores e esperar uma ordem superior que estabeleça o respeito e a confiança mútuos. Logo no início da minha carreira de escalada, de 1980 a 1982, fiz testes para a Rainier Mountaineering, Inc. (RMI) na esperança de conseguir um emprego como guia no monte Rainier; só fui contratado na terceira tentativa. Mas a RMI trata todo o negócio de uma forma muito humana; os veteranos explicam que estão buscando uma combinação de habilidade com as pessoas e talento para o montanhismo. E ser um escalador fenomenal não significa ser um bom guia. É preciso ser um professor paciente e mostrar simpatia com os clientes. Para mim, faz todo sentido.

Até os anos 1990, nenhuma expedição norte-americana a uma montanha de 8.000 metros obrigou seus candidatos a passar por um treinamento maçante como aquele elaborado por Desio. Por outro lado, até hoje os russos — apesar do colapso da União Soviética — mantêm um procedimento de teste igualmente espartano. Eles reúnem um grupo de escaladores no Cáucaso e os coloca para competir uns contra os outros em alguma montanha. Os seis mais velozes (ou os que se destacam em critério semelhante) saem vitoriosos:

— Ótimo, rapazes, vocês vão para o Kangchenjunga, alguém lhes informa.

Quanto à irmandade, diz-se a eles:

— Vocês *vão* se dar bem.

Isso parece absurdo, mas você não faz ideia de como os russos lutam por essas vagas. Na União Soviética, os escaladores de ponta ganhavam o título de "mestre do esporte", além de outros brindes, como apartamento e carro grátis.

De 16 a 26 de fevereiro de 1954, o CAI realizou a segunda prova, no monte Rosa, o segundo pico mais alto dos Alpes, atrás do Mont Blanc. A equipe foi reduzida a onze homens que, supostamente, tiveram melhor desempenho, mas, antes de se garantirem na expedição ao K2, cada um deles teve que passar por exames de ouvido, nariz, garganta e dentes, além de receber "prescrições para uma série de vacinas".

Apenas um desses onze homens viria a ser um verdadeiro montanhista de primeira linha. E esse homem era o mais jovem de todos, Walter Bonatti, com 24 anos, que ganhava a vida trabalhando como caseiro perto de Monza, sua cidade natal. Apesar da pouca idade, Bonatti já possuía um histórico melhor do que o de seus colegas em rotas de grande dificuldade nos Alpes. No K2, acabaria sendo uma peça-chave na sombria controvérsia que mancharia para sempre o triunfo italiano — uma controvérsia que ainda dá o que falar meio século depois.

Um resultado espantoso dos acampamentos de teste: Ricardo Cassin, o maior escalador italiano em 1954, foi rejeitado. A explicação oficial foi a de que ele não passara no exame médico, mas escaladores de toda a Itália sabiam que não era esse o motivo. Cinquenta e dois anos após a expedição, e cinco anos depois da morte de Desio na surpreendente idade de 104 anos, um dos principais escaladores do K2, Lino Lacedelli, revelou a verdade:

> A versão de Desio era que Cassin não pôde entrar para a equipe por motivos de saúde. Algo foi dito sobre veias varicosas, entre outras coisas. Mas esse não

foi o motivo real. Se Cassin tivesse ido, teria sido ele, e não Desio, o foco de todos os jornais. Para mim, isso era óbvio. Cassin nunca superou essa história, que até hoje o chateia. Para nós, escaladores, seria ótimo ter Cassin no grupo.

À sua própria maneira, Cassin vingou-se por ser esnobado. Em 1958, teve um papel crucial na primeira ascensão do Gasherbrum IV no Karakoram, quando Walter Bonatti e Carlo Mauri alcançaram o cume, estabelecendo um novo padrão de dificuldade no Karakoram e no Himalaia. E, em 1961, aos 52 anos, liderou a primeira equipe italiana a escalar no Alasca desde o duque dos Abruzzos, em 1897; o grupo venceu a face sul — nunca antes escalada — do monte McKinley. Apesar de sofrerem grave congelamento, todos os seis membros galgaram o cume. A bela rota direta, conhecida hoje simplesmente como "Cassin", é a via mais cheia de história do pico mais alto da América. Em janeiro de 2009, o próprio Cassin completou cem anos.

Ao reler *Ascent of K2* hoje, fiquei perplexo com a total falta de consciência de Desio quanto às consequências semicômicas do esforço logístico gigantesco necessário para manter seu exército em marcha. De Skardu a Askole, por exemplo, os quinhentos carregadores até então empregados pelos italianos consumiam quase 500 quilos de farinha *por dia*. Não existia uma reserva de grãos suficiente na região, de modo que outros carregadores tiveram que se antecipar e abastecer depósitos de farinha em Askole.

Já vi isso acontecer até com expedições menores. Acaba-se precisando de carregadores para transportar comida para outros carregadores, que, por sua vez, transportam comida e equipamentos para os europeus. Isso cria um grande problema logístico, mas é inevitável em longas caminhadas de aproximação. Se, como se diz frequentemente, um exército marcha conforme o estômago, essas grandes caravanas estão sujeitas ao risco sempre iminente de parar.

Em Urdukas, desanimados com o clima frio do início de maio, pela primeira vez os carregadores recusaram-se a prosseguir. Esse atraso significava que a equipe precisaria imediatamente de mais 500 quilos de farinha; então, Desio enviou carregadores de volta a Askole para buscar as reservas estocadas nas semanas anteriores. A caravana finalmente voltou à marcha, mas não foi surpresa alguma quando, em Concórdia, os carregadores entraram em greve geral. A menos que a equipe fosse capaz de levar suas 16 toneladas de bagagens pelos últimos 16 quilômetros até o acampamento-base, a expedição estava condenada. Desio soa aturdido por essa "deserção" por parte dos carregadores: "Logo depois, soltaram suas cargas e, com palavras exaltadas e cantando hinos religiosos, retornaram aquela mesma tarde pelo caminho por onde viemos. Fiquei perplexo e desconcertado.".

Foi necessária a intervenção do oficial de ligação (o mesmo paquistanês que servira admiravelmente à expedição de Houston) para colocar a casa em ordem e, na verdade, suborno suficiente para que os carregadores concluíssem o transporte das cargas até o acampamento-base. A equipe só estava devidamente estabelecida no acampamento-base em 29 de maio — apesar de todos os atrasos na rota que saía de Skardu — porque eles partiram muito cedo da Itália naquela temporada.

Assim como a expedição de 1953, os italianos contrataram hunzas de Gilgit para trabalharem como carregadores de altitude. Esses treze homens teriam um papel bem mais importante no Esporão dos Abruzzos do que os hunzas de 1953, os quais nunca passaram do Acampamento III. Dois deles iriam até o Acampamento VIII italiano, a 7.710 metros, e um deles, Amir Mahdi, realizaria um feito heroico que seria diretamente responsável pelo sucesso da equipe e pela amarga controvérsia que daí teve origem. Mesmo assim, a narrativa de Desio refere-se apenas superficialmente ao trabalho dos hunzas.

Para se ter uma ideia de como *Ascent of K2* é um maçante relato de expedição, o leitor só chega a Skardu na página 94; ao acampamento-base, na 122 — mais da metade do livro de 239 páginas. E, em vez de mostrar o mínimo sinal de embaraço pelo excesso logístico de seu grupo, Desio se vangloria. Essa é uma atitude bem típica dos anos 1950: quanto mais equipamento, comida e carregadores o autor aponta, mais séria se apresenta a expedição. Levaria ainda outras duas décadas até que uma abordagem mais leve às maiores montanhas do mundo começasse a parecer mais pura e arrojada do que um ataque massivo no estilo militar.

Desio também se vangloria de seu papel de generalíssimo. Antes de partir de Skardu, o líder fez um voo em torno do K2 em um avião pilotado por paquistaneses. Esse voo de reconhecimento era absolutamente desnecessário, já que os escaladores estavam cientes de que enfrentariam o Esporão dos Abruzzos, sobre o qual haviam aprendido tudo de que precisavam saber com os norte-americanos em Rawalpindi. Mas Desio dedica oito entediantes páginas de seu livro a esse passeio. Tudo é vagamente enquadrado sob o título "Ciência" com C maiúsculo. Desio resume assim seu desvio aéreo:

> Infelizmente, a responsabilidade de orientar os pilotos, mais a velocidade extremamente alta da aeronave, impediu-me de coletar todas as informações que eu pretendia, pertinentes à estrutura orográfica da região e, acima de tudo, às posições relativas das várias bacias glaciares. Contudo, um estudo paciente e científico das filmagens e dos levantamentos fotográficos deve levar à descoberta de diversos aspectos geográficos até então insuspeitos.

Quando li esse parágrafo pela primeira vez, tive de procurar "orográfica" no dicionário. Significa "relativa à ramificação da geografia física das montanhas". Sem comentários.

Já em 26 de maio, quatro escaladores começaram a escalar os Abruzzos, na esperança de descobrir o local do Acampamento II dos norte-americanos. (O início da escalada, que era o foco da expedição, não aparece até a página 138 do livro). No entanto, antes que pudessem partir, os montanhistas tiveram de engolir um manual da rota preparado pelo líder.

Esse manual, reproduzido na íntegra em *Ascent of K2*, representa um caso clássico de microgestão de retaguarda. O líder, no acampamento-base, com seu binóculo ou telescópio, acha que pode direcionar os escaladores na rota melhor que eles mesmos. Uma amostra:

> *Do Acampamento VI ao Acampamento VII.* Um desnível de 500 metros. Depois de atravessar uma série de rochas escarpadas e difíceis, que requer o uso de vários pitons, o escalador se depara com uma perigosa travessia a leste, a qual cruza cerca de 180 metros no gelo em aclives com ângulo de 45 graus.

Não se sabe se Desio copiou a ideia de Pete Schoening da armação em A que os norte-americanos usaram para puxar cargas pela Chaminé House, mas os italianos levaram um cabo de aço de 300 metros e construíram um par de guindastes a manivela. Esse aparato serviria para puxar grandes quantidades de equipamento por distâncias de até 300 metros, rumo ao Acampamento V, a 6.700 metros de altitude. Em 2 de junho, Desio encontrou um pequeno anticlíneo no glaciar Godwin Austen; a partir dali, supervisionou a primeira tentativa de uso do guindaste para transportar cargas até o Acampamento II. "Deu tudo certo", ele reportou.

Lentamente, os escaladores e os hunzas montaram acampamentos, e grandes quantidades de material foram carregadas e içadas montanha acima. À medida que aumentava a distância do acampamento-base, os escaladores permitiam-se pequenos atos de resistência à mão de ferro do ditador lá embaixo.

Isso não era tarefa fácil. Todos os dias, Desio datilografava — literalmente, em uma máquina de escrever levada até o acampamento-base — as ordens do dia, que eram então transportadas pelos hunzas ou transmitidas pelo rádio aos escaladores. Em 2003, quando foi entrevistado por um jornalista norte-americano, Lino Lacedelli lembrou um desses comandos:

— Ordem 13: aquele que não obedecer minhas ordens será punido com a pior arma do mundo, a imprensa.

Lacedelli também contou que os escaladores chamavam Desio de "Il Capeto" [O Chefinho]. (Desio era mais baixo que todos os escaladores, embora alguns deles não passassem de 1,67 de altura.)

Em um aspecto importante, o plano italiano de 1954 para o K2 era diferente daquele de todas as outras expedições àquela montanha: lá em cima, os escaladores pretendiam usar oxigênio suplementar. As garrafas de oxigênio viriam a ser a principal causa da eterna controvérsia.

Desio era tão alucinado com relação ao comando que, antes mesmo de os escaladores atingirem as partes mais elevadas da montanha, ele decidira os movimentos exatos a serem executados na incursão. O memorando com as instruções da investida também foi reproduzido na íntegra em *Ascent of K2*. Uma amostra:

> *Segundo dia.* B, C e possivelmente também A, o condutor do grupo, irão para o Acampamento IX junto com F e G. A, B e C levarão máscaras de oxigênio completas com cilindros e comida suficiente para dois dias. F e G levarão máscaras de oxigênio além de uma barraca *Super K2* e dois cilindros pequenos cheios de propano. B, C e possivelmente A passarão a noite no Acampamento IX; F e G voltarão para o Acampamento VIII.

É claro que não se pode ditar esse tipo de movimento de tropas em uma montanha de 8.000 metros. Tudo depende do clima, das condições da neve e da força relativa dos vários escaladores, de modo que sempre é preciso ser flexível e estar pronto para enfrentar os desafios que surgirem. Desio simplesmente parecia não entender esse princípio fundamental do montanhismo.

O mais velho entre os onze escaladores, com quarenta anos, era Achille Compagnoni. Guia e instrutor de esqui, possuía um histórico notável como alpinista, mas que não chegava aos pés do currículo de vários de seus colegas, inclusive Lacedelli e Bonatti. Não obstante, logo Desio nomeou Compagnoni como seu líder de escalada. Essa escolha não foi bem recebida pela equipe. Lacedelli escreveu em 2006, em *K2: The Price of Conquest* [K2: o preço da conquista]:

> Acima de tudo, Desio preferia quem concordava com ele. A maioria de nós não estava satisfeita com isso. Não éramos do tipo de pessoa que bajula o líder da expedição. Fazíamos o que era necessário e pronto. [...]
>
> [Compagnoni] bajulava Desio e vice-versa. Isso nos incomodava, particularmente mais tarde, quando Desio fez dele o líder do primeiro grupo de escalada [do ataque ao cume]. Nenhum de nós achava que ele merecia.

O mútuo puxa-saquismo entre Compagnoni e Desio deixa rastros nas páginas de *Ascent of K2*. Desio não fala muito sobre os outros escaladores da equipe, mas Compagnoni é "um homem detentor de grande força física e mental", que despertou a admiração do líder por mais de uma vez: "Nesse dia, tive uma longa conversa com Compagnoni e, ao final dela, tinha uma convicção inabalável de que ele era um homem de ferro que não deixaria que nada o impedisse de atingir seu maior objetivo".

Foi então que, em 21 de junho, a equipe ainda não tendo ultrapassado o Acampamento IV, a 6.550 metros, ocorreu um triste evento que bem poderia ter prejudicado a expedição. Três dias antes, Mario Puchoz, um guia de 36 anos vindo de Courmayeur, havia transportado uma carga até o Acampamento IV, mas, ao regressar para o II, reclamou de infecção na garganta. Como seu estado piorou, o médico da expedição ministrou antibióticos e o colocou no oxigênio suplementar. À 1 hora do dia 21 de junho, segundo relato de Desio, "o moribundo — que parecia estar dormindo — faleceu repentinamente após uma breve agonia."

O médico havia diagnosticado a condição de Puchoz como pneumonia, mas me pergunto se não seria um caso de edema pulmonar. Em uma manobra difícil, vários escaladores deram um jeito de descer o corpo de Puchoz até o pé do Esporão dos Abruzzos. Ele foi enterrado pelos colegas "em uma sepultura escavada na rocha" próxima do túmulo erigido no ano anterior em homenagem a Art Gilkey. Desde então, esse cenotáfio ficou conhecido como memorial Gilkey-Puchoz.

Parece que não passou pela cabeça dos membros da equipe a ideia de cancelar a expedição. Mas, como Lacedelli escreveu posteriormente:

> Quando voltamos para o acampamento depois de enterrar Puchoz, Desio disse imediatamente:
> — Amanhã vocês têm de subir!
> Isso deu origem a uma grande discussão porque nós queríamos ficar sozinhos por pelo menos um dia; afinal de contas, tínhamos perdido um dos nossos colegas. Mas Desio foi irredutível. Queria que partíssemos no dia seguinte. Partimos muito chateados.

Quando um escalador morre na fase inicial de uma expedição, a equipe inteira precisa decidir se cancela a expedição e volta para casa ou se segue adiante. Se ficam com a última opção, os colegas sempre justificam a decisão com uma frase como a que Lacedelli usou: "Temos de fazer o cume por Mario".

A justificativa de Desio para estimular o prosseguimento foi mais grandiosa: "Era nossa missão, então, continuar a ascensão com energia renovada; assim, poderíamos, quanto antes, gravar na lápide de Puchoz a data do feito ao qual seu nome estará para sempre associado."

Tenho sorte de nunca ter me deparado com uma decisão dessas. Na verdade, nunca perdi um parceiro em uma escalada. Nessa situação, eu não saberia o que fazer. É um dilema complicado. Se existe um único fator determinante para se tomar tal decisão, parece ser o tamanho da expedição. Quanto maior ela é, maior a probabilidade de seus membros decidirem prosseguir com a campanha e escalar a montanha em honra ao finado companheiro.

Em 1963, a expedição norte-americana ao Everest perdeu Jake Breitenbach, um dos mais jovens e mais habilidosos membros da equipe, logo no início na queda de um *serac* na Cascata de Gelo do Khumbu, soterrando-o sob toneladas de gelo.

Um dos dois colegas que estavam encordoados com Breitenbach e que testemunhou a ruptura descreveu os fragmentos como "do tamanho de dois vagões de trem, um sobre o outro". Era óbvio que não havia esperança de sequer procurar pelo corpo do rapaz. Breitenbach tinha um amigo próximo na equipe, Barry Corbet, mas mal conhecia os demais escaladores. Esse grau de impessoalidade em expedições grandes parece permitir que os membros participem de um ritual de luto, mas em seguida levantem a cabeça e voltem para a batalha.

Por outro lado, na tentativa de Chris Bonington no K2 pela crista oeste, em 1978, composta por oito integrantes, Nick Estcourt foi morto em uma avalanche após passarem somente doze dias na montanha. Esses homens faziam parte do grupo mais forte e ambicioso de montanhistas da época, mas todos eram amigos de Estcourt e tinham participado de outras expedições com ele. Depois de uma busca inútil por seu corpo, os sobreviventes reuniram-se para discutir o que fazer. O grupo ficou dividido ao meio, mas, como apenas três escaladores (inclusive Bonington) queriam continuar, cederam aos desejos dos outros quatro e encerraram a expedição.

Mesmo assim, em 1952, na expedição francesa ao Fitz Roy, na Patagônia, com uma equipe tão pequena e unida como a de Bonington, Jacques Poincenot afogou-se durante a marcha de aproximação, em uma tentativa desajeitada de atravessar um rio perigoso. Lionel Terray, um dos maiores montanhistas de expedição da história, escreveu posteriormente em sua autobiografia, *Conquistadors of the Useless* [Conquistadores do nada]:

> [Jacques] era o companheiro perfeito e um exímio escalador, e seu súbito desaparecimento foi um golpe cruel. Por 48 horas, discutimos seriamente se devíamos voltar para casa. Passados alguns dias, recuperamos o ânimo e seguimos em frente, ainda que muito abatidos pela perda de um de nossos melhores membros.

Mais de um mês depois, Terray e Guido Magnone realizaram a primeira ascensão daquela bela pirâmide de granito e gelo. A equipe batizou de Aiguille Poincenot um pico vizinho, em homenagem ao companheiro perdido.

À medida que os italianos percorriam o trajeto subindo o Esporão dos Abruzzos, encontravam muito entusiasmo e presteza entre os hunzas carregadores de altitude. Apenas cinco dos treze pareciam estar dispostos a enfrentar a dificuldade que era transportar cargas acima do Acampamento III. Quanto aos outros, Lacedelli lembra: "Você combinava uma coisa e eles sumiam. Então, você descia e descobria que eles ainda estavam dormindo nas barracas. Isso deixaria qualquer um maluco.".

Desio também reclamou dos preguiçosos: "A dificuldade imposta pelo idioma, a indisciplina dos hunzas e o caráter leviano de alguns deles [...] frequentemente levavam a mal-entendidos que nem sempre eram fáceis de esclarecer.". Disciplinador até o fim, Desio acabou ordenando "a dispensa de três homens e o retorno de cinco negligentes aos seus pontos no Esporão dos Abruzzos".

É difícil imaginar o que se passava com os hunzas há 55 anos. A barreira linguística deve realmente ter representado um papel infame. Como a região do Karakoram pertenceu por muito tempo à Índia Britânica, alguns hunzas falavam um inglês básico. Mas, com certeza, não falavam italiano. Provavelmente, Desio se virava no inglês, mas os guias de montanha, como Compagnoni, Lacedelli e Bonatti, que nunca haviam viajado além das fronteiras do norte da Itália, não compreendiam uma palavra sequer desse idioma.

Pode ter sido bom que os hunzas menos corajosos tenham ficado apavorados no Esporão dos Abruzzos. A equipe de Houston sabiamente decidiu que as escassas habilidades de escalada dos hunzas faziam deles uma inconveniência a partir do Acampamento III. Entretanto, Desio esperava que eles levassem cargas até o Ombro, a 7.925 metros. O pavor dos hunzas no terreno íngreme, aos olhos dos italianos, pode bem ter parecido mera preguiça. Também é possível que esses carregadores de altitude, tanto quanto Lacedelli e seus colegas rebeldes, ressentiam-se da ditadura inexorável de Desio.

Um incidente citado apenas brevemente no texto de Desio revela a verdadeira coragem de que alguns dos hunzas eram capazes. Em 6 de julho, um dos escaladores, Cirillo Floreanini, começou a descer do Acampamento III. Por segurança, ele se agarrou em uma corda fixa abandonada pela expedição norte-americana no ano anterior, mas, tão logo ele colocou seu peso na corda, a ancoragem soltou-se. Diante dos olhos aterrorizados dos colegas, Floreanini rolou e se debateu por 244 metros antes de parar em uma plataforma estreita. Lacedelli correu em seu auxílio. Desio escreve: "Com hematomas e sangrando, Floreanini foi carregado nos ombros por um dos hunzas, que, ajudado por seus colegas, levou-o até o Acampamento II.".

Participei de inúmeros resgates nas montanhas de 8.000 metros, mas juro que nunca tive que carregar um escalador nos ombros enquanto descia por um terreno escarpado! Essa é uma façanha quase impensável. Mas Desio sequer se deu ao trabalho de mencionar o nome do bravo hunza. Era apenas mais um serviço que se esperava dos homens de Gilgit.

À medida que se arrastavam pelo Esporão dos Abruzzos, a frustração dos escaladores com a liderança autocrática de Desio crescia. Normalmente, Compagnoni chamava o acampamento-base por rádio após o esforço diário. Ele e Desio discutiam os eventos do dia. Em seguida, o líder ditava as ordens do dia seguinte por rádio. Compagnoni retransmitia o comando para seus colegas.

Um pequeno motim finalmente insurgiu. Segundo as lembranças of Lacedelli:

> Aceitamos isso por um tempo; então, dissemos a Compagnoni que não ia dar certo. Ele falou que as ordens baseavam-se nas necessidades das pessoas que estavam no grupo de cordada mais elevado. [...]

— Eles é que sabem do que precisam — argumentamos —, e não Desio; nem você.
— Desculpe — respondeu Compagnoni —, mas Desio mandou.
— Não queremos nem saber — eu disse por fim.

Ninguém trabalhou mais na montanha do que Walter Bonatti. E mais ninguém queria tanto chegar ao cume quanto ele. Porém, sendo o membro mais novo da equipe, sabia que era improvável que fosse escolhido por Compagnoni ou Desio para o ataque ao cume. Além disso, durante toda a expedição, as relações entre Bonatti e Compagnoni eram, no mínimo, frias.

Apesar da tensão existente entre os escaladores que estavam no alto dos Abruzzos, e do líder datilografando ordens no acampamento-base, uma cadeia de acampamentos bem abastecidos foi instalada na montanha. O exagero logístico pode funcionar na montanha, se falamos estritamente de colocar homens, equipamentos e comida no mesmo lugar. Os italianos eram escaladores habilidosos, talvez um pouco melhores tecnicamente do que os norte-americanos do ano anterior. (A maioria dos italianos trabalhava pelo menos parte do tempo como guias profissionais nos Alpes, o que lhes impunha um regime de escalada constante. Os norte-americanos tinham empregos ou participavam de programas de graduação que os permitia escapar apenas nos fins de semana e feriados para aperfeiçoarem sua técnica em montanha.) E dois dos hunzas, Mahdi e Isakhan, tiveram um desempenho em altitude tão bom quanto o dos italianos.

Em 18 de julho, quatro homens, incluindo Bonatti, alcançaram o Ombro, onde escolheram um lugar para o Acampamento VIII. Foram precisos ainda mais dez dias para que esse acampamento fosse montado. A 7.710 metros, ficava apenas 60 metros abaixo do Acampamento VIII dos norte-americanos do ano anterior, onde Art Gilkey adoecera com tromboflebite.

Em poucos dias, o cenário estava pronto para o que deveria ter sido uma das conquistas de maior orgulho das explorações do século XX. Mas, em vez disso, o que se desdobrou no alto do K2 durante os dias seguintes viria a ser uma contenda tão sórdida, amarga e duradoura que encontra poucos paralelos na história do montanhismo.

Em 28 de julho, Desio fez contato por rádio com os escaladores no Acampamento VII. Porém, a partir daí, ao longo dos críticos dias que se seguiram, o líder no acampamento-base perdeu completamente o contato com os acampamentos superiores. O Chefinho ficou irritado.

> O tempo passava e aumentava cada vez mais nossa apreensão. Ficamos extremamente tentados a escalar a crista, mas, em nova deliberação, decidimos

que seria melhor permanecer no acampamento-base com os ouvidos colados no rádio para intervir se e quando fosse necessário. Colocamos o rádio em um local aberto, em uma "mesa glaciar" [uma pedra plana sobre um pedestal de gelo], e tentamos contatar nossos colegas a cada meia hora.

Sem qualquer resposta. Que tipo de intervenção Desio planejava, se fizessem contato, só ele sabe.

Cinquenta e dois anos depois, Lacedelli esclareceu o mistério do silêncio do rádio:

> No Acampamento VIII, não conseguíamos fazer contato por rádio com o acampamento-base; então, não pudemos comunicar que havíamos chegado aos 7.750 metros e montado ali o oitavo acampamento. Naquele dia, Desio estava na "Sella dei Venti" [Windy Gap], no lado esquerdo da montanha de quem olha para baixo. Então, de repente, ouvimos Desio no rádio.
> Não tenho tempo para vocês — ele disse — preciso continuar meus estudos [...].
> Ele estava mesmo irritado. Então, eu disse a ele para onde ele poderia ir e completei:
> — De agora em diante, se quiser saber o que está acontecendo, você pode subir e ver por si mesmo!
> Fim do contato por rádio.

No entanto, Compagnoni insistiria que a comunicação por rádio era inviável a partir do Acampamento VIII porque os escaladores não tinham uma linha de visão do acampamento-base.

Segundo as ordens de Desio, a primeira equipe do cume devia ser formada por Compagnoni e Ubaldo Rey, um guia de 31 anos vindo de Courmayeur e parceiro regular de Compagnoni. Eles deviam partir do Acampamento VIII, montar um acampamento no Ombro e seguir para o cume no dia seguinte. Além disso, contariam com o apoio dos outros colegas, que levariam cargas até o Acampamento IX.

Mas, depois da partida em 28 de julho, Rey avançou apenas 50 metros antes de largar sua carga e dar meia volta. Segundo Lacedelli, "dois de nós tivemos que ajudá-lo a voltar para a barraca porque ele mal se aguentava em pé". Acometido por algum tipo de mal da montanha, Rey abandonou todas as esperanças de atingir o cume e desceu.

Assim, quase por acidente, Lacedelli ocupou o lugar de Rey. Lacedelli nunca fez amizade com Desio, que o havia relegado à "equipe B" — o "segundo grupo", o qual também incluía Bonatti e cuja tarefa era basicamente transportar cargas em respaldo ao trabalho dos cinco escaladores do "primeiro grupo". Com seus 29 anos e tendo sido guia no Cortina d'Ampezzo, nas Dolomitas, Lacedelli foi tratado quase com desdenho por Desio, como se ele fosse um caipira que tivera a sorte de ser convidado para a expedição.

Em 26 de julho, no Acampamento VII, Bonatti teve intoxicação alimentar — ele achava que tinha comido sardinha estragada — e ficou tão doente que teve de permanecer ali enquanto seus colegas avançaram para o Acampamento VIII. Furioso consigo mesmo e muito deprimido, Bonatti decidiu obrigar-se a se recuperar. Ele lembraria em 1961: "Eu decidi comer a qualquer custo, mesmo que a simples ideia me deixasse enjoado; acho que só por isso consegui recuperar um pouco da força que perdi e assegurar meu lugar lá em cima.". Em 29 de julho, ele estava praticamente em seu estado normal. E, como acabou provado, Bonatti era mais bem preparado e forte que qualquer outra pessoa na montanha.

Em 30 de julho, Compagnoni e Lacedelli partiram rumo ao Ombro, cruzaram-no e montaram o Acampamento IX a 8.000 metros. A escolha do local de acampamento foi curiosa: em vez de montar a barraca na ampla e quase nivelada crista do Ombro, eles subiram pela esquerda e pararam em um balcão estreito escondido entre as rochas na base da pirâmide do cume, bem perto do lugar onde Fritz Wiessner tinha começado a escalar o trecho final em sua primeira tentativa, no ano de 1939.

Foi só depois de mais de cinquenta anos de silêncio que Lacedelli lançou uma luz sobre a decisão acerca do Acampamento IX. Em 2006, ele escreveu:

> Compagnoni e eu chegamos ao lugar sobre o qual tínhamos concordado para o Acampamento IX:
> — Devemos montar a barraca? — eu disse a Compagnoni.
> — Não, aqui não é bom, é muito perigoso — respondeu ele.
> Então, sugeri que cruzássemos pela esquerda.
> — Não é mais perigoso? — questionei.
> Mas ele não deu ouvidos e, então, prosseguimos [...]. Por fim, chegamos a um lugar que não era particularmente bom, [...] era precário e um pouco inclinado.

Um acampamento na base da faixa rochosa só faria sentido se os dois planejassem atacar o paredão acima deles, como fizera Wiessner. Mas Lacedelli e Compagnoni pretendiam subir pela ravina do Pescoço da Garrafa na manhã seguinte. Na segunda tentativa de Wiessner, ele teve que guiar a arriscada travessia pela borda inferior da faixa rochosa só para chegar à base do Pescoço da Garrafa.

O verdadeiro motivo da insistência de Compagnoni quanto ao local afastado para o Acampamento IX só seria elucidado mais de meio século depois da expedição.

Depois de armarem sua barraca na encosta "precária" entre as pedras, Lacedelli e Compagnoni estavam prontos para fazer sua tentativa de cume em 31 de julho. Porém, acreditavam que não teriam chance de chegar ao topo sem oxigênio suplementar. Incapazes de carregar as pesadas garrafas de oxigênio para o Acampamento IX, uma vez que já levavam barraca, fogareiro, sacos de dormir e comida, contavam com os colegas que estavam no Acampamento VIII para subirem os importantes cilindros.

203

Só havia dois problemas. As garrafas de oxigênio de que Lacedelli e Compagnoni precisavam não estavam no Acampamento VIII, mas sim no VII, na altitude de 7.529 metros. E, um a um, os outros italianos que deviam ser capazes de levar cargas sucumbiram à letargia ou ao mal da montanha. Em 30 de julho, apenas dois homens estavam aptos a servir de apoio à dupla do cume. Eram Walter Bonatti e o hunza Amir Mahdi.

Em um esforço heroico, em 30 de julho, Bonatti recrutou Mahdi para realizar o último transporte de carga. Nesse dia, ambos desceram até o Acampamento VII, pegaram dois conjuntos de garrafas de oxigênio (cada um pesava o equivalente a 18 quilos), voltaram para o Acampamento VIII e, após um breve descanso, partiram para o Ombro, rumo ao Acampamento IX.

Anoitecia quando Bonatti e Mahdi, exaustos, alcançaram o local no Ombro, a 7.925 metros, onde a equipe combinara em montar o Acampamento IX. Mas não havia barraca alguma à vista. Extremamente alarmado, Bonatti gritou:

— Lino! Achille! Onde vocês estão?

Então, olhou atentamente para a encosta gelada acima de onde estava, pois a escuridão já começava a tomar conta da montanha. A única resposta foi o silêncio.

Bonatti imaginou que seus colegas deviam estar a menos de 180 metros, em algum lugar entre as pedras. Contudo, a travessia até lá seria muito arriscada, e agora já estava quase completamente escuro. A lanterna de Bonatti tinha parado de funcionar, e Mahdi não tinha lanterna alguma.

De repente, uma luz brilhou na escuridão, à esquerda e um pouco acima dos escaladores. No Acampamento IX, um dos dois escaladores da dupla do cume deve ter pelo menos ouvido os gritos de Bonatti e acendido sua lanterna para indicar o caminho. Então, Bonatti ouviu Lacedelli perguntar:

— Você trouxe o oxigênio?

— Sim!

— Ótimo! Deixe aí e pode descer!

O que Lacedelli queria dizer? Ele simplesmente não queria compartilhar sua barraca com os dois colegas que tinham dado duro para ajudar no ataque ao cume?

— Não dá — Bonatti protestou. — Mahdi não vai aguentar!

O facho de luz prometia segurança a apenas algumas dezenas de metros. Alucinado pela exaustão e fora de controle, Mahdi começou a subir, apalpando a perigosa encosta rumo ao Acampamento IX. Bonatti gritou com seu parceiro pedindo para ele parar, mas a barreira linguística agora causava uma sinistra confusão. (Mahdi só falava urdu; Bonatti, só italiano; havia apenas meia dúzia de palavras em inglês no vocabulário comum entre ambos.)

— Mahdi! Volte! Isso é ruim! —berrava Bonatti, sem resultado.

Abruptamente, o facho de luz sumiu. Mais uma vez, lá de cima, apenas o silêncio. Mahdi, em pânico, bradava em inglês:

— Ruim, Compagnoni *sahib*! Ruim, Lacedelli *sahib*!

Por fim, Bonatti conseguiu persuadir o hunza a voltar ao precário local que ele havia escavado na encosta. Por mais meia hora, Bonatti vociferou imprecações ao vento.

— Não, eu não quero morrer! — ele gritava. — Lino! Achille! Ajude-nos, malditos!

Nenhuma palavra veio do Acampamento IX.

Finalmente, cheio de raiva e desespero, Bonatti voltou-se para encosta à sua frente e começou a talhar uma plataforma com sua piqueta. Os dois homens não tinham barraca nem saco de dormir. Nunca antes alguém tentara fazer um bivaque, muito menos sobreviver, ao relento em tamanha altitude.

Em 2003, Bonatti rememorou o ocorrido:

> Eu poderia ter descido no escuro, mesmo sem lanterna, mas Mahdi estava descontrolado. Tive de impedir várias vezes que ele saísse correndo. Mahdi era como uma força da natureza em ação. Mesmo durante a noite, ele gritava feito louco. Precisei dar um jeito de acalmá-lo com o tom da minha voz. Tentei inventar meu próprio inglês — mais que palavras, apenas sons convincentes.
>
> — Bom, Mahdi, bom — eu repetia sem parar.
> — Não! Não! — ele só falava isso.
>
> Demorei bastante para cavar uma plataforma na encosta de gelo. Sentamos bem perto um do outro. Mahdi estava muito cansado para tirar os grampões, então eu o ajudei. Caso contrário, o congelamento teria sido bem pior.
>
> Passei a noite inteira conferindo se meus cinco dedos ainda estavam lá e elaborando problemas em minha cabeça para confirmar se eu ainda estava pensando direito. Fiquei batendo em minhas pernas com a piqueta — isso foi antes de saber que tal prática faz mal. Foi como se tivesse prendido a respiração a noite inteira.

Nas primeiras horas da manhã, uma repentina nevasca engolfou a montanha. Bonatti e Mahdi ficaram cobertos de neve. Por três vezes Bonatti teve de remover a neve de cima de ambos.

Assim que surgiu a primeira luz do dia, Mahdi, quase correndo, partiu montanha abaixo rumo ao Acampamento VIII. Bonatti lembra:

> Pela manhã, eu parecia um pedaço de gelo. Não tinha força para impedi-lo. Tudo que eu podia fazer era colocar os grampões dele. Meu coração acelerou enquanto o via descer. Quando ele chegou à área plana, eu sabia que estava tudo bem.

Bonatti guardou o oxigênio na neve, preparou-se e desceu lentamente para o Acampamento VIII.

Foi graças ao sangue frio de Bonatti que os dois sobreviveram àquela noite. Outros escaladores, inclusive Hornbein e Unsoeld no Everest, posteriormente sobreviveriam em bivaques em pontos ainda mais elevados (embora Unsoeld viesse a perder os dedos dos pés por causa do frio), mas, em 1954, a maioria dos escaladores diria que tentar sobreviver a uma noite sem abrigo a 7.925 metros era um convite à morte certa. E, da mesma forma que admiro Wiessner por não ter abandonado Pasang Lama em 1939, admiro Bonatti (que poderia ter salvado sua pele descendo para o Acampamento VIII no escuro) por não ter abandonado Mahdi.

À primeira luz de 31 de julho, Compagnoni e Lacedelli prepararam seu ataque ao cume. No *Ascent of K2* de Desio, o breve capítulo que retrata os acontecimentos dos dias 30 e 31 de julho inclui uma nota de rodapé que diz "Conforme descrito por Achille Compagnoni e Lino Lacedelli.". A narrativa varia estranhamente entre a primeira pessoa do plural e a terceira pessoa do singular. Algumas vezes, o autor é "nós", em outras é "Compagnoni" ou "Lacedelli". Mesmo que Desio tenha editado o capítulo, ele continua sendo a principal fonte da versão de Compagnoni e Lacedelli dessa infeliz história — ou seria até 2006. Em um pequeno livro publicado nesse ano e intitulado *K2: The Price of Conquest*, Lacedelli insiste que não teve nada a ver com conteúdo do capítulo de *Ascent of K2* e que ele se baseia inteiramente no diário de Compagnoni.

Conforme tal capítulo, a dupla instalada no Acampamento IX viu, em 30 de julho, duas figuras minúsculas vindo lá de baixo, já com a tarde avançada. Em primeira pessoa, a narrativa diz: "Escurecia quando ouvimos gritos. Resolvemos sair da barraca. Na quase escuridão, não conseguimos ver Bonatti e Mahdi, mas reconhecemos duas vozes. Infelizmente, o vento dificultou muito o diálogo". Por fim, Lacedelli pensou ter entendido que Bonatti estava gritando que "conseguia se virar", Mahdi queria voltar de vez para o Acampamento VIII.

— Volte! — nós gritamos. — Volte! Deixe as máscaras! Não suba mais!
Não nos ocorreu que nosso colega estava pensando em passar a noite em tal altitude sem uma barraca ou um saco de dormir.
Não se ouvia mais a voz de Bonatti. *Obviamente*, pensamos, *ele seguiu nosso conselho e desceu.*

Os dois homens socados na barraca apertada passaram uma noite horrorosa e insone. Com a primeira luz do dia, saíram dela para se deparar com um agourento "tapete de névoa" que se esparramava pela montanha.

Procuramos na parte mais baixa da encosta coberta de neve as máscaras de oxigênio que Bonatti e Mahdi deviam ter deixado por ali na tarde anterior. De repente, para nossa surpresa, avistamos uma figura afastando-se ao longe. Quem era — Bonatti ou Mahdi? [...] Com todo o vigor, chamamos o colega. Ele parou, olhou em volta, mas não respondeu e, após um instante, continuou seu lento progresso na direção da íngreme encosta.

Ficamos simplesmente boquiabertos. [...] Como podíamos suspeitar do que ocorrera, isto é, que os dois tinham sobrevivido aos rigores de uma noite inteira ao relento a uma altitude de mais de 7.900 metros?

Será que esse relato é completamente fictício? É verdade que o vento forte torna as conversas aos berros muito difíceis de entender. Em 2005, quando Veikka Gustafsson e eu acampamos a 6.700 metros no Annapurna, à espera de o vento acalmar para podermos partir rumo ao cume, nossos três amigos italianos estavam em uma barraca a meros 15 metros. Especialmente porque existia a dificuldade do idioma, gritar uns com os outros em meio ao vento só dificultava a comunicação. Por fim, recorremos a sinais, como polegar para cima ou polegar para baixo.

Suponho que seja possível que Lacedelli e Compagnoni acreditassem sinceramente que os dois homens que levaram o oxigênio tinham descido no escuro, e só pela manhã percebessem que os colegas tinham feito um bivaque. (Bonatti jura que ninguém gritou para ele pela manhã.) Mas o motivo óbvio para Lacedelli e Compagnoni terem berrado "Volte!" era que eles estavam extremamente relutantes em compartilhar sua barraca apertada de dois lugares com os refugiados após o árduo transporte de carga.

No relato de Compagnoni, os dois escaladores saíram da barraca às 5 horas. Eles atravessaram a encosta e desceram diretamente até o local em que Bonatti e Mahdi armazenaram o oxigênio. Ele informa: "Ao atingir nosso objetivo, colocamos os conjuntos de cilindros, cada um com três unidades, nas costas.". Essa passagem é fundamental, pois nele Compagnoni reconhece que as pesadas garrafas de oxigênio eram a carga que Bonatti e Mahdi transportaram até os 7.925 metros, ainda que no diálogo citado anteriormente, ele ordene: "Deixe as máscaras!". Por que máscaras em vez de garrafas? Um motivo possível para essa estranha fala só viria à tona muitos anos após a expedição.

A essa altura, a névoa havia aumentado, e os primeiros flocos de neve tinham começado a se precipitar. Essa situação é bem parecida com a que tivemos no dia do cume em 1992. E os dois homens proferiam palavras bem similares às que Scott, Charley e eu trocamos. O diálogo deles está registrado no capítulo do cume de *Ascent of K2*:

— O que você acha? — perguntou Lacedelli.

— Acho que temos que tentar — respondeu Compagnoni.

(É claro que é muito conveniente que Compagnoni atribuísse a si mesmo o crédito de ser o escalador mais comprometido.)

Na base do Pescoço da Garrafa, ambos decidiram que a ravina era muito perigosa. Quinze anos antes, insistiu Compagnoni, Wiessner tinha achado o gelo "limpo e

207

firme", mas agora "ele estava coberto com tamanha massa de neve que seria loucura escalar ali". Presume-se que ele achou "loucura" porque o local parecia prestes a despencar em uma avalanche, e não por causa da falésia de gelo mais acima.

Sendo assim, os dois atacaram a borda da faixa rochosa, várias dezenas de metros à esquerda do Pescoço da Garrafa. Compagnoni sofreu uma pequena queda, mas não se machucou; Lacedelli guiou uma parede de 30 metros depois de remover grampões e luvas. "Nesse ponto, na verdade", escreve Compagnoni, "descobrimos que nossos recursos já estavam no limite".

As horas se passaram. Os dois resolveram lentamente a escalada da faixa rochosa e então se dirigiram à esquerda, rumo ao campo de gelo do cume. Em um trecho, a neve estava tão funda que Compagnoni levou uma hora para vencer um desnível de 15 metros. Em seguida, diz: "De repente, a intervalos de alguns segundos, nós dois começamos a sentir uma sensação horrível. Percebemos que estávamos ofegando em busca de oxigênio". Eles haviam usado todo o oxigênio suplementar.

Esse fato viria a ser um ponto crucial na controvérsia que ficaria associada, por meio século, à primeira ascensão. Estranhamente, em vez de se livrarem das garrafas inúteis, eles mantiveram os "conjuntos" nas costas. Percebendo que isso não faria o menor sentido para os demais escaladores, Compagnoni explica o fato alegando quatro motivos. As duas alegações principais são: que a dupla queria deixar algo no cume que serviria de prova da ascensão e que "para descartar os conjuntos, nós teríamos que deitar na neve, que estava muito funda e instável".

Isso soa muito esquisito. Durante as poucas expedições em que usei oxigênio suplementar — quando estava guiando clientes no Everest, por exemplo —, sempre achei que eu mal aguentava o peso, mesmo com o fluxo de oxigênio. Se eu ficasse sem oxigênio, era só jogar a coisa fora, porque, quando isso acontece, simplesmente não se tem energia para carregar garrafas vazias. Em 1991, no Everest, quando uma válvula com defeito estragou o equipamento de oxigênio, eu simplesmente arranquei a mochila das costas e larguei o volume na neve. É difícil imaginar que Lacedelli e Compagnoni não conseguissem se livrar das pesadas garrafas removendo-as dos ombros.

Eles usaram oxigênio. No caminho inteiro, Compagnoni insiste, eles não beberam nem um gole de água. E acrescenta: "Temíamos que a falta de oxigênio resultasse em perda de energia, mas isso não aconteceu". Essa afirmação também não parece muito verdadeira. Quando você está respirando o gás por horas e de repente ele acaba, você despenca na hora. Jon Krakauer descreve o que aconteceu com ele no Everest em 1996, assim que ele alcançou o Escalão Hillary na descida do cume: "Minhas funções cognitivas, que já estavam bastante prejudicadas, começaram a declinar muito depressa. Sentia-me como se tivesse tomado uma *overdose* de algum sedativo poderoso.".

Às 18 horas, Compagnoni e Lacedelli chegaram ao topo. Abraçaram-se, prenderam bandeiras nas piquetas para tirar fotografias no cume, usaram o temporizador para fazer uma foto dos dois – e finalmente se livraram do peso morto dos cilindros de oxigênio.

O descenso foi um pesadelo, pois ambos caíram e escorregaram várias vezes, mas foram amparados pela neve fofa. Em vez de desescalar a borda da faixa rochosa, eles se jogaram no Pescoço da Garrafa, que não desmoronou. A certa altura da noite, acharam que estavam perdidos. Seus dedos estavam congelados (mais tarde, os dois sofreram amputações). Finalmente, viram uma luz à distância – uma lanterna ou um fogareiro dentro de uma das barracas do Acampamento VIII. A provação chegava ao fim. Segundo o relato deles no livro de Desio: "Recebemos abraços, fizeram perguntas, deram tapinhas em nossos ombros. Abram, Bonatti e Galotti literalmente pularam de alegria, mas os dois hunzas, Mahdi e Isakhan, pareciam bem menos contentes.".

O K2 havia sido escalado.

Bonatti corrobora essa alegre reunião. Ele escreveu em 1961, em *Le Mie Montagne*: "Às 11 horas, cinco corações regozijavam-se pela mesma vitória na mesma barraca. [...] Naquele momento, e apenas naquele momento, forcei-me a esquecer toda a outra realidade.".

Apenas naquele momento... Bonatti relembra em 2003:

> Fiquei esperando as desculpas de Lacedelli ou Compagnoni. No Acampamento VIII, não houve nenhum "Bravo, Walter". Nenhuma palavra de agradecimento, nunca. No acampamento-base, esperei pelas desculpas. Eu estava ciente do que tinha sofrido, mas era jovem e ingênuo. A verdadeira história do K2 – aquela realmente ruim – começa depois da expedição.

Surpreendentemente, Bonatti escapou ileso do bivaque. Foi Mahdi que acabou se tornando o verdadeiro mártir do K2, tendo sofrido amputações em quase todos os dedos dos pés e das mãos. Um ano antes, Mahdi, considerado o melhor escalador hunza da época, havia ajudado a remover Hermman Buhl do Nanga Parbat; Buhl estava gravemente acometido por membros congelados. Depois do K2, praticamente reduzido a inválido, Mahdi jamais voltaria a trabalhar nas grandes montanhas.

Em *Ascent of K2*, Desio não faz nenhum agradecimento ao sacrifício de Mahdi. O mais perto que ele chega de citar os terríveis congelamentos do homem é um único comentário sobre o esforço da equipe para descer a montanha: "Entretanto, os hunzas adiaram seu regresso do Acampamento V até ministrarem os primeiros socorros a Mahdi. Como resultado, o retorno de todo o grupo de escalada foi postergado em um dia.".

De volta à Itália, o triunfo no K2 teve um efeito arrasador. Compagnoni e Lacedelli foram alçados imediatamente ao panteão nacional de semideuses da aventura.

Por décadas, foram os montanhistas mais famosos da Itália. E, em 2004, o ano em que o país celebrou o quinquagésimo aniversário de sua maior conquista no montanhismo, Compagnoni e Lacedelli, então aos noventa e aos 79 anos, respectivamente, foram novamente alçados ao posto de heróis nacionais.

Porém, para Bonatti, a expedição representou uma mágoa eterna. Em 1961, publicou *Le Mie Montagne*, as memórias de suas melhores escaladas. Nele, revela como a expedição de Desio mudou sua própria personalidade: "Até a conquista do K2, sempre senti grande afinidade e confiança pelas outras pessoas, mas, depois do que aconteceu em 1954, tornei-me um homem desconfiado. Geralmente, confio apenas em mim mesmo.".

A publicação da versão de Bonatti sobre os acontecimentos de 30 e 31 de julho causaram certo alvoroço na Itália. Em vez do inocente problema de comunicação ao anoitecer, descrito no relato de Compagnoni, Bonatti deixa claro que ele achava que seus colegas haviam propositalmente abandonado ele e Mahdi ao relento. "Eles não quiseram nem saber se ficamos em um bivaque", avalia amargamente em 2003. "Se eu morresse, isso traria mais glórias para a expedição."

Quando li *On the Heights*, a versão em inglês de *Le Mie Montagne*, eu tinha 22 anos. Bonatti já era um herói para mim porque suas aventuras épicas — a terrível retirada do Frêney Pillar no Mont Blanc, o incrível solo no Petit Dru e, é claro, o K2 — eram lendárias. Mas, depois de ler seus apaixonantes relatos dessas escaladas, passei a vê-lo como um personagem sobrenatural. Ele era nitidamente um dos escaladores mais iluminados de todos os tempos. Além disso, até recentemente, eu não havia me dado conta de quão amarga e prolongada tinha sido a controvérsia após o K2.

Em 1961, *Le Mie Montagne* pôs fogo no circo do montanhismo italiano. Mas a bomba viria em 1964, na forma de dois artigos escritos pelo jornalista escalador Nino Giglio, publicados na *Gazzetta del Popolo*, uma revista amplamente lida. O título do primeiro artigo era "Após dez anos, a verdade sobre o K2".

Giglio alegava que Bonatti tentara roubar o cume de Lacedelli e Compagnoni. Para envolver Mahdi em seu embuste, prometeu ao hunza a glória de ser o primeiro paquistanês a colocar o pé no topo do K2. E o motivo de Lacedelli e Compagnoni terem ficado sem oxigênio perto do cume foi que Bonatti havia usado pelo menos o equivalente a uma hora do precioso gás enquanto se protegia em seu bivaque. Pela manhã, segundo Giglio, Bonatti correu para o Acampamento VIII, abandonando Mahdi.

Diante dessas acusações, Bonatti partiu furiosamente em defesa própria. Ele moveu uma ação por difamação contra Giglio, que culminou em um julgamento em 1996, em Turim. Não só o jornalista, como também Compagnoni e dois outros colegas de equipe foram intimados a depor. Um depoimento de Mahdi, no Paquistão, foi tomado em um tribunal. Sob juramento, Giglio admitiu que Compagnoni fora a fonte das acusações incendiárias.

Bonatti logo apontou a impossibilidade de ter usado o gás das garrafas de oxigênio já que ele não tinha uma máscara nem um regulador, sem os quais não havia como transferir o oxigênio para seus pulmões. Lacedelli e Compagnoni possuíam as máscaras e os reguladores no Acampamento IX.

Desse modo, a curiosa recomendação ao anoitecer ("Deixe as máscaras!") soa como uma falsidade deliberada. Bonatti teve a impressão de que, ao distorcer o diálogo firmado aos gritos e retratado no capítulo do livro oficial de Desio, Compagnoni já estava plantando as sementes da acusação – a que Nino Giglio daria voz dez anos depois – de que Bonatti tinha roubado oxigênio dos escaladores.

O resultado do julgamento foi o ganho de causa por parte de Bonatti. Ainda assim, os antagonismos abalaram definitivamente sua reputação, especialmente na Itália. Como contou a um escritor norte-americano em 2003: "É ridículo, mas todo mundo acreditou em Desio e Compagnoni. Porque há uma fórmula retórica de que os escaladores sempre dizem a verdade.".

Se sua experiência no K2 deu origem a uma sensação de desconfiança com relação às demais pessoas, Bonatti ainda estava determinado a realizar algum tipo de vingança pela forma como fora tratado por Lacedelli e Compagnoni. Essa vingança tomou a forma de escaladas solo, em um nível que estava décadas à frente de seu tempo. Em agosto de 1955, Bonatti venceu a face sudoeste do Petit Dru, acima de Chamonix.

Praticamente nenhuma rota que se considerava impossível na época havia tido tentativas de escalada solo. A ascensão de Bonatti, em seis dias, ao pilar que viria a receber seu nome quase lhe custou a vida. Mas foi uma realização tão visionária que o grande escalador britânico do Himalaia Doug Scott mais tarde veio a aclamá-la como "provavelmente, o mais importante feito de escalada solo já empreendido no montanhismo".

Na década seguinte, Bonatti faria outras ascensões visionárias: Gasherbrum IV em 1958 (de longe, a escalada mais difícil já realizada no Himalaia ou Karakoram). A face norte das Grandes Jorasses no inverno, em 1963. E, em 1965, no centésimo aniversário de sua primeira ascensão, a nova rota diretíssima, solo, invernal, pela face norte do Matterhorn.

A última conquista foi o canto do cisne de Bonatti. Aos 35 anos, ele abandonou de vez a escalada do dia para a noite. (Praticamente nenhum outro grande montanhista encerrou sua carreira de maneira tão inusitada.). Ele, então, passou a se dedicar a outros campos de aventura – desertos, rios, florestas –, normalmente em audaciosas expedições solitárias, como relatou à revista *Época*.

O mais arrojado projeto de Bonatti durante sua década fenomenal foi um que nunca saiu do papel. Depois do Dru, relembra ele em 2003, "eu estava em estado de graça. Eu me sentia tão forte que achava que podia fazer qualquer coisa. E 'qualquer coisa' chama-se K2".

Para o verão de 1956, Bonatti planejou uma tentativa de escalada solo do K2, sem oxigênio suplementar. Ele conta:

> Planejei tudo minuciosamente. Eu teria de quatro a seis carregadores até o acampamento-base no glaciar Baltoro. Estudei a rota. Nossas cordas fixas ainda estavam lá. Eu carregaria apenas 25 quilos e seria autossuficiente por uma semana. Eu sabia que, se fora capaz de sobreviver uma noite ao relento a 8.100 metros sem oxigênio, conseguiria chegar ao cume sem oxigênio.

No fim, Bonatti não conseguiu atrair patrocinadores dispostos a dar ele uma chance solo no K2, e ele era muito pobre para bancar tudo. É difícil observar hoje como o esquema de Bonatti estava muito à frente de seu tempo. Uma façanha similar só seria realizada 24 anos depois, quando Reinhold Messner escalou sozinho o Everest, sem oxigênio, em 1980. Eu compreendo o impulso de Bonatti: minha frustração com a falta de coesão e trabalho em equipe no K2, em 1992, levou-me à tentativa em solitário no Everest no ano seguinte.

Contudo, nesse meio tempo, Bonatti não conseguiu esquecer o K2. No final, ele escreveria três livros sobre sua experiência naquela montanha, reproduzindo documento após documento usado na busca do ganho de causa, não só nos tribunais, mas também aos olhos do público.

Bonatti sempre teve certeza de que Lacedelli e Compagnoni tinham montado o Acampamento IX fora de vista — entre as pedras na base da pirâmide do cume, acima de uma perigosa travessia — para evitar que ele e Mahdi viessem a se juntar aos dois na pequena barraca e talvez os acompanhassem até o cume no dia seguinte. No entanto, depois do heroico transporte de carga do dia 30 de julho, ambos estariam exauridos para tentar o cume no outro dia. Mas um lugar na barraca serviria para salvar suas vidas e, certamente, prevenir o congelamento que deixou Mahdi definitivamente mutilado.

O ganho de causa veio finalmente em 2006, com *K2: The Price of Conquest*, de Lacedelli. Nele, o guia de Cortina d'Ampezzo confessou a artimanha de que Bonatti sempre suspeitara. Segundo Lacedelli, fora tudo ideia de Compagnoni:

> Só depois eu entendi [...]. Acho que ele não queria que Bonatti nos alcançasse. Quando vi Bonatti vindo em nossa direção, perguntei a Compagnoni por que ele não queria que Bonatti nos alcançasse; então ele disse que era somente para nós dois fazermos a escalada final ao cume.

Lacedelli também confirmou que ele e seu parceiro possuíam as máscaras e os reguladores essenciais na barraca e que, sendo assim, a acusação de que Bonatti consumira oxigênio era falsa.

Além disso, Bonatti nunca acreditou que Lacedelli e Compagnoni tinham usado o oxigênio suplementar e ido para o cume sem essa ajuda. Ele acreditava tratar-se de um mito para tornar o ataque mais dramático. E, depois que surgiram as acusações de 1964, Bonatti percebeu quanto a história de terem ficado sem oxigênio servia de base para a acusação de que ele havia consumido oxigênio durante seu bivaque, deixando uma quantidade insuficiente para a dupla.

No entanto, em *K2: The Price of Conquest*, Lacedelli insiste que ele e Compagnoni ficaram sem oxigênio durante a subida, mas carregaram as garrafas vazias até o cume. Porém, em 2006, Bonatti ganhou um aliado, na curiosa forma de um cirurgião australiano e escalador teórico chamado Robert Marshall, que ficou fascinado pela controvérsia. Marshall aprendeu italiano sozinho só para poder estudar a fundo o episódio. Conheceu Bonatti e, por fim, concluiu o relato definitivo da versão da história segundo o montanhista, publicado nos Estados Unidos em 2001 na obra de despedida de Bonatti, *The Mountains of My Life* [As montanhas da minha vida].

Marshall contribuiu com diversos e novos pontos de vista acerca do confuso assunto. Analisando a velocidade de escalada da dupla do cume e considerando que eles alegam ter começado a escalar às 6h15 de 31 de julho, calculou que, escalando 9,5 horas com gás, Lacedelli e Compagnoni teriam escalado uma média de 51 metros verticais por hora. Então, dos 8.140 metros até o cume, repentinamente privados de oxigênio, mas carregando o peso das garrafas inúteis, milagrosamente, eles aumentaram seu ritmo para 97 metros por hora. Isso contradiz tudo o que outros escaladores relataram sobre o progresso em tamanha altitude, com ou sem oxigênio suplementar — bem como vai de encontro com minha própria experiência. Quanto mais alto você está, especialmente sem oxigênio suplementar, mais lento você fica. Isso ocorre simplesmente porque não há oxigênio suficiente para alimentar os músculos, de modo que cada passo torna-se mais difícil que o anterior.

Ainda mais condenatórias são as fotografias da dupla do cume, que Marshall, por acaso, encontrou em uma publicação de 1955, na antologia suíça *The Mountain World* [O mundo das montanhas], embora elas não constem em *Ascent of K2*. Uma delas mostra Compagnoni com sua máscara de oxigênio ainda no rosto. A outra é de Lacedelli, sem máscara, mas com o mesmo tipo de círculo de gelo — na barba e no bigode — que se teria formado em volta da máscara que ele acabara de remover. Essa descoberta demonstrou, quase sem sombra de dúvida, que a história de terem ficado sem oxigênio era mentira.

Em 2003, um escritor norte-americano questionou Lacedelli sobre essas discrepâncias.

— Nós usamos garrafas Dräger alemãs — respondeu o guia de Cortina d'Ampezzo. — Não sabíamos regulá-las corretamente. Tínhamos muito oxigênio; ele ardia na garganta, e tivemos sangramento na boca. Foi por isso que ficamos sem gás suplementar.

Isso não explica a questão levantada por Marshall sobre o ritmo de escalada acelerado que ambos tiveram que impingir depois de ficarem sem oxigênio.

Lacedelli também deu uma explicação para o fato de eles não terem se livrado do aparato a fim de aliviar o peso:

— Eu não conseguia tirar as garrafas porque estava com os dedos congelados.

Essa é outra explicação que não engulo. A coisa mais fácil do mundo é tirar o suporte de oxigênio das costas.

Questionado sobre as aparentemente incriminatórias fotografias publicadas em *The Mountain World*, Lacedelli respondeu:

— Compagnoni colocou a máscara dele por apenas cinco minutos, para aquecer a respiração. Eu usava minha mão. Não queria o ar frio na minha garganta.

Isso também não faz sentido. Se você coloca a máscara no rosto sem ligar o oxigênio, é como respirar dentro de um saco plástico. Se fizer isso por cinco minutos, provavelmente, vai morrer.

O escritor norte-americano ainda sondou Lacedelli sobre a estranha recomendação ao anoitecer: "Deixe as máscaras!". Na edição original em italiano do livro de Desio, a frase é *"Lascia i respiratori!"*. Ao pé da letra, "respirador" refere-se ao aparato inteiro, incluindo máscara e regulador. Se Lacedelli quisesse referir-se apenas às garrafas, ele gritaria *"Lascia le bombole!"*.

— O que você disse quando gritou para Bonatti ao anoitecer? — perguntou o escritor.

— *Lascia le bombole!* — respondeu Lacedelli ingenuamente. — Deixe as garrafas! Volte para o Acampamento VIII!

"*Lascia i respiratori!*", então deve ter sido uma deliberada mentira de Compagnoni em 1954, uma vez que ele já estava plantando a acusação que faria por meio de Nino Giglio dez anos depois, acusando Bonatti de consumir o precioso gás no bivaque.

Na pior das hipóteses, Ardito Desio emerge na história do K2 em 1954 como um ditador pretensioso, um cientista presunçoso e meio maluco, quase uma figura cômica. Se existe um vilão na história, creio que seja Achille Compagnoni.

Ao final de sua entrevista para o escritor norte-americano em 2003, Lacedelli fez uma observação melancólica:

— Por muito tempo depois da expedição — disse ele, — fui gentil com Bonatti. Ele parou de escrever e telefonar. Faz 25 anos que não o vejo.

Lacedelli ainda suspira:

— Isso não é guerra. Milhões de pessoas fazem guerra e depois apertam as mãos. Espero que um dia eu possa apertar a mão de Bonatti.

Depois de tudo o que foi feito e dito, o que resta da primeira ascensão do K2 é o sentimento de que se trata de uma história muito triste. O que era para ser um triunfo coletivo acabou em uma apunhalada pelas costas e uma controvérsia infinita. Um ano antes, a equipe britânica no Everest realizou a primeira ascensão como uma equipe harmoniosa. Décadas depois, os membros daquela expedição ainda se reuniam em North Wales para encontros que incluíam um pouco de escalada e muita nostalgia.

Desnecessário dizer que a equipe italiana do K2 nunca se reuniu. Ao contrário, alguns dos membros acabaram processando outros. (Desio foi tão longe que chegou a processar seu cinegrafista, Mario Fantin, acusando-o de se apropriar de vários rolos de filme de 16 milímetros). Além disso, em janeiro de 1955, todos os membros da equipe, exceto Compagnoni e mais um escalador, assinaram uma carta de protesto contra o livro de Desio, alegando que ele estava repleto de distorções e mentiras. A primeira ascensão do K2 pode ter sido abarcada pelo público italiano como um grande triunfo nacional, mas, para os escaladores, a vitória teve, no mínimo, um gosto amargo.

De volta aos Estados Unidos, Bob Bates e Charlie Houston souberam do triunfo italiano no K2. Bates assimilou a notícia de forma racional. Mas, para Houston, a ascensão foi profundamente perturbadora. Ele já tinha conseguido a permissão para uma expedição em 1955 e, conforme lembra mais tarde: "Eu achava que na terceira vez nós íamos acertar.".

Um dia depois de saber do sucesso dos italianos, Houston (segundo sua biógrafa Bernadette McDonald) "foi até o hospital municipal de Nashua, a 64 quilômetros de [sua casa em] Exeter, sem saber quem era ou o que estava fazendo ali, e sem qualquer identificação". Diagnosticado com amnésia global, Houston foi internado. Um amigo psiquiatra que o visitou encontrou-o "chorando inconsolavelmente", com perda da memória recente. Aparentemente, o choque causado pela notícia da primeira ascensão do K2 foi demais para Houston.

Ele logo voltou para casa e retomou sua vida, mas levou várias semanas para se recuperar. Naquele outono, Charlie Houston abandonou para sempre as escaladas.

O perigoso verão

A segunda ascensão do monte Everest veio em 1956, apenas três anos depois de Hillary e Tenzing, quando um grupo suíço escalou a montanha mais alta do mundo e realizou a primeira ascensão do vizinho Lhotse, a quarta maior. A segunda ascensão do K2 só aconteceu em 1977, 23 anos depois de Lacedelli e Compagnoni. Se há algo a destacar, é que essa segunda ascensão representou um exagero logístico muito maior que o caríssimo empreendimento de Desio em 1954. A equipe japonesa de 1977 tinha nada menos que 53 membros e 1.500 carregadores! Os escaladores fizeram a rota do Esporão dos Abruzzos e, a exemplo dos italianos, usaram oxigênio suplementar nas altitudes mais elevadas. No início de agosto, sete membros galgaram o cume. Um aspecto positivo foi que, pela primeira vez, um paquistanês nativo, o hunza Ashraf Aman, também chegou ao topo.

Contudo, a expedição japonesa foi vista pelos montanhistas do mundo todo como um retrocesso. Jim Curran escreve em *K2: The Story of the Savage Mountain*:

> Foi assim a tão aguardada segunda ascensão do K2: um completo anticlímax.
> Se ela prova alguma coisa é que, com dinheiro e mão de obra, o sucesso é praticamente certo. [...] Mesmo em 1977, a expedição rescendia a um dinossauro, totalmente deslocada do pensamento corrente personificado por Messner e Habeler dois anos antes [na ascensão em típico estilo alpino do Gasherbrum I por uma nova rota].

O encanto do Everest quase não diminuiu depois de sua primeira ascensão. Entre 1954 e 1975, lançaram-se à montanha nada menos que setenta expedições, cujas nacionalidades variavam da Índia à Argentina, incluindo Espanha, Estados Unidos, Japão e China. Durante esse mesmo período de 22 anos, nenhuma grande expedição aventurou-se no K2.

O principal motivo para isso foi que, graças à turbulência política, o Paquistão fechou o Karakoram para escaladas entre 1961 e 1974. Mas a dificuldade inerente à montanha também foi um fator proibitivo.

Com a reabertura do Karakoram, os norte-americanos retomaram sua busca pelo K2, enviando grupos poderosos em 1975 e 1978. A primeira tentativa, que enfrentou a complexa crista noroeste, sucumbiu diante da dificuldade de encontrar a rota e de horríveis desavenças internas. Foi essa a expedição retratada por Galen Rowell em seu livro "conta-tudo" *In the Throne Room of the Mountain Gods*. A equipe de 1978 também teve desavenças, mas acabou conseguindo colocar quatro norte-americanos no topo. Jim Wickwire, John Roskelley, Lou Reichardt e Rick Ridgeway — montanhistas fantásticos, os quatro — fizeram a terceira ascensão do K2 pela longa e intrincada crista nordeste, antes tentada, porém nunca concluída. (Os últimos 600 metros da rota dos norte-americanos coincidia com a via dos Abruzzos.) Três dos quatro escaladores alcançaram o cume sem oxigênio suplementar.

Embora fossem um pouco mais velhos que eu, Wickwire e Roskelley tornaram-se grandes amigos meus. Ambos participaram comigo da expedição de 1989 ao Kangchenjunga, embora tenham deixado a equipe mais cedo, sem atingir o cume — Jim porque desenvolveu um quadro de pneumonia, e John porque, basicamente, não lhe agradou o modo como a expedição estava sendo conduzida. As memórias de Ridgeway sobre a expedição de 1978, *The Last Step*, este também um relato no estilo "conta-tudo", foi um dos livros que devorei antes de ir para o K2 em 1992. Os sórdidos detalhes dos conflitos interpessoais da equipe registrados por Ridgeway não são o tipo de coisa que eu reproduziria, mas, ainda assim, achei a obra fascinante.

Durante os primeiros anos após o fim do embargo, o Paquistão limitava o número de expedições ao K2 a uma por ano. Porém, o Ministério do Turismo não podia deixar de notar o que os nepaleses estavam fazendo com o Everest, concedendo permissões para várias expedições no mesmo ano. Considerando que essa é uma óbvia fonte de renda para o governo, não se sabe por que o Paquistão levou tanto tempo para adotar a mesma prática.

No início dos anos 1980, o K2 era a "bola da vez" nos círculos de montanhismo. Quatro expedições dedicaram-se à montanha em 1982, outras quatro no ano seguinte e mais quatro em 1985. Em 1986, o Paquistão finalmente abriu as comportas. Nesse ano, nada menos que onze grupos distintos juntaram-se nas encostas do K2.

Enquanto isso, nos anos entre 1978 e 1985, a montanha testemunhou outras seis fatalidades. O primeiro caso foi o de Nick Estcourt, da equipe inglesa de 1978, soterrado por uma avalanche. No ano seguinte, dois paquistaneses morreram — um de ataque cardíaco, o outro ao cair em uma greta. Em 1982, um polonês também morreu de ataque cardíaco e um escalador japonês sofreu uma queda durante o descenso, após atingir o cume por uma nova rota, a crista norte. E, em 1985, um francês faleceu enquanto descia o Esporão dos Abruzzos.

No final de 1985, 29 homens (mas nenhuma mulher) haviam chegado ao topo do K2, enquanto doze tinham morrido na tentativa de fazê-lo. No verão de 1986, essa proporção pioraria bastante.

Naquele ano, havia duas equipes norte-americanas no K2. Uma das ironias da minha vida na qual nunca deixei de pensar é que eu fui convidado para uma delas, antes de ter ido a qualquer lugar do Himalaia ou do Karakoram. Em 1986, eu tinha 26 anos e há quatro trabalhava como guia da RMI durante o verão; no período letivo eu concluía meu doutorado em medicina veterinária pela Universidade Estadual de Washington. Um de meus colegas da RMI era um cara chamado John Smolich, que estivera no Everest em 1984. John era um escalador incrivelmente forte, mas também uma pessoa afável e gentil. Eu o respeitava muito.

John era o líder de uma equipe de oito integrantes vindos do Noroeste Pacífico. Eles eram muito ambiciosos: em vez de escalar pelo clássico Esporão dos Abruzzos, queriam conquistar a bela e ainda não escalada face sul, que Reinhold Messner batizara de Magic Line. Naquele inverno, John me convidou para fazer parte da equipe. Andy Politz, outro guia da RMI, também estava no grupo. Ele era um colega ainda mais próximo, para quem eu dera segurança no Rainier em meio a uma tempestade invernal, quando sobrevivi ao único bivaque não planejado da minha vida. Andy e eu também inventamos nossas "guerras de carga" — uma competição constante para ver quem aguentava levar mais mantimentos para o Acampamento Muir enquanto guiava clientes. E, em 1983, ambos havíamos trabalhado como guias-júnior, sob o comando de Phil Ershler, na ascensão do Denali guiada pela RMI — a primeira das minhas expedições.

Fiquei lisonjeado pelo convite para ir ao K2 e muito tentado a aceitá-lo. No entanto, eu não tinha como fugir do estágio na universidade durante o verão. Lamentei muito, mas tive que recusar o convite.

Os norte-americanos estavam no acampamento-base havia três semanas quando, em 21 de junho, Smolich e seu colega Alan Pennington atacaram a ravina na aproximação da base da Magic Line. Quase no mesmo instante, às 5h30, ouviram um grande estrondo. O sol matutino que aquecia a face havia causado o deslocamento de um grande matacão a centenas de metros acima. (Esse matacão fora considerado tão estável que, em uma incursão anterior até o Acampamento II, alguns membros da equipe haviam ancorado uma corda fixa nele.) O matacão começou a despencar pela rota. Ao atingir o topo da ravina de aproximação, abriu uma fratura de 4,5 metros que deu início a uma grande avalanche. Smolich e Pennington tentaram fugir, mas não tiveram a menor chance; acabaram engolfados por toneladas de neve e fragmentos de gelo.

Os colegas de equipe desencavaram Pennington, mas era tarde demais para salvá-lo. O corpo de John nunca foi encontrado. Depois de enterrar Pennington perto do memorial Gilkey-Puchoz, o restante da equipe abandonou a expedição e voltou para casa.

Dos escaladores que morreram no Himalaia, John foi o primeiro que eu conhecia pessoalmente. (Eu não conhecia Alan Pennington.) Mais tarde, procurei imagens da rota e tentei ver se conseguia aprender algo com essa catástrofe. Mas, no fim das contas, tive que admitir que a morte dos dois escaladores foi pura falta de sorte. Se já houve algum caso genuíno daquilo que os escaladores chamam de "perigo objetivo", foi aquela louca avalanche iniciada pelo matacão.

É verdade que, nas grandes montanhas, as encostas mais baixas podem ser as mais perigosas. Em 1999, no Shishapangma, Alex Lowe, considerado por muitos o melhor escalador do mundo, morreu ao lado de seu parceiro Dave Bridges em um acidente muito similar, enquanto faziam o reconhecimento de uma rota que pretendiam não só escalar como descer esquiando. Uma avalanche teve início a centenas de metros acima deles. Lowe e Bridges tentaram escapar, mas foram atingidos pelos fragmentos. Como ocorreu com Smolich, seus corpos nunca foram encontrados.

E o que podemos aprender com acidentes tão horríveis? Quando se quer escalar uma elevação de 8.000 metros, cedo ou tarde você estará caminhando em uma ravina de aproximação que pode despencar com uma avalanche.

Smolich e Pennington estavam no lugar errado, na hora errada. Isso *podia* ter acontecido comigo.

Nenhuma das outras dez equipes no K2 em 1986 sequer considerou a hipótese de abandonar sua tentativa após o desastre na Magic Line. Mas os escaladores de vários grupos diferentes e que não conheciam Smolich e Pennington reuniram-se em reverência às duas vítimas (no serviço funerário improvisado no glaciar); todos ficaram sentidos. John Barry, um dos melhores escaladores de uma equipe inglesa que tentava subir a crista noroeste, mais tarde descreveu o funeral em *K2: Savage Mountain, Savage Summer* [K2: montanha da morte, verão da morte]. Depois que o corpo de Pennington foi baixado em um "sarcófago" natural, Barry escreve:

> Um americano fez um breve e nobre discurso e encerrou citando Mallory sobre o fato de que comemos e ganhamos dinheiro para viver, e não o contrário. Foi uma citação própria para o momento. Um segundo americano, Chelsea, gerente do acampamento-base, disse algo simples, tocante e também apropriado. Todos estavam aguentando firme. Então chegou a vez do médico. Ele falou três palavras e começou a chorar, e todo mundo começou a chorar com ele. Mas foi um bom funeral, se é que um funeral pode ser bom, e o K2 é uma lápide tão boa como qualquer placa de ardósia.

Entre os escaladores das várias equipes que tentavam o K2 em 1986, dava para montar um elenco de astros internacionais. O polonês Jerzy Kukuczka competia com Reinhold Messner para se tornar o primeiro homem a fazer o cume das catorze montanhas de 8.000 metros. O K2 seria a 11ª da lista, o que o deixava a apenas uma montanha atrás de Messner. No entanto, o grande montanhista tirolês venceu Kukuczka ao conquistar as duas últimas, Makalu e Lhotse, no outono de 1986.

Praticamente não se pode dizer que se tratava de uma disputa em campo imparcial. Em 1986, Messner era o escalador mais famoso da Europa, talvez do mundo. Tinha vários patrocinadores, recebia pagamentos elevados para dar palestras e ganhava *royalties* pelos livros que escrevera. Sem dúvida, Messner é um dos maiores escaladores de alta montanha de todos os tempos, comprovando isso com as ascensões pioneiras do Everest em 1978 com Peter Habeler, sem oxigênio suplementar, e novamente no Everest, em escalada solo e sem oxigênio suplementar dois anos depois. Porém, nos círculos mais competitivos dos aficionados pelo Himalaia, muitos observadores destacavam o fato de Messner geralmente escolher as rotas convencionais das montanhas de 8.000 metros.

Kukuczka, como a maioria dos escaladores poloneses, mal podia arcar com as despesas de cada expedição da qual participava. Mas o mais admirável de sua campanha nas montanhas de 8.000 metros — em 1987, ele se tornou o segundo homem a escalar todas elas — era que ele quase nunca optava pela rota mais fácil. Dez das suas ascensões das maiores montanhas foram feitas por rotas novas, e quatro delas no inverno — inclusive a primeira ascensão invernal do Annapurna, um feito que ainda me apavora, 22 anos depois. Infelizmente, Kukuczka morreu em 1989, perto do fim da face sul, não escalada, do Lhotse, quando uma corda partiu. A triste prova da pobreza contínua desse grande montanhista é que se tratava de uma corda barata de 6 milímetros, que ele havia comprado em um mercado em Katmandu.

Em 1986, Kukuczka estava determinado a escalar uma nova rota pelo centro da face sul do K2. E pretendia realizar tal façanha em estilo alpino, com apenas um colega polonês como parceiro.

Afastada, do outro lado do K2, escalando pela China e não pelo Paquistão, uma equipe norte-americana muito forte tentava a crista norte. Entre seus membros também estavam vários superastros, entre eles Alex Lowe, George Lowe (que não era parente de Alex), Dave Cheesmond e Catherine Freer, considerada a melhor alpinista norte-americana da época. Apesar de contar com escaladores de tal calibre, a equipe teve de retornar quando estava pouco acima dos 8.000 metros, derrotada por tempestades e pelas péssimas condições da neve. Como já foi citado, Alex Lowe viria a morrer no Shishapangma treze anos depois. Cheesmond e Freer desapareceram em 1987, em uma inacreditavelmente dura tentativa em dupla e estilo alpino pela crista Hummingbird do monte Logan, no Canadá. Especula-se que a barraca deles, montada na junção estreita da encosta implacável e da aresta retorcida, desprendeu-se com a queda de uma cornija, jogando-os impetuosamente contra o glaciar a centenas de metros abaixo. Seus corpos, assim como o de Lowe, nunca foram encontrados.

Outro astro na montanha em 1986 era o francês Benoît Chamoux. Seu projeto era escalar os Abruzzos no menor tempo já realizado. Se você está tentando imaginar quão arriscado é escalar uma 8.000 metros, precisa ponderar sobre os destinos de Kukuczka e Chamoux. Em 1995, o francês viria a desaparecer perto do cume do Kangchenjunga, que seria sua 14ª e última 8.000 metros. Os boatos deram conta de que Chamoux queria muito fazer o Kangchenjunga devido à competição lado a lado com o montanhista suíço Erhard Loretan, pelo crédito de ser o terceiro homem a entrar na lista de conquistadores desse conjunto de picos.

O italiano Renato Casarotto era outra celebridade. Provavelmente, seus planos para o K2 eram os mais ambiciosos daquele verão. A Magic Line na face sul havia repelido inúmeras tentativas anteriores. Casarotto queria fazer sua primeira ascensão *solo*.

Aos 54 anos, o austríaco Kurt Diemberger já passara do seu auge, mas, em 1986, era uma lenda do montanhismo. Em 1957, juntou-se a Hermann Buhl (o homem que realizou a primeira ascensão solitária do Nanga Parbat, quatro anos antes) e mais dois austríacos para se tornarem os primeiros escaladores a atingirem o cume do Broad Peak, a 12ª montanha mais alta do mundo. O ataque incrivelmente leve, quase em estilo alpino, estabeleceu um novo padrão entre as 8.000 metros. Somente dezoito dias depois de chegar ao cume do Broad Peak, enquanto Diemberger e Buhl retiravam-se já próximos do Chogolisa, em meio a uma forte tempestade, uma cornija soltou-se, matando Buhl. (Como ocorreu com tantas outras vítimas do Himalaia e do Karakoram, seu corpo nunca foi encontrado.)

Em 1960, Diemberger fez parte de uma equipe conjunta formada por suíços e austríacos que realizou a primeira ascensão do Dhaulagiri, a sétima montanha mais alta do mundo. Ele e Buhl serão eternamente os únicos dois escaladores responsáveis pelas primeiras ascensões de duas 8.000 metros. Em 1986, Diemberger participou de uma grande equipe no K2, atuando basicamente como cinegrafista, mas ele queria muito alcançar o cume com a mulher que se tornara sua parceira de escalada regular, a inglesa Julie Tullis.

A forte equipe britânica que tentava a crista noroeste era liderada por Alan Rouse, um dos maiores escaladores ingleses de alta montanha. O grupo tinha uma motivação extra: qualquer um dos integrantes que conseguisse chegar ao cume do K2 seria o primeiro inglês a fazê-lo.

Em 1975, a japonesa Junko Tabei tornou-se a primeira mulher a escalar o monte Everest. Em 1986, ainda nenhuma mulher tinha escalado o K2. Várias tentaram, inclusive as norte-americanas Dianne Roberts, Cherie Bech e Diana Jagersky, em 1978. Mas nenhuma mulher havia nem chegado perto de atingir o cume. (Segundo Rick Ridgeway em *The Last Step*, boa parte das desavenças ocorridas na equipe de 1978 surgiram da convicção de alguns escaladores — especialmente do franco e áspero John Roskelley — de que Roberts não tinha nada a ver com a montanha, mas que estava ali somente porque era esposa de Jim Whittaker, o líder da expedição.)

Em 1996, duas mulheres no K2 pareciam ser capazes de realizar a primeira ascensão feminina. Uma delas era a francesa Liliane Barrard, que já havia escalado o Gasherbrum II e o Nanga Parbat. A outra era a polonesa Wanda Rutkiewicz, ainda hoje considerada por muitos a melhor escaladora de alta montanha de todos os tempos. Sem recursos para bancar uma expedição por conta própria, Rutkiewicz juntou-se à equipe de Barrard, dando início a uma disputa saudável sobre qual delas seria a primeira mulher a pisar no cume.

Em 1992, Rutkiewicz havia chegado ao cume de oito das catorze 8.000 metros. Muitas pessoas do mundo da escalada achavam que ela conseguiria entrar para o rol dos pouquíssimos montanhistas a fazer as catorze. Mas, naquele mês de maio – com que frequência os caminhos de escaladores tão ambiciosos levam ao mesmo triste fim! – ela desapareceu perto do cume do Kangchenjunga, exatamente como Chamoux três anos antes.

Vários escaladores envolvidos no "perigoso verão" de 1986 viriam a escrever sobre o assunto, mas um deles produziu uma narrativa de todos os confusos eventos ocorridos entre junho e agosto daquele ano. Jim Curran havia entrado na expedição de Alan Rouse pretendendo escalar a crista noroeste basicamente como cinegrafista, mas também visando a escrever um livro caso a equipe tivesse sucesso. Ainda que não fosse um escalador de ponta nem tivesse a ambição de chegar ao cume, Curran era (e ainda é) um dos melhores escritores de montanhismo britânicos. No final, em vez de escrever apenas sobre sua própria expedição, Curran tentou incluir as histórias de todas as onze equipes que estavam na montanha, em sua hábil crônica de 1987, intitulada *K2: Triumph and Tragedy* [K2: triunfo e tragédia].

Quando a avalanche levou à morte Smolich e Pennington, a equipe de Liliane Barrard estava no alto do Esporão dos Abruzzos. O quarteto era guiado por Maurice Barrard, marido de Liliane e seu inseparável parceiro de escalada. Além de Wanda Rutkiewicz, completava o grupo outro francês, Michel Parmentier.

Posteriormente, Rutkiewicz escreveu um breve relato em polonês sobre a aventura de sua equipe nos Abruzzos. (Traduzido para o inglês, o texto foi reproduzido na forma de um apêndice no livro de Curran.) A versão de Rutkiewicz é o único testemunho ocular do que aconteceu com a equipe de Barrard.

Na primavera de 1986, em Paris, Maurice Barrard havia se reunido com Kurt Diemberger para discutir a rota do Esporão dos Abruzzos. Em *The Endless Knot* [O nó eterno], relato do próprio Diemberger sobre o K2, ele cita uma declaração de Barrard que, em vista do ocorrido em 1º de agosto de 2008, continha uma previsão assustadora:

> "Estou muito preocupado com a parede de *seracs* que se projeta nesse glaciar", confessou Maurice [...] apontando para uma fotografia da pirâmide do cume.

"Definitivamente, ele está bem pior agora que em 1979. Olha esta imagem mais próxima: a zona de fratura ao longo deste grande balcão parece ter mais rachaduras que antes. Só Deus sabe quanto isto ainda vai aguentar antes de despencar sobre o Pescoço da Garrafa."

Desde o começo da escalada, as relações entre Rutkiewicz e Parmentier eram tão ruins que ela se recusou a dividir uma barraca com ele, acampando em uma pequena barraca de dois lugares emprestada pelos ingleses. Tentando escalar de forma rápida e leve pela neve funda e fofa, a equipe conseguiu vencer desníveis sucessivos de 200 e 400 metros em 21 e 22 de junho. O último acampamento deles foi à notável altitude de 8.290 metros. Rutkiewicz não identificou o local, exceto por chamá-lo de "uma pequena plataforma de pedra" — meu palpite é que se tratava da rampa após a escalada do Pescoço da Garrafa e da delicada travessia à esquerda. Rutkiewicz escreveu: "Passamos a noite ali [...] sem sacos de dormir, em uma condição muito ruim, os quatro espremidos em uma pequena barraca".

Restavam aos escaladores apenas 321 metros verticais de escalada no dia seguinte, para chegarem ao cume; mas, em 23 de junho, avançaram a passo de tartaruga. Pode ser que eles apenas tinham se antecipado muito na temporada, pois a neve na extremidade do cume continuava implacavelmente funda e fofa. A equipe de Barrard foi a primeira naquele ano a alcançar o campo de neve do cume, de modo que não encontraram cordas fixas para usar acima dos 7.300 metros, e ninguém havia aberto caminho para eles.

Os quatro escaladores partiram de seu frágil acampamento às 7h30 do dia 23 de junho. Porém, na metade do caminho, Maurice Barrard anunciou algo que, para Rutkiewicz, pareceu muito estranho:

— Agora vamos descansar umas horas e cozinhar algo.

Ao dizer isso, sacou da mochila um fogareiro, uma panela e pacotes de sopa instantânea.

Foi realmente uma decisão bizarra. No dia do cume em uma 8.000 metros, cada minuto conta muito. Para ingerir líquido, basta dar uns goles da garrafa de água que você encheu pela manhã (ou na noite anterior) e que carrega em um bolso interno para evitar que o fluido congele. Não dá para imaginar que alguém vá sentar em um ponto a quase 8.500 metros no K2 para fazer sopa!

Rutkiewicz sentiu o mesmo. "Eu não queria ficar tanto tempo ali tomando sopa", ela escreveria. "Eu estava com pressa. O cume estava logo ali. Então, deixei os demais e fui sozinha."

A polonesa chegou ao cume às 10h15, tornando-se a primeira mulher a escalar o K2. Ela escreveu um bilhete, assinando-o em seu nome e no de Liliane, e o colocou em um saco plástico que enfiou entre algumas pedras logo abaixo do cume. Dada a tensão existente na equipe, é de surpreender que Rutkiewicz não tivesse descido imediatamente. Em vez disso, esperou bastante tempo por seus colegas e então, depois de eles chegarem, passou uma hora comemorando com eles no topo.

No final das contas, o quarteto só chegou ao acampamento a 8.290 metros bem no final da tarde. Rutkiewicz queria continuar descendo, mas Maurice Barrard insistiu para que todos passassem a noite na única barraca montada na plataforma de pedra, e ela acabou concordando. Posteriormente, ela escreveria: "Eu estava cansada, mas não exausta. O tempo estava bom e não fiquei preocupada, mas devia ter ficado. Deve-se passar o menor tempo possível àquela altitude. Quando o sol nasceu, eu não sabia que a morte nos seguia de perto."

Para tentar dormir, Rutkiewicz tomou dois comprimidos e meio de Mogadon. Mesmo em data tão recente como 1986, era normal os escaladores tomarem soníferos nos acampamentos elevados, mas, mais tarde, descobriu-se que se trata de uma prática muito perigosa. Drogas como Valium e Mogadon continuam deprimindo a frequência cardíaca e outros aspectos do sistema cardiovascular por 24 horas ou mais depois que você acorda, o que não é bom para um atleta, muito menos para um montanhista a mais de 8.200 metros de altitude. Eu nunca tomei soníferos, basicamente porque queria estar sempre alerta para o caso de cair uma tempestade durante a noite ou alguma coisa dar errado.

Pela manhã, Rutkiewicz sentia-se grogue e sem equilíbrio, mas percebeu que era preciso descer urgentemente a montanha. Parmentier foi o primeiro a partir, mas Liliane e Maurice Barrard pareciam completamente letárgicos e se moviam com muita lentidão. A escalada até o cume sem oxigênio suplementar, intercalada com duas noites passadas com quatro pessoas espremidas em uma pequena barraca sem sacos de dormir a 8.290 metros, agora cobrava seu preço. Logo, a distância entre os Barrard e os dois colegas aumentou. No Acampamento III, a 7.700 metros, Rutkiewicz alcançou Parmentier. Vários italianos e o francês Benoît Chamoux também estavam ali, preparando-se para a tentativa que abortariam no dia seguinte por causa da forte tempestade. No Acampamento III, Rutkiewicz e Parmentier esperaram pelos Barrard, mas eles nunca chegaram. Seus colegas ainda não estavam muito preocupados, pois a dupla francesa estava com a barraca e, presumivelmente, tinha montado abrigo em algum lugar que encontraram para passar a noite.

Ainda durante a manhã, Rutkiewicz desceu, bem como os italianos e Chamoux, mas Parmentier insistiu em aguardar os Barrard. A polonesa levou mais três dias para chegar ao acampamento-base. A essa altura, suas mãos estavam congeladas e ela estava quase desmaiando.

Em uma grande barraca iglu no acampamento-base dos italianos, Jim Curran juntou-se à vigília pelos escaladores franceses. Chamoux tentou convencer Parmentier a acompanhá-lo na descida, mas, como o homem recusou-se a abandonar seus colegas, Chamoux deixou um rádio com ele.

Parmentier acabou descendo em meio a uma intensa nevasca. No acampamento-base, os ouvintes aguardavam ansiosos ao lado do rádio. Por fim, ouviram uma voz fraca:

— *Ici Michel, ici Michel* ("Aqui é Michel").

Ainda acima das cordas fixas, Parmentier estava perdido na tempestade. (Mais um exemplo de como as estacas demarcadoras de rota podem fazer toda a diferença.)

Chamoux pegou o rádio e fez algo notável: tentou orientar Parmentier, passando-lhe, de memória, o "beta" da rota. Curran registrou parte do diálogo:

— Mantenha a direita, mantenha a direita, não desvie para a esquerda. Depois, desça direto por uns 200, 300 metros [...]. Desligo.

Então, Chamoux virou para as pessoas que estavam na barraca e disse:

— Ele tem 50% de chance de achar as cordas. Se não achar...

Curran segurou as lágrimas.

As horas passavam. A voz de Parmentier era cada vez mais fraca a cada transmissão. Mas, ao anoitecer, depois de mais um contato, Chamoux virou para os outros e disse:

— Ele encontrou manchas de urina na neve.

As manchas de urina levaram o exausto escalador às cordas fixas. Dois dias depois, Parmentier surgiu cambaleante no acampamento avançado, onde Chamoux foi encontrá-lo e auxiliá-lo pelo resto do caminho até o acampamento-base.

Os Barrard jamais desceram o Esporão dos Abruzzos. Um mês depois, uma equipe austríaca encontrou o corpo de Liliane na base da face sul. O corpo de Maurice foi localizado dois anos depois, em uma greta, no glaciar Godwin Austen.

No apêndice de *K2: Triumph and Tragedy*, o livro de Curran, Rutkiewicz avalia friamente as possibilidades:

> Como os Barrard morreram? É possível que parte do *serac* do cume tenha se soltado e os atingido enquanto eles desciam o Pescoço da Garrafa. Talvez, devido à exaustão, Maurice, que estava atrás [na cordada], tenha caído, levando Liliane com ele. Talvez eles tenham se perdido nas grandes encostas nevadas abaixo do Pescoço da Garrafa em meio ao branco total e acabaram levados por uma avalanche pela face sul. Tenho certeza também de que passamos muito tempo na altitude. Cozinhar no dia do cume, a lenta descida do bivaque a 8.300 metros, essas coisas mostraram que os Barrard estavam mais exauridos do que Michel e eu achávamos. É assim que os acidentes acontecem.

No acampamento-base, Parmentier ficou angustiado pela perda dos parceiros e com a tarefa de comunicar a família. Mas Rutkiewicz, na opinião de Curran, estava muito indiferente, parecia que era uma forma de negação. Ele escreveu em *K2: Triumph and Tragedy*:

Wanda, cujos dedos congelados estavam obviamente muito doloridos, parecia fora da realidade, já planejando escalar o Broad Peak, o que, no estado em que ela se encontrava, não tinha condições de fazer. Mesmo se ela se recuperasse fisicamente, coisa que parecia improvável no acampamento-base do K2, estaria se arriscando a sofrer um congelamento bem pior. Ela soava vaga, irracional e meio obsessiva com as montanhas de 8.000 metros.

Ao mesmo tempo, ele observa: "Eu continuava atônito com a força, a habilidade e a determinação da primeira mulher a escalar o K2, e impressionado pelo fato de a experiência, pelo menos temporariamente, não ter sido suficiente para ela.".

Curran escreveu essa passagem cinco anos antes de Rutkiewicz desaparecer no Kangchenjunga, mas acho que ele acertou em cheio. Um fanatismo perturbador toma conta de vários escaladores que decidem escalar as catorze 8.000 metros. Trata-se de um quadro mental que fiz o possível para evitar durante os dezoito anos que levei para concluir meu Endeavor 8000, e que explica por que, entre minhas trinta expedições, voltei de dez delas sem ter chegado ao cume. É fácil ver como a fixação em escalar as catorze montanhas se converte na motivação do escalador ambicioso. Assim que ele escala uma, dali mesmo já planeja a próxima. Creio que, em alguns casos, a precipitação do escalador é resultado da pressão dos patrocinadores ou da imprensa.

Junho de 1986 ainda não havia terminado e o K2 já tinha tirado quatro vidas. O padrão de catástrofe durante esse "perigoso verão" seria completamente diferente das tragédias de 1939 e 1953, que atingiram as únicas equipes na montanha naquele momento. Nesse aspecto, seria diferente do desastre de 2008 ou do fiasco no Everest em 1996, já que cada um deles desenrolou-se em um único evento dramático com duração de dois dias — a incomum tempestade em 10 e 11 de maio no Everest; a queda do *serac* e a inexperiência nos dias 1º e 2 de agosto no K2.

Ao contrário, em 1986, situações ruins sucessivas viriam a ocorrer, marcando a montanha com uma série de tragédias isoladas. A cada morte, um pesar coletivo reunia por alguns momentos membros de expedições distintas, como no funeral de Smolich e Pennington ou na vigília no acampamento-base pelos escaladores franceses perdidos. Mas, depois, as equipes retomavam suas respectivas missões.

Benoît Chamoux ficou profundamente preocupado com o destino de seus compatriotas e pode ter salvado a vida de Parmentier ao levá-lo para baixo a partir do topo das cordas fixas. Mas, apenas uma semana após seu arrepiante episódio, Chamoux escalou novamente os Abruzzos em busca de seu recorde de velocidade. Escalando sem obrigações ao lado dos italianos, cujas cordas fixas e trilha demarcada ele utilizou, em 4 e 5 de julho Chamoux subiu a montanha basicamente sozinho, escalando todo o percurso entre o acampamento-base e o cume no tempo impressionante de 23 horas. Em vez de parar para acampar, escalou direto, noite adentro, com pequenas paradas para engolir alguma coisa e ingerir líquidos. Ele chegou ao cume às 17 horas do dia 5 de julho, passou meia hora ali e desceu na segunda noite. Após dormir um pouco com os italianos a 7.590 metros, desceu para o acampamento-base no dia seguinte.

O desempenho de Chamoux foi brilhante: por si só, sua atitude praticamente zomba da prática de escalar uma 8.000 metros indo de acampamento a acampamento por dias sucessivos ou retornar para o acampamento-base para se preparar para outra tentativa, como tivemos de fazer em 1992. (Curran escreveu: "'Boquiabertos' é a única palavra para descrever nossa reação".) Naquele verão, Chamoux estava em fantástica forma física. Apenas duas semanas antes, ele alcançou sozinho o topo do Broad Peak em velocidade comparável, algo que apurou a aclimatação necessária para o K2.

A conquista dupla de Chamoux foi um dos primeiros exemplos já vistos no Himalaia e no Karakoram do que eu mais tarde chamaria de "pacote duplo" ("dois pelo preço de um"). Acabou sendo a forma mais eficiente de escalar as 8.000 metros, desde que se consiga manter o preparo físico e não se desgaste com tamanho esforço. Em 1995, eu teria meu "pacote triplo", escalando o Makalu, o Gasherbrum I e o Gasherbrum II em um período de dois meses, mesmo tendo um intervalo de duas semanas em casa entre o Makalu e os Gasherbrums. (Na verdade, era para ser um "pacote quádruplo" se não tivesse sido necessário parar a 106 metros do cume do Everest antes da expedição para o Makalu.) Em 2003, J.-C. Lafaille teve seu próprio pacote triplo, escalando o Dhaulagiri, o Nanga Parbat e o Broad Peak em sequência (os dois últimos comigo), embora o edema pulmonar que o derrubou no cume do Broad Peak possa ter sido causado, em parte, pela grande intensidade de sua campanha.

Um dos membros da equipe italiana que também galgou o cume em 5 de julho era um tcheco, Jozef Rakoncaj, que, três anos antes, havia escalado o K2 pela difícil crista norte. Dessa forma, Rakoncaj tornou-se o primeiro homem a escalar duas vezes o K2. Esse também é um feito e tanto. Vinte e três anos depois, apenas dois homens haviam escalado o K2 duas vezes. Ainda assim, duvido que os aficionados pelo K2 tenham conhecimento da façanha de Rakoncaj ou sequer ouviram falar dele.

Enquanto isso, Jerzy Kukuczka preparava-se para sua monumental tentativa em estilo alpino pela face sul — não pela Magic Line, mas por uma rota igualmente complexa à direita (ou a leste) dela. Kukuczka e seu colega polonês, Tadeusz Piotrowski, tinham comprado uma vaga em uma grande equipe internacional liderada pelo famoso dr. Karl Herrligkoffer — da mesma forma que Scott e eu compramos vagas na expedição russa em 1992. Herrligkoffer era o rigoroso militar alemão que processou Hermann Buhl depois que o austríaco desobedeceu às suas ordens e partiu sozinho

o perigoso verão

para o cume do Nanga Parbat, em 1953. Aos setenta anos, em 1986, Herrligkoferr havia chefiado mais de vinte expedições para o Himalaia e o Karakoram.

Em *K2: Triumph and Tragedy*, Curran avalia o enigma que era o líder de expedição alemão:

> Um senhor cuja vida fora dominada pelas montanhas e que, mesmo assim, nunca fora além do acampamento-base; um homem que, apesar de sua experiência organizacional, atraiu inimizades e controvérsias em quase todas as empreitadas; um homem cujo conceito de liderança e poder parecia estar profundamente em conflito com as pessoas que constantemente se colocavam sob seu comando. Pergunto-me: será que ele gostava das montanhas da mesma forma que eu? Será que ele gostava da companhia dos escaladores?

Aparentemente, Kukuczka compartilhava desse desencanto. Sobre o restante da diversificada equipe internacional, ele escreveria: "Infelizmente, a maioria dos membros não mostrou espírito esportivo suficiente para tentar sequer a rota normal do K2. Eu não conseguia acreditar, já que nas expedições polonesas nós sempre tentamos algo diferente.".

Kukuczka tinha o direito de sentir esse orgulho por seu país. A partir dos anos 1970, se houve escaladores de algum país que tentaram árdua e consistentemente novas rotas e as levaram ao limite, foram os poloneses, apesar da pouca verba de suas expedições. Eles foram e continuam sendo adeptos das ascensões invernais dos maiores picos.

No início de junho de 1986, um grupo de seis pessoas — Kukuczka, Piotrowski, três suíços e um alemão — começaram a escalar a face sul. A escalada era tão difícil e assustadora que, um a um, os três suíços e o alemão caíram fora. Foi só em 7 de julho que os poloneses deram início ao seu ataque em estilo alpino. Para poderem escalar com o menor peso possível, levaram apenas quatro pitons e uma corda de 30 metros! Kukuczka guiou em todo o trajeto.

Essa foi de longe a escalada mais difícil realizada até hoje no K2, e ela cobrou seu preço. Kukuczka passou um dia inteiro para dominar uma única cordada desesperadora. Sem querer, eles deixaram cair a lata de combustível, o que tornou seu fogareiro inútil. Na primeira noite, a única bebida de que dispunham era uma pequena caneca de água originada da neve derretida sobre uma vela.

No segundo dia, para economizar ainda mais, deixaram para trás barraca, sacos de dormir e até comida. Levaram apenas dois sacos de bivaque e câmeras. Com isso, comprometeram-se a subir, cruzar o cume e descer pelo Esporão dos Abruzzos, em vez de desescalar a difícil rota de ascensão. Tratava-se de uma jogada difícil, e um tanto desesperada. No final da tarde, Kukuczka e Piotrowski alcançaram o campo de neve do cume, onde encontraram pacotes vazios de sopa energética deixados por Maurice

Barrard. Kukuczka chegou ao cume de sua 12ª 8.000 metros às 18h25; Piotrowski, um pouco depois.

Descendo com apenas uma lanterna frontal, os dois tiveram de parar quando, de repente, a lâmpada queimou. Eles cavaram um buraco na neve a cerca de 8.230 metros e se ajeitaram no segundo bivaque, "tremendo de frio até o amanhecer", como escreveu Kukuczka depois.

Cada vez mais fracos e com uma sede avassaladora, a dupla só conseguiu descer 400 metros do Esporão dos Abruzzos em 9 de julho. Estavam com medo de se perderem em uma rota pela qual nunca haviam subido, pois não conheciam bem seus marcos. Fizeram outro bivaque, numa noite de "absoluta tortura".

Em 10 de julho, ambos já estavam há quase três dias sem comida e sem água, e os sacos de bivaque estavam cheios de furos. Mas, nesse dia, avistaram as barracas de um grupo coreano bem abaixo, então souberam que estavam na rota. Abaixo do Ombro, a cerca de 7.470 metros, bem perto da encosta da qual Art Gilkey fora arrastado para a morte em 1953, segundo Kukuczka: "Quando pedi a corda para Tadeusz, descobri que ele tinha se esquecido de pegá-la no bivaque.".

Já não tinham a opção do rapel e sequer haviam chegado ao topo das cordas fixas. No estado de exaustão em que estavam, ainda teriam que descer cada metro do percurso, cada um por si. Kukuczka escreveu em *The American Alpine Journal*:

> Comecei a descer com Tadeusz atrás de mim. O gelo estava mais duro que o normal. Logo depois de avisar Tadeusz para que ficasse um pouco mais à minha esquerda, vi um de seus grampões escorregar. Quando ele tentou travar o outro pé no gelo, o grampão soltou de sua bota. Eu estava bem abaixo dele. Ele caiu com tudo em cima de mim. Eu o segurei e mal consegui manter-me em pé, mas não tinha como segurá-lo. Ele despencou pela borda.

Em choque, Kukuczka continuou a descida sozinho. Como mais tarde relatou, ele estava tão confuso que, ao chegar às barracas dos coreanos, teve "a estranha ilusão de ter visto Tadeusz vivo".

As barracas estavam vazias. Kukuczka achou um rádio, mas estava sem pilhas. Ele relembra:

— Havia um pequeno fogareiro a gás; então, comi e bebi. Em seguida, caí num sono profundo e acordei na tarde do dia seguinte. Dormi por vinte horas.

Dois dias depois, Kukuczka alcançou o glaciar Godwin Austen e foi cambaleando até o acampamento-base. Só sobreviveu porque, naquela época, ele era, provavelmente, o escalador de alta montanha mais forte do mundo.

Com um feito tão audacioso de escalada e resistência, admiro a ascensão de Jerzy Kukuczka pela face sul e sua descida arriscada. Mas o que ele fez no K2 está tão além dos limites do que eu jamais tentaria em uma 8.000 metros que não consigo nem me imaginar participando de tal escalada. Meu palpite para o fato de os grampões de Piotrowski terem se soltado é que ele estava muito cansado, ou seus dedos muito adormecidos, para apertar as correias corretamente. Sabemos que ele não estava usando os novos grampos automáticos, mas um modelo de correias mais antigo. Se as correias são bem apertadas, é provável que eles se soltem com menos facilidade que os automáticos.

Como tantos outros poloneses em alta montanha, Kukuczka arriscou muito seu pescoço — mas ainda saiu com a cabeça no lugar. E, infelizmente, como tantos grandes escaladores que se arriscam ao limite, ele também encontrou seu limite três anos mais tarde, na face sul do Lhotse.

A alegria que Kukuczka sentiu no cume ("Ficamos os dois em êxtase", relembrou depois) foi substituída pela perda de seu parceiro. Concluindo seu relato, observou:

— Minhas experiências naquela montanha foram muito trágicas, e o preço pago pela vitória foi alto demais.

No acampamento-base, Kukuczka abraçou Wanda Rutkiewicz. Abalada pela morte de Piotrowski, um de seus amigos mais queridos, ela finalmente abandonou seu plano — apesar dos dedos necrosados — de tentar o Broad Peak naquele verão.

Nesse meio tempo, Renato Casarotto estava na Magic Line tentando uma escalada em solitário. Sua esposa, Goretta, que escalara o Gasherbrum II com ele no ano anterior, estava no K2, atuando como gerente do acampamento-base. Os dois se falavam pelo rádio várias vezes todos os dias.

Casarotto era motivado por uma vingança pessoal, bem como pelo apelo estético da Magic Line. Ele tinha sido um dos membros da expedição de Reinhold Messner ao K2, em 1979, na qual não teve bom desempenho. O que devia ser uma decepção particular virou humilhação pública quando Messner menosprezou Casarotto em seu livro sobre o K2: "Convidei Renato Casarotto porque acreditava que, naquela época, ele era um dos escaladores mais capazes da Europa [...] [mas] me decepcionei [...] com Renato como escalador". E, segundo Jim Curran, em um encontro de escaladores de alta montanha em Tirol, 1985, quando alguém lhe falou sobre as pretensões de Casarotto para o próximo verão, Messner disparou:

— Ele nunca vai conseguir!

Em 1986, Casarotto foi atrás de seu grande objetivo com admirável cautela. Em duas tentativas, atingiu os 8.200 metros antes de retornar por causa do tempo e das condições perigosas. Em meados de julho, fez a terceira tentativa. Dessa vez, chegou a 8.230 metros, mas foi novamente derrotado pelos ventos fortes. Kurt Diemberger, que era amigo íntimo dos Casarotto, ouviu uma das conversas pelo rádio dessa terceira tentativa e a cita em *The Endless Knot*:

> *Goretta*: Como você está se sentindo, Renato?
> *Renato*: Estou bem, bem mesmo. Até agora. Mas estou cansado, e cansado de tudo, eu queria recolher tudo, descer e ir embora.

Em 16 de julho, Casarotto desceu de novo. Fazia dois meses que ele estava no K2, havendo estado a 300 metros do cume, mas tinha prometido a Goretta que a terceira tentativa seria a última. Quando retornasse para o acampamento-base, eles fariam as malas e voltariam para casa.

Lenta e cuidadosamente, Casarotto desceu a perigosa rota. Por fim, chegou à base da face e começou a caminhar com muito esforço pelo glaciar rumo ao acampamento-base.

Parado ao lado de sua barraca, Diemberger viu "um pequeno ponto [...]; na verdade, parecia mais uma vírgula" aproximando-se a pouco mais de 1,5 quilômetro. Ele continuou observando: "Agora a vírgula movia-se quase horizontalmente pelo platô — ali! De repente, desapareceu. Sumiu. Esfreguei os olhos, espantado, e mirei novamente. Nada. Nadinha. Eu não tinha sonhado, ou tinha?".

Com anos de experiência em montanhismo, Diemberger temia o pior — que Casarotto tivesse caído em uma greta. Hesitante, aproximou-se de Goretta, que estava esperando a chamada de seu marido no horário combinado.

— *Ciao*, Kurt, o que foi? — disse ela ao vê-lo.
— Onde está o Renato agora? — perguntou Diemberger.
— Ainda está na crista.

Por um momento, foi um alívio. Depois, o medo fez meu coração disparar novamente: havia *alguém* no glaciar... Se não era Renato, quem era? [...]

— É que vi alguém, ou alguma coisa, descendo.

Eu não quis entrar em detalhes.

Diemberger convenceu Goretta a tentar o rádio. "Jamais esquecerei os momentos seguintes", escreveu ele posteriormente.

— Goretta, eu caí... — disse a voz fraca. — Estou morrendo [...]. Por favor, mande ajuda, rápido.

Diemberger e vários italianos pegaram cordas e equipamento e foram correndo na direção da greta invisível. Durante o caminho, um dos italianos conseguiu manter contato com Casarotto pelo rádio. Então, o grupo de resgate viu o buraco revelador no glaciar. A greta tinha pouco menos de 1 metro de largura, e a ponte de neve havia rompido sob os pés de Casarotto bem no caminho batido por onde várias outras pessoas haviam passado despreocupadamente durante as semanas anteriores.

Um italiano fez um rapel para entrar na greta. Ela era estreita no topo, mas depois se abria em uma caverna gigantesca. Quarenta metros depois, o italiano encontrou Casarotto "inclinado sobre sua mochila em total escuridão, com água por todos os lados". Os dois se abraçaram e o italiano colocou um arnês de cintura em seu companheiro ferido.

Mesmo com vários homens puxando cordas diferentes, é uma tarefa muito difícil retirar uma vítima inerte de uma greta. Como as cordas tendem a afundar na neve nas bordas da fissura, elas precisam correr sobre piquetas colocadas perto da borda. Só depois de várias tentativas conseguiram içar Casarotto quase até a superfície. A essa altura, ele estava inconsciente.

Assim que Casarotto chegou ao nível do glaciar, os homens do resgate envolveram-no em sacos de dormir. Um italiano acendeu a lanterna sobre seu rosto. Seus olhos piscaram brevemente. Ele ainda estava vivo.

Mas, logo depois, morreu. Ferimentos internos causados pela queda condenaram-no na mesma hora em que ele atingiu a plataforma de neve no escuro, a 40 metros de profundidade.

Sua esposa foi comunicada sobre a morte do marido. Goretta começou a subir o glaciar para se despedir de Renato, mas mudou de ideia no meio do caminho e voltou para o acampamento-base. Antes de deixarem a cena do acidente, os homens que tentaram resgatar Casarotto jogaram seu corpo na greta. Para os não escaladores, isso pode parecer um ato brutal, mas esse é o túmulo mais comum dos montanhistas nas grandes cordilheiras. Em uma 8.000 metros, é quase logisticamente impossível carregar um escalador morto de volta ao acampamento-base, de algum modo deslocar um helicóptero para transportar o corpo para o vilarejo mais próximo e então providenciar o transporte para casa. (Isso foi feito raras vezes, entre elas, no caso de Chantal Mauduit, minha amiga do K2, depois que ela morreu no Dhaulagiri, em 1998.)

Há lugares piores para ser enterrado que em uma greta ao pé de uma grande montanha. Se eu tivesse morrido em uma das 8.000 metros, não teria me incomodado muito se meus amigos tivessem me deixado na greta mais próxima. Seria mais fácil para todos os envolvidos deixar-me na montanha. Não faria sentido para eles passar por toda a dificuldade e despesa (sem falar da burocracia!) para me levar para casa só para ser enterrado no solo dos Estados Unidos.

A equipe britânica reuniu-se no acampamento-base assim que soube do falecimento de Casarotto. Jim Curran escreveu: "Murmurei minhas condolências a Goretta, sem ter o que dizer". Com um controle notável, ela respondeu em inglês:

— Por favor, agradeça a seus amigos por tentarem ajudar a salvar meu marido.

Existe algo para aprender com a morte de Casarotto? Talvez, depois da provação de descer com segurança os milhares de metros da Magic Line, assim que alcançou o glaciar, ele tenha baixado a guarda. Um dos meus lemas favoritos é "As gretas não ligam se você é profissional ou não". A greta na qual Casarotto caiu era tão estreita na superfície que ele poderia facilmente ter pulado por cima dela. Mas as pontes de neve são cruelmente enganadoras: normalmente, parecem com qualquer outro inocente caminho na superfície da geleira. Se você vai fazer uma tentativa em solitário em uma 8.000 metros, é praticamente obrigado a atravessar gretas em pontes de neve que podem cair com seu peso. Inúmeros grandes montanhistas morreram caindo em gretas — inclusive Louis Lachenal, o conquistador do Annapurna, que faleceu em 1955, em uma rotineira descida de esqui no Vallée Blanche acima de Chamonix, sua cidade natal. E, desde que meu grande parceiro J.-C. Lafaille desapareceu no alto do Makalu durante uma tentativa solo invernal em 2006, creio que sua morte provavelmente foi causada por uma queda em uma greta. Nem mesmo uma vida inteira de experiência em escalada pode proteger alguém de uma fenda escondida em um glaciar.

Sempre fui extremamente cauteloso com as gretas, andando encordoado onde os outros escaladores caminhavam tranquilamente sozinhos; foi o que fiz em todas as incursões pela assustadora cascata de gelo bem abaixo da base do Esporão dos Abruzzos. Em minha única expedição solo, na face norte do Everest em 1993, meu jeito de evitar as gretas foi usar raquetes de neve ou esquis sempre que podia, distribuindo o peso do meu corpo por uma superfície maior. Também tomei o cuidado de escalar o glaciar somente enquanto estava frio, antes de o sol nascer, quando a superfície do gelo fica mais dura. Mesmo assim, atravessar sozinho o glaciar foi, provavelmente, a parte mais assustadora da escalada, pois eu tinha pouco controle sobre o que poderia acontecer.

Alguns dos meus amigos escaladores ficam impressionados ao saber que, apesar de todas as expedições de que participei, nunca caí em uma greta. Já fiquei preso em buracos até a cintura várias vezes, mas sempre dei um jeito de me agarrar e sair deles sem quebrar ainda mais a ponte de neve e levar um tombo nojento. (Acredite, o fundo das gretas é um lugar nojento!) A ausência de quedas em gretas em meu currículo de montanhista deve-se, em parte, à sorte, mas gosto de pensar que é, principalmente, resultado de meu saudável respeito por essas armadilhas mortais invisíveis.

O efeito da última tragédia espalhou-se em ondas que ecoaram por toda a montanha. Nas palavras de Jim Curran:

> Para muitos de nós, a morte de Renato Casarotto foi a gota-d'água [...]. As circunstâncias foram tão angustiantes que achei que seria surpreendente se alguém ainda tivesse vontade de continuar ali, mesmo depois de seis mortes; alguns de nós achavam que não tinha como acontecer de novo, e que ir embora não mudaria nada. Sendo assim, com a passagem de julho e o clima quente e úmido do período de monções que prendia todo mundo no acampamento-base, os remanescentes das nove expedições reagruparam-se e se reorganizaram para uma última grande investida.

o perigoso verão

No entanto, em 3 e 4 de agosto ocorreram outras duas mortes. Uma foi resultado de um acaso quase absurdo: Mohammed Ali, o *sirdar* dos carregadores de altitude paquistaneses de uma equipe coreana que tentava escalar o Esporão dos Abruzzos, estava fazendo uma incursão de rotina entre o acampamento-base e o Acampamento I, nas encostas mais baixas do esporão, quando foi atingido na cabeça por uma pedra solta que o matou instantaneamente.

O outro acidente aconteceu no final de mais uma ascensão épica. Depois das mortes de Smolich e Pennington na Magic Line, e de Casarotto no glaciar abaixo dela, outra equipe, formada basicamente de poloneses, decidiu escalar essa via, que já havia sido rotulada "o último grande problema" do K2. Ao final do imenso esforço, três membros completaram a rota, chegando quase exaustos ao cume, às 18 horas do dia 3 de agosto. O trio decidiu descer pelo Esporão dos Abruzzos em vez de seguir pela Magic Line. Pouco antes da meia-noite, os três estavam rapelando as cordas fixas que haviam sido instaladas recentemente na ravina do Pescoço da Garrafa pela equipe coreana. O último era Wojciech Wróż, um experiente veterano do Himalaia que fazia sua terceira tentativa no K2.

No escuro, seus colegas perceberam que havia uma "separação de 1 metro" entre o fim de uma corda fixa e a ancoragem superior da próxima corda. Eles comunicaram uns aos outros sobre tal separação, e os primeiros dois homens chegaram ao fim da última corda sem problemas. Apenas um fácil aclive de neve os separava do Acampamento IV, no Ombro.

Os dois esperaram Wróż juntar-se a eles. O líder da expedição mais tarde informou:
— De repente, eles ouviram o som de uma queda. Temeram o pior, mas, exaustos, não podia fazer mais nada a não ser esperar.

Wróż nunca apareceu. Seus colegas não sabiam ao certo o que havia acontecido, mas o palpite era que Wróż teria ignorado o fim da corda acima da separação de 1 metro. Não havia nada que os dois pudessem fazer a não ser continuar a descida.

No acampamento-base, houve uma séria discussão entre os chefes das equipes polonesa e coreana sobre o posicionamento das cordas e a separação de 1 metro. O ponto de vista de Curran foi mais racional: "Em primeiro lugar, os poloneses não deviam ter contado com as cordas fixas dos coreanos. Mas, quando as cordas estão lá e são usadas por outros escaladores, é ridículo esperar que as pessoas as ignorem, seja por purismo ou questões práticas.".

Acho que toda essa troca de acusações deixou de lado um ponto fundamental. O que aconteceu com Wróż é o que acontece com os escaladores quando eles ultrapassam os limites. Se você precisa empregar toda a energia que lhe resta só para descer a montanha, a coisa mais fácil do mundo é cometer um erro bobo, como rapelar até o fim de uma corda no escuro. Ao realizar as primeiras ascensões da face sul e da Magic Line, os

235

poloneses provaram que eram os escaladores mais fortes na montanha em 1986. Mas Wróz e Piotrowski pagaram suas brilhantes conquistas com as próprias vidas.

Como Kukuczka e Piotrowski, o trio da Magic Line escalara uma rota tão difícil e consumira tanto de suas reservas de energia, que sua única chance de sobrevivência era descer por uma rota mais fácil já preparada por outros escaladores. Alguns observadores veem isso como o alpinismo levado ao extremo, mas, em minha opinião, é contar muito com a sorte. Às vezes dá certo, às vezes não.

Não há outra crença eternamente relacionada às montanhas de 8.000 que possa ser tão enfatizada quanto esta: em geral, morrem mais escaladores na descida da montanha que na ascensão. Os poloneses resolveram todos os problemas extremamente técnicos ao estabelecerem o trajeto por rotas inovadoras. Foi só durante o descenso, pelo Esporão dos Abruzzos, relativamente mais fácil, quase esgotados, que eles sucumbiram. Assim, na segunda semana de agosto, eram oito os escaladores que tinham perdido a vida no K2 no mesmo verão — incomparavelmente, o preço mais mortal da história da montanha. E o pior ainda estava por vir.

A equipe britânica na crista noroeste se desmantelava. Além do líder, Alan Rouse, a equipe era formada por alguns nomes da nata do montanhismo inglês: John Barry, John Porter, Brian Hall e os infames gêmeos Alan e Adrian Burgess — iconoclastas *hippies* que, todavia, eram excelentes montanhistas, bem conservadores.

Quando atacaram a rota não escalada do K2, com a expectativa de se tornarem os primeiros ingleses a escalar a montanha, os membros da equipe foram inspirados por promessas de contratos para um livro e um filme. No meio da expedição, os escaladores receberam uma carta da esposa de um dos companheiros do Himalaia informando que eles seriam condecorados pela rainha como cavalheiros se conseguissem chegar ao topo. Provavelmente, era mentira, mas tamanha honraria não seria inconcebível. Afinal de contas, John Hunt e Edmund Hillary foram condecorados após a primeira ascensão do Everest.

Mas a equipe nunca tomou forma na montanha. Rouse dividiu os escaladores em dois quartetos, chamando-os inadequadamente de "Equipe A" e "Equipe B". (Ele colocou os irmãos Burgess em equipes separadas, embora eles costumassem escalar juntos.) E parecia que ninguém estava contente com a liderança de Rouse, que era frequentemente vacilante e indecisa. Em *K2: Triumph and Tragedy*, Jim Curran apresenta um retrato basicamente simpático de Rouse, a quem ele foi leal até o fim. Mas John Barry escreveu seu próprio livro, intitulado *K2: Savage Mountain, Savage Summer*, baseado principalmente nos registros de seu próprio diário, as quais eram mordazes com relação a Rouse:

> Como líder, seu desempenho é inapto. Ele admite querer as vantagens comerciais de ser o líder, mas não está disposto a assumir as responsabilidades ine-

rentes à função — principalmente, a redução de suas chances de chegar ao cume. Eu o ouvi dizer que preferia partir para o estilo alpino e abandonar a expedição.

Barry é um narrador que fica contente de poder contar tudo, assim como Galen Rowell e Rick Ridgeway em seus livros sobre o K2. Os registros de seu diário retratam um quadro deprimente das constantes brigas: "Grande coisa. Eu disse a Al-R [Rouse, para distinguir de Al Burgess] que o acho um tolo. Al saiu da barraca aos prantos. Jim-C [Curran] foi atrás para consolá-lo. Mas até agora ninguém se desculpou ou se comprometeu com o Wilkie. Wilkie está fora.".

O maior problema da expedição britânica, no entanto, era que, apesar dos repetidos esforços, os escaladores avançaram pouco pela crista noroeste. A complexidade da rota, as terríveis condições da neve e o perigo imposto pelas encostas prestes a despencar em avalanches e pelos precários *seracs* venceram esses craques do alpinismo. A equipe atingiu apenas a altitude de 7.400 metros antes de desistir. A crista noroeste seria finalmente escalada em 1992 por uma dupla de montanhistas franceses, Pierre Béghin e Christophe Profit; mas mesmo a linha de ascensão deles desviou para a face norte no alto da montanha.

Já em 7 de julho, o grupo de Rouse desistiu da crista noroeste. Em seu diário, Barry recorda laconicamente:

Estávamos desistindo da crista NO. Fiquei decepcionado. Ainda restavam 3 semanas.
Motivos: equipe muito pequena... Rota muito longa.
Os Abruzzos são uma carreira só.

Assim, precocemente, vários colegas de equipe de Rouse de repente lembraram que tinham obrigações profissionais de volta ao seu país. Sozinhos ou em duplas, nas semanas seguintes, eles abandonaram a expedição e começaram a longa jornada de volta. O próprio John Barry desertou em 28 de julho. Como resultado, seu livro é muito anticlimático, sendo o último capítulo dedicado à sua entediante caminhada de volta à civilização, em vez de relatar o drama que se desenrolaria na montanha.

Ao trocar a rota da crista noroeste pelos Abruzzos, Rouse quebrou todas as regras, pois sua permissão era válida apenas para a primeira. Como Barry escreveu, "Houve um grande segredo por trás de nossa troca pelos Abruzzos. Al-R não queria ser banido do Paquistão por dez anos, o que era, segundo ele, a pena para esses casos. Phil [Burke] diz que isso seria um prêmio. Eu não dou a mínima.".

Os ingleses haviam apelidado sarcasticamente o grande acampamento-base aos pés dos Abruzzos de "a Faixa". Agora, para entrar na rota novamente, os escaladores que ainda queriam escalar a montanha transferiram todo o equipamento para um novo acampamento-base, passando sorrateiramente pela Faixa, na esperança de que nenhum dos vários oficiais de ligação das outras equipes descobrisse a transgressão. As duas narrativas da expedição britânica ganham um tom cômico nesse ponto. A expedição inteira, na verdade, podia ter sido tratada como uma comédia (essa parece ter sido a intenção de John Barry desde o início), se não tivesse virado um desastre no início de agosto.

No começo do mês, entre os ingleses, somente Al Rouse ainda queria mesmo escalar o K2. Jim Curran ficaria mais tempo, mas exclusivamente no papel de cronista, raramente subindo além do Acampamento I. A essa altura, Rouse desertou de vez de sua própria equipe, anunciando que estava formando uma dupla com uma mulher da equipe polonesa para escalar os Abruzzos. Se Rouse e Dobroslawa Wolf (conhecida como Mrufka, "formiga" em polonês) tinham começado um romance, isso é irrelevante. O que importa é que, exceto pela lealdade incontestável de Curran no acampamento-base, toda reminiscência de uma equipe desaparecera por completo da expedição britânica.

Kurt Diemberger e Julie Tullis passaram a maior parte do tempo até então no K2 filmando a equipe italiana à qual estavam associados. Adotando o nome de Quota 8000, esses escaladores tinham começado a escalar a Magic Line; porém, depois das mortes de Pennington e Smolich, haviam abandonado a ideia e optado por escalar os Abruzzos. Ao contrário dos ingleses, os italianos alegaram terem obtido permissão para as duas rotas com antecedência, embora os escaladores das outras equipes não acreditassem.

O plano não tão secreto de Diemberger e Tullis era escalar o K2 em vez de simplesmente filmar os colegas de equipe. Formavam um par singular, objeto de fofoca de todos na montanha. Tullis, aos 47 anos, e Diemberger, aos 54, eram ambos casados – e aparentemente felizes –; o livro de Diemberger, *The Endless Knot*, deixa claro o apoio e a boa vontade de Terry Tullis e Teresa Diemberger. Mas quando o austríaco escreve sobre o laço entre ele e Julie, passagem após passagem, o texto soa como uma paixão profunda. Por exemplo:

> Cada passo é um passo rumo a infinitas possibilidades.
> Julie coloca isso de um jeito mais simples: aonde quer que eu vá, tudo é possível.
> Eu digo: onde tudo é possível, é para lá que eu vou.
> É por isso que estamos juntos.

Ou:

> Se apenas um de nós, como resultado de nossos primeiros anos juntos, chegasse ao cume do K2, não seria uma realização de ambos? Mesmo se apenas um de nós realizasse o sonho do cume? Apenas um não tornaria o sonho realidade?

Há que se considerar que Diemberger sempre foi um escritor com tendência ao místico e emocional. O que importa não é se Diemberger e Tullis eram amantes (com ou sem o conhecimento de seus cônjuges), mas se a emotividade de tal relacionamento, como aquele recém-iniciado entre Rouse e Mrufka, interferiu em seu bom-senso nessa perigosa montanha.

A princípio, Jim Curran assume uma visão levemente tendenciosa da dupla Tullis-Diemberger. Ele conhecia Tullis há anos, embora não a fundo, mas de encontros nas reuniões e festivais de escalada na Inglaterra. A impressão que tinha dela, por um lado, era a de uma "alegre, atraente e aparentemente convencional dona de casa" e, por outro, "uma mulher determinada e dominadora". Ele não tinha certeza de que ela estava pronta para o K2, considerando que sua "experiência real no montanhismo era bem limitada e, certamente, ela não tinha a base do inverno escocês e da escalada alpina extrema", que os melhores alpinistas ingleses consideravam obrigatória para quem quisesse encarar as montanhas de verdade.

Diemberger, que Curran também encontrara casualmente ao longo dos anos, "transmitia uma grande autoconfiança, que, às vezes, até parecia presunção". Mas, um dia, no acampamento-base do K2, enquanto Diemberger contava histórias do Broad Peak com Hermann Buhl em 1957, Curran foi vencido pela lenda: "De repente, dei-me conta de que ali estava uma grande parte da história da escalada no Himalaia em carne e osso.".

O ápice da análise de Curran sobre o vínculo entre a inglesa e o austríaco foi que Julie, "com sua devoção a Kurt, quase uma idolatria, passou a se ver também como uma montanhista de primeira linha". E isso cheirava a problema.

No K2 em 1992, apesar de minha inegável atração por Chantal Mauduit, e até mesmo quando me questionei se ela estava flertando comigo, eu não tinha intenção alguma de me envolver com ela durante a expedição. Eu acreditava piamente que toda a minha capacidade de concentração e dedicação dependia de não haver relação alguma com outra pessoa que pudesse interferir na minha motivação ou anuviar meu julgamento. Toda a minha energia e a minha concentração tinham que estar focadas em escalar o K2. Qualquer coisa diferente disso levaria ao fracasso ou até a um desastre.

Em 2 de agosto, Tullis e Diemberger, com Rouse e Mrufka e mais três coreanos, alcançaram o Ombro, a 7.925 metros de altitude. Foram precedidos por três austríacos — Willi Bauer, Alfred Imitzer e Hannes Wieser — que, naquele dia, haviam tentado chegar ao cume, mas retornaram ao atingir a marca de 8.380 metros. Isso criou um sério problema de espaço no Acampamento IV, onde cabiam apenas três barracas, normalmente, com capacidade de abrigar sete escaladores. Quando os austríacos regressaram, no final da tarde, pediram autorização para se juntarem aos outros;

assim, poderiam fazer mais uma tentativa. Finalmente, os coreanos generosamente aceitaram dois dos austríacos, de modo que, naquela noite, cinco homens dormiram amontoados em uma barraca de três lugares. Rouse e Mrufka convidaram o terceiro austríaco para a barraca deles. Porém, Diemberger recusou-se a dividir a barraca ocupada por ele e Tullis, apesar (ou por causa) do fato de os austríacos serem seus compatriotas. (Futuramente, surgiriam sentimentos rispidos entre Diemberger e Bauer.)

Em 3 de agosto, os coreanos partiram rumo ao cume. Chegaram ao topo no final da tarde e foram surpreendidos pela noite quando desciam. Dois deles alcançaram o Acampamento IV, enquanto o terceiro sobreviveu a um bivaque acima do Pescoço da Garrafa, prendendo-se a um pitom. (Naquela mesma noite, os três poloneses que tinham feito a ascensão pela Magic Line desceram pelos Abruzzos, perdendo Wojciech Wróż na escuridão.)

Mais tarde, muitas pessoas questionaram por que os "europeus" (os ingleses não são, estritamente falando, europeus) — Tullis e Diemberger, Rouse e Mrufka, e os três austríacos — não foram para o cume com os coreanos em 3 de agosto, já que o tempo ainda estava bom. A vaga explicação dada pelos sobreviventes foi que eles precisavam de um dia de descanso e queriam evitar o tráfego no Pescoço da Garrafa. Outro fator pode ter sido que achavam os coreanos os piores escaladores entre todas as equipes na montanha. Usando uma logística pesada ultrapassada, a equipe coreana de dezenove homens havia equipado a rota com cordas fixas até o Pescoço da Garrafa e também pela travessia à esquerda acima dele. Em 3 de agosto, os três escaladores que fizeram o cume usaram oxigênio suplementar durante todo o trajeto, sendo os únicos escaladores a usar o gás naquela temporada. Assim, os coreanos sobreviveram quando os outros sucumbiram.

Com a chegada dos dois poloneses vindos da Magic Line, a situação das barracas no Acampamento IV na noite de 3 de agosto ficou drástica. Demonstrando notável magnanimidade, Rouse deixou os poloneses ficarem com ele e Mrufka, mesmo que isso significasse passar a noite com metade do corpo fora da barraca, com seu tronco encolhido em um buraco na neve. O terceiro austríaco foi para a barraca dos coreanos. Mais uma vez, Diemberger e Tullis recusaram-se a acolher qualquer um dos refugiados.

Em *The Endless Knot*, embora ciente do problema de superlotação, Diemberger nunca explicou por que ele e Tullis não quiseram dividir a barraca — na verdade, ele passa com tanta destreza ao largo da verdade que, lendo apenas seu relato da expedição, nunca enxergamos tamanho egoísmo.

Fica nítido que a futura debilidade de vários dos escaladores no Acampamento IV foi, em parte, resultado das terríveis noites passadas nas barracas lotadas nos dias 2 e 3 de agosto. A 7.925 metros, já é muito difícil dormir em abrigos "normais", quanto mais com tantos escaladores amontoados em uma pequena barraca.

K2 visto do Windy Gap – a foto de 1909, feita pelo duque dos Abruzzos, inspirou várias gerações de montanhistas a tentar escalar a montanha.

Perspectiva clássica do K2 a partir do glaciar Godwin Austen, feita por Vittorio Sella em 1909. ©Vittorio Sella, Coleção Fritz Wiessner

Bob Bates atravessa o rio Braldu em uma ponte de corda, perto de Askole, 1938. ©Charles Houston, fotografia da expedição

Travessia no gelo, logo abaixo do Acampamento VII, 1938. ©Charles Houston, fotografia da expedição

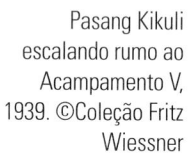

Pasang Kikuli escalando rumo ao Acampamento V, 1939. ©Coleção Fritz Wiessner

Charles Houston, líder das expedições norte-americanas de 1938 e 1953 ao K2. ©Charles Houston, fotografia da expedição

Fritz Wiessner, líder da expedição norte-americana de 1939. ©Coleção Fritz Wiessner

Pasang Kikuli no Acampamento VI, 1939. ©Coleção Fritz Wiessner

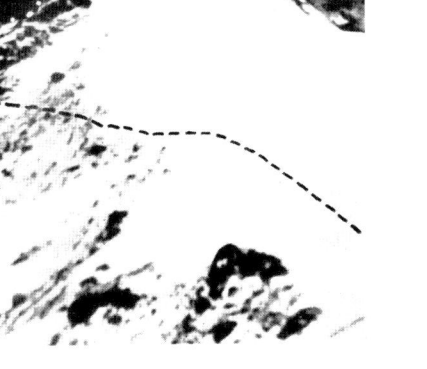

Rota seguida por Fritz Wiessner em sua impressionante primeira tentativa na pirâmide do cume, em 1939. ©Coleção Fritz Wiessner

Uma das fotos mais marcantes da história da escalada. Com uma mochila enorme nas costas, Pasang Lama usa o ombro para dar segurança a Wiessner na íngreme e difícil faixa de rocha e gelo, a 8.230 metros, 1939. ©Coleção Fritz Wiessner

Membros da equipe e baltistaneses cruzam o rio Braldu em um *zok* (jangada feita de bexigas de couro de cabra infladas, revestidas por uma estrutura de finas varas de choupo), 1953. ©Charles Houston, fotografia da expedição

Tony Streather remove neve do Acampamento III depois de uma tempestade, 1953. ©Charles Houston, fotografia da expedição

Içamento de cargas pela Chaminé House, usando o tripé projetado por Pete Schoening, 1953. ©Charles Houston, fotografia da expedição

Walter Bonatti, herói e mártir da expedição italiana de 1954 ao K2. ©Coleção Walter Bonatti

Uma fotocomposição com os autógrafos de Lacedelli e Compagnoni, e a rota utilizada até o Acampamento IX e de lá até o cume, 1954. ©Coleção Fritz Wiessner

A foto reveladora de Lino Lacedelli no cume do K2, na qual se veem partículas de gelo na barba e no bigode do escalador, prova de que ele usou a máscara de oxigênio durante todo o percurso até o topo, 1954. ©Coleção Fritz Wiessner

K2 visto de um ponto próximo ao acampamento-base do Broad Peak.
©Coleção Ed Viesturs

K2 visto do alto do Broad Peak.
©Coleção Ed Viesturs

Escaladores subindo pelas cordas fixas no Esporão dos Abruzzos. ©Charley Mace

Acampamento IV a 7.925 metros. ©Coleção Ed Viesturs

Ed Viesturs (esq.) e Scott Fischer dividindo uma barraca. ©Coleção Ed Viesturs

Ed Viesturs chega ao cume em 16 de agosto de 1992. ©Charley Mace

Da esquerda para a direita: Viesturs, Fischer e Mace depois de escalarem o K2. ©Coleção Ed Viesturs

Viesturs (esq.) e Fischer se abraçam depois de alcançarem o cume. ©Charley Mace

Paula e Ed, 2007. ©Rick Burns

Gil, Anabel e Ella, 2008. ©Rick Burns

o perigoso verão

Em 4 de agosto, os sete "europeus" partiram para o cume. Rouse e Mrufka foram os primeiros a deixar o acampamento, mas eles partiram ao amanhecer, e não no meio da noite, como Charley, Scott e eu faríamos seis anos depois. Apesar de duas noites insones, Rouse era o escalador mais forte dos sete e, na verdade, foi quem abriu caminho por quase todo o percurso. Mrufka logo ficou para trás. Um dos austríacos, Hannes Wieser, retornou quando estava pouco acima do Acampamento IV. Willi Bauer e Alfred Imitzer alcançaram Rouse pouco antes do cume e assumiram a frente para abrir caminho. Eles pisaram no cume às 15h15; logo em seguida chegou Rouse. Depois de dois meses e meio na montanha, ele tinha finalmente conquistado a primeira ascensão britânica do K2.

Tullis e Diemberger deixaram o Acampamento IV antes dos austríacos, mas foram rapidamente ultrapassados por Bauer e Imitzer. O tempo estava perfeito. O relato de Diemberger da escalada do cume em *The Endless Knot* é tão cheio de entusiasmo místico que é preciso ler nas entrelinhas para entender o que aconteceu com ele e Tullis. Eles escalaram encordoados (o que mais ninguém havia feito) e avançaram com muita lentidão. Sensatamente, comprometeram-se a não chegar ao cume após as 16 horas, mas, às 15 horas, eles ainda estavam a 200 metros verticais do topo.

De repente, depararam-se com Mrufka, imóvel, inclinada na encosta. Para seu total espanto, viram que a polonesa estava dormindo. Diemberger acordou-a e lhe ofereceu um doce. "Ela reagiu assustada, parecendo surpresa", escreveu ele. Mrufka só dizia:

— Não... Subir... Tenho que subir!

Quando Diemberger e Tullis retomaram a escalada, Mrufka acelerou e tentou ultrapassá-los. Tullis sugeriu que ela seguisse seus rastros, pois era claro que estava atordoada, mas Mrufka falou sem pestanejar:

— Eu não quero escalar atrás de um velho.

Por um longo momento, Mrufka afastou-se vigorosamente e de uma forma meio desajeitada pela encosta escarpada acima de Diemberger e Tullis, que ficaram apavorados com a possibilidade de ela cair e fazê-los perder o equilíbrio, ou de enroscar na corda deles e levá-los junto. No fim, Mrufka sumiu de vista mais à direita.

Às 16 horas, Bauer e Imitzer surgiram inesperadamente, descendo. Diemberger reconta a conversa que tiveram:

— Tem certeza de que você ainda quer subir? — Bauer perguntou.

— Vamos levar no máximo mais uma hora — respondeu Diemberger.

— Engano seu. Nós levamos quatro horas!

Diemberger não podia acreditar no que estava ouvindo. Por fim, deduziu que Bauer quis dizer quatro horas do topo da travessia do Pescoço da Garrafa, não da posição em que estavam. (Parece que ninguém raciocinava com clareza naquele dia no

241

K2.) Com o reforço desse pensamento, Diemberger e Tullis seguiram em frente, violando o prazo que tinham imposto a si mesmos. Antes, Diemberger perguntou a Bauer:

— Existe alguma greta onde dê para fazer um bivaque?

Diemberger era, indiscutivelmente, um montanhista de primeira linha, mas também tinha 54 anos. Suspeito que ele e Tullis queriam muito fazer o cume, e que aquele "nó eterno" de sua parceria íntima, combinada com a hipoxia, instigou-os a tomar a estúpida decisão de continuar escalando. Na situação deles, não importa quanto eu almejasse o cume, se já passasse das 16 horas, eu teria desistido e descido.

Meu próprio horário de retorno é inflexível: 14 horas. Nunca burlei esse prazo. E nunca tive de parar e voltar por ser muito tarde. É tudo uma questão de planejar e sair bem cedo no dia previsto. Muitas vezes, vi escaladores caçando problema só porque deixaram para começar o ataque ao cume em um horário matinal muito avançado.

Diemberger e Tullis chegaram ao cume às 17h30. Em *The Endless Knot*, ele lembra esse triunfo:

> A alegria! A felicidade! Abraçamo-nos. Por aquele momento de eternidade, o K2, o belo K2, era nosso.
> — Julie, o pico que mais desejamos! — eu sentia minha voz trêmula enquanto olhava para os grandes olhos negros sob o capuz. [...]
> — Nossa montanha tão especial — ela sussurrou. — É isso, é isso, nossa montanha mais que especial.

Parece a receita ideal para um futuro desastre. Mas o mais extraordinário do ataque ao cume do dia 4 de agosto de 1986 é que todos os sete escaladores voltaram a salvo para o Acampamento IV. Quando descia do topo, Rouse encontrou Mrufka ainda subindo, lenta e dolorosamente. Depois de uma discussão acalorada, ele a persuadiu a dar meia volta e descer. No Acampamento IV, Willi Bauer contou:

— Ela chorou na barraca porque não atingiu o cume. [...] Eu lhe disse que ficasse feliz por estar viva.

Diemberger e Tullis só desceram do cume às 18 horas. A essa altura, o tempo fechava. No caminho para baixo, Tullis estava prestes a desmaiar. Diemberger ficou à frente na cordada para achar a rota. De repente, ele a ouviu chamá-lo: ela havia caído e vinha rolando pela encosta íngreme. Diemberger fincou sua piqueta, pôs seu peso nela e quase interrompeu a queda de Tullis antes de ser arrancado de sua posição, puxado pela corda. Os dois caíram dezenas de metros, sem controle, antes de pararem milagrosamente de escorregar.

A única lanterna frontal que o par trazia parou de funcionar. No escuro, com sua parceira dando segurança, mais tateando que vendo o caminho, Diemberger escalou uma greta para ver se servia para um bivaque, mas descobriu que estava parado em uma ponte de neve que logo se quebrou. Ele gritou para Tullis puxá-lo, mas, muito mais leve que o pesado austríaco, ela mal conseguiu mantê-lo firme no lugar. Em um esforço desesperado, Diemberger conseguiu voltar à superfície usando sua piqueta.

A dupla finalmente fez um bivaque em um nicho escavado na neve da encosta, a 8.380 metros. Como haviam deixado a mochila presa em um pitom no topo da travessia depois do Pescoço da Garrafa, não tinham sequer o cobertor térmico que Diemberger colocara nela como abrigo de emergência. Foi uma bênção a tempestade não ter caído antes do amanhecer, mas, durante a noite, os dois escaladores sofreram graves congelamentos. À primeira luz do dia 5 de agosto, em meio ao branco total, os dois começaram a descer novamente, mas estavam absolutamente perdidos. Ziguezagueando de um lado para outro, finalmente encontraram as cordas fixas dos coreanos e conseguiram descer até o Pescoço da Garrafa; entretanto, em meio à névoa, não conseguiram localizar o Acampamento IV. Diemberger começou a gritar, até que Bauer ouviu seus berros e respondeu, guiando os dois escaladores exauridos até o acampamento.

Bauer posteriormente relatou que arrastou Tullis até a barraca dela pelos últimos metros do acampamento, que "seu nariz e bochechas [estavam] bem pretos, mostrando sinais incontestáveis de congelamento de primeiro grau" e que sua "mão direita", sem luva, "[estava] inchada e [havia] pedaços de carne pendurados". Em *The Endless Knot*, Diemberger refuta com veemência essas afirmações e insiste que Tullis entrou no acampamento caminhando sem ajuda.

De qualquer forma, Bauer e Imitzer levaram Tullis para a barraca deles, a maior das três no Acampamento IV. Serviram-lhe bebidas quentes e tentaram aquecê-la com uma jaqueta sobressalente. Tullis depois voltou para a barraca que ela e Diemberger haviam montado no Ombro em 2 de agosto.

Cinco dos sete escaladores abrigados no Acampamento IV alcançaram o cume. Para evitar a catástrofe, eles só precisavam descer a montanha, seguindo uma rota que tinha cordas fixas instaladas na maior parte do caminho. Mas a inevitável tempestade finalmente chegou. Os escaladores ficaram nas barracas durante todo o dia 5 de agosto. Na verdade, eles não tentariam descer pelos cinco dias seguintes.

No acampamento-base, Jim Curran e os demais observadores só podiam imaginar o que estava acontecendo no alto da montanha, já que não havia um rádio no Acampamento IV. Durante a tempestade, seria impossível escalar o Esporão dos Abruzzos para tentar um resgate e, dia após dia, o pensamento de quem estava lá embaixo ficava mais pessimista. Houve momentos de calmaria nos dias 5 e 7 de agosto. Neste último, Curran conseguiu avistar todo o trajeto até o Ombro. Ele comentou com os outros no acampamento-base:

— Se tiver alguém lá em cima, acho que vai descer correndo.

Contudo, ninguém apareceu aquele dia, nem no outro, nem no seguinte.

O que aconteceu no Acampamento IV entre 5 e 10 de agosto ainda não foi totalmente esclarecido. Al Rouse, que tinha sido o mais forte dos sete escaladores no dia do cume, havia afirmado várias vezes que uma pessoa deve passar o menor número de dias possível a 7.900 metros. Parece que um tipo de apatia tomou conta dos sete escaladores, acompanhada do inevitável estado de hipoxia que talvez os tenha acometido em 4 de agosto. E é bem provável que essa apatia tenha sido reforçada pela completa exaustão de Tullis e Diemberger.

Na noite de 5 de agosto, ventos de 96 quilômetros por hora (de acordo com a estimativa de Diemberger) despejaram neve pesada contra as paredes da barraca que ele dividia com Tullis, ameaçando quebrar as varas. O austríaco não conseguia se levantar para sair da barraca; Tullis estava cega e tremia por causa do frio. Pela manhã, os dois pediram socorro. Primeiro Rouse e depois Bauer tentaram liberar a barraca pelo lado de fora, antes de desistirem na nevasca. No entanto, as investidas furiosas de suas piquetas abriram buracos no tecido da barraca, forçando Tullis e Diemberger a abandonarem o abrigo em que estavam.

Rapidamente, em meio à tempestade, Tullis foi cambaleando até a barraca do austríaco, enquanto Diemberger arrastou-se para dentro da barraca de Rouse. O homem que se recusara a dividir sua barraca com os refugiados nos dias 2 e 3 de agosto teve que implorar:

— Por favor, deixe-me entrar!

Sem hesitar, Rouse e Bauer concederam o favor que Diemberger negara a outros. Só que agora, a dificuldade dos abrigos superlotados mais uma vez drenava a força de vontade dos sete. Eles passaram mais uma noite sem sair das barracas.

Durante a noite, a tempestade diminuiu e os escaladores prepararam-se para escapar dali pela manhã. Contudo, à primeira luz, segundo Diemberger, "Não havia visibilidade alguma [...]. Com apenas uma linha de fuga, era grande o risco de se perder na densa neblina ou nuvem que pairava sobre o Ombro". Sendo assim, os escaladores permaneceram ali.

Para mim, trata-se de uma passagem crucial. É preocupante que, em toda a discussão subsequente ao desastre de 1986, ninguém tenha levantado a questão das estacas de marcação. Isso foi a primeira coisa que me chamou a atenção quando li *The Endless Knot* e *K2: Triumph and Tragedy* antes da minha expedição de 1992. Se os escaladores tivessem marcado a rota entre o topo das cordas fixas e o Acampamento IV, teriam conseguido descer no dia 7 de agosto, com ou sem neblina. Mas nem Curran, nem Diemberger mencionam esse descuido que contribuiu para a tragédia.

Entretanto, há uma curiosa passagem bem no começo do livro de Diemberger que revela o modo de pensar dos "europeus". No caminho até o Ombro, em 2 de agosto, ele lembra: "Percebi que apenas uma das varetas de bambu que os carregadores de altitude tinham trazido possuía uma bandeirola vermelha; os outros sinalizadores tinham se perdido durante o transporte pela crista, ou não foram fincados. Não há tempo para discutir isso agora.".

Certamente, os carregadores eram os paquistaneses a serviço da expedição coreana. Por que não ocorreu a Diemberger e Tullis ou a Rouse e Mrufka, ou aos três austríacos, a ideia de levar e fincar suas próprias estacas de marcação? Diemberger parece insinuar que se tratava de um trabalho dos carregadores. Ainda mais curioso é que, naquela crucial encosta abaixo do Ombro, os austríacos encontraram um pacote de estacas armazenadas, mas não quiseram levá-las. Ele lembra: "Olhei para o pacote pensativamente: *Elas não protegem contra avalanches, isso é certo. Usá-las agora, tão perto do final, parece uma precaução pedante, muito meticulosa.*".

É claro que as estacas de marcação não servem de proteção contra avalanches! Não foram feitas para isso. Quando li essa passagem pela primeira vez, fiquei imaginando como um montanhista tão experiente como Diemberger pôde ser tão descuidado com relação às estacas. Percebo agora, como disse antes, que simplesmente não era chique para os europeus escalar com essas estacas de jardim penduradas em suas mochilas. E o mesmo vale para os ingleses: diferentemente dos norte-americanos, ele não têm o hábito de marcar a rota com estacas nas grandes cordilheiras para garantir o descenso em meio a uma tempestade.

Sendo assim, em 7 de agosto, os escaladores no Acampamento IV decidiram não descer sob o branco total, temendo ficar perdidos. Isto dá vontade de chorar de frustração: uma série de estacas abaixo do Acampamento IV teria salvado a vida deles.

Na manhã de 8 de agosto, Diemberger acordou ouvindo a voz de Bauer ao vento. Em princípio, ele não conseguiu discernir as palavras. Ele respondeu aos berros para tentar entender.

— Kurt! — Bauer gritou. — Julie morreu ontem à noite.

"Foi como levar uma marretada", escreveu Diemberger. "Alan, ao meu lado, tentou me consolar. Eu ouvi as palavras sem captar seu significado."

Bauer carregou o corpo de Tullis até a barraca abandonada, fez um buraco no teto com sua piqueta e o depositou ali. Embora tal ato pareça impiedoso, isso era claramente preferível a manter um cadáver na barraca apertada dos austríacos.

No mesmo dia, 8 de agosto, os escaladores encalhados ficaram sem combustível para o fogareiro. Eles não tinham mais como transformar neve em canecas de salvadora água. Tentaram pegar montes de neve e derretê-la na boca. Muitas pessoas que morreram de sede em lugares frios tentaram fazer o mesmo, mas esse é um recurso desesperado que não funciona, porque o gasto de energia para derreter a neve é maior que o que se consegue obter de líquido.

Enquanto isso, Rouse, que tinha sido o mais forte dos sete, começou a fraquejar. Diemberger lembra:

> A última noite foi ruim; ele ficou reclamando, agitado, como um animal acorrentado. Ele avançava de repente, delirante, brigando com o destino. Eu tentei em vão acalmá-lo [...]. Ele implorava sem parar por água, mas nós não tínhamos mais nada. Coloquei um pedaço de gelo em seus lábios e ele começou a chupar compulsivamente.

Os sobreviventes sabiam que não adiantava esperar um resgate vindo lá de baixo. Mas, durante todo o dia 9 de agosto, permaneceram nas barracas, certos de que não conseguiriam descer sob a tempestade, que não diminuía. Só na manhã seguinte, quando acordaram e viram céu azul (embora o vento continuasse forte), eles resolveram agir.

Willi Bauer era quem empurrava todo mundo. Ele gritava para Wieser e Imitzer:
— "*Aussa! Aussa!*", — algo equivalente a "Pra fora!", em alemão coloquial.

Em outra barraca, Diemberger e Mrufka calçavam lentamente as botas. Sabiam que agora Rouse já não tinha chance, mas, como disse Diemberger, "a ideia de deixá-lo ali era terrível". Andando de forma oscilante entre as barracas, ele observou que foi "como ter que aprender a andar de novo".

Diemberger fez uma última visita a Tullis. Mais tarde, escreveu: "Não pude ver seu rosto. A barraca estava meio tombada, mas não caída. Estendi o saco de dormir para fechar a abertura e coloquei a jaqueta sobre seus pés [...]. Toquei nela pela última vez e, então, deixei-a descansar em paz.".

A essa altura, os outros quatro sobreviventes haviam começado a descer, mas, de uma vez por todas, a catástrofe ganhou novas proporções. Wieser e Imitzer só conseguiram andar pouco mais de 90 metros antes de caírem na neve. Mrufka e Bauer tentaram desesperadamente fazê-los levantar, mas tiveram que desistir.

Minutos depois, Diemberger encontrou os homens condenados.

> Alcancei Hannes. Ele estava sentado na neve, de costas para mim. Alguns metros depois estava Alfred, deitado de bruços na superfície sulcada, completamente imóvel. Devia estar morto. Hannes mexeu os braços sem forças, nadando no ar em câmera lenta [...]. Então vi seu rosto. Seus olhos, vazios, miravam o espaço. Ele não me viu. Eu chamei seu nome, mas ele nem virou a cabeça.

Para se salvar, Diemberger também teve que deixar Imitzer e Wieser para trás.

Durante a primeira parte da descida, Mrufka estava forte e mais rápida que Diemberger, o mesmo valia para Bauer. Mas os três estavam em transe alucinatório. Quando Diemberger finalmente alcançou os outros dois, Bauer de repente perguntou:

— Você tem alguma coisa para comer? Você trouxe um fogareiro?

— Não, é claro que não — respondeu Diemberger espantado.

É uma prova da incrível vontade de viver o fato de os três sobreviventes terem sido capazes de continuar descendo por um terreno traiçoeiro, em uma rota que não tinha a proteção das cordas fixas. O pensamento deles estava fixo no Acampamento III, a 7.350 metros, onde esperavam encontrar barracas ainda de pé, talvez alguma comida e fogareiros com combustível. No final da tarde chegaram ao acampamento e descobriram que avalanches de gelo tinham destruído tudo.

A única bênção era que havia cordas fixas instaladas desde o acampamento até as encostas inferiores dos Abruzzos. Porém, um detalhe técnico trivial lhes pregaria uma peça cruel. Nem Bauer, nem Diemberger tinham algum tipo de descensor, de modo que eles simplesmente se cliparam às cordas fixas com um mosquetão e desceram apoiando-se na corda com a mão. No entanto, Mrufka tinha uma bolacha,[1] que insistia em prender a cada corda. A bolacha é uma ótima ferramenta para dar segurança, mas, para rapel, é bem menos fácil de usar que um freio oito. A cada ancoragem, Mrufka tinha muita dificuldade para desengatar o equipamento da corda de cima e conectá-lo à próxima corda. Diemberger tentou convencê-la a usar um mosquetão, mas Mrufka recusou-se ou não entendeu.

Enquanto desciam no escuro, os dois austríacos perderam Mrufka de vista. Eles acharam que ela vinha logo atrás deles, porém nunca mais a veriam.

Andando atrás de Bauer, Diemberger mal conseguia segurar-se nas cordas fixas. Chegou a levar pequenos tombos, escorregando de leve pelas cordas esticadas ao longo da fenda quase vertical da Chaminé House. Porém, no Acampamento II, encontrou Bauer em uma barraca, derretendo neve em um fogareiro. Ambos beberam quanto puderam e foram dormir.

Foi só no dia 11 de agosto que os dois refugiados concluíram a descida. A primeira pessoa a receber Diemberger foi Jim Curran, que, é claro, esperava que fosse Al Rouse emergindo da fatídica armadilha. Segundo Diemberger, Curran disse:

— Você está a salvo agora!

— Perdi Julie — Diemberger respondeu.

Curran mais tarde escreveu:

> Se você fizesse uma fila com todos os membros de cada expedição e perguntasse a si mesmo quem sobreviveria a uma provação daquelas, Willi e Kurt estariam no final da lista. Mas, no fim das contas, o modo de eles agirem — lento, demorado, guardando energia — teve sua compensação.

---

1 Conhecido como "bolacha", o Stitch plate é um equipamento descensor obsoleto. (NT)

Dos sete escaladores que partiram para o cume no dia 4 de agosto, cinco pereceram. O pedágio cobrado pelo "perigoso verão" chegava a treze.

Até então, nos extensos anais do montanhismo no Himalaia e no Karakoram, apenas uma temporada fora mais mortal que o K2 em 1986. Em 1937, no Nanga Parbat, sete escaladores alemães e nove carregadores de altitude foram mortos por uma imensa avalanche enquanto dormiam em suas barracas no Acampamento IV. Contudo, essa calamidade deu-se de uma só vez, resultado da queda de um glaciar em um ponto bem mais acima — um ato fortuito, apenas isso. Em termos de campanha pontuada por um desastre após o outro sem relação direta entre si, levando a vida de alguns dos melhores montanhistas do mundo, o K2 de 1986 é, até hoje, incomparável.

O terrível verão teve seu impacto nos círculos do montanhismo nos Estados Unidos, ainda que não tenha tido muita repercussão entre o público geral. Por um lado, "apenas" duas das treze vítimas eram norte-americanas. Toda a comoção gerada pela tragédia do Everest em 1996 tem tudo a ver com o fato de que vários dos principais envolvidos — de Scott Fischer a Beck Weathers, incluindo Doug Hansen e Jon Krakauer, eram norte-americanos. E, ainda que o K2 tivesse um bom cronista na figura de Jim Curran, o escritor inglês não teve papel importante no drama, como no caso de Krakauer no Everest. Por fim, no K2, não houve uma encenação de moralidade à qual o público pudesse reduzir a complexa sequência de acidentes — nada parecido com a perversamente satisfatória fórmula do "eles tiveram o que mereceram" a que tantos leitores resumiram os fatos a partir de *No ar rarefeito*.

Um artigo de capa escrito por Charlie Houston e publicado no *American Alpine Journal*, intitulado "Death in High Places" [Morte nas Alturas], tentava extrair uma lição moral da temporada de 1986. Entre outras críticas, Houston escreve:

> Muitas das mortes podiam ter sido evitadas. [...]
> Também são muito comuns comportamentos ultrajantes, forte rivalidade e desrespeito à ética da montanha — fatores que levam a várias fatalidades.
> Há não muitos anos, algumas das coisas que foram feitas teriam levado à excomunhão pela comunidade escaladora.

As declarações de Houston estavam entre as primeiras de uma vertente que hoje se tornou lugar comum, especialmente em resposta aos "circos" que se instalam no Everest a cada primavera, em que egoísmo, competição e desumanização estão acima da compaixão e do sentido de irmandade.

A mais equilibrada e abrangente cobertura das tragédias do K2 na imprensa norte-americana veio em um artigo da revista *Outside* intitulado "The Dangerous Summer" [O perigoso verão], redigido em parceria por Greg Child (quatro anos antes de ele escalar o K2) e Jon Krakauer (dez anos antes de ele escalar o Everest). Basicamente, Child e Krakauer evitaram apontar culpados, mas finalizaram a matéria com uma citação extraída de Jim Curran:

> "Se existe algo em comum entre todas as mortes, é que muitas pessoas são gananciosas e têm muito a ganhar escalando o K2 — mas também muito a perder. Casarotto, os austríacos, Al Rouse, os Barrard, todos eram... o termo que me vem à mente é *extremamente ambiciosos*. Se você quer tentar uma ascensão em estilo alpino em uma 8.000 metros, tem de se preparar para a derrota."

Parece que, no último verão, muitas pessoas no K2 não se prepararam.

Vinte e dois anos depois, comentando a catástrofe de 2008 no K2 para a *National Geographic Adventure*, Child soltaria uma observação ainda mais sarcástica: "Ora, escalar é perigoso".

Contudo, na Grã-Bretanha e na Europa, a temporada do K2 causou grande furor. A imprensa britânica, inclusive algumas das publicações sobre escalada, acusou os austríacos de "abandonarem" Al Rouse. Tal acusação, é claro, foi ridícula: em 10 de agosto, Rouse estava tão debilitado que nem se aguentava em pé, e a atitude de Diemberger e Bauer era tudo que lhes restava para conseguir sair da montanha. Da mesma forma, os jornais ingleses condenaram Diemberger por fazer da supostamente relutante Julie Tullis uma mártir — apesar de todas as evidências de que o "nó eterno" deles fosse mesmo uma paixão mútua.

Parte da imprensa francesa chegou ao ponto de culpar Michel Parmentier por abandonar Maurice e Liliane Barrard, embora ele quase perdesse a própria vida esperando por ambos o máximo que pôde no Acampamento III. Na imprensa de língua alemã, Bauer e Diemberger, que tiveram as pontas dos dedos amputadas por causa do congelamento, brigaram por muito tempo, e o público tomava partido de um ou de outro. Até os coreanos serviram de bode expiatório por serem excessivamente lentos para escalar, em um estilo muito obsoleto.

Na última página de *K2: Triumph and Tragedy*, Curran distancia-se de todas as acusações para dar sua opinião:

> Explorar e ampliar os limites sempre foram a regra do jogo, seja na escalada em rocha, no alpinismo ou no montanhismo no Himalaia. Mas o desastroso verão do K2 deve permanecer como um lembrete salutar de que ainda existem limites: ampliá-los é uma coisa, ignorá-los é outra. O montanhismo jamais será uma atividade segura e não vai mais valer a pena se passar a ser.

Essa última linha é um credo pelo qual todos os escaladores vivem. Quando analisei de novo o verão de 1986 no K2, pude enxergar todos os tipos de pequenos erros que levaram a resultados fatídicos. Mas a cena que não me sai da cabeça é pensar nos sete escaladores presos no Acampamento IV esperando, dias após dia, quando deviam saber que a única esperança que eles tinham de sair do K2 com vida era descer de uma vez por todas. Isso me faz lembrar um sábio ditado sobre o montanhismo que minha esposa Paula repete frequentemente:

— Quando você acha que tem tudo calculado, é porque não tem.

Não é à toa que o mantra que eu repetia na minha cabeça no K2 em 1992 era "Não esqueça 1986!".

No verão de 1987, nenhum escalador chegou ao cume do K2. Contudo, uma expedição nipo-paquistanesa que escalava pelo Esporão dos Abruzzos encontrou o corpo de Mrufka entre os Acampamentos II e III. Ela estava congelada em um ponto da encosta escarpada, com sua bolacha ainda presa a uma corda fixa, que também estava atada em volta de seu pulso. Em uma operação notável, a equipe levou o corpo da escaladora até a base do Esporão dos Abruzzos e a enterrou ali.

Naquele verão, vários japoneses e espanhóis chegaram ao Ombro e escalaram a ravina do Pescoço da Garrafa antes de retornarem devido ao mal tempo. Eles não encontraram qualquer pista de Alfred Imitzer, Hannes Wieser, Julie Tullis ou Alan Rouse. Os dois austríacos podem ter sido arrastados para fora da crista por uma avalanche, entre agosto de 1986 e julho de 1987. Tullis e Rouse provavelmente foram soterrados pelas nevascas. Como acontece com tantas vítimas do K2, os corpos desses quatro escaladores nunca foram encontrados.

Epílogo
O santo graal

Apesar do título do livro de Jim Curran sobre a temporada de 1986, na crônica do K2 há mais tragédia que triunfo. As primeiras ascensões das outras 8.000 metros desdobraram-se como sagas de perseverança e ousadia — o francês que escalou rapidamente o Annapurna em 1950, depois de passar um mês só tentando encontrar a montanha; a subida solitária de Hermann Buhl em 1953 no Nanga Parbat; Hillary e Tenzing vencendo tranquilamente os últimos obstáculos do Everest no mesmo ano; Joe Brown e George Band, que pararam a 6 metros do cume do Kangchenjunga em 1955, por respeito às crenças do povo de Sikkim, para os quais a montanha era um deus e um protetor. (Nossa equipe fez o mesmo no Kangchenjunga em 1989.)

Mas a primeira ascensão do K2, em 1954, será sempre ofuscada pela triste e interminável controvérsia que se seguiu. Se você acredita na versão de Walter Bonatti acerca dos eventos de 30 e 31 de julho — e, atualmente, a maioria das pessoas do mundo da escalada aceita essa versão —, o personagem principal da dupla do cume, Achille Compagnoni, deve entrar para a história como um dos mais indeléveis vilões do montanhismo. Temendo ser obrigado a dividir os louros da vitória com o escalador mais jovem e apto, Compagnoni estava, aparentemente, disposto a deixar Bonatti e Amir Mahdi congelarem em um bivaque ao relento. E o artifício premeditado que Compagnoni usou para evitar a partilha da glória, ao esconder o Acampamento IV atrás das pedras acima de uma arriscada travessia — transformou o mais bravo escalador hunza da época em uma vítima de congelamento que nunca mais pôde voltar às grandes montanhas.

Os heróis do K2 — em minha opinião, encabeçam a lista Bonatti, Fritz Wiessner e toda a equipe norte-americana de 1953 — continuam sendo os homens para sempre marcados pela derrota e, nos casos de Bonatti e Wiessner, pela traição. Próximo ao fim de seu livro, Curran tenta enumerar os triunfos da temporada de 1986: Wanda Rutkiewicz tornou-se a primeira mulher a escalar o K2; a incrível ascensão de Benoît Chamoux em 23 horas; a conquista polonesa da Magic Line, que já repelira vários escaladores. Mas essas vitórias ficam totalmente encobertas pelas treze mortes que fizeram 1986 constar para sempre nos anais do montanhismo no Karakoram como uma temporada sombria.

Desde que Bob Bates e Charlie Houston escreveram sua clássica narrativa da campanha de 1953, *savage mountain*, ou montanha da morte, foi a alcunha que se aderiu ao K2. John Barry e Jim Curran (em seu levantamento histórico) incorporaram esse rótulo aos títulos de seus próprios livros sobre a montanha. No verão de 2008, o apelido apareceu repetidas vezes nos relatos da imprensa sobre o desastre desse ano.

Eu não concordo com isso. O K2 não é nenhum ser malévolo à espreita acima do Baltoro, esperando para nos pegar. Ele simplesmente está lá. Indiferente. É uma montanha inanimada, feita de rocha, gelo e neve. Seu aspecto "mortífero" é o que nós projetamos nela, como se a culpássemos pelas desventuras que nela vivemos.

No entanto, não há como negar quão perigoso é o K2. Segundo o *site* Everest-News.com, somente em 2008, 290 escaladores chegaram ao cume do Everest, e apenas uma pessoa morreu na montanha. Nada menos que 77 pessoas, entre homens e mulheres, galgaram o cume em um único dia no final de maio. No K2, no verão de 2008, dezoito escaladores atingiram cume, sendo que onze morreram na tentativa de fazê-lo. De acordo com a contagem mais precisa, até maio de 2009, 299 tinham escalado o K2, e 77 morreram em seus flancos. É uma proporção bem intimidadora — significa que para cada quatro escaladores que galgaram o cume, pelo menos um morreu. (A proporção no Everest é de aproximadamente dezenove por um.)

A frieza dos números esconde uma discrepância que só ressalta o perigo do K2. A cada temporada de verão e outono no Everest, reúnem-se grupos de pessoas relativamente novatas, os clientes das expedições guiadas que formam a maior parte do tráfego. Não é de surpreender que alguns deles venham a falecer. O K2, porém, ainda é quase exclusivamente território de montanhistas experientes, mulheres e homens acostumados a sair das mais perigosas situações.

Também é fato que, no Everest, escaladores "profissionais" experientes cometem erros e se metem em encrenca. Aos olhos do público, todos os clientes servem de bode expiatório, como amadores que não deviam estar na montanha. Mas muitos clientes, inclusive alguns que eu guiei, treinam há anos como escaladores amadores antes de se inscreverem em uma expedição para o Everest. Em 1996, culpou-se, sobretudo, os clientes pela tragédia. Será que os guias não deviam assumir a maior parte das críticas pelos erros que acabaram em desastre?

Em 2004, o escalador e escritor francês Charlie Buffet escreveu um pequeno livro especializado chamado *La Folie du K2* [A loucura do K2]. Nele, lista os dez escaladores franceses que atingiram o cume do K2 até então: Éric Escoffier, Daniel Lacroix, Benoît Chamoux, Maurice e Liliane Barrard, Michel Parmentier, Pierre Béghin, Christophe Profit, Chantal Mauduit e Jean-Christophe Lafaille. Essa lista apresenta quem é quem no montanhismo francês. Laconicamente, Buffet comenta: "Até agora, somente dois deles ainda estão vivos, Profit e Lafaille. Todos os outros morreram nas montanhas".

EPÍLOGO – o santo graal

Com o desaparecimento do meu grande amigo J.-C. Lafaille, no Makalu em 2006, a lista de Buffet ficou reduzida a uma pessoa viva: Christophe Profit, que, ao lado de Béghin, realizou a primeira ascensão da crista noroeste do K2 em 1991. Com a morte do francês Hugues d'Aubarède em agosto de 2008, a lista de Buffet ficou ainda mais dolorosa.

Buffet encerra seu livro com uma citação marcante de Lafaille. Como não leio francês, não sabia o que J.-C. tinha dito até este ano, quando um amigo traduziu esse trecho para mim. (No livro, não fica claro se J.-C., que galgou o cume do K2 em 2001, escreveu essa passagem para uma revista de escalada ou se foi algo dito durante uma entrevista com Buffet.)

> É uma montanha esplêndida, gigantesca, que acaba com você. Nela, os riscos são palpáveis, dá para vê-los. Não muito longe do acampamento-base existe o memorial [o memorial Gilkey-Puchoz]. Parece que você está em um cemitério. Para chegar ao pé da face [Abruzzos], você atravessa o glaciar Godwin Austen, onde um amigo meu espanhol encontrou o corpo de Maurice Barrard há dois anos. Foi uma caminhada de quinze minutos desde as barracas nas quais passamos dois meses. Toda vez que eu pegava aquele caminho, encontrava restos humanos – roupas, calçados, uma pelve. Toda a história dessa montanha pesa em nossas costas.

O K2 foi a maior aventura da minha vida de escalador. Foi o teste definitivo das minhas habilidades como montanhista. Teve de tudo: acidente iminente, esperas intermináveis durante as tempestades, retiradas para o acampamento-base, resgates desesperados de outros escaladores. Eu não só precisei de toda a minha habilidade para escalar a montanha, como precisei também de toda a minha paciência. (Às vezes, refiro-me ao K2 como o "prato completo" do montanhismo – tudo o que você pode querer de uma escalada e muito mais.) Em todas as minhas expedições para uma 8.000 metros, nunca fiquei tanto tempo em uma montanha antes de chegar ao cume. O K2 é a expedição de uma vida inteira disfarçada em um verão.

Ele também foi um dos dois ou três pontos cruciais da minha vida. Enquanto eu caminhava pelo Baltoro naquele mês de agosto, pude finalmente dizer a mim mesmo *eu tenho capacidade de escalar as 8.000 metros. Eu escalei as três maiores. O que pensar das outras?* Por fim, o K2 me animou e me deu confiança para conceber o Endeavor 8000.

Em 2008, eu havia participado de dez expedições ao monte Everest. Atingi o cume seis vezes. Desde que fechei o ciclo das 8.000 metros escalando o Annapurna em 2005, sempre alimentei a ideia de que, sob as circunstâncias certas, tentaria novamente o Everest.

Então, na primavera de 2008, as circunstâncias certas se apresentaram. Em 25 de março de 2009, parti novamente rumo à montanha mais alta do mundo, caminhando pelo vale do Khumbu pela sétima vez até o acampamento-base na face sul. Três meses antes do meu aniversário de cinquenta anos, sentia-me com a mesma forma física de sempre.

A expedição foi organizada pela empresa Eddie Bauer. Hoje, faço parte de uma equipe que ajuda a projetar uma nova linha de equipamento técnico, chamada First Ascent. A exposição dos produtos no Everest seria a etapa final do lançamento oficial dessa linha de produtos.

Para mim, era uma honra fazer parte da campanha da Eddie Bauer. Contudo, o maior estímulo para que eu voltasse ao Everest era o desafio de tentar escalar de novo seus 8.848 metros. As pessoas normalmente me perguntam quando é que vou parar de escalar. Então, respondo:

— Quando deixar de ser divertido, ou quando não puder mais fazê-lo.

Na primavera de 2008, o Everest estava lotado, como sempre é nessa época. Meu maior problema na montanha, além dos períodos de mal tempo, era o tráfego intenso no alto da rota pelo colo sul. Todavia, esperei até o final de abril e o começo de maio, e a previsão do tempo finalmente pareceu favorável para um ataque ao cume. Deixar o acampamento-base é sempre uma aposta, já que o acampamento superior fica distante três dias e é preciso acertar o passo a fim de chegar no tempo exato para o ataque ao cume. Nossa ideia inicial era alcançar o cume em 17 de maio, evitando assim a multidão. Mas, nesse dia, houve um imprevisto, com ventos extremamente fortes e visibilidade quase zero. Então, esperamos em nossa barraca no colo sul durante um dia e uma noite. Enquanto esperávamos, vários outros escaladores chegaram. Sabíamos que o tráfego seria intenso no dia seguinte.

Finalmente, às 23 horas de 18 de maio, quatro colegas de equipe e eu partimos do colo sul. Não havia muita gente na rota, mas estava muito frio — alguém disse que a temperatura era de -34 graus Celsius. Mesmo assim, fizemos um bom tempo, alcançando a Plataforma Balcony às 3 horas e o cume às 8 horas.

Quando o sol nasceu, o dia estava bonito, com uma brisa leve, mas quente o bastante e incrivelmente claro. Descemos sem surpresas e chegamos de volta ao colo sul às 13 horas. Como escrevi em meu *site*, "a viagem de ida e volta levou 14 horas. Foi minha sétima ascensão da montanha e, muito provavelmente, a última. Foi ótimo visitar novamente aquele lugar, retornar ao Everest, mas não tenho mais vontade de voltar e escalar a montanha pela oitava vez".

Na primavera de 2009 no Everest, tomei uma decisão inédita, que foi a de usar oxigênio suplementar mesmo sem ter clientes para guiar. Expliquei a decisão em meu *site*: "Como eu sabia que o dia seguinte podia ser bem frio e ter vento forte, por questão de segurança, achei melhor acompanhar a equipe e usar oxigênio suplementar. Essa decisão baseou-se mais na segurança e no consenso com o grupo. Sendo assim, meio que mudei um pouco o estilo de ascensão, mas deu tudo certo.". Mais tarde, fiquei contente quando soube que as pessoas que acompanhavam a expedição *on-line* foram unânimes ao aprovarem minha decisão em vez de me condenarem por eu me desviar do meu estilo purista.

Escalar o Everest novamente pareceu razoável. Mas não há como eu tentar escalar o K2 de novo. Objetivamente, não é uma escalada tão árdua, pelo menos pelo Esporão dos Abruzzos. Ela é complexa, e não é fácil descer com tempo ruim. Faz mais frio que no Everest, pois o K2 está situado 8 graus de latitude mais ao norte, algo equivalente à distância entre a cidade do Rio de Janeiro e Brasília. No Everest, a cada primavera, pode-se contar com uma janela estável de tempo bom, quando as rajadas de vento começam a perder força devido à aproximação das monções. Só que essas monções não chegam ao Karakoram. Então, só resta tentar a sorte com o clima. Não há garantia alguma de que haverá um único período prolongado de dias bons durante o verão.

Durante as campanhas de escalada de 1987, 1988 e 1989, nada menos que 53 escaladores galgaram o cume do monte Everest. Nesse mesmo intervalo de três anos, mesmo com o ataque de quinze expedições diferentes formadas pelos melhores escaladores do mundo, ninguém escalou o K2. Não me surpreende.

Muitos escaladores escalaram várias vezes o Everest, incluindo eu mesmo, com minhas sete escaladas. O recordista, Apa Sherpa, totalizou dezenove ascensões do Everest em 2009. No entanto, em maio de 2009, somente três escaladores conseguiram chegar ao topo do K2 mais de uma vez, cada um deles fazendo apenas uma segunda ascensão.

Acredito que a maior barreira do K2 seja psicológica. Se você tiver sorte suficiente de desfrutar o santo graal do montanhismo por alguns instantes, não vai querer ser egoísta e tentar levá-lo para casa. Se fizer isso, como Sir Gawain e Sir Lancelot na lenda arturiana, coisas ruins vão acontecer.

Ultimamente, discute-se muito se o K2 logo será "banalizado" como foi o Everest. Hoje em dia, durante toda a primavera, a rota do Everest pelo colo sul possui cordas instaladas que formam uma rede ininterrupta desde o acampamento-base avançado até o cume. Isso ainda não aconteceu no Esporão dos Abruzzos no K2, mas não há como saber se acontecerá em um futuro próximo. A expectativa dos escaladores de 2008 de que houvesse cordas fixas no Pescoço da Garrafa e na travessia até o topo indica uma grande mudança de mentalidade desde os anos 1990.

Poucos clientes pagantes fizeram parte de expedições ao K2 nos últimos anos. Até onde sei, nenhum deles chegou ao cume. Mas os observadores mais pessimistas preveem um futuro em que serviços guiados cobrarão pequenas fortunas dos abastados para arrastá-los pelos Abruzzos. Se esses grupos contratarem xerpas e hunzas para instalar cordas e montar acampamentos, e se usarem regularmente oxigênio suplementar, então o K2 estará na mesma situação atual do Everest. As cordas fixas são o ponto-chave das expedições comerciais guiadas, pois, com as cordas, o cliente só precisa deslizar seu jumar de uma corda para a outra em vez de realmente escalar rocha e gelo, um desafio formidável transformado em um mero teste maçante de resistência. Acho inevitável que as empresas tentem comercializar o K2, especialmente agora que ele está se tornando um prêmio mais "atraente" que o Everest. Isso será muito triste para o montanhismo.

Outra tendência recente no Everest é a busca pelo "primeiro", a qual vai do monumental ao absurdo. Para os críticos, é só mais uma medida da banalização da montanha. A primeira ascensão invernal, a primeira descida de esqui ou *snowboard*, até a primeira descida de parapente representaram verdadeiras habilidades e atos radicais. Mas, nos últimos dez anos, o Everest foi escalado por um cego, por uma dupla de amputados, por um senhor de 71 anos e por um xerpa de quinze anos. O recorde de velocidade do Everest continua sendo quebrado.

Fico apavorado quando ouço as pessoas dizerem que querem ser o primeiro disso ou daquilo no Everest; elas geralmente pedem minha aprovação. Esses não são os motivos certos para escalar a montanha, então eu recuso. É óbvio que essas pessoas querem chamar a atenção em vez de simplesmente escalar a montanha para usufruir a experiência. Escalar a montanha por si só deve ser razão suficiente para estar lá.

Ainda assim, os primeiros continuam proliferando. Chegou a um ponto em que as expedições para o Everest, em buscam de patrocínio, criam "primeiros" tão específicos que qualquer escalador experiente riria deles — exceto pelo fato de que essas inovações são verdadeiros chamarizes para arrecadar fundos. As pessoas podem ter ideias desse tipo com relação ao K2, mas duvido. Descer a montanha esquiando, por exemplo, é algo que me assusta por ser extremamente difícil e aterrador, mas é concebível. Quem sabe o que a próxima geração vai aprontar? Na verdade, em 2001, o grande escalador tirolês Hans Kammerlander planejava esquiar os Abruzzos depois de uma ascensão solo. Porém, depois de se juntar a J.-C. Lafaille numa difícil escalada sob condições terríveis, deixou de lado a ideia de calçar esquis na hora de descer.

Em 1980, uma expedição polonesa realizou a primeira ascensão invernal do Everest, quando Krzysztof Wielicki e Leszek Cichy alcançaram o cume pela rota do colo sul em 17 de fevereiro. Foi um verdadeiro marco, um dos maiores feitos da história do Everest. Até agora, foram duas tentativas no K2 no inverno, ambas de equipes polonesas, em 1987 e 2003. Na segunda, liderada por Wielicki, chegaram a 7.620 metros de altitude pelo Esporão dos Abruzzos antes de desistirem. Suspeito que esse tentador "primeiro" será conquistado por alguém nos próximos cinco a dez anos.

EPÍLOGO – O SANTO GRAAL

Escalei o Gasherbrum I com Wielicki em 1995, depois que o meu parceiro Rob Hall resolveu ir embora. Wielicki e eu nos conhecemos por acaso na montanha, mas, como parceiro, era uma pessoa em quem se podia confiar totalmente. Ele adorava estar nas montanhas e era como um tigre na colina. Fico imaginando como ele deveria ter sido forte em 1980, quando estava no auge. Eu ficaria feliz de participar de outra expedição com Krzysztof se tivesse a oportunidade.

Acho que serão os poloneses, com sua lendária resistência, tolerância à dor e tenacidade, os primeiros a escalar o K2 no inverno. Eles parecem dispostos a voltar quantas vezes forem necessárias até terem sucesso. Mas, mesmo assim, um triunfo futuro dependerá de condições climáticas fenomenalmente boas durante o inverno para os escaladores prepararem o ataque.

No Everest, toda rota plausível foi conquistada — exceto a Crista Fantasy, uma via pela face leste à direita das duas rotas já escaladas. No K2, ainda existem diversas rotas de grande qualidade esperando a primeira ascensão, inclusive a face leste e toda a crista noroeste. E a vontade de realizar ascensões em solitário pelas rotas difíceis ainda está bem viva na segunda montanha mais alta do mundo.

Nos anos recentes, o resgate de helicóptero — graças aos bravos feitos aéreos dos pilotos nepaleses e paquistaneses — começou a mudar o jogo em todo o Himalaia. Já existe prova de que alguns pseudo-heróis alpinistas estão dispostos a arriscar o pescoço nas 8.000 metros já que contam com os helicópteros para salvá-los. De um modo geral, essa é uma tendência lamentável, pois os pilotos, que normalmente são esquecidos pela imprensa, arriscam a própria vida para salvar escaladores exibidos que só estão atrás da própria fama.

Se você duvida que o resgate aéreo seja capaz de transformar um "jogo" de exploração, basta ver o que acontece nos polos norte e sul. Por séculos, os polos eram os locais mais remotos da terra, e verdadeiros heróis, como Amundsen, Scott e Peary, deram tudo o que tinham para chegar lá usando os melhores meios disponíveis — trenós, cães e esquis. Hoje em dia, pode-se agendar uma viagem para saltar de paraquedas acima do polo norte, ou ir até lá para competir uma maratona. Você só precisa passar um simples fim de semana fora de sua casa — na suburbana América do Norte — se quiser "vencer" 90 graus a norte. Ainda existem exploradores audaciosos em busca de seus "primeiros" no Ártico e na Antártica, só que agora, toda vez que eles têm algum problema, normalmente são içados à segurança pelos helicópteros.

Será que os helicópteros vão transformar a escalada no K2? Ou será que a altitude é uma barreira impenetrável para as aeronaves? Temos que esperar para ver. Ainda nenhum escalador foi removido de helicóptero do cume do Everest, mas, há alguns anos, um corajoso piloto francês tocou nele. Com os rotores ainda funcionando e com apenas um patim equilibrado sobre o cume, ele permaneceu ali por vários minutos antes de retomar o voo no firmamento. Ninguém pôde embarcar de forma segura e ser rapidamente levado para a segurança, pois o helicóptero já estava no seu limite. Mas, quem sabe o que nos aguarda nos próximos anos?

Para mim, haverá uma série de eventos lamentáveis se helicópteros conseguirem remover escaladores incapacitados dos cumes mais altos. Na última década, os telefones celulares deram novo teor ao resgate de caminhantes e escaladores no interior dos Estados Unidos. Agora, muitas pessoas vão passar crentes que, se tiverem algum problema, basta ligar 911. Deus nos livre de acontecer o mesmo nas 8.000 metros. Eu sempre gostei da sensação de me desligar do mundo que usufruo quando estou em alta montanha, e da autoconfiança que isso impõe, já que me dou conta de que minha segurança depende totalmente da minha capacidade de tomar decisões com cautela. Já não existem muitos lugares no mundo nos quais um resgate feito por terceiros ainda seja literalmente impossível.

Está claro que, ultimamente, os escaladores das 8.000 metros, como alguns daqueles que ficaram presos acima do Pescoço da Garrafa em agosto de 2008, simplesmente se sentam e ficam esperando que outros escaladores venham resgatá-los. Para mim, isso sempre foi algo inconcebível. Em todas as minhas expedições, dizia para mim mesmo: *Se eu me meter em alguma encrenca aqui, tenho de me virar para sair dela*. De certa forma, eu gostava dessa obrigação. Fazia que eu me testasse. Isso me ensinou a ter autoconfiança. No fim das contas, tornou-me um escalador mais conservador.

Nunca vou me esquecer de quando olhei para a encrespada encosta do cume do Dhaulagiri em 1999 e, de repente, encontrei um homem morto esparramado na neve. Foi mais um lembrete. Enquanto eu reprimia o arrepio que subia por minha coluna, jurei: *Ed, se você pisar na bola, vai ser você estirado ali*.

Por muitos anos após 1998, perdurou uma superstição macabra envolvendo mulheres e o K2. Até então, somente cinco mulheres tinham galgado o cume: Wanda Rutkiewicz, Liliane Barrard, Julie Tullis, Chantal Mauduit e Alison Hargreaves. E, em 1998, as cinco estavam mortas. Barrard e Tullis morreram descendo os Abruzzos em 1986, bem como Hargreaves em 1995, quando ela, aparentemente, foi arrancada da montanha por uma forte rajada de vento. (Sua morte causou um grande e, em minha opinião, ridículo furor na Inglaterra, de onde era proveniente, tendo sofrido uma censura póstuma — pela imprensa comum, não por parte da comunidade de escaladores — por ter deixado dois filhos pequenos. Ao longo de décadas, inúmeros homens escaladores, inclusive Mallory, fizeram o mesmo, sem serem condenados e considerados pais irresponsáveis.) Rutkiewicz morreu no Kangchenjunga em 1992, e Mauduit, no Dhaulagiri em 1998.

O fato de nenhuma mulher viva ter escalado o K2 incitou uma competição entre uma pequena comunidade de ambiciosas alpinistas. Jennifer Jordan escreveu um livro famoso intitulado (lá vem de novo!) *Savage Summit* [O cume da morte], que narra histórias da vida das cinco mulheres que escalaram o K2 e morreram. E, em 2002, seu marido, Jeff Rhoads, organizou uma expedição à montanha, enquanto Jordan fazia um filme chamado *Women of K2* [Mulheres do K2], cujo mote girava em torno da tentativa de Araceli Segarra de se tornar a sexta mulher a escalar a montanha, acabando, assim, com o que já se chamava de "a maldição das mulheres no K2".

Araceli foi uma das estrelas do filme da IMAX dirigido por David Breashears sobre o Everest, em 1996. É uma escaladora forte e uma ótima colega de equipe, além de ser bonita o bastante para ganhar a vida como modelo na Espanha, seu país de origem. Seu esforço na Cesen foi interrompido, a apenas 7.100 metros, pelas condições climáticas e da neve. Foi durante essa expedição que Jordan e Rhoads encontraram os restos mortais de Dudley Wolfe no glaciar Godwin Austen.

Apesar de Araceli não ter conseguido escalar o K2, o filme ganhou vários prêmios. Ele também provocou uma inesperada reação entre as feministas, as quais acharam que Jordan estava dizendo que as mulheres simplesmente não eram boas o bastante para escalar o K2 com segurança. Ela ficou perplexa, pois seu intuito era mostrar, de uma forma dramática, quanto o K2 é perigoso, tanto para os homens como para as mulheres.

A tal maldição produziu uma reação bem mais oportunista que o filme de Jordan, quando Heidi Howkins, uma escaladora norte-americana louca por publicidade, lançou um livro intitulado *K2: One Woman's Quest for the Summit* [K2: a busca de uma mulher pelo cume], que discorria sobre como ela *planejava* escalar o K2. Dá um tempo! Primeiro escale, depois escreva o livro! Howkins não conseguiu ir muito alto na montanha, mas isso não impediu a *National Geographic Explorer* de fazer um filme sobre sua "busca". O nome era (você não sabia?) *Savage Summits* [Cumes da morte].

Até maio de 2009, nenhuma mulher norte-americana havia escalado o K2. Esse será um "primeiro" que, sem dúvida, manterá viva uma grande rivalidade até que alguma montanhista dos Estados Unidos realize tal façanha.

Enquanto isso, em 2004, uma espanhola, Edurne Pasabán, acabou com a maldição sem fazer alarde quando galgou o cume pelo Esporão dos Abruzzos como membro de uma equipe ítalo-espanhola. Até o momento, ela está em pé de igualdade com a escaladora austríaca Gerlinde Kaltenbrunner, sendo que ambas escalaram doze das catorze 8.000 metros. Nos anos 1980, muita gente acreditava que Wanda Rutkiewicz seria a primeira mulher a entrar para o grupo de elite dos homens que completaram as catorze. Em seu currículo, ela estava muito à frente de qualquer outra mulher do mundo com relação a montanhas de 8.000 metros. Mas, dezessete anos após sua morte, ainda nenhuma mulher completou a lista.

Como elas são europeias e não têm o mesmo tipo de máquina publicitária usada por Heide Howkins (ou, em outro caso, por Reinhold Messner), nem se fala dessa competição saudável — e elas insistem que é saudável — nos Estados Unidos. Mas acho que esse é um desafio interessante e admirável, e o estou acompanhando bem de perto. Serei o primeiro a parabenizar Pasabán ou Kaltenbrunner assim que uma delas entrar para o nosso pequeno clube que, pela última conta, tinha apenas dezesseis membros.

Em um pós-escrito que escrevi para a edição brochura de *No Shortcuts to the Top*, admiti que, após terminar minha campanha de dezoito anos para escalar todas as catorze 8.000 metros, às vezes eu sentia que faltava algo. Participar de programas de televisão como *The Colbert Report* e *The Show with Jon Stewart* foi divertido e gratificante, bem como as cartas e mensagens eletrônicas que recebi dos leitores e as calorosas audiências que geralmente saudavam minhas apresentações e palestras "motivacionais". Mas eu realmente não vislumbrava meu futuro como um palestrante de programa-depois-do-jantar, vivendo de recontar infinitamente as escaladas que fiz na juventude. Gosto de falar em eventos, mas ainda preciso me exercitar física e mentalmente ao ar livre. O futuro seria vazio para mim se não houvesse mais montanhas para escalar.

Desde maio de 2005, quando voltei do Annapurna, também descobri outras formas de aventuras para manter a adrenalina em dia. Uma delas foi correr a Maratona da Cidade de Nova York com a Paula em novembro de 2006. Tão divertidos quando a própria maratona (tirando todos os músculos doloridos pelo esforço daquele percurso de 41 quilômetros) foram os fins de semana de treino juntos perto de nossa casa em Bainbridge Island. Paula e eu conseguimos compartilhar um programa de treinamento com o mesmo objetivo e da maneira mais satisfatória, como jamais conseguimos em expedições para as 8.000 metros.

Minha viagem de trenó com Will Steger na ilha de Baffin, durante a primavera de 2007, foi outra nova forma de aventura para mim. Tive que aprender uma arte totalmente nova de viagem e fiquei fascinado pela cultura das vilas inuítes que visitamos, tão diferentes das culturas de Skardu e Askole, ou Dingboche e Namche Bázar. Ainda que essa cansativa jornada terrestre tenha sido uma das mais árduas, ela não testou meus limites como fizeram as 8.000 metros — em especial o Annapurna e o K2.

Um ano depois, voltei à ilha de Baffin com meu amigo adestrador de cães John Stetson. Dessa vez, em vez de usar cães para levar o equipamento, puxamos nossos próprios trenós, cada um com 100 quilos, por quase 240 quilômetros de uma paisagem árida e congelada em uma grande volta pela pequena cidade de Pond Inlet. Essa viagem foi mais exigente em termos físicos que a primeira que fiz com Steger e, para mim, mais compensadora.

Em janeiro de 2009, escalei o Aconcágua, a maior montanha da América do Sul, com 6.962 metros, como parte de uma expedição realizada pela Eddie Bauer para testar equipamentos— um teste, na verdade, para o lançamento da linha First Ascent que seria feito no Everest na primavera. O Aconcágua não é difícil como uma montanha de 8.000 metros, mas pode ser enganosamente fatal: muitos escaladores morrem nas encostas dessa elevação em decorrência de mal da montanha, edema pulmonar ou cerebral, hipotermia, ou porque se perdem em meio a uma tempestade. Na verdade, várias pessoas morreram enquanto estávamos na montanha.

Escalara o Aconcágua pela primeira vez havia vinte anos, quando eu tinha dezenove e estava em plena forma. Esperava achar sua escalada um pouco mais difícil por causa dos meus 49 anos, mas me surpreendi. No cume, pensei: *Puxa, me sinto ótimo, quero mais.* E também: *Ei, ainda é isso que me empolga!*

O prazer que senti no Aconcágua foi o que me motivou a ir para o Everest com a equipe Eddie Bauer First Ascent na primavera de 2008. Tenho certeza de que os céticos disseram:

— O que faz o Viesturs voltar ao Everest pela 11ª vez? Um acordo lucrativo com os patrocinadores? Mais publicidade por meio das entregas *on-line*?

Mas o motivo principal que me fez ir para o Everest em 2009 foi o simples fato de eu ainda achar as montanhas intrigantes. Sempre vou amar o ambiente da montanha. E, como aprendi no Aconcágua, escalar ainda é divertido.

Os céticos também podem dizer:

— Ele está assustado com a ideia de fazer cinquenta anos e ainda acha que tem algo a provar.

A verdade é que não tenho medo de virar cinquentão. Ainda me sinto muito ativo, forte e inteligente. Se eu não soubesse em que dia nasci, diria que tenho apenas 35. No máximo quarenta. A idade que consta em meus documentos não tem nada a ver com minha 11ª tentativa no Everest.

Quando eu estava perto de concluir o Endeavor 8000, alguns amigos de Paula disseram-lhe:

— Como você aguenta esse negócio de o Ed ficar tanto tempo longe de casa? Você não fica preocupada? As crianças não sentem saudade dele?

É verdade, eu ficava muito tempo longe de casa. E o montanhismo é inevitavelmente perigoso. Mas gostaria de destacar que, quando eu ficava em casa, estava mesmo ali para Paula e para as crianças. Até cheguei a dizer para meus filhos que, provavelmente, eu passava mais tempo com eles por ano do que um pai que cumpre suas 45 horas de trabalho semanais.

Desde que Paula e eu nos casamos, em fevereiro de 1996, e particularmente depois que Gil, Ella e Anabel nasceram, a família passou a ser a coisa mais importante da minha vida, mais importante que as grandes montanhas e as amizades de escalada. E, desde o verão de 2005, quando voltei para casa depois do Annapurna, passei a ser pai em tempo integral. Em 2008, dividimos nosso tempo entre Bainbridge Island e Sun Valley, em Idaho, onde temos um apartamento desde 2006. Durante o inverno de 2008-2009, as crianças foram para uma escola pública em Sun Valley, mas voltamos para Bainbridge para passar o verão. O tempo dirá como vamos dar conta de duas residências nos próximos anos, mas é bom ter opções.

Neste ano de 2009, as crianças sentiram muita saudade dos amigos, mas amaram as possibilidades de recreação em Sun Valley. Gil e Ella tornaram-se esquiadores muito habilidosos. Sou muito bom no esqui, mas quando esses dois descem uma encosta, preciso me esforçar para acompanhá-los.

Com onze anos, Gil é o extrovertido da família. Adora conversar e fala sem parar. Paula e eu dizemos que ele pode ser apresentador de um programa de entrevistas. Tanto os amigos da idade dele como os adultos acham-no divertido. E ele é louco pelo time de futebol americano Seattle Seahawks, embora, depois de eles terem passado para o Super Bowl em 2006, suas últimas três temporadas tenham sido bem decepcionantes.

Se Gil é o extrovertido, Ella, que completou nove anos em junho, é nossa introvertida. Ela é forte e reservada, nunca reclama de pequenos acidentes ou alguma tarefa que precise executar. Como eu, é uma companhia quieta, que tende a ficar de lado enquanto outras pessoas dominam a conversa. É uma grande atleta, capaz de acompanhar Gil nas encostas de esqui. Ela também pratica escalada *indoor* sempre que pode. Se algum de nossos três filhos tiver que ser montanhista, provavelmente será Ella.

Anabel, aos quatro anos, é a amorosa da família. Sem qualquer motivo especial, abraça Paula ou a mim e nos beija. Ou sobe no meu colo e diz:

— Eu te amo, papai.

Mas ela não é grudenta — é uma garota independente e decidida à sua maneira.

Quanto à Paula, ela se tornou uma companheira maravilhosa e a excelente mãe que eu sempre soube que seria. Ela tem um talento nato para a maternidade. E isso sem subestimar as crianças ou tratá-las como bebezões. Tenho muito orgulho de dizer que nunca ouvi nenhuma fofoca dos amigos de Seattle ou Sun Valley sobre nossas crianças serem mimadas ou mal-acostumadas. Resumindo, Paula é o alicerce da nossa família.

Antes de eu decidir ir para o Everest novamente, Paula e eu conversamos muito a respeito. Na verdade, conversamos mais dessa vez que em qualquer outra expedição da qual cogitei participar. É claro que ela se preocupa comigo sempre que tento escalar uma 8.000 metros. Mas Paula sempre me apoiou totalmente, e tenho certeza de que a vibração que ela manda para mim enquanto estou escalando é parte do motivo de meu sucesso. Sem seu apoio, eu jamais participaria de qualquer outra expedição.

Paula sempre insistiu:

— Não me ligue do cume. Ligue quando você voltar para o acampamento-base.

Ela sabe por experiência própria que estar no cume não significa que você escalou a montanha.

Na primavera de 2009, Paula sabia que eu ficaria fora por oito ou nove semanas. Ela tem plena consciência de que o Everest é perigoso — particularmente, a Cascata de Gelo do Khumbu, a qual se deve escalar várias vezes a cada ascensão pela rota do colo sul. Mas, a essa altura, Paula confia em minha postura na montanha. Ela sabe que sei como ficar seguro. Como não estaria preso ao cronograma de outras pessoas, podia passar pela cascata de gelo o mais rápido que fosse preciso. Esse é um lugar onde velocidade é sinônimo de segurança.

Devo admitir que foi meio difícil contar para as crianças que eu ficaria longe durante abril e maio. Mas eles fazem parte da trupe. Quando contei para Gil, ele ficou com uma expressão meio triste, depois disse:

— Tá bom, pai, eu vou ficar bem.

Mas eu já sabia que, mais que nunca, sentiria saudade deles.

Em 2009, fez dezessete anos que escalei o K2, mas, de certa maneira, essa grande montanha nunca saiu do meu pensamento. E escrever este livro reavivou a fascinação pelo K2 que me dominou quando li tudo o que pude ao fazer a lição de casa para nossa expedição de 1992.

Nenhuma outra montanha tem uma história mais interessante. E, mesmo que os cínicos achem que a segunda maior montanha do mundo será manchada pelo tipo de comercialização que maculou o Everest, sou otimista sobre o futuro do K2. Em 2009, a montanha continua sendo a prova final das ambições dos melhores escaladores do mundo. O ouro que reveste o santo graal segue intacto.

Uma das maneiras pelas quais sei que isso é verdade é por ter participado do bate-papo entre escaladores de alta montanha do mundo inteiro. Na companhia deles, se você disser que escalou o Everest, o comentário vai incitar, no máximo, um dar de ombros. Mas se você soltar que chegou ao topo do K2, a sala fica em silêncio. Daí, invariavelmente, alguém diz:

— Fale sobre isso.

Agradecimentos

Em 1992, quando fui para o Paquistão para tentar o K2, viajei na companhia do meu amigo e parceiro Scott Fischer. Jovens, ambiciosos, cheios de energia e entusiasmo, comprometemo-nos a dar tudo o que tínhamos para escalar essa que era o corpo de prova entre as montanhas. Não tínhamos nada a perder, tudo a ganhar e nenhum limite de tempo. Nos momentos difíceis de nossa campanha para escalar a segunda maior montanha do mundo, aliamo-nos a escaladores que também aspiravam fazer o mesmo que nós. Os escaladores com os quais tive contato, relacionei-me e escalei junto tornaram-se amigos para toda a vida, e ainda trazem à tona as lembranças mais agradáveis daquela difícil, mas feliz temporada. Os amigos e parceiros a quem eu gostaria de agradecer especificamente são Charley Mace, Neal Beidleman, e os finados Scott Fischer, Rob Hall e Gary Ball. Fiquei muito contente por partilhar da companhia deles e ter tido o prazer de escalar com parceiros como eles no K2 e em outros lugares. Havia outras pessoas na montanha naquela temporada, e todas deram algum tipo de contribuição. Fica também meu agradecimento a todas elas.

Quero agradecer ainda a todos que forjaram o caminho até o K2, principalmente a Expedição Norte-Americana de 1953. Aqueles homens mostraram para mim um indelével exemplo de trabalho em equipe, camaradagem, confiança e compromisso com a escalada da expedição. Quando alguém menciona "a irmandade da corda", esse grupo de montanhistas vem imediatamente à minha cabeça.

Um membro daquela expedição a quem quero agradecer em especial, com todo reconhecimento e respeito, é Dee Molenaar. Após minha ascensão do K2, Dee presenteou-me com uma cópia encadernada e ilustrada de seu diário da expedição. Para este livro, ele me autorizou a citar trechos do diário que eu julgasse relevantes para destacar detalhes da expedição de 1953.

O K2 de 1992 veio bem no início da minha carreira, quando eu ainda não tinha muito suporte financeiro ou patrocinadores. Mas, a todos que apoiaram nossa escalada naquela montanha, quero dizer "Obrigado".

Agradeço também a todos os familiares e amigos que me deram apoio emocional e aguardaram notícias que chegavam "a conta-gotas" do Baltoro sobre a expedição. Aqueles eram os "bons e velhos dias", em que normalmente nós voltávamos para casa antes que qualquer pessoa tivesse notícia de qual era a situação de uma expedição. Nós, literalmente, sumíamos do mapa para só regressar alguns meses depois.

Há certos eventos marcantes na vida de uma pessoa. Minha escalada do K2 foi esse tipo de evento. Acredito que a pessoa torna-se um escalador melhor, mais bem preparado, e também um ser humano mais cauteloso e paciente depois de ter sucesso ao subir e descer o K2. Não há comparação. O K2 é a prova final de habilidade, julgamento e paciência em altitudes extremas. Os vínculos que criamos durante os apuros que passamos nessas escaladas resistem ao tempo, mesmo quando eles são difíceis, até mesmo impossíveis, de explicar.

Ed Viesturs

Minha ligação mais forte com a fascinante história do K2 está nas amizades de longa data com alguns de seus personagens principais — especialmente, Charlie Houston, Bob Bates, Bob Craig e Fritz Wiessner. O privilégio de ouvi-los contar suas histórias foi um dos prazeres da minha vida de montanhista. Além disso, tive o prazer de contar com amizades mais esporádicas com os veteranos do K2 Dee Molenaar, Paul Petzoldt e Jim Curran, e, no papel de jornalista, tive a rara experiência de encontrar e vir a conhecer Walter Bonatti e seu colega de equipe Lino Lacedelli.

Muitas pessoas ajudaram Ed Viesturs e a mim a ter acesso a importantes fotografias, para as quais concederam permissão irrestrita de uso. Entre elas, Polly Wiessner, Charlie Houston, Greg Glade, Ed Webster, Charley Mace e Chris Klinke. Ed e eu contratamos a pesquisadora autônoma Alice Gifford para levantar informações sobre a disponibilidade e os direitos referentes a fotografias históricas. Ela desempenhou essa difícil tarefa de modo excepcional.

Dee Molenaar não só nos permitiu citar seu diário do K2 como também nos ajudou a adaptar seus próprios e incomparáveis mapas e diagramas para este livro. Muito obrigado a Dee por sua participação e contribuição.

Nossa editora da Broadway Books, Stacy Creamer, não só fez esse projeto decolar como também trabalhou para que ele conseguisse atravessar o campo minado de prazos e logística. Mediante sua mudança repentina para outra editora, Charlie Conrad assumiu seu lugar e conduziu tranquilamente o livro até a linha de chegada. Durante todo o processo, a editora-assistente Laura Swerdloff realizou muitas tarefas preciosas.

Mais uma vez, Ed e eu devemos muito a nosso incrível agente, Stuart Krichevsky, que não só "fechou o negócio" como ofereceu conselhos constantes sobre questões de menor importância, ainda que relevantes, como achar um subtítulo e escolher a foto certa para a capa. Shana Cohen — colega de Stuart — e sua assistente, Kathryne Wick, resolveram (como sempre) todos os tipos de tarefas e detalhes importantes.

agradecimentos

A biblioteca do American Alpine Club em Golden, no Colorado, provou-se uma fonte de pesquisa de valor inestimável. E sou grato ao meu parceiro de escalada de longa data Ed Ward, e à minha esposa, Sharon Roberts, por lerem o livro no manuscrito, fazerem comentários pontuais e manifestarem reações animadas.

David Roberts

Bibliografia

BARRY, John. *K2: Savage Mountain, Savage Summer*. Sparkford: Oxford Illustrated Press, 1987.
BENUZZI, Felice. *No Picnic on Mount Kenya*. Nova York: Dutton, 1953.
BONATTI, Walter. *Le Mie Montagne*. Bolonha: Zanichelli, 1961.
_____. *The Mountains of My Life*. Nova York: The Modern Library, 2001.
_____. *On the Heights*. Londres: Rupert Hart-Davis, 1964.
BOWLEY, Graham; KANNAPELL, Andrea. Chaos on the "Mountain That Invites Death". *The New York Times*, Nova York, 6 ago. 2008.
BUFFET, Charlie. *La Folie du K2*. Chamonix: Guérin, 2004.
CARTER, Hubert A. The August Catastrophe on K2. *The American Alpine Journal*. Nova York: American Alpine Club, 1987.
CHILD, Greg. A Margin of Luck. *Mixed Emotions*. Seattle: The Mountaineers, 1993.
_____. Another Tragedy on K2. *Postcards from The Edge*. Seattle: The Mountaineers, 1998.
_____. The Dangerous Summer. *Mixed Emotions*. Seattle: The Mountaineers, 1993.
_____. Death and Faxes. *Postcards from the Edge*. Seattle: The Mountaineers, 1998.
CRANMER, Chappel; WIESSNER, Fritz. The Second American Expedition to K2. *The American Alpine Journal*. Nova York: American Alpine Club, 1940.
CROWLEY, Aleister. *The Confessions of Aleister Crowley*. Nova York: Hill and Wang, 1969.
CURRAN, Jim. *K2: The Story of the Savage Mountain*. Londres: Hodder and Stoughton, 1995.
_____. *K2: Triumph and Tragedy*. Londres: Hodder and Stoughton, 1987.
DESIO, Ardito. *Ascent of K2: Second Highest Peak in the World*. Londres: Elek, 1955.
_____. The Italian 1954 Expedition to the Karakoram. *The Mountain World*: 1955. Nova York: Harper and Brothers, 1955.
DIEMBERGER, Kurt. *The Endless Knot*. Seattle: The Mountaineers, 1990.
FILIPPI, Fillipo de. *Karakoram and the Western Himalaya*. Londres: Constable, 1912.
HERZOG, Maurice. *Annapurna: First Conquest of an 8000-Meter Peak*. Nova York: Dutton, 1952.

HORNBEIN, Thomas F. *Everest: The West Ridge.* San Francisco: Sierra Club, 1966.

HOUSTON, Charles S. Death in High Places. *The American Alpine Journal.* Nova York: American Alpine Club, 1987.

HOUSTON, Charles S.; BATES, Robert H. *K2: The Savage Mountain.* Nova York: McGraw Hill, 1954.

HOWKINS, Heidi. K2: *One Woman's Quest for the Summit.* Washington, D. C.: National Geographic Society, 2001.

HUNT, John. *The Ascent of Everest.* Londres: Hodder and Stoughton, 1953.

JORDAN, Jennifer. *Savage Summit: The True Stories of the First Five Women Who Climbed K2.* Nova York: William Morrow, 2005.

KAUFFMAN, Andrew J.; PUTNAM, William L. *K2: The 1939 Tragedy.* Seattle: The Mountaineers, 1992.

KODAS, Michael. A Few False Moves. *Outside,* Santa Fe, nov. 2008.

KRAKAUER, Jon. *No ar rarefeito.* São Paulo: Companhia das Letras, 1997.

KUKUCZKA, Jerzy. K2's South Face. *The American Alpine Journal.* Nova York: American Alpine Club, 1987.

LACEDELLI, Lino; CENACCHI, Giovanni. *K2: The Price of Conquest.* Hildersley: Carreg, 2006.

MARAINI, Fosco. *Karakoram: The Ascent of Gasherbrum IV.* Nova York: The Viking Press, 1959.

MASON, Kenneth. *Abode of Snow: A History of Himalayan Exploration and Mountaineering.* Nova York: Dutton, 1955.

MCDONALD, Bernadette. *Brotherhood of the Rope: The Biography of Charles Houston.* Seattle, 2007.

MESSNER, Reinhold; GOGNA, A. *K2: Mountain of Mountains.* Londres: Kaye and Ward, 1981.

MOLENAAR, Dee. K2, diário de 1953. (Não publicado).

PETZOLDT, Patricia. *On Top of the World: My Adventures with my Mountain-Climbing Husband.* Nova York: Thomas Y. Crowell, 1953.

POWER, Matthew. The Killing Peak. *Men's Journal,* Nova York, nov. 2008.

RIDGEWAY, Rick. *The Last Step: The American Ascent of K2.* Seattle: The Mountaineers, 1980.

RINGHOLZ, Raye. *On Belay! The Life of Legendary Mountaineer Paul Petzoldt.* Seattle: The Mountaineers, 1997.

ROBERTS, David. Five Who Made It to the Top. *Moments of Doubt.* Seattle: The Mountaineers, 1986.

_____. Is K2 the New Everest? *National Geographic Adventure,* Washington, D.C., out. 2008.

_____. K2 at 50: The Bitter Legacy. *National Geographic Adventure*, Washington, D.C., set. 2004.

_____. The K2 Mystery. *Moments of Doubt*. Seattle: The Mountaineers, 1986.

ROSE, David; DOUGLAS, Ed. *Regions of the Heart: The Triumph and Tragedy of Alison Hargreaves*. Washington, D.C.: National Geographic Society, 2000.

ROWELL, Galen. *In the Throne of the Mountain Gods*. San Francisco: Sierra Club, 1977.

SCHOENING, Pete. K2 1953. [S.l.]: Edição do autor, 2004.

TENDERINI, Mirella; SHANDRICK, Michael. *The Duke of the Abruzzi: An Explorer's Life*. Seattle: The Mountaineers, 1997.

TERRAY, Lionel. *Conquistadors of the Useless: From the Alps to Annapurna*. Seattle: The Mountaineers, 2001.

VIESTURS, Ed. Russian-American K2 Expedition. *The American Alpine Journal*: 1993. Golden: American Alpine Club, 1993.

VIESTURS, Ed; ROBERTS, David. *No Shortcuts to the Top: Climbing the World's 14 Highest Peaks*. Nova York: Broadway, 2006.

WIESSNER, Fritz H. The K2 Expedition of 1939. *Appalachia*, Washington, D.C., jun. 1956.

_____. *K2: Tragödien und Sieg am Zweithöchsten Berg der Erde*. Munique: R. Rother, 1955.

WILKINSON, Freddie. Perfect Chaos. *Rock and Ice*, Carbondale, dez. 2008.

Impresso por :

gráfica e editora
Tel.:11 2769-9056